헌법과 기본권

Constitutional Law & Fundamental Rights

조영승

- 부산대, 부산외국어대, 동서대, 동아대 강의
- 한국연구재단 박사후연수과정, 부산대학교 박사후연수과정
- 한국헌법학회, 한국공법학회 등 회원
- 한국비교공법학회 총무, 출판, 재무 간사 등 역임

헌법과 기본권

Constitutional Law & Fundamental Rights

초판 인쇄 2020년 8월 31일
초판 발행 2020년 8월 31일

저자 조영승

표지디자인 배영미
내지디자인 박지현

발행인 차정인
펴낸곳 부산대학교 출판문화원
등록 - 제1983-000001호 1983. 11. 10.
주소 - 부산광역시 금정구 부산대학로63번길 2
전화 - (051) 510-1932~3
전송 - (051) 512-7812

* 잘못된 책은 구입한 서점에서 교환해 드립니다.

값 16,000원

ISBN 978-89-7316-675-6 93360

이 도서의 국립중앙도서관 출판예정도서목록(CIP)은 서지정보유통지원시스템 홈페이지(http://seoji.nl.go.kr)와 국가자료공동목록시스템(http://www.nl.go.kr/kolisnet)에서 이용하실 수 있습니다.(CIP제어번호: 2020035632)

헌법과 기본권

Constitutional Law & Fundamental Rights

조영승

부산대학교출판문화원

머 리 말

[이 책의 출간배경]

이 책은 그간 학부에서 담당해왔던 '헌법의 기초', '헌법과 기본권', '헌법재판' 등의 수업에서 사용해왔던 강의안을 수정·편집하여 제작한 것이다. 이렇게 편저하게 된 것은 '헌법'과 '기본권'을 이해하기 위해서는 헌법총론-기본권-헌법재판에 이르는 흐름을 파악할 필요성이 있다는 것에서 기인한다. 즉, 헌법과 기본권을 유기적으로 이해하기 위해서는 궁극적으로 헌법적 사안이 헌법재판에서 어떻게 다루어지고 있는 것인지를 함께 살펴보아야 한다. 예컨대 나의 헌법적 권리가 부당하게 제한되고 있음을 효율적으로 주장하고 인용받기 위해서는, 내가 주장하는 것이 헌법상 권리인가를 아는 것에서 나아가 어떻게 주장하고 판단이 될 수 있는 것인지를 입체적으로 볼 수 있어야하기 때문에 헌법의 이를 습득하고 사례에 접근할 수 있는 시각을 가질 수 있도록 구성하고 책을 출간하게 되었다.

[이 책의 특징]

1. 이 책의 목표

기존의 헌법 교재들은 헌법총론, 기본권, 통치구조로 구성되어 있고 이들 내용은 작게는 500페이지에서 2000페이지에 달하는 분량이다. 또한 여기에 헌법재판에 관한 교재를 더하면 최소한 1000페이지에서 많은 경우 3000페이지에 달하는 분량이 될 수도 있다. 이 책은 헌법총론과 기본권 그리고 헌법재판을 연계하고자 하였고, 대학 학부강의 시간 동안 소화하기 위한 분량으로 줄이고자 노력하였다. 따라서 이 책은 기존의 교과서에서 다루고 있는 부분을 상당부분 압축하거나 필요하다고 판단되는 내용만으로 구성하여 분량을 최대한 줄이고자 노력하였다. 이와 같이 개별적이고 세부적인 내용은 줄이는 반면, 헌법과 기본권의 전반적인 이해에 관한 부분에 초점을 맞추고 있다.

2. 이 책의 대상

이 책은 방대한 헌법 이론과 판례를 저자의 의도에 맞게 압축 편집하여 강의교재로 출판한 것으로 기본적으로 학부 수강생을 대상으로 하고 있다. 따라서 강의를 들으면서 책을 볼 것을 추천한다.

2. 서술방식

이 책은 기존의 일반적인 서술 -예컨대 기본권이라면 기본권 총론에 이어 바로 기본권 각론으로 나아가는 방식-을 택하지 않고 기본권 총론을 간단히 살펴본 다음 바로 기본권 심사, 즉 헌법재판에 관한 일반적인 이론을 먼저 살펴보고 기본권 각론에 나아가는 구성 방식을 택하고 있다.

3. 기본권 판례를 통한 종합적 이해를 추구

기본권 각론은 해당되는 개별 기본권의 지엽적인 내용보다는 주요 판례를 설명하고 판례를 통해 구체적인 심사과정과 판단방법을 통찰하는 방식으로 흐름을 숙지하는데 초점을 맞추고 있다.

4. 수험 전단계의 기본적 지식을 추구

이 책은 학부 강의교재로 사용될 예정이며, 헌법적 마인드 함양과 로스쿨 입시에의 도움, 혹은 각종 공무원시험에서 헌법 과목(특히 헌법 I -기본권)이 포함되는 상황 속에서, 본격적으로 암기위주의 수험공부에 진입하기 전 단계에서 필요한 기본적 헌법지식의 종합적 이해에 기여하고자 고안되었다.

[맺음말]

먼저, 처음 출간이 되는 것이라 부족한 점이 많지만, 앞으로 더 좋은 책으로 거듭날 수 있도록 지속적인 노력을 기울여 완성도를 높이겠다는 다짐을 한다.

다음으로, 기획의도를 선뜻 받아서 출판을 허락해주신 부산대학교 출판문화원, 그리고 출판 일정이 임박해 거듭된 수정을 요청드림에도 이를 이해해 주시고 반영해주신 배영미 과장님, 박지현 주임님, 그리고 각각 2018년과 2019~2020년에 헌법수업을 들으며 열정적으로 참여하여 교재를 일차게 하고 교성에도 참여하여 수고해 준 부산대학교 경제학부 이웅선, 노어노문학과 정한범 군에게도 감사의 말씀을 드린다.

마지막으로, 강의안에서 시작하여 하나의 책으로 출간이 되기까지, 부산대학교 법학전문대학원 김배원 지도교수님의 격려와 응원, 무엇보다 지난 13년간 베풀어주신 學恩이 결정적이었다. 이 지면을 빌어 2020년 8월을 끝으로 정년퇴임을 하시는 은사님께 축하와 감사의 말씀을 올리고자 한다. "은사님의 정년과 새로운 시작을 축하드립니다!"

목차

제1장 헌법총론

제1절 헌법의 의의

제2절 헌법의 법원과 헌법의 해석

제3절 대한민국 헌법 총설

제1장 헌법총론

제1절 헌법의 의의

'헌법이란 무엇인가?' 헌법은 일정한 공동체가 결합한 경우라면 어디에서나, 그 공동체의 기본적인 방향을 정하는 문서 등으로 아주 오래 전부터 존재해 왔다고 할 수 있다. 그럼에도 불구하고 헌법을 한마디로 정의하기 힘든 것은 각 국가 구성원이나 공동체가 정하는 바에 따라 '헌법'의 내용이 다를 수 있었기 때문에 이를 포괄하는 요소들을 포착하기가 힘들었기 때문이라고 할 수 있다. 즉, 국가마다(공동체마다) 시대마다 하나의 개념으로 포착하기 힘든 내용들을 '헌법'으로 두고 있었기 때문이라고 할 수 있다. 이에 헌법이 무엇인가에 대하여는 보통 역사적 관점, 내용(성격)적 관점 등으로 구분하여 설명된다. 다만, 오늘날 일반적으로 프랑스 혁명 등을 기점으로 시민(개인)의 권리가 보장되는 입헌주의 헌법 개념을 현대 헌법의 개념으로 사용하고 있다.

이러한 시각에서 헌법은 ① 국민의 권리보장과 ② 국가의 통치구조(권력구조) ③에 관한 기본원리를 담고 있는 근본규범으로 설명된다. 헌법의 의의에 대한 더욱 자세한 내용은 헌법의 역사, 헌법의 양면성, 헌법관 등 다양한 관점에서 검토하면서 알아가기로 한다.

Ⅰ. 역사를 기준으로 한 헌법개념 (고유한 의미의 헌법과 근대 입헌주의 헌법)

1. 고유한 의미의 헌법

고유한 의미의 헌법은 국가의 통치구조에 관한 기본원리를 담고 있는 국가의 기본법을 의미한다. 이에 따르면 국가가 존재하는 곳이면 성문의 형식이든, 불문의 형식이든 반드시 국가의 기본원리를 담고 있는 규범이 존재하고 따라서 헌법이 없는 국가란 존재할 수 없다.

→ 그러나 헌법이 국가를 전제로 해서만 존재하는 것인가에 대하여는 의문을 던질 수 있다. 비록 '국가' 그 자체는 아니지만, 효력상으로는 (특히 근대 입헌주의 헌법에 있어서) 모든 '국가권력'은 헌법에 기속된다는 점을 비추어 헌법이 국가권력에 선재하는 개념이 자연스럽다. 또한 인간이 무리를 형성하면서 필연적으로 가지게 되는 초기 집단생활(공동체)의 기본적인 약속도 (거창하게는...) (고유한 의미의) '헌법'이라고 부를 수 있지 않을까?[1]

2. 근대 입헌주의 헌법

(1) 입헌주의란 국민의 자유와 권리가 국가권력으로부터 침해당하지 않도록 보호하기 위하여 국가권력의 목적과 조직을 헌법에 규정하고, 국가가 국민에 대하여 행하는 권력작용을 헌법에 구속되도록 하는 '헌법에 의한 통치' 원리를 말한다. 즉, 입헌주의는 국민의 권리를 보장하고 국가권력의 분립을 규정한 헌법에 의거하여 통치할 것을 요구하는 정치원리라고 할 수 있다.

- 토마스 페인(Thomas Paine) - "헌법은 정부의 결의가 아니라 정부를 구성하는 인민의 결의이며, 헌법 없는 정부는 권한 없는 권력이다. 헌법은 정부에 선행하는 것이며 정부는 헌법의 소산일 뿐이다."
- 헌법은 "권력과 자유의 조화의 기술"이다.[2]

(2) 입헌주의는 미국이나 프랑스에 있어서 - 사회계약론, 근대 자연법 사상에 의해 → 근대 국가가 성립하면서 발전하였기 때문에 시민혁명과 독립전쟁의 사상적 배경이 투영되어 있다. 따라서 입헌주의는 단순한 '헌법'에 입각한 통치가 아니라[3] '국민(시민)의 권리 보장과 권력분립이 내재되어 있는 헌법'을 전제로 하는 개념으로 이해하여야 한다.

1) 국가 이전에 헌법이 존재할 수 있다는 이견이 있음. 예컨대, 아리스토텔레스는 헌법을 철학적으로 고찰하여 폴리스에 성립되는 모든 질서로서 politeia(폴리스의 정치체제)를 의미한다고 하였고, 헤겔은 이를 구조적으로 파악하여 총체의 법질서를 의미한다고 하였다.(김철수) 이후 루소나 로크는 헌법을 국민의 합의에 의한 계약으로 봄.

2) A. Hauriou.(성낙인, 정종섭 참조) 일반적으로 모든 국가는 국가를 형성하는 공동체(국가)의 운영에 관한 기본적 사항을 담고 있는 규범을 가진다는 측면에서 고유한 의미의 헌법이라고 설명한다. 한편 정종섭 교수는 이와 같이 국가권력에 관한 기본적 사항을 담고 있는 규범을 "국가법"이라고 하고 이는 법의 통치메커니즘으로서의 기능만을 강조한 것으로 "국가법=헌법"이라고 한다. 그러나 입헌주의의 성립과 기본권의 발달에 따라 헌법은 국가법과는 구별되는 지위를 가지게 된다고 설명한다. 이와 같은 헌법은 권리장전과 국가를 규율하고 있는 기능에 주목하여 "권력과 자유"의 관계로 설명할 수 있다.

3) 단순히 헌법에 입각한 통치를 '헌법주의'라고 설명하기도 함(문홍주)

- 1789 프랑스 인권선언 제16조 "권리의 보장이 확보되지 않고 권력분립이 규정되어 있지 않은 사회는 헌법을 가진 것이라고 할 수 없다."

(3) 성격

입법, 사법, 행정을 포함한 모든 국가권력은 헌법에 구속되기 때문에, 국가권력의 행사는 헌법이 제한하는 한계를 넘어서는 안 된다.

① 기본권 보장

② 국민주권의 원칙

③ 권력분립의 원칙

④ 성문헌법의 원칙

⑤ 경성헌법의 원칙

3. 현대 사회(복지)국가 헌법

(1) 사회(복지)국가[4]는 국가가 모든 국민에게 인간다운 생활을 보장하고 국민의 생활수준을 향상시킬 의무를 부담하고, 국민은 이러한 생활의 보장을 요구할 수 있는 국가를 의미한다.

(2) 근대 입헌주의는 기본적으로 사적 자치와 재산권의 절대적 보장, 형식적 평등에 기초하였고 국가는 최소한의 개입만을 하여야 한다는 소극국가(야경국가) 이념을 추구하였다. 그러나 빈부격차, 경제공황 등 자본주의의 부정적 효과와 제국주의 전쟁 등을 겪으면서 현대 국가는 자본주의적 모순으로 희생을 강요받은 사회적 약자를 보호하기 위한 적극국가 이념을 추구하게 된다. 따라서 현대 사회복지국가는 사회적 약자의 실질적인 자유와 평등의 보장을 위하여 공공복리를 추구하는 한편 개인의 재산권 제한 등의 경제 규제 정책을 달성하고자 한다.

- 독일의 1919년 바이마르(Weimar) 헌법은 현대적 입헌주의의 효시로 불림. 이후 제2차 세계대전 이후 부활

---

4) 사회복지국가, 사회국가, 복지국가의 용법은 학자마다 다를 수 있으나, 여기에서는 통일해서 사용하기로 한다.

(3) 성격

① 국민주권주의의 실질화

② 기본권 보장의 실질화

③ 적극국가와 권력분립주의의 변용

④ 법치주의의 실질화, 사회화

⑤ 정당국가화 경향

⑥ 헌법재판소제도에 의한 헌법의 규범력 확보

⑦ 국제적 평화주의

Ⅱ. 양면성에 따른 헌법개념 (사회학적 헌법개념과 법학적 헌법개념)

1. 헌법은 사실인가 규범인가?

앞에서 살펴보았듯이 헌법의 역사는 적어도 국가와 같거나 더 이전부터 존재해 왔다고 할 수 있다. 그런데 "헌법은 사실(sein: 존재, 현상 - 사회학적, 정치적인 것)인가, 규범(sollen: 당위 - 법학적, 규범적인 것)인가?"

적어도 시민혁명 이전의 대부분 국가에서 헌법은 '왕이 곧 법"인 형태로 존재해왔다. 이러한 독재권력은 권력투쟁에서 이긴 사람이 가지게 되기 때문에, 결국 그 나라의 정치적 상황에 따라 좌우되게 된다. 이 경우 헌법은 사회학적이고 정치적인 문제에 의해 좌우된다.(ex) 시진핑의 장기집권을 위한 헌법개정, 이승만의 3선 개헌, 5 · 16 군사정변, 12 · 12 사태 등)

그러나 일단 사회학적 정치적 힘의 작용에 의해서 헌법이 성립되게 된다면 이후 (그 내용이 비합리적이고 비윤리적인 것인지 와는 상관없이) 규범으로써 작동한다.

결국 정도의 차이는 있지만 역사 속에서 헌법은 사실적인 측면과 규범적인 측면을 모두 가진다고 할 수 있다.

2. 사회학적 헌법개념(헌법의 사실적 측면)

한 나라의 사실적 권력관계(F. Lassalle)
정치적 통합과정을 형성하는 원리(R. Smend)
헌법제정권력자가 내린 근본적 결단(C. Schmitt)

3. 법학적 헌법개념(헌법의 규범적 측면)

국가최고기관의 구성, 국가최고기관의 상호관계와 권한배분 그리고 국가에 대한 개인의 기본적 지위에 관한 법규범(G. Jellinek)
국내법상 최상위에 위치하는 규범(H. Kelsen)
국가의 권력구조와 국민의 기본권을 보장하는 국가의 법적인 근본질서(W. Kӓgi)
국가의 통치질서와 가치질서의 기본원칙에 관한 최상위의 규범적 표현(K. Stern)

4. 헌법의 특성(사실적 측면과 규범적 측면) 정리

헌법의 특성이 무엇인가에 관하여 아래 대부분의 내용은 유사하지만 분류방식에 관해서는 교과서마다 조금씩은 다른 접근방법을 취하고 있기 때문에 통일된 모습으로 설명하기 어렵다. 일반적으로 사실적 특성과 규범적 특성의 2가지로 분류하고 있다.

<table>
<tr><td rowspan="2">제1설
(성낙인,
김철수)</td><td>사실적 특성</td><td>정치성과 개방성/ 이념성, 역사성, 가치성</td></tr>
<tr><td>규범적 특성</td><td>최고규범성
기본권보장규범성
조직규범성, 권력통제규범성, 수권규범성
자기보장규범성(≒헌법제정규범 및 헌법개정규범)</td></tr>
<tr><td rowspan="3">제2설
(권영성)</td><td>사실적 특질</td><td>정치성 / 이념성 / 역사성</td></tr>
<tr><td>규범적 특질</td><td>최고법규성 / 기본권보장규범성 / 조직 · 수권규범성 /
권력제한규범성 / 자기보장규범성</td></tr>
<tr><td>구조적 특질</td><td>개방성</td></tr>
<tr><td>제3설
(허영)</td><td colspan="2">최고규범성, 정치규범성(유동성, 추상성, 개방성, 미완성성), 조직규범성,
생활규범성(△), 권력제한 규범성, 역사성</td></tr>
</table>

Ⅲ. 헌법관에 따른 헌법개념

(규범주의적 헌법관=법실증주의적 헌법관, 결단주의적 헌법관, 통합주의적 헌법관)

1. 헌법관이란?

헌법관이란 헌법의 본질에 대한 접근방법, 헌법을 바라보고 연구하는 시각이라고 할 수 있다. 헌법관은 기본적으로 헌법의 양면성, 즉 "헌법이 사실인가, 규범인가?"의 연장선에서 파악할 수 있다. 미리 살펴볼 내용을 요약하자면, 헌법의 규범적 측면만을 강조하는 시각(규범주의적 헌법관)이나 정치적 성격, 즉 사실적 성격만을 강조하는 시각(결단주의적 헌법관, 통합주의적 헌법관)의 한 부분만을 파악하는 것은 적절하지 않다고 할 것이다.

2. 규범주의적 헌법관(=법실증주의적 헌법관) - 정태적 관점

1) 의의

규범주의적 헌법관은 헌법을 규범적 관점에서 파악하여 국가의 통치조직과 작용에 관한 기본적인 법질서라고 한다. 규범과 현실을 엄격하게 구별하면서 법학에서 역사적 · 정치적 · 철학적 · 윤리적 등 존재적 요소들을 배제하여 오로지 규범만을 인식대상으로 하려는 것이다.

2) 헌법의 본질과 효력근거

오로지 현존 규범만이 본질 → "헌법이 어떻게 규정되어 있느냐" 하는 것만이 관심의 대상 → '헌법이 어떻게 규정되어야 하는가', '헌법이 정의와 합치하는가' 여부는 처음부터 고려대상이 아니다. → 일단 헌법규범으로 실정화(제정 또는 개정)되기만 하면, 헌법으로서 효력을 지니고 헌법의 효력근거도 헌법 규범이 가지는 내재적 논리에서 나오는 당연한 결과라고 하게 된다(G. Jellinek, H. Kelsen, W. Kägi 등)

3) 평가

헌법은 사실적인 측면과 규범적인 측면을 모두 가지고 있다고 할 수 있다. 규범만을 강조하게 된 결과 무엇이 정당한 헌법인가에는 관심이 없다. 규범과 현실의 괴리를 도외시하여 정치적 통일체의 형성과 유지를 우선적 과제로 하는 현대국가의 헌법을 파악하는데 문제가 있고, 실정법만능주의로 흘러 합법의 이름으로 자행되는 불법을 정당화하는 이론으로 악용될 소지가 있다.

3. 결단주의적 헌법관 - 동태적 관점(미시적)

1) 의의

정치적 통일체의 종류와 형태에 관하여 헌법제정권력자가 내린 근본적인 결단을 헌법이라고 한다(C. Schmitt).(← 형식적이고 정태적인 규범주의적 헌법관을 극복하고 실질적이고 동태적인 헌법학을 정립하려는 시도)

2) 헌법의 본질과 효력근거

헌법규범보다는 헌법현실이 본질 → 정치적 실존으로서 힘과 권위를 가진 실력자의 결단[=정치적 의지의 표명]이 헌법이고, 동시에 그것이 헌법효력의 근거 → 헌법의 효력 근거를 헌법제정권력자의 의지에서 찾음으로써 헌법의 최고규범성을 명쾌하게 설명.

헌법(=헌법제정권력자의 근본적인 결단)과 헌법률(=헌법에 의해 비로소 규범화된 것)의 구별, 헌법제정권력(=창조적이고 시원적인 권력)과 헌법개정권력(=헌법에 의해 조직된 권력)을 구별하여 "헌법개정한계론"을 주장.

3) 평가

헌법은 사실적인 측면과 규범적인 측면을 모두 가지고 있다고 할 수 있다. 규범만을 강조하게 된 결과 무엇이 정당한 헌법인가에는 관심이 없다.(오직 어떠한 결단이 내려져 있는지만 문제됨)

헌법의 본질과 효력을 "사실상의 힘"에서 구하는 결단주의적 헌법관에 의할 때, 그러한 결단이 주관적이고 자의적일 경우 그것은 전체주의적 독재국가로 가게 된다.

4. 통합주의적 헌법관 - 동태적 측면(거시적)

1) 의의

헌법을 국가의 동화적 통합과정의 법질서라고 한다(R. Smend). 이처럼 통합과정을 강조하는 통합주의적 헌법관은 정치적 결단 자체나 결단의 결과만 중시하는 결단주의적 헌법관과 구별된다.

2) 헌법의 본질과 효력근거

Smend는 사실과 규범의 단절을 거부하고 역사적 · 정치적 · 사회적 · 철학적 제관계를 헌법학의 고찰대상으로 끌어들여 헌법은 규범만이 아니라 현실이며 헌법으로서의 현실은 통합과정적 현실이라고 주장하며, 그러한 과정의 법질서인 헌법은 당연히 가치관계적이라고 한다. 그러나 가치는 과정의 흐름에 따라 변할 수 있는 것이므로 헌법은 개방적이어야 한다는 것이다.

3) 평가

통합주의적 헌법관은 규범주의적 헌법관처럼 「규범」만 강조하거나 결단주의적 헌법관처럼 「현실(힘)」만을 중시하는 것이 아니라 양자의 상호관련성을 역설하고, 정적인 국가가 아니라 동화 · 통합과정에 있는 국가를 헌법학의 고찰대상으로 삼음으로써 실질적인 헌법학체계의 기초를 확립하였다는 데서 그 의의를 찾을 수 있다.

그러나 통합주의적 헌법관도 통합의 중요성을 강조한 나머지 규범성을 경시하고 사실로서의 정치발전과정과 헌법을 동일한 차원에서 다루며, 통합과정을 지나치게 낙관적으로 보아 갈등의 계기를 소홀하게 보고 있다는 지적 등이 있다.

5. 학설의 정리

○ 규범주의적 헌법관(법실증주의)(19세기 중후반)

	G. Jellinek(1851-1911)	H. Kelsen(1881-1957)
이론적 기초	독일의 시민혁명 실패 → 위로부터의 개혁 시작, 신칸트주의의 영향 **존재(sein)와 당위(sollen)를 구별함 → 실정헌법만을 연구대상으로 함** (→ 人治와 力治를 배제) Kelsen에 따르면 국가는 곧 강제적인 법질서를 의미함.	
	방법이원론 - 사실과 규범의 상호 연관성은 인정함 → 사실의 규범력 이론	방법일원론 - 방법이원론 비판, 오로지 규범만을 대상으로 함 → 순수법학
헌법	**헌법이란 국가최고기관의 구성, 국가최고기관의 상호관계와 권한배분 그리고 '국가에 대한 개인의 기본적 지위'에 관한 법규범**	**헌법이란 국내법상 최상위에 위치하는 규범** **-법단계설**(근본규범〉헌법 및 하위규범)

	G. Jellinek(1851-1911)	H. Kelsen(1881-1957)
기본권	'국가에 대한 개인의 기본적 지위' → 수동적 · 소극적 · 적극적 · 능동적 지위(**지위이론**: 각 지위에서 차례대로 복종'의무' 및 자유권, 수익권, 참정권 등의 주관적 공권 도출) → 그러나 이러한 지위는 **'법률 속에서의 자유'**에 불과 → **실정권설**(다만 자연법의 존재는 긍정)	국가(=강제적인 법질서)와 국민의 관계 → 수동적 관계, 능동적 관계, 소극적 관계(**관계이론**: 차례대로 법질서에 복종, 형성, 무관한 관계로 설정) → 특히 수동적 관계인 복종'의무'를 강조 → 자유란 국가가 법을 규정하지 않음으로써 인정되는 '은혜적인 것' **'반사적 이익'**에 불과 → **실정권설**(자연법 개념을 부정)

○ 결단주의적 헌법관과 통합주의적 헌법관(20세기 초~)

	결단주의적 헌법관(C. Schmitt)	통합주의적 헌법관(R. Smend)
이론적 기초	독일의 1차대전 패배 → 바이마르공화국(1919)의 무질서와 혼란 극복이 요구됨 규범주의(법실증주의)의 형식주의적 헌법이론의 한계를 극복하고자 함	
	강력한 힘을 가진 자의 결단을 통해 극복	분열된 국가를 통합사상을 통해 극복
헌법	**헌법이란 '힘과 권위를 가진 실력자의 결단' = 헌법제정권력자(주권자)의 정치적 결단을 규범화한 것** ← 헌법을 정립하는 실존적인 정치적 의지가 헌법을 정당화 함: 따라서 국민이 아니더라도 실권을 가진자라면 헌법제정권자(주권자)가 될 수 있음. **"결단"에는 '근본적 결단'과 '기타의 결단'이 있으며 전자를 헌법(핵), 후자를 헌법률이라고 부르며 헌법(핵)은 헌법개정권력에 의해서 침해될 수 없음.**	**규범주의, 결단주의적 헌법관이 국가를 선재하는 것으로 보는 반면, 통합주의적 헌법관에 따르면 국가는 다양한 이해관계가 일정한 가치체계를 향해 통합되어 가는 과정. 헌법이란 정치적 통일체 형성이라는 국가의 통합을 위해 필요한 기본적 법질서**
기본권	기본권은 **전국가적 자연권**이고 국가로부터의 자유를 의미함. 전통적인 자유권만을 진정한 의미의 기본권으로 이해함.	기본권은 국가와 대립하거나 방어적 권리가 아니라 국가질서를 형성, 사회통합을 위한 객관적 가치질서 (R. Smend) 기본권의 이중적 성격 (주관적 공권성 + 객관적 가치질서성) (K. Hesse) 제도적 기본권 이론 (P. Häberle)

Ⅳ. 헌법의 분류

1. 실질적 의미의 헌법과 형식적 의미의 헌법

1) 형식적 헌법: 형식적 효력의 관점

"헌법전"의 형식(성문의 헌법전)으로 존재

최고의 형식적 효력(법률보다 우위의 효력)을 가진 법규범(내용 불문)

경성헌법성(법률보다 까다로운 제정 · 개정절차)

2) 실질적 헌법: 실질적 내용의 관점

헌법적 가치를 지닌 내용(=헌법사항) - 국가의 조직, 기본규범, 통치형태, 정치권력의 부여와 그 제한 및 관계, 기본권의 보장에 관한 사항 등)

존재형식(성문 · 불문) 및 효력(헌법-법률-명령-규칙-조례 등)을 불문

3) 형식적 헌법과 실질적 헌법의 조화

○ 양자는 대체로 일치하지만, 일치하지 않을 수 있다.

- 헌법사항: 법률에서 규정하는 경우(정부조직법, 공직선거법, 정당법 등)
- 헌법사항이 아닌 내용: 형식적 헌법에서 규정하는 경우
  (스위스헌법의 도살조항, 미국헌법의 금주조항)

○ 양자가 일치하지 않는 이유

- 입법기술상의 이유: 모든 헌법사항의 헌법전 수록이 어려움
- 헌법정책상의 이유: 수시로 개정할 필요가 있는 헌법사항의 헌법배제 또는 비헌법사항의 포함(개정을 곤란하게 하려는 의도)
- 헌법사항의 가변성: 시대와 장소에 따른 헌법사항의 상이성
  (사회적 기본권 → 근대헌법[부존재] : 현대헌법[존재])

2. 존재형식에 따른 분류(성문헌법과 불문헌법)

헌법이 성문화 되어 있느냐 여부에 따라 성문헌법과 불문헌법으로 구별한다. 대부분의 국가는 성문화된 형식의 헌법전을 지니고 있으나 일부국가(영국 · 프랑스 제3공화국 · 1978년 이전의 스페인 · 이스라엘 등)는 단일의 성문헌법전을 가지고 있지 않은 불문헌법 국가이다. 성문헌법국가에서도 헌법적 관습이 존재할 수 있다.

> **헌재 2004. 10. 21. 2004헌마554 · 566(병합)**
> "우리나라와 같은 성문의 경성헌법 체제에서 인정되는 관습헌법사항은 하위규범형식인 법률에 의하여 개정될 수 없다. 영국과 같이 불문의 연성헌법 체제에서는 법률에 대하여 우위를 가지는 헌법전이라는 규범형식이 존재하지 아니하므로 헌법사항의 개정은 일반적으로 법률개정의 방법에 의할 수밖에 없을 것이다."

3. 개정방법에 따른 분류(연성헌법과 경성헌법)

연성헌법 – 일반 법률과 동일한 절차와 방법으로 개정할 수 있는 헌법
경성헌법 – 법률보다 까다로운 절차와 방법에 의해 개정할 수 있는 헌법

근대 입헌주의 헌법은 중요한 기본가치의 확실한 보장을 위해 원칙적으로 경성헌법을 표방한다. 불문헌법은 성질상 연성헌법에 속할 수 있다.

4. 제정주체에 따른 분류(흠정 · 민정 · 협약 · 국약헌법)

흠정헌법 – 제정주체가 군주이고 군주주권사상을 바탕으로 하는 헌법
민정헌법 – 제정주체가 국민(국민투표) 혹은 국민의 대표(제헌의회)가 제정하는 헌법
협약헌법 – 군주와 국민의 합의에 의하여 제정되는 헌법
국약헌법 – 둘 이상의 국가연합을 구성하는 경우에 국가간 합의에 의하여 제정되는 헌법

제2절 헌법의 법원과 헌법의 해석

Ⅰ. 헌법의 법원 - 관습헌법의 법원성 인정여부

1. 법원의 의의

법원(法源)은 보통 법의 연원, 법의 존재형식·인식자료 등으로 설명되며, 무엇이 법인지를 결정하기 위한 근거가 되는 것으로 설명된다.

그렇다면 무엇이 헌법의 법원인가? 성문의 법원과 불문의 법원으로 나누어 살펴볼 수 있다.

2. 성문법원

첫째, 규범의 형식을 온전히 가지고 있는 성문헌법전을 헌법의 법원이라고 할 수 있다.

둘째, 또한 헌법전에 수록되지는 않았지만, 기본권과 통치구조와 같은 헌법사항을 담고 있는 헌법부속법령(국적법, 국회법, 지방자치법 등)도 헌법의 법원이라고 할 수 있다.

셋째, 헌법사항이 담겨 있는 조약이나 국제법규도 헌법의 법원이 될 수 있다(헌법 제6조 "일반적으로 승인된 국제법규는 국내법과 같은 효력을 가진다.)

3. 불문법원

모든 나라가 성문의 형태로 헌법을 가지고 있는 것은 아니다. 그렇지만 불문헌법 국가(영국과 같이 성문헌법을 가지지 않은 국가)도 '관습'의 형태로 불문의 (헌법)법원을 가지고 있다고 할 수 있다. 그러나 한편 성문헌법 국가인 경우에도 불문헌법이 존재할 수 있는가? 즉, '관습헌법'이 인정될 수 있는지가 문제된다.

우리 헌법재판소는 아래에서 보는 것과 같이 관습헌법을 긍정하고 있다.

> **[신행정수도의건설을위한특별조치법위헌확인]**
> **헌재 2004. 10. 21. 2004헌마554·566(병합)** 전원재판부, 판례집 16-2하
> 다수의견[5)6)]

① 우리 헌법상 관습헌법이 인정될 수 있는지 여부
우리나라는 성문헌법을 가진 나라로서 기본적으로 우리 헌법전(憲法典)이 헌법의 법원(法源)이 된다. 그러나 성문헌법이라고 하여도 그 속에 모든 헌법사항을 빠짐없이 완전히 규율하는 것은 불가능하고 또한 헌법은 국가의 기본법으로서 간결성과 함축성을 추구하기 때문에 형식적 헌법전에는 기재되지 아니한 사항이라도 이를 불문헌법(不文憲法) 내지 관습헌법으로 인정할 소지가 있다. 특히 헌법제정 당시 자명(自明)하거나 전제(前提)된 사항 및 보편적 헌법원리와 같은 것은 반드시 명문의 규정을 두지 아니하는 경우도 있다. 그렇다고 해서 헌법사항에 관하여 형성되는 관행 내지 관례가 전부 관습헌법이 되는 것은 아니고 강제력이 있는 헌법규범으로서 인정되려면 엄격한 요건들이 충족되어야만 하며, 이러한 요건이 충족된 관습만이 관습헌법으로서 성문의 헌법과 동일한 법적 효력을 가진다.

② 관습헌법 인정의 헌법적 근거
헌법 제1조 제2항은 '대한민국의 주권은 국민에게 있고, 모든 권력은 국민으로부터 나온다.'고 규정한다. 이와 같이 <u>국민</u>이 대한민국의 <u>주권자</u>이며, 국민은 최고의 <u>헌법제정권력</u>이기 때문에 <u>성문헌법의 제·개정에 참여할 뿐만 아니라 헌법전에 포함되지 아니한 헌법사항을 필요에 따라 관습의 형태로 직접 형성할 수 있다.</u> 그렇다면 관습헌법도 성문헌법과 마찬가지로 주권자인 국민의 헌법적 결단의 의사의 표현이며 성문헌법과 동등한 효력을 가진다고 보아야 한다. 국민주권주의는 성문이든 관습이든 실정법 전체의 정립에의 국민의 참여를 요구한다고 할 것이며, 국민에 의하여 정립된 관습헌법은 입법권자를 구속하며 헌법으로서의 효력을 가진다.

③ 관습헌법의 성립요건
관습헌법이 성립하기 위하여서는 관습이 성립하는 사항이 단지 법률로 정할 사항이 아니라 반드시 헌법에 의하여 규율되어 법률에 대하여 효력상 우위를 가져야 할 만큼 헌법적으로 중요한 기본적 사항이 되어야 한다. 일반적으로 실질적인 헌법사항이라고 함은 널리 국가의 조직에 관한 사항이나 국가기관의 권한 구성에 관한 사항 혹은 개인의 국가권력에 대한 지위를 포함하여 말하는 것이지만, 관습헌법은 이와 같은 일반적인 헌법사항에 해당하는 내용 중에서도 특히 국가의 기본적이고 핵심적인 사항으로서 법률에 의하여 규율하는 것이 적합하지 아니한 사항을 대상으로 한다. 일반적인 헌법사항 중 과연 어디까지가 이러한 기본적이고 핵심적인 헌법사항에 해당하는지 여부는 일반추상적인 기준을 설정하여 재단할 수는 없고, 개별적 문제사항에서 헌법적 원칙성과 중요성 및 헌법원리를 통하여 평가하는 구체적 판단에 의하여 확정하여야 한다.

관습헌법이 성립하기 위하여서는 관습법의 성립에서 요구되는 일반적 성립 요건이 충족되어야 한다. 첫째, 기본적 헌법사항에 관하여 어떠한 관행 내지 관례가 존재하고, 둘째, 그 관행은 국민이 그 존재를 인식하고 사라지지 않을 관행이라고 인정할 만큼 충분한 기간 동안 반복 내지 계속되어야 하며(반복·계속성), 셋째, 관행은 지속성을 가져야 하는 것으로서 그 중간에 반대되는 관행이 이루어져서는 아니 되고(항상성), 넷째, 관행은 여러 가지 해석이 가능할 정도로 모호한 것이 아닌 명확한 내용을 가진 것이어야 한다(명료성). 또한 다섯째, 이러한 관행이 헌법관습으로서 국민들의 승인 내지 확신 또는 폭넓은 컨센서스를 얻어 국민이 강제력을 가진다고 믿고 있어야 한다(국민적 합의).

④ '우리나라의 수도가 서울인 점'이 관습헌법인가?
헌법기관의 소재지, 특히 국가를 대표하는 대통령과 민주주의적 통치원리에 핵심적 역할을 하는 의회의 소재지를 정하는 문제는 국가의 정체성(正體性)을 표현하는 실질적 헌법사항의 하나이다. 여기서 국가의 정체성이란 국가의 정서적 통일의 원천으로서 그 국민의 역사와 경험, 문화와 정치 및 경제, 그 권력구조나 정신적 상징 등이 종합적으로 표출됨으로써 형성되는 국가적 특성이라 할 수 있다. 수도를 설정하는 것 이외에도 국명(國名)을 정하는 것, 우리말을 국어(國語)로 하고 우리글을 한글로 하는 것, 영토를 획정하고 국가주권의 소재를 밝히는 것 등이 국가의 정체성에 관한 기본적 헌법사항이 된다고 할 것이다. 수도를 설정하거나 이전하는 것은 국회와 대통령 등 최고 헌법기관들의 위치를 설정하여 국가조직의 근간을 장소적으로 배치하는 것으로서, 국가생활에 관한 국민의 근본적 결단임과 동시에 국가를 구성하는 기반이 되는 핵심적 헌법사항에 속한다.

우리 헌법전상으로는 '수도가 서울'이라는 명문의 조항이 존재하지 아니한다. 그러나 현재의 서울 지역이 수도인 것은 그 명칭상으로도 자명한 것으로서, 대한민국의 성립 이전부터 국민들이 이미 역사적, 전통적 사실로 의식적 혹은 무의식적으로 인식하고 있었으며, 대한민국의 건국에 즈음하여서도 국가의 기본구성에 관한 당연한 전제사실 내지 자명한 사실로서 아무런 의문도 제기될 수 없는 것이었다. 따라서 제헌헌법 등 우리 헌법제정의 시초부터 '서울에 수도(서울)를 둔다.'는 등의 동어반복적인 당연한 사실을 확인하는 헌법조항을 설치하는 것은 무의미하고 불필요한 것이었다. 서울이 바로 수도인 것은 국가생활의 오랜 전통과 관습에서 확고하게 형성된 자명한 사실 또는 전제된 사실로서 모든 국민이 우리나라의 국가구성에 관한 강제력 있는 법규범으로 인식하고 있는 것이다.

서울이 우리나라의 수도인 것은 조선시대 이래 600여 년 간 우리나라의 국가생활에 관한 당연한 규범적 사실이 되어 왔으므로 우리나라의 국가생활에 있어서 전통적으로 형성되어있는 계속적 관행이라고 평가할 수 있고(계속성), 이러한 관행은 변함없이 오랜 기간 실효적으로 지속되어 중간에 깨어진 일이 없으며(항상성), 서울이 수도라는 사실은 우리나라의 국민이라면 개인적 견해 차이를 보일 수 없는 명확한 내용을 가진 것이며(명료성), 나아가 이러한 관행은 오랜 세월간 굳어져 와서 국민들의 승인과 폭넓은 컨센서스를 이미 얻어(국민적 합의) 국민이 실효성과 강제력을 가진다고 믿고 있는 국가생활의 기본사항이라고 할 것이다. 따라서 서울이 수도라는 점은 우리의 제정헌법이 있기 전부터 전통적으로 존재하여온 헌법적 관습이며 우리 헌법조항에서 명문으로 밝힌 것은 아니지만 자명하고 헌법에 전제된 규범으로서, 관습헌법으로 성립된 불문헌법에 해당한다.

관습헌법의 제 요건을 갖추고 있는 '서울이 수도인 사실'은 단순한 사실명제가 아니고 헌법적 효력을 가지는 불문의 헌법규범으로 승화된 것이며, 사실명제로부터 당위명제를 도출해 낸 것이 아니라 그 규범력에 대한 다툼이 없이 이어져 오면서 그 규범성이 사실명제의 뒤에 잠재되어 왔을 뿐이다.

⑤ 관습헌법의 폐지와 사멸
어느 법규범이 관습헌법으로 인정된다면 그 개정가능성을 가지게 된다. 관습헌법도 헌법의 일부로서 성문헌법의 경우와 동일한 효력을 가지기 때문에 그 법규범은 최소한 헌법 제130조에 의거한 헌법개정의 방법에 의하여만 개정될 수 있다. 따라서 재적의원 3분의 2 이상의 찬성에 의한 국회의 의결을 얻은 다음(헌법 제130조 제1항) 국민투표에 붙여 국회의원 선거권자 과반수의 투표와 투표자 과반수의 찬성을 얻어야 한다(헌법 제130조 제3항). 다만 이 경우 관습헌법규범은 헌법전에 그에 상반하는 법규범을 첨가함에 의하여 폐지하게 되는 점에서, 헌법전으로부터 관계되는 헌법조항을 삭제함으로써 폐지되는 성문헌법규범과는 구분된다. 한편 이러한 형식적인 헌법개정 외에도, 관습헌법은 그것을 지탱하고 있는 국민적 합의성을 상실함에 의하여 법적 효력을 상실할 수 있다. 관습헌법은 주권자인 국민에 의하여 유효한 헌법규범으로 인정되는 동안에만 존속하는 것이며, 관습법의 존속요건의 하나인 국민적 합의성이 소멸되면 관습헌법으로서의 법적 효력도 상실하게 된다. 관습헌법의 요건들은 그 성립의 요건일 뿐만 아니라 효력 유지의 요건이다.

---

5) 재판관 전효숙의 반대의견

① '우리나라의 수도가 서울인 점'이 헌법의 개정 대상인가?

역사적으로 수도의 소재지는 국가 정체성에 관한 중요한 사항이었으나, 자유민주주의와 입헌주의를 주된 가치로 하는 우리 헌법은, 국가권력의 통제와 합리화를 통하여 국민의 자유와 권리를 최대한 실현하려는 것이 그 목적이며, 수도의 소재지가 어디냐는 그 목적을 위한 "도구"에 불과하다. 그러므로 헌법상 수도의 위치가 반드시 헌법제정권자나 헌법개정권자가 직접 결정해야 할 사항이라 할 수 없다.

② '우리나라의 수도가 서울인 점'이 관습헌법인가?

서울이 수도라는 사실이 오랫동안 우리 민족에게 자명하게 인식되어 온 관행에 속한다 하더라도, 우리 국민이 그것을 강제력 있는 법규범으로 확신하고 있었다고 인정하기 어렵다. 수도이전 문제는 이 사건 심판청구 무렵에야 우리 사회의 주된 쟁점이 되었고, 여야 국회의원들은 수도이전 사안이 국민의 헌법적 확신을 지니는 헌법사항이라든가, 헌법개정절차를 통하여야 하므로 입법권의 대상이 될 수 없다든가 하는 점에 관한 인식을 전혀 드러내지 않았다. 결국 "서울이 수도"라는 관행적 "사실"에서 관습헌법이라는 "당위규범"이 인정될 수 없다.

③ 관습헌법의 효력

성문헌법을 지닌 법체제에서, 관습헌법은 성문헌법과 "동일한" 혹은 "특정 성문헌법 조항을 무력화 시킬 수 있는" 효력을 가진 것으로 볼 수 없다. 성문의 헌법전은 헌법제정권자인 국민들이 직접 "명시적" 의사표시로써 제정한 최고법규범으로서 모든 국가권력을 기속하는 강한 힘을 보유하는 것이며, 그 내용의 개정은 엄격한 절차를 거치도록 하고 있는데, 그러한 성문헌법의 강한 힘은 국민주권의 명시적 의사가 특정한 헌법제정절차를 거쳐서 수렴되었다는 점에서 가능한 것이다. 관습만으로는 헌법을 특징화하는 그러한 우세한 힘을 보유할 수 없다. 관습헌법은 성문헌법으로부터 동떨어져 성립하거나 존속할 수 없고 항상 성문헌법의 여러 원리와 조화를 이룸으로써만 성립하고 존속하는 "보완적 효력"만을 지닌다. 이러한 법리는 관습헌법의 내용이 "중요한 헌법사항"이라 하더라도 동일하다.

관습헌법이란 실질적 의미의 헌법사항이 관습으로 규율되고 있다는 것을 뜻할 뿐이며, 관습헌법이라고 해서 성문헌법과 똑같은 효력이 인정된다고 볼 근거가 없다. 또한 헌법의 개정은 "형식적 의미"의 헌법, 즉 성문헌법과 관련된 개

Ⅱ. 헌법의 해석

1. 헌법해석의 의의

헌법규범의 내용적 측면을 강조한다면 헌법은 기본권의 보장과 국가권력을 조직하고 권한을 부여하고 통제하는 내용이 담겨있는 근본법규라고 할 수 있다. 한편 헌법규범은 그 시대의 다양한 정치적 가치와 이념을 반영하고 있고 또 그만큼 개방적 구조로 이루어져 있다. 헌법의 이러한 추상적이고 개방적인 규정형식 때문에 그 해석의 필요성이 다른 규범에 비해서 크다고 할 수 있다. 헌법해석이란 문제가 되는 헌법규범의 의미와 내용을 구체적으로 밝히는 인식작용을 말한다.

여기에서 문제가 되는 헌법규범을 성문헌법(헌법전)에 한정하는 경우를 '좁은 의미의 헌법해석'으로, 성문헌법과 불문헌법 · 형식적 의미의 헌법과 실질적 의미의 헌법 등 모든 헌법규범을 대상으로 하는 경우를 '넓은 의미의 헌법해석'으로 설명하기도 한다.

헌재 1989. 9. 8. 88헌가6

"헌법의 해석은 헌법이 담고 추구하는 이상과 이념에 따른 역사적, 사회적 요구를 올바르게 수용하여 헌법적 방향을 제시하는 헌법의 창조적 기능을 수행하여 국민적 욕구와 의식에 알맞은 실질적 국민주권의 실현을 보장하는 것이어야 한다. 그러므로 헌법의 해석과 헌법의 적용이 우리 헌법이 지향하고 추구하는 방향에 부합하는 것이 아닐 때에는, 헌법 적용의 방향제시와 헌법적 지도로써 정치적 불안과 사회적 혼란을 막는 가치관을 설정하여야 한다."

념이므로, 관습헌법의 변경은 헌법의 개정에 속하지 않으며 헌법이 마련한 대의민주주의 절차인 법률의 제정, 개정을 통하여 다루어질 수 있다.

"서울이 수도"라는 관습헌법의 변경은 헌법개정에 의해야 한다면, 이는 관습헌법에 대하여 헌법이 부여한 국회의 입법권보다 우월적인 힘을 인정하는 것이 된다. 수도이전과 같은 헌법관습의 변경의 경우에도, 별도로 이를 제한하는 헌법규정이 없으므로, 국회의 입법으로 가능하다. 이 사건 법률은 국회의원들의 압도적 다수로 통과되었는데, 그러한 입법이 국민의 민의를 제대로 반영하지 못하였다는, 혹은 민의를 배신하였다는 정치적 비난을 받을 수 있는 것은 별도로 하고, 헌법적 측면에서 그것이 "국회의원들의 권한이 아니다"고 단정할 수 없는 것이다.

이러한 이유에서 이 사건 법률이 헌법 제130조 제2항의 국민투표권을 침해할 가능성은 없다. 결국 청구인들의 국민투표권 침해 주장은 권리의 침해가능성 자체가 인정되지 않으므로 부적법하다. 청구인들의 다른 기본권 침해 주장 역시 기본권 침해의 자기관련성, 직접성 혹은 현재성 요건을 갖추지 못하였다. 이 사건은 기본권 침해를 구제하기 위한 헌법소원절차에서 헌법재판소가 본안판단을 하기에 부적법한 것이다.

6) 재판관 김영일의 별개의견

이 사건 법률이 헌법 제72조의 국민투표권을 침해하였다고 하나, 헌법 제72조는 대통령에게 '국가안위에 관한 중요정책'의 국민투표를 실시할 것인지 여부에 관하여 재량을 주고 있는데, 사안의 중대성에 따라 그 재량이 달라진다고 해석할 수 없다. 또한 그러한 재량은 헌법이 직접 부여한 것이므로, 행정법상의 재량권의 일탈 · 남용 법리는 적용될 수 없다. 따라서 이 사건에서 헌법 제72조의 국민투표권이 침해될 가능성은 없다.

2. 헌법해석의 종류와 방법

1) 유권해석과 학리해석

헌법해석은 해석의 주체가 국가기관이냐 개인이냐에 따라 유권해석과 학리해석이 있다. 우리나라의 헌법에 관한 최종적인 유권해석은 원칙적으로 헌법재판소가 담당하고 있다.

2) 고전적 해석방법과 현대적 해석방법

① 고전적 해석방법 – 일반적인 법률의 해석방법을 헌법에 적용하는 해석방법

사비니(Savigny)는 이러한 고전적 해석방법을 집대성하여 문리적 해석, 논리적 해석, 역사적 해석, 체계적 해석의 4가지 해석방법을 주장하였고 이는 일반적인 해석방법으로 통용됨.[7]

② 현대적 해석방법 – 헌법의 통일성 원칙, 실제적 조화의 원칙(≒규범조화적 해석방법), 기능 적정성의 원칙, 통합작용의 원리, 규범력 제고의 원리[8] 등이 있다.

3. 합헌적 법률해석(헌법합치적 법률해석)

1) 합헌적 법률해석과 변형결정

합헌적 법률해석이란 겉으로는 위헌인 것처럼 보이는 법률일지라도 헌법의 정신에 합치되도록 해석될 여지가 조금이라도 있다면 함부로 이를 위헌으로 판단할 것이 아니라 합헌으로 판단하여야 한다는 법률 해석기법을 말한다. 즉, 법률의 의미가 다의적으로 해석될 수 있는 경우에는 가능한 한 합헌적으로 해석하여야 한다는 법률해석의 원칙을 말한다. 이 경우 헌법재판소는 단순위헌 결정이 아니라 변형결정[9]의 형식을 취하게 된다.

---

7) 참고– 그 밖에 전통적 해석방법으로 사비니의 4가지 해석방법에 더하여 목적론적 해석방법의 필요성이 강조되거나(라렌츠–Karl Larenz), ①비교법적 해석 ②발생사적 해석(주관적 해석) ③목적론적 해석 등을 추가로 하여 7가지 해석방법이 주장되기도 하였음(볼프, 바호프–H. J. Wolff, O. Bachof).

8) 참고– 고전적 해석방법에 비해 여러 가지 헌법해석론이 주장되었다. 예컨대 정신과학적 해석론(vs자연과학적 해석방법), 스멘트(R. Smend)의 헌법해석론(통합과정으로써 국가와 그 법질서로서 헌법의 의미를 강조하는 해석방법), 헤세(K. Hesse)의 헌법해석론(문리적 해석에서 시작하지만 다양한 헌법적 가치와 헌법변천의 가능성을 고려하는 해석), 엠케(H. Ehmke)의 문제변증론(합리적이고 정의롭게 판단할 수 있는 사람들의 공감대에 따라 case by case로 해석) 그 밖에 해벌레(P. Häberle), 뮬러(F. Müller)의 이론 등이 있음.(장영수 헌법학 참조)

9) 헌법재판소의 결정은 규범통제의 성질상 단순합헌이나 단순위헌이 아닌 형태의 결정을 하여야 하는 경우가 있는데, 이런 결정 형태를 단순합헌이나 단순위헌과 구별하여 변형결정이라고 하며 그 종류에는 여러 형태가 있을 수 있다. 현재 헌법재판소는 한정합헌, 한정위헌 그리고 헌법불합치 결정의 3가지 형태의 변형결정만을 내리고 있다.

따라서 법률문언의 뜻이 뚜렷하여 한 가지 뜻으로 밖에 해석할 수 없는 경우라면(법률의 의미가 다의적으로 해석될 수 있는 경우가 아니라면) 합헌적 법률해석의 여지는 없다. 또한 법률의 의미가 다의적으로 해석될 수 있다고 하더라도 입법자의 명백한 의지와 입법목적을 넘어서는 해석을 해서는 안 된다. 이를 어의적 한계(문의적 한계)와 법목적적 한계라고 한다.

주의할 점으로 합헌적 법률해석은 어디까지나 법률해석이지 헌법해석이 아니라는 점에서 헌법의 법률합치적 해석(=합법률적 헌법해석, 법률합치적 헌법해석)과는 다르다는 점이다.

2) 합헌적 법률해석의 의의, 이론적 근거, 유형, 한계에 관한 판례

① 합헌적 법률해석의 의의

헌재 1989. 7. 14. 88헌가5 – "법률의 합헌적 해석은 헌법의 최고규범성에서 나오는 법질서의 통일성에 바탕을 두고 법률이 헌법에 조화하여 해석될 수 있는 경우에는 위헌으로 판단하여서는 아니된다는 것을 뜻한다."

대판 1992. 5. 8. 91부8 – "어떤 법률이 한 가지 해석방법에 의하면 헌법에 위배되는 것처럼 보이더라도 다른 해석방법에 의하면 헌법에 합치하는 것으로 볼 수 있을 때에는 헌법에 합치하는 해석방법을 택하여야 할 것이다."

② 이론적 근거(법질서의 통일성, 권력분립의 정신(입법기능의 존중), 법적 안정성

"한정합정해석은 헌법을 최고법규로 하는 통일적인 법질서의 형성을 위해서나, 입법부가 제정한 법률을 위헌이라고 하여 전면폐기하는 것보다는 그 효력을 되도록 유지하는 것이 권력분립의 정신에 합치하고 민주주의적 입법기능을 최대한 존중하는 것이 되며, 일부 위헌요소 때문에 전면위헌을 선언하는데서 초래될 충격을 방지하고 법적 안정성을 갖추기 위하여서도 필요하다 할 것이다." (헌재 1990. 6. 25. 90헌가11)

"어떤 법률의 개념이 다의적이고 그 어의의 테두리안에서 여러가지 해석이 가능할 때, 헌법을 최고법규로 하는 통일적인 법질서의 형성을 위하여 헌법에 합치되는 해석 즉 합헌적인 해석을 택하여야 하며, 이에 의하여 위헌적인 결과가 될 해석은 배제하면서 합헌적이고 긍적정적인 면은 살려야 한다는 것이 헌법의 일반법리이다."(헌재 1990. 4. 2. 89헌가113)

③ 유형

한정합헌결정은 "위헌적인 해석 가능성과 그에 따른 법적용을 소극적으로 배제한 것"이고,
한정위헌결정은 "위헌적인 법적용 영역과 그에 상응하는 해석 가능성을 적극적으로 배제한 것"으로, 이 둘은 "본질적으로 다 같은 위헌결정이다." (헌재 1997. 12. 24. 96헌마172·173)

④ 한계

"법률의 합헌적 해석은 헌법의 최고규범성에서 나오는 법질서의 통일성에 바탕을 두고, 법률이 헌법에 조화하여 해석될 수 있는 경우에는 위헌으로 판단하여서는 아니된다는 것을 뜻하는 것으

로서 권력분립과 입법권을 존중하는 정신에 그 뿌리를 두고 있다. 따라서, 법률 또는 법률의 위 조항은 원칙적으로 가능한 범위안에서 합헌적으로 해석함이 마땅하나 그 해석은 법의 문구와 목적에 따른 한계가 있다. 즉, 법률의 조항의 문구가 간직하고 있는 말의 뜻을 넘어서 말의 뜻이 완전히 다른 의미로 변질되지 아니하는 범위내이어야 한다는 문의적 한계와 입법권자가 그 법률의 제정으로써 추구하고자 하는 입법자의 명백한 의지와 입법의 목적을 헛되게 하는 내용으로 해석할 수 없다는 법목적에 따른 한계가 바로 그것이다. 왜냐하면, 그러한 범위를 벗어난 합헌적 해석은 그것이 바로 실질적 의미에서의 입법작용을 뜻하게 되어 결과적으로 입법권자의 입법권을 침해하는 것이 되기 때문이다." (헌재 1989. 7. 14. 88헌가5)

"일반적으로 법률문언의 의미와 내용을 분명히 하는 법률해석에 있어, 법률조항의 문구의 의미가 명확하지 않거나 특정한 상황에 들어맞는 규율을 하고 있는 것인지 애매할 경우에는, 입법목적이나 입법자의 의도를 합리적으로 추정하여 문언의 의미를 보충하여 확정하는 체계적, 합목적적 해석을 하거나, 유사한 사례에 관하여 명확한 법률효과를 부여하고 있는 법률조항으로부터 유추해석을 하여 법의 흠결을 보충하거나, 심지어 법률의 문언 그대로 구체적 사건에 적용할 경우 터무니없는 결론에 도달하게 되고 입법자가 그런 결과를 의도하였을 리가 없다고 합리적으로 판단되는 경우에는 문언을 약간 수정하여 해석하는 경우도 있을 수 있다. 또한 어떤 법률조항에 대한 여러 갈래의 해석이 가능한 경우, 특히 법률조항에 대한 해석이 한편에서는 합헌이라는 해석이, 다른 편에서는 위헌이라는 해석이 다 같이 가능하다면, 원칙적으로 헌법에 합치되는 해석을 선택하여야 한다는 '헌법합치적 법률해석'의 원칙도 존중되어야 하는 것은 당연할 것이다.
그러나 법률해석의 이러한 여러 방법들은 대상 법률규정의 규율영역에 따라 때로는 아예 허용되지 않거나 때로는 엄격하게 제한되는 경우가 있다. 특히 형벌조항의 경우 헌법상 규정된 죄형법정주의(헌법 제12조 제1항, 제13조 제1항)에 의해 입법목적이나 입법자의 의도를 감안한 유추해석이 일체 금지되고 법률조항의 문언의 의미를 엄격하게 해석할 것이 요구된다. 또한 국민의 재산권과 밀접한 관련을 갖고 있는 조세법의 해석에 있어서도 조세법률주의의 원칙상(헌법 제59조) 과세요건, 절차, 결과 등 모든 면에서 엄격하게 법문언대로 해석하여야 하고 합리적인 이유 없이 확장해석하거나 유추해석할 수는 없다. 그러므로 형벌조항이나 조세관련 법규를 해석함에 있어서, '유효한' 법률조항의 불명확한 의미를 논리적 · 체계적 해석을 통해 합리적으로 보충하는 데에서 더 나아가, 해석을 통하여 전혀 새로운 법률상의 근거를 만들어 내거나, 기존에는 존재하였으나 실효되어 더 이상 존재한다고 볼 수 없는 법률조항을 여전히 '유효한' 것으로 해석한다면, 이는 법률해석의 한계를 벗어나는 것으로서, '법률의 부존재'로 말미암아 형벌의 부과나 과세의 근거가 될 수 없는 것을 법률해석을 통하여 이를 창설해 내는 일종의 '입법행위'에 해당하므로 헌법상의 권력분립원칙에 반할 뿐만 아니라 죄형법정주의, 조세법률주의의 원칙에도 반하는 것이다. 또한 헌법정신에 맞도록 법률의 내용을 해석 · 보충하거나 정정하는 '헌법합치적 법률해석' 역시 '유효한' 법률조항의 의미나 문구를 대상으로 하는 것이지, 이를 넘어 이미 실효된 법률조항을 대상으로 하여 헌법합치적인 법률해석을 할 수는 없는 것이어서, 유효하지 않은 법률조항을 유효한 것으로 해석하는 결과에 이르는 것은 '헌법합치적 법률해석'을 이유로도 정당화될 수 없다 할 것이다."(헌재 2012. 5. 31. 2009헌바123·126)

3) 구체적 사례

○ 국가보안법 제7조 제1항 및 제5항의 위헌여부

헌법 제12조 제1항 후문 후단은 이른바 죄형법정주의를 규정한 것으로서 죄형법정주의에서 말하는 법률은 국민이 처벌가능성을 예측할 수 있을 정도로 구체적이고 명확하게 규정되어야 하고 지나치게 포괄적이고 애매하거나 막연하고 불명확한 처벌법규는 자의적인 행정권의 행사에 의한 국민의 기본권 침해의 여지를 가지게 되기 때문에 삼권분립 내지 법치주의의 이념과 죄형법정주의의 원칙에 어긋나는 위헌의 법률이고, 헌법 제37조 제2항 소정의 국민의 자유와 권리를 구체적으로 적시할 것을 요하며 기본권 일반을 제한한다는 형식의 입법은 위헌이라고 할 것인데 국가보안법 제7조 제1항 및 제5항은 반국가단체를 어떠한 방법으로든지 이롭게 한 자를 모두 처벌할 수 있다는 지나치게 포괄적이고 막연한 규정이므로 헌법 제12조 제1항과 제37조 제2항 전문의 규정에 위반되고 그 결과 국민의 자유와 권리의 본질적 내용을 침해할 우려가 있어 위와 같은 본질적 내용의 침해금지를 규정한 헌법 제37조 제2항 후문의 규정에도 위반된다는 취지

국가보안법(國家保安法) 제7조(讚揚 · 鼓舞 등)
① 반국가단체(反國家團體)나 그 구성원(構成員) 또는 그 지령(指令)을 받은 자의 활동을 찬양(讚揚) · 고무(鼓舞) 또는 이에 동조(同調)하거나 기타의 방법(方法)으로 반국가단체(反國家團體)를 이(利)롭게 한 자는 7년이하의 징역(懲役)에 처(處)한다.
⑤ 제1항 내지 제4항의 행위(行爲)를 할 목적(目的)으로 문서(文書) · 도서(圖書) 기타의 표현물(表現物)을 제작(製作) · 수입(輸入) · 복사(複寫) · 소지(所持) · 운반(運搬) · 반포(頒布) · 판매(販賣) 또는 취득(取得)한 자는 그 각 항(項)에 정한 형(刑)에 처(處)한다.

→ 국가보안법 제7조 제1항 및 제5항의 규정은 각 그 소정의 행위가 국가의 존립 · 안전을 위태롭게 하거나 자유민주적 기본질서에 위해를 줄 명백한 위험이 있을 경우에만 축소적용되는 것으로 해석한다면 헌법에 위반되지 아니한다.[10)]

---

10) 헌재 1990. 4. 2. 89헌가113 "국가의 존립 · 안전을 위태롭게 한다 함은 대한민국의 독립을 위협 · 침해하고 영토를 침략하며 헌법과 법률의 기능 및 헌법기관을 파괴 · 마비시키는 것으로 외형적인 적화공작 등을 일컫는다. 또한 자유민주적 기본질서에 위해를 준다 함은 모든 폭력적 지배와 자의적 지배 즉 반국가단체의 일인독재내지 일당독재를 배제하고 다수의 의사에 의한 국민의 자치, 자유 · 평등의 기본원칙에 의한 법치주의적 통치질서의 유지를 어렵게 만드는 것으로서 구체적으로는 기본적 인권의 존중, 권력분립, 의회제도, 복수정당제도, 선거제도, 사유재산과 시장경제를 골간으로 한 경제질서 및 사법권의 독립 등 우리의 내부체재를 파괴 · 변혁시키려는 것이다." (이후 헌재 2004. 8. 26. 2003헌바85 · 102에서 다시 다루어짐)

Ⅲ. 헌법의 제정과 개정

1. 헌법의 제정

1) 헌법제정과 헌법제정권력

○ 헌법제정이란 헌법제정권력의 행사 주체가 헌법을 창조하는 행위를 말한다.

- 사회공동체를 정치적인 일원체로 조직하기 위해서 일원적인 법공동체의 법적인 기본질서를 마련하는 법창조행위 (허영)
- 사실상의 정치공동체에 규범력을 부여하여 법적 정치공동체로 전환되게 하는 것으로서, 국가의 법적 기본질서를 마련하는 법창조행위 (홍성방)[11]

○ 헌법제정권력이란 헌법을 창조하는 힘이라고 할 수 있다.

- 이 경우 헌법제정권력을 누가 행사하는지 혹은 어떻게 행사하여야 하며 그 한계는 무엇인지(헌법제정권력의 주체, 행사방법, 한계의 문제), 그리고 헌법개정권력과는 어떻게 다른지도 문제된다.

2) 헌법제정권력의 주체, 행사방법, 한계

○ 헌법제정권력은 신, 군주(왕정복고), 시민계급 등 역사적으로 다양한 주체가 있었으나, 오늘날 민주국가에서 헌법제정권력자는 국민이다.

- "우리들 대한국민은 ~~ 단기4281년 7월 12일 이 헌법을 제정한다" - 제헌헌법 전문
- "대한민국의 주권은 국민에게 있고..." - 헌법 제1조 제2항
- "국민이 대한민국의 주권자이며, 국민은 최고의 헌법제정권력이기 때문에 성문헌법의 제 · 개정에 참여할 뿐만 아니라 헌법전에 포함되지 아니한 헌법사항을 필요에 따라 관습의 형태로 직접 형성할 수 있다." - 2004헌마554(신행정수도의 건설을 위한 특별조치법 위헌확인)

---

11) 홍성방 교수는 헌법의 성립(정치사회학적 현상)과 헌법의 제정(헌법학적 현상)을 개념적으로 구별하면서 이미 성립되어 있는 현실적 헌법에 규범력을 부여하여 헌법이 되게 하는 행위로 이해하는 허영 교수의 견해와 다르다는 점을 강조한다. 즉 "헌법제정 이전에 존재하는 것은 사회학적 의미의 헌법이 아니라 사회학적 의미의 국가이며, 헌법의 제정을 이미 성립되어 있는 사회학적 의미의 헌법(=사실)에 규범력을 부여하는 행위가 아니라 사회학적 의미의 정치공동체를 법적 의미의 정치공동체인 국가로 형성하는 것이다." 다시 말하면, 헌법제정이란 사실로서의 헌법이 규범으로서의 헌법이 되는 것이 아니라, 사실로서의 국가(=정치공동체)를 규범으로서의 국가로 만드는 행위로 이해할 수 있다.

○ 헌법제정권력의 행사방법- 국민이 간접적 · 직접적이든 헌법제정권력을 행사함
- 단일국가: ①제헌의회의 의결/ ②제헌의회의 기안 및 국민투표/ ③제헌의회의 의결 및 국민투표 등
- 연방국가: 구성국가의 동의

○ 헌법제정권력의 한계
- 무한계성설: 시이예스와 슈미트 → 헌법제정권력의 사실적 측면만을 강조
- 한계성설: '헌법제정권력의 권력과 권위가 승인되고 있는 경우에만' 정당함(← 규범적 측면을 고려), 구체적으로 ① 법적 이성, 정의, 법적 안정성 등과 같은 법내재적 기본원리와 전통적인 법문화 ② 국민의 가치관과 법관념, 불변의 근본가치 ③ 전국가적 인권(자연권) ④ 국제법적 제약

2. 헌법의 개정

1) 헌법개정의 의의

헌법규범과 현실이 상이한 경우 헌법의 규범력 제고는 1차적으로 헌법의 개방성, 추상성, 역사성과 같은 사실적 특성을 바탕으로 법률의 제정 · 개정(즉 입법적 차원)을 통해 해결할 수 있을 것이다. 그러나 규범과 현실의 괴리가 한계점에 도달하는 경우 최종적으로는 헌법개정이 필요하다고 할 수 있다.

헌법개정이란 ① 헌법의 규범력을 높이기 위하여 (개정 목적) ② 헌법에 규정된 개정절차에 따라 (형식적 요건) ③ 기존 헌법과 기본적 동일성을 유지하면서 (실질적 요건) ④ 헌법의 특정조항을 (대상) ⑤ 의식적으로 수정 · 삭제 · 추가함으로써 헌법에 종국적인 변경을 가하는 행위 라고 할 수 있다.

〈구별개념〉[12]

○ 헌법의 파괴 : 주로 혁명에 의하여 기존의 헌법뿐만 아니라 그 헌법의 기초가 되는 헌법제정권력까지도 배제하는 경우 -기존 헌법과는 완전히 다른 새로운 헌법이 만들어짐(= 헌법제정 ↔ 헌법개정) ex〉 1789 프랑스 혁명, 1917 러시아 혁명, 1918 독일 혁명 + 1947년의 일본 헌법

○ 헌법의 폐제 : 헌법제정권력은 변경되지 않으면서 기존의 헌법을 배제하는 경우 - (주로 쿠데타 등을 통하여) 기존 헌법의 개정절차를 무시한 것(↔ 헌법개정) ex〉 제3공화국 헌법(5 · 16)

○ 헌법의 침해 : 헌법의 조문을 명시적으로 고치지 않은채 헌법규정에 반하는 조치를 취하는 것
○ 헌법의 정지 : 헌법의 일정조항을 개변함이 없이 일시적으로 그 효력만을 상실시키는 경우
ex〉 1961 5 · 16군사쿠데타 이후 국가비상조치, 1972 10월 유신 10 · 17 비상조치, 1980 국가보위비상대책위원회의 5 · 17조치
○ 헌법의 변천 : 특정 헌법조항이 헌법에 규정된 개정절차에 따라 의식적으로 수정 · 변경되는 것이 아니고, 당해 조문은 그대로 있으면서 그 의미나 내용만이 의식적이든 무의식적이든 (법원의 판례, 헌법적 관습 또는 객관적 사정의 변화에 따라) 그 의미가 실질적으로 변경되는 것 – 규범과 현실의 불일치를 조정하여 헌법의 규범력을 회복하는 역할을 한다. '헌법변천의 가능성이 끝나는 곳에서 헌법개정의 문제가 발생한다'(K. Hesse) ▶ 헌법 제3조의 영토조항과 제4조의 평화통일 조항, 헌법 제86조 제1항의 국무총리임명에 관한 사항(국무총리서리제도)

2) 헌법제정권력과 헌법개정권력

헌재 1995. 12. 28. 95헌바3(국가배상법 제2조 제1항 등 위헌소원)

(1) 이 사건 심판청구는 헌법 제29조 제2항을 그 대상의 일부로 하고 있으므로, 우선적으로 헌법의 개별조항이 헌법재판소법 제68조 제2항에 의한 헌법소원심판의 대상이 되는지 여부가 문제된다.

---

12) ◆ 정변(政變) – 내각의 돌연한 교체나 쿠데타 등으로 대표되는 정치상의 큰 변동. 넓게는 정치상의 변동을 가리키나, 일반적으로는 지배체제 전체를 변혁시키는 혁명과는 구별하여 권력층 내부의 변혁, 즉 정권의 변동을 의미한다. 현실적으로 정치의 운용에 해당하는 권력은 합법적인 방법 외에 혁명 · 쿠데타 · 음모 · 암살 등의 비합법적인 방법에 의해서도 흔히 변동된다. 소련에서의 N.S.흐루쇼프의 갑작스런 해임이나 중국의 문화대혁명 당시의 실권파 추방도 이에 속한다.
◆ 쿠데타(coup d'Etat) – 지배계급 내의 일부세력이 무력 등의 비합법적인 수단으로 정권을 탈취하는 기습적인 정치활동.
◆ 혁명(revolution, 革命) – 비합법적인 수단으로 국체(國體) 또는 정체(政體)를 변혁하는 일. 즉 역사발전에 따라 기존 사회체제를 변혁하기 위해 이제까지 국가권력을 장악하였던 계층에 대신하여, 피지배계층이 그 권력을 비합법적인 방법으로 탈취하는 권력교체의 형식이다. 일반적으로 혁명주체세력의 성격에 따라 혁명의 형태를 위로부터의 혁명, 아래로부터의 혁명, 옆으로부터의 혁명으로 나눌 수 있다. '위로부터의 혁명'은 구지배계급의 계획과 지도하에 타협적으로 단행되는 혁명을 말한다. 독일에서의 슈타인(1757~1831)과 하르덴베르크(1750~1822)의 대개혁 등은 그 전형적인 예이다. '아래로부터의 혁명'은 혁명의 가장 전형적인 형태이며 정치적으로 성숙한 계급이 민중의 광범한 지지 아래에서 자주적으로 단행하는 혁명이다. 예컨대 프랑스혁명과 영국의 청교도혁명, 러시아의 공산혁명 등과 같은 것이다. '옆으로부터의 혁명'은 위로부터의 혁명과 아래로부터의 혁명을 단행할 만한 존재가 없을 때, 주로 민중의 지지 아래 지식계층에 의하여 단행되는 혁명이다. 한국의 4 · 19혁명이 이 유형에 속한다.
〈출처- 네이버 지식백과, 두산백과〉
◆ 정리 – 이상을 정리하면 넓은 의미에서 정변은 모든 정권교체를 포함(쿠데타+혁명+α)하는 것으로 이해. 이 경우 정변은 ①권력층 내부의 교체와 지배체제의 전체적 교체를 포함하고, ②지배체제 평화적 정권교체와 무력을 통한 정권교체도 포함한다. 그러나 ①의 경우 정권의 지배체제의 전체적 교체만을 전제하고 있는 혁명과 구별하여 사용하거나, ①②를 종합하여 무력을 통한 권력층 내부의 정권교체를 전제하고 있는 쿠데타와 구별되어 사용될 수 있을 것이다(상대적 개념).

(2) 헌법 제111조 제1항 제1호 및 헌법재판소법 제41조 제1항은 위헌법률심판의 대상에 관하여, 헌법 제111조 제1항 제5호 및 헌법재판소법 제68조 제2항, 제41조 제1항은 헌법소원심판의 대상에 관하여 그것이 법률임을 명문으로 규정하고 있으며, 여기서 위헌심사의 대상이 되는 법률이 국회의 의결을 거친 이른바 형식적 의미의 법률을 의미하는 것에는 아무런 의문이 있을 수 없다. 따라서 형식적 의미의 법률과 동일한 효력을 갖는 조약 등은 포함된다고 볼 것이지만 헌법의 개별규정 자체는 그 대상이 아님이 명백하다.

(3) 그럼에도 불구하고, 이른바 헌법제정권력과 헌법개정권력을 준별하고, 헌법의 개별규정 상호간의 효력의 차이를 인정하는 전제하에서 헌법제정규범에 위반한 헌법개정에 의한 규정, 상위의 헌법규정에 위배되는 하위의 헌법규정은 위헌으로 위헌심사의 대상이 된다거나, 혹은 헌법규정도 입법작용이라는 공권력 행사의 결과이므로 헌법재판소법 제68조 제1항에 의한 헌법소원의 대상이 된다는 견해가 있을 수는 있다.

(4) 우리나라의 헌법은 제헌헌법이 초대국회에 의하여 제정된 반면 그후의 제5차, 제7차, 제8차 및 현행의 제9차 헌법 개정에 있어서는 국민투표를 거친 바 있고, 그간 각 헌법의 개정절차조항 자체가 여러 번 개정된 적이 있으며, 형식적으로도 부분개정이 아니라 전문까지를 포함한 전면개정이 이루어졌던 점과 우리의 현행 헌법이 독일기본법 제79조 제3항과 같은 헌법개정의 한계에 관한 규정을 두고 있지 아니하고, 독일기본법 제79조 제1항 제1문과 같이 헌법의 개정을 법률의 형식으로 하도록 규정하고 있지도 아니한 점 등을 감안할 때, <u>우리 헌법의 각 개별규정 가운데 무엇이 헌법제정규정이고 무엇이 헌법개정규정인지를 구분하는 것이 가능하지 아니할 뿐 아니라, 각 개별규정에 그 효력상의 차이를 인정하여야 할 형식적인 이유를 찾을 수 없다.</u> 이러한 점과 앞에서 검토한 현행 헌법 및 헌법재판소법의 명문의 규정취지에 비추어, <u>헌법제정권과 헌법개정권의 구별론이나 헌법개정한계론은 그 자체로서의 이론적 타당성 여부와 상관없이 우리 헌법재판소가 헌법의 개별규정에 대하여 위헌심사를 할 수 있다는 논거로 원용될 수 있는 것이 아니다.</u> 또한 국민투표에 의하여 확정된 현행 헌법의 성립과정과 헌법 제130조 제2항이 헌법의 개정을 국민투표에 의하여 확정하도록 하고 있음에 비추어, 헌법은 그 전체로서 주권자인 국민의 결단 내지 국민적 합의의 결과라고 보아야 할 것으로, 헌법의 규정을 헌법재판소법 제68조 제1항 소정의 공권력 행사의 결과라고 볼 수도 없다.

(5) 물론 헌법은 전문과 단순한 개별조항의 상호관련성이 없는 집합에 지나지 않는 것이 아니고 하나의 통일된 가치체계를 이루고 있는 것이므로, 헌법의 전문과 각 개별규정은 서로 밀접한 관련을 맺고 있고, 따라서 헌법의 제규정 가운데는 헌법의 근본가치를 보다 추상적으로 선언한 것도 있고, 이를 보다 구체적으로 표현한 것도 있어서 이념적 · 논리적으로는 규범 상호간의 우열을 인정할 수 있는 것이 사실이다. 그러나, 그렇다 하더라도, 이 때에 인정되는 규범 상호간의 우열은 추상적 가치규범의 구체화에 따른 것으로 헌법의 통일적 해석에 있어서는 유용할 것이지만, 그것이 헌법의 어느 특정규정이 다른 규정의 효력을 전면 부인할 수 있는 정도의 개별적 헌법규정 상호간에 효력상의 차등을 의미하는 것이라고는 볼 수 없다.

(6) 우리 헌법재판소가 이 사건의 심판대상이기도 한 국가배상법 제2조 제1항 단서에 대하여 동 규정이 "일반국민이 직무집행중인군인과의 공동불법행위로 직무집행중인 다른 군인에게 공상을 입혀 그 피해자에게 공동의 불법행위로 인한 손해를 배상한 다음 공동불법행위자인 군인의 부담부분에 관하여 국가에 대하여 구상권을 행사하는 것을 허용하지 아니한다고 해석하는 한, 헌법에 위반된다"고 판시한 것(헌법재판소 1994.12.29. 선고, 93헌바21 결정)은 헌법상의 제규정을 가치통일적으로 조화롭게 해석·적용하기 위하여 개별 헌법규정의 의미를 제한적으로 해석하였던 대표적인 예라고 할 수 있는데, 이를 넘어서서 명시적으로 헌법의 개별규정 그 자체의 위헌 여부를 판단하는 것은 헌법재판소의 관장사항에 속하는 것이 아니다.

3) 관습헌법의 개정

헌법재판소 2004. 10. 21. 2004헌마554·566(병합) 전원재판부

① '우리나라의 수도가 서울인 점'이라는 관습헌법을 폐지하기 위해서는 헌법개정이 필요한지? 우리나라와 같은 성문의 경성헌법 체제에서 인정되는 관습헌법사항은 하위규범형식인 법률에 의하여 개정될 수 없다. 영국과 같이 불문의 연성헌법 체제에서는 법률에 대하여 우위를 가지는 헌법전이라는 규범형식이 존재하지 아니하므로 헌법사항의 개정은 일반적으로 법률개정의 방법에 의할 수밖에 없을 것이다. 그러나 우리 헌법의 경우 헌법 제10장 제128조 내지 제130조는 일반법률의 개정절차와는 다른 엄격한 헌법개정절차를 정하고 있으며, 동 헌법개정절차의 대상을 단지 '헌법'이라고만 하고 있다. 따라서 관습헌법도 헌법에 해당하는 이상 여기서 말하는 헌법개정의 대상인 헌법에 포함된다고 보아야 한다. 이와 같이 헌법의 개정절차와 법률의 개정절차를 준별하고 헌법의 개정절차를 엄격히 한 우리 헌법의 체제 내에서 만약 관습헌법을 법률에 의하여 개정할 수 있다고 한다면 이는 관습헌법을 더 이상 '헌법'으로 인정한 것이 아니고 단지 관습'법률'로 인정하는 것이며, 결국 관습헌법의 존재를 부정하는 것이 된다. 이러한 결과는 성문헌법체제하에서도 관습헌법을 인정하는 대전제와 논리적으로 모순된 것이므로 우리 헌법체제상 수용될 수 없다.

우리나라의 수도가 서울이라는 점에 대한 관습헌법을 폐지하기 위해서는 헌법이 정한 절차에 따른 헌법개정이 이루어져야 한다. 이 경우 성문의 조항과 다른 것은 성문의 수도조항이 존재한다면 이를 삭제하는 내용의 개정이 필요하겠지만 관습헌법은 이에 반하는 내용의 새로운 수도설정조항을 헌법에 넣는 것만으로 그 폐지가 이루어지는 점에 있다. 다만 헌법규범으로 정립된 관습이라고 하더라도 세월의 흐름과 헌법적 상황의 변화에 따라 이에 대한 침범이 발생하고 나아가 그 위반이 일반화되어 그 법적 효력에 대한 국민적 합의가 상실되기에 이른 경우에는 관습헌법은 자연히 사멸하게 된다. 이와 같은 사멸을 인정하기 위하여서는 국민에 대한 종합적 의사의 확인으로서 국민투표 등 모두가 신뢰할 수 있는 방법이 고려될 여지도 있을 것이다. 그러나 이 사건의 경우에 이러한 사멸의 사정은 확인되지 않는다. 따라서 우리나라의 수도가 서울인 것은 우리 헌법상 관습헌법으로 정립된 사항이며 여기에는 아무런 사정의 변화도 없다고 할 것이므로 이를 폐지하기 위해서는 반드시 헌법개정의 절차에 의하여야 한다.

② 신행정수도건설을 위한 특별조치법(2004. 1. 16. 법률 제7062호)의 위헌여부
서울이 우리나라의 수도인 점은 불문의 관습헌법이므로 헌법개정절차에 의하여 새로운 수도 설정의 헌법조항을 신설함으로써 실효되지 아니하는 한 헌법으로서의 효력을 가진다. 따라서 헌법개정의 절차를 거치지 아니한 채 수도를 충청권의 일부지역으로 이전하는 것을 내용으로 한 이 사건 법률을 제정하는 것은 헌법개정사항을 헌법보다 하위의 일반 법률에 의하여 개정하는 것이 된다. 한편 헌법 제130조에 의하면 헌법의 개정은 반드시 국민투표를 거쳐야만 하므로 국민은 헌법개정에 관하여 찬반투표를 통하여 그 의견을 표명할 권리를 가진다. 그런데 이 사건 법률은 헌법개정사항인 수도의 이전을 헌법개정의 절차를 밟지 아니하고 단지 단순법률의 형태로 실현시킨 것으로서 결국 헌법 제130조에 따라 헌법개정에 있어서 국민이 가지는 참정권적 기본권인 국민투표권의 행사를 배제한 것이므로 동 권리를 침해하여 헌법에 위반된다.

3. 현행헌법상 헌법개정절차

제10장 헌법개정

제128조 ①헌법개정은 국회재적의원 과반수 또는 대통령의 발의로 제안된다.
②대통령의 임기연장 또는 중임변경을 위한 헌법개정은 그 헌법개정 제안 당시의 대통령에 대하여는 효력이 없다.

제89조 다음 사항은 국무회의의 심의를 거쳐야 한다.
3. 헌법개정안 · 국민투표안 · 조약안 · 법률안 및 대통령령안

제129조 제안된 헌법개정안은 대통령이 20일 이상의 기간 이를 공고하여야 한다.

제130조 ①국회는 헌법개정안이 공고된 날로부터 60일 이내에 의결하여야 하며, 국회의 의결은 재적의원 3분의 2 이상의 찬성을 얻어야 한다.
②헌법개정안은 국회가 의결한 후 30일 이내에 국민투표에 붙여 국회의원선거권자 과반수의 투표와 투표자 과반수의 찬성을 얻어야 한다.
③헌법개정안이 제2항의 찬성을 얻은 때에는 헌법개정은 확정되며, 대통령은 즉시 이를 공포하여야 한다.

① 발의 : 재적의원 과반수, 대통령 (헌법 제89조 제3호, 제128조 제1항)
② 공고 : 대통령이 20일 이상 공고 (헌법 제129조)
③ 국회의결 : 공고된 날로부터 60일 이내 재적의원 2/3이상 찬성으로 의결 (헌법 제130조 제1항)
헌법개정안은 기명투표로 하고(국회법 제112조 제4항), 수정의결은 할 수 없음
④ 국민투표 : 30일 이내 국민투표 → 국회의원선거권자 과반수의 투표와 투표자 과반수의 찬성으로 확정
⑤ 공포 : 대통령의 즉시 공포- 개정헌법 부칙에 특별한 규정이 없으면 공포일로부터 효력 발생

4. 헌법개정의 한계에 관한 학설 및 내용

1) 학설 - 개정무한계설과 개정한계설

헌법상 개정절차에 따르면 어떠한 내용의 개정도 가능한 것인가?

	개정한계설	개정무한계설
내용	헌법개정절차를 거치더라도 개정할 수 없는 헌법규정이나 내용이 있음(개정금지 헌법조항) 결단주의	헌법에 개정금지 헌법조항이 있는 경우 그 조항까지도 개정할 수 있음. 법실증주의
헌법제정권력과 헌법개정권력의 구별가능성	본질적으로 구별 가능	본질적으로 구별 불가능
헌법규정간의 효력	효력 차이 긍정(근본결단)	효력 동등
	자연법을 수용한 경우 자연법에 위배된 헌법개정은 불가	

2) 한계

○ 절차적 한계

- 헌법이 정한 절차에 따라야 함 헌법 제128조 제1항, 제89조 제3호/ 헌법 제129조/ 헌법 제130조 제1항, 제2항, 제3항/ 헌법 제49조(국회의결시 다수결원리) 헌법 제50조(의사공개의 원칙)

○ 내용적 한계

① 실정법상의 한계 - 헌법이 명문의 규정으로 특정조항이나 특정사항의 개정을 금지하는 경우 ex〉 1954년 제2차 개정헌법 제98조 제6항 "제1조(민주공화국), 제2조(국민주권주의), 제7조의2(국민투표)의 규정은 개폐할 수 없다"

▶ 특수한 경우로 제128조 제2항을 삭제(개정)하면서 대통령의 임기를 연장하거나 중임이 가능하도록 헌법 제70조를 개정하는 경우의 효력 문제를 생각해볼 수 있음 - 학설 대립

> 헌법 제70조 "대통령의 임기는 5년으로 하며, 중임할 수 없다"
> 헌법 제128조 제2항 "대통령의 임기연장 또는 중임변경을 위한 헌법개정은 그 헌법개정 제안 당시의 대통령에 대하여는 효력이 없다"

② 헌법내재적 한계, 초헌법적 한계

제3절 대한민국 헌법 총설

Ⅰ. 대한민국 헌정사

Ⅱ. 대한민국 헌법의 기본원리

○ 헌법의 기본원리는 헌법을 형성할 때 그 기초가 되는 원리라고 할 수 있다. 모든 규범은 헌법정신에 따라 창조되는 것이며 또 그에 따라 효력이 부여되거나 부인된다는 점에서(헌법의 최고규범성) 헌법의 기본원리는 단순히 헌법만의 기본원리가 아니라, 사회공동체의 모든 법과 질서(곧 헌법질서)의 이념적 기초이며 지도원리라고 할 수 있다. 또한 헌법의 기본원리는 헌법개정금지사항이라고 할 수 있다.

> **헌재 1996. 4. 25. 92헌바47**
> 헌법의 기본원리는 헌법의 이념적 기초인 동시에 헌법을 지배하는 지도원리로서 입법이나 정책결정의 방향을 제시하며 공무원을 비롯한 모든 국민 · 국가기관이 헌법을 존중하고 수호하도록 하는 지침이 되며, 구체적 기본권을 도출하는 근거로 될 수는 없으나 기본권의 해석 및 기본권제한입법의 합헌성 심사에 있어 해석기준의 하나로서 작용한다. 그러므로 이 사건 심판대상조항의 위헌 여부를 심사함에 있어서도 우리 헌법의 기본원리를 그 기준으로 삼아야 할 것이다.
>
> **헌재 1995. 2. 23. 90헌마125**
> 헌법소원심판 과정에서 공권력의 행사 또는 불행사가 위헌인지 여부를 판단함에 있어서 국민주권주의, 법치주의, 적법절차의 원리 등 헌법의 기본원리 위배 여부를 그 기준으로 적용할 수는 있으나, 공권력의 행사 또는 불행사로 헌법의 기본원리가 훼손되었다고 하여 그 점만으로 국민의 기본권이 직접 현실적으로 침해된 것이라고 할 수는 없고 또한 공권력행사가 헌법의 기본원리에 위반된다는 주장만으로 헌법상 보장된 기본권의 주체가 아닌 자가 헌법소원을 청구할 수도 없는 것이므로, 설사 피청구인의 불법적인 의안처리행위로 헌법의 기본원리가 훼손되었다고 하더라도 그로 인하여 헌법상 보장된 구체적 기본권을 침해당한 바 없는 국회의원인 청구인들에게 헌법소원심판청구가 허용된다고 할 수는 없다.

○ 헌법의 기본원리는 보통 명시적으로 규정되어 있기 보다는 주로 헌법전문에서, 그 밖에 (특히 헌법전문이 없는 경우는) 헌법의 개별조항에서 도출할 수 있다. 헌법전문

이란 헌법전의 본문 앞에 위치하고 있는 서문을 말하며, 이 또한 헌법의 일부이지만 성문헌법의 필수적 구성요소는 아니다. 대한민국 헌법의 전문은 우리 헌법의 기본원리를 담고 있고 우리 헌법질서의 이념적 기초이며 지도원리이기 때문에 당연히 모든 국가기관을 구속한다(즉, 규범적 효력 긍정- 반대견해 있음[13]). 여기에서는 먼저 헌법전문의 규범적 효력과 관련한 헌법재판소 판례를 살펴보고, 다음으로 대한민국 헌법의 기본원리를 진행하기로 한다.

〈헌법전문의 규범성 인정 여부 등〉

1. 규범적 효력, 재판규범성, 법률해석기준, 입법의 한계와 정책의 방향 제시, 최고규범성

"헌법 전문은 헌법의 이념 내지 가치를 제시하고 있는 헌법규범의 일부로서 헌법으로서의 규범적 효력을 나타내기 때문에 구체적으로는 헌법소송에서의 재판규범인 동시에 헌법이나 법률해석에서의 해석기준이 되고, 입법형성권 행사의 한계와 정책결정의 방향을 제시하며, 나아가 모든 국가기관과 국민이 존중하고 지켜가야 하는 최고의 가치규범이다"(헌재 1989. 9. 8. 88헌가6)

2. 기본권의 도출가능성

"'헌법전문에 기재된 3.1정신'은 우리나라 헌법의 연혁적·이념적 기초로서 헌법이나 법률해석에서의 해석기준으로 작용한다고 할 수 있지만, 그에 기하여 곧바로 국민의 개별적 기본권성을 도출해낼 수는 없다고 할 것이므로, 헌법소원의 대상인 '헌법상 보장된 기본권'에 해당하지 아니한다."(헌재 2001. 3. 21. 99헌마139 등)

3. 헌법적 의무의 도출 긍정 사례와 부정 사례

헌법재판소는 "헌법은 국가유공자 인정에 관하여 명문 규정을 두고 있지 않으나 전문(前文)에서 '3.1운동으로 건립된 대한민국임시정부의 법통을 계승'한다고 선언하고 있다. 이는 대한민국이 일제에 항거한 독립운동가의 공헌과 희생을 바탕으로 이룩된 것임을 선언한 것이고, 그렇다면 국가는 일제로부터 조국의 자주독립을 위하여 공헌한 독립유공자와 그 유족에 대하여는 응분의 예우를 하여야 할 헌법적 의무를 지닌다."(헌재 2005. 6. 30. 2004헌마859)고 판시하는 한편, "헌법 전문의 '대한민국임시정부 법통의 계승' 또는 제2조 제2항의 '재외국민 보호의무' 규정이 중국동포와 같이 특수한 국적상황에 처해 있는 자들의 이중국적 해소 또는 국적선택을 위한 특별법 제정의무를 명시적으로 위임한 것이라고 볼 수 없고, 뿐만 아니라 동 규정 및 그 밖의 헌법규정으로부터 그와 같은 해석을 도출해 낼 수도 없다."(헌재 2006. 3. 30. 2003헌마806)고 판시하였다.

---

13) 예컨대, 법실증주의의 입장에서는 헌법에 포함되어 있는 이념적·가치적 요소를 무시하고 헌법규정 그 자체만을 파악하고 있고, 헌법전문은 법적 구속력을 가진 규정이 아니라 선언적인 의미만을 가진다고 한다. 그 밖에 특히 헌법에 전문을 두고 있더라도 우리와 같이 헌법의 기본원리를 길게 언급하기보다는 헌법제정의 역사적 경위만을 밝히고 있거나 헌법제정의 목적이나 취지를 간단하게 적시만 하고 있는 경우라면, 전문에서 규범성을 도출하기도 쉽지 않고 따라서 규범성을 부인할 수도 있을 것이다.

〈대한민국 헌법 전문〉

유구한 역사와 전통에 빛나는 우리 대한국민은 3 · 1운동으로 건립된 대한민국임시정부의 법통과 불의에 항거한 4 · 19민주이념을 계승하고, 조국의 민주개혁과 평화적 통일의 사명에 입각하여 정의 · 인도와 동포애로써 민족의 단결을 공고히 하고, 모든 사회적 폐습과 불의를 타파하며, 자율과 조화를 바탕으로 자유민주적 기본질서를 더욱 확고히 하여 정치 · 경제 · 사회 · 문화의 모든 영역에 있어서 각인의 기회를 균등히 하고, 능력을 최고도로 발휘하게 하며, 자유와 권리에 따르는 책임과 의무를 완수하게 하여, 안으로는 국민생활의 균등한 향상을 기하고 밖으로는 항구적인 세계평화와 인류공영에 이바지함으로써 우리들과 우리들의 자손의 안전과 자유와 행복을 영원히 확보할 것을 다짐하면서 1948년 7월 12일에 제정되고 8차에 걸쳐 개정된 헌법을 이제 국회의 의결을 거쳐 국민투표에 의하여 개정한다.

○ 헌법전문이 선언하고 있는 내용

▶ 대한민국 헌법의 성립유래: "유구한 역사와 전통에 빛나는 우리 대한국민은 3 · 1운동으로 건립된 대한민국임시정부의 법통과 불의에 항거한 4 · 19민주이념을 계승하고 …"

▶ 대한민국 헌법의 정통성(정당성), 헌법제정 및 개정절차의 정당성: "우리 대한국민은 … 1948년 7월 12일에 제정되고 8차에 걸쳐 개정된 헌법을 이제 국회의 의결을 거쳐 국민투표에 의하여 개정한다."

▶ 헌법제정의 목적: "우리들과 우리들의 자손의 안전과 자유와 행복을 영원히 확보할 것"

▶ 헌법의 기본이념 내지 원리

구분	헌법의 기본이념 헌법의 기본원리	헌법 전문	개별조항
헌법 전문	기본권 보장 (기본권 존중주의) (△법치주의)	"각인의 기회를 균등히 하고, 능력을 최고도로 발휘하게 하며, 자유와 권리 …" → 간접적으로 법치주의 원리가 도출됨	제10조 제37조
	국민주권주의	"우리 대한국민은 … 1948년 7월 12일에 제정되고 … 개정된 헌법을 … 국민투표에 의하여 개정한다."	제1조
	자유민주주의	"4 · 19민주이념을 계승하고 … 조국의 민주개혁 … 자유민주적 기본질서를 더욱 확고히 하여 …"	제4조 제8조
	사회국가원리	"정치 · 경제 · 사회 · 문화의 모든 영역에 있어서 각인의 기회를 균등히 하고, 능력을 최고도로 발휘하게 하며, 자유와 권리에 따르는 책임과 의무를 완수하게 하여, 안으로는 국민생활의 균등한 향상을 기하고"	제32조 제34조

구분	헌법의 기본이념 헌법의 기본원리	헌법 전문	개별조항
	문화국가원리	"유구한 역사와 전통에 빛나는 우리 대한국민은 … 정치 · 경제 · 사회 · 문화의 모든 영역에 있어서 …"	제9조 제69조
	평화국가원리 (평화통일원리) (국제평화주의)	"조국의 민주개혁과 평화적 통일의 사명에 입각하여 정의 · 인도와 동포애로써 민족의 단결을 공고히 하고 … 밖으로는 항구적인 세계평화와 인류공영에 이바지함 …"	제4조 제5조 제6조 제69조
개별조항	권력분립원리		제41조 제64조 제101조
	사회적 시장경제주의		제119조
	방어적 민주주의		제8조 제41조 제69조

헌재 1995. 12. 28. 95헌바3

헌법은 前文과 각 개별조항이 서로 밀접한 관련을 맺으면서 하나의 통일된 가치 체계를 이루고 있는 것으로서, 헌법의 제 규정 가운데는 헌법의 근본가치를 보다 추상적으로 선언한 것도 있고, 이를 보다 구체적으로 표현한 것도 있으므로 이념적 · 논리적으로는 규범상호간의 우열을 인정할 수 있는 것이 사실이다. 그러나 이때 인정되는 규범상호간의 우열은 추상적 가치규범의 구체화에 따른 것으로 헌법의 통일적 해석에 있어서는 유용할 것이지만, 그것이 헌법의 어느 특정규정이 다른 규정의 효력을 전면적으로 부인할 수 있을 정도의 개별적 헌법규정 상호간에 효력상의 차등을 의미하는 것이라고는 볼 수 없다.

헌재 2001. 2. 22. 2000헌바38

헌법 및 헌법재판소의 규정상 위헌심사의 대상이 되는 법률은 국회의 의결을 거친 이른바 형식적 의미의 법률을 의미하는 것이므로 헌법의 개별규정 자체는 헌법소원에 의한 위헌심사의 대상이 아니다. 한편, 이념적 · 논리적으로는 헌법규범 상호간의 우열을 인정할 수 있다 하더라도 그러한 규범 상호간의 우열이 헌법의 어느 특정규정이 다른 규정의 효력을 전면적으로 부인할 수 있을 정도의 개별적 헌법규정 상호간에 효력상의 차등을 의미하는 것이라고 볼 수 없으므로, 헌법의 개별규정에 대한 위헌심사는 허용될 수 없다.

〈재판관 하경철의 반대의견〉

헌법에는 보다 상위의 근본규정에 해당하는 헌법규정과 그러한 근본규정에 해당하지 않는 보다 하위의 헌법규정이 있을 수 있고, 하위의 헌법규정이 상위의 헌법규정과 합치하지 않는 모든 경우에 그 효력을 부인할 수 있는 것은 아니나, 더 이상 감내할 수 없을 정도로 일반인의 정의감정에 합치하지 아니하는 경우에는 헌법의 개별조항도 헌법 제111조 제1항 제1호 및 제5호, 헌법재판소법 제41조 제1항 및 제68조 제2항 소정의 법률의 개념에 포함되는 것으로 해석하여 헌법재판소가 그 위헌성을 확인할 수 있다.

1. 국민주권의 원리 - 이념적 법적 기초

〈헌법의 규정〉

헌법 전문 "우리 대한국민은 … 1948년 7월 12일에 제정되고 … 개정된 헌법을 … 국민투표에 의하여 개정한다."

헌법 제1조 제2항 "대한민국의 주권은 국민에게 있고, 모든 권력은 국민으로부터 나온다."

○ 결국 국민주권의 원리는 '국민'[14]이 '주권'을 보유한다는 의미이다.

○ 국민은 곧 국가권력의 정당성의 근거라고 할 수 있다. 이에 따라 통치권의 행사는 그 목적 달성을 위하여 민주적 정당성과 절차적 정당성을 갖추어야 한다. 민주적 정당성을 확보하기 위하여 권력기구는 국민에 의하여 형성되어야 하는데, 국민주권을 구체적으로 구현하는 제도(민주주의)에 의하여야 한다. 또한 절차적 정당성을 확보하기 위하여 법치주의와 국가권력에 대한 통제장치(권력분립주의)가 확보되어야 할 것이다.

○ 주권은 국가의사를 전반적 · 최종적으로 결정할 수 있는 최고의 권력(권위)이라고 할 수 있다. 따라서 헌법제정권력을 포함하여 주권은 대외적 독립성과 대내적 최고성을 상징하고 있으며, 시원성, 항구성, 단일불가분성, 불가양성, 자율성 등의 특징을 가진다.

헌재 2009. 3. 26. 2007헌마843

"국민주권의 원리는 일반적으로 어떤 실천적인 의미보다는 국가권력의 정당성이 국민에게 있고 모든 통치권력의 행사를 최후적으로 국민의 의사에 귀착시킬 수 있어야 한다는 국가권력 내지 통치권을 정당화하는 원리로 이해되고, 선거운동의 자유의 근거인 선거제도나 죄형법정주의 등 헌법상의 제도나 원칙의 근거로 작용하고 있다."고 설명하고 있다.

14) 국민은 '기본권의 주체', '기본적 의무의 주체', '주권의 주체'로서 헌법상 지위를 가진다.

〈nation주권 이론과 peuple주권 이론〉15)

	nation주권	peuple주권
주권의 주체	이념적 · 관념적 · 추상적 존재인 전체로서의 nation (국민은 관념에 불과) = 국적보유자 전체	현실적 · 구체적 존재인 개개인의 유권자 집단으로서 peuple = 사회계약에 참가한 유권자의 총체
주권 행사방법	주권을 행사하기 위하여 의사를 결정할 수 있는 국민의 실체 부정 -불가분적 주권을 가진 전체국민이 선출 → 간접(대의제) 민주주의 주권의 주체와 행사자가 분리(군주제와 결합가능)	주권을 행사하기 위하여 의사를 결정할 수 있는 국민의 실체를 인정 -가분적 주권 → 직접민주주의(국민발안, 국민투표, 국민소환...) 주권의 주체와 행사자가 일치
대표 위임형태	대표자는 전체국민을 대표하며 무기속위임	대표자가 있다고 하더라도 기속위임
권력분립	채택	필수적 사항은 아님
선거제도	교양과 재산을 가진 자에게만 부여되는 제한선거, 책무로서의 선거	보통선거, 자유선거
주장자	시이예스, 몽테스키, 로크	루소

〈형식적 국민주권과 실질적 국민주권〉

- 헌재 1989. 9. 8. 88헌가6 결정.

○ 국민주권주의의 구현16)

① 합리적 선거제도(대의제)를 마련하여 실질적 국민주권 달성 - 주권 보유자로서의 국민(전체국민)과 주권의 현실적 행사자로서의 국민(유권자)을 구별할 것

② 예외적 직접민주제의 가미: 국민투표(헌법개정안, 국가안위에 관한 중요정책) /기타 국민발안, 국민소환 등의 요소를 고려할 수 있음

③ 정치적 기본권의 보장: 선거권, 공무담임권, 표현의 자유, 청원권 등 정치적 기본권

④ 정당제도의 보장: 국민이 정당을 통하여 선거 이외의 방법으로 입법과 국정수립과정에 참여하거나 영향력을 행사

⑤ 합리적이고 효과적인 수직적 권력분립제도의 반영 - 지방자치제도

⑥ 직업공무원제도의 보장: 주권자인 전체국민에 대한 봉사자로서의 공무원

15) nation 주권 이론과 peuple 주권 이론은 프랑스 혁명 200주년을 기념하여 당시 주권이론을 연구한 것임. 오늘날 관점에서 주권 개념은 2가지의 개념을 함께 차용해서 사용하고 있다. 헌재 1989. 9. 8. 88헌가6 결정을 참조.

16) 장용근, 국민주권론의 비판적 재구성 - 대표제와 직접민주주의의 관계를 중심으로 : 국민주권론의 비판적 재구성, 세계헌법연구 제13권 제1호, 2007 참조.

2. 자유민주주의 원리 -정치적 기본원리

○ 자유민주주의는 자유주의와 민주주의가 결합된 정치원리로서 개인의 자유와 자율을 존중하며 국가권력이 국민에 의해(국민의 참여) 지배되어야 함을 의미한다.

○ 민주주의는 불확정개념으로서 민주주의를 바라보는 시각에 따라 다양하게 해석할 수 있다.[17)]

○ 헌법은 자유민주주의원리 자체를 선언하고 있지는 않지만, 헌법 전문 및 헌법 제4조에서 "자유민주적 기본질서"를 채택하고 있음을 밝히고 있다. 한편 헌법 제8조 제4항에서는 "민주적 기본질서"를 규정하고 있다.

○ 민주적 기본질서, 자유민주적 기본질서, 자유민주주의, 민주주의의 개념이 구체적으로 어떤 차이가 있는지 검토해볼 필요가 있다.

> **헌재 2004. 8. 26. 2003헌바85 · 102**
> 자유민주적 기본질서에 위해를 준다 함은 모든 폭력적 지배와 자의적 지배 즉 반국가단체의 일인독재내지 일당독재를 배제하고 다수의 의사에 의한 국민의 자치, 자유 · 평등의 기본원칙에 의한 법치주의적 통치질서의 유지를 어렵게 만드는 것으로서 구체적으로는 기본적 인권의 존중, 권력분립, 의회제도, 복수정당제도, 선거제도, 사유재산과 시장경제를 골간으로 한 경제질서 및 사법권의 독립 등 우리의 내부체재를 파괴 · 변혁시키려는 것이다."

○ 자유민주적 기본질서에 대응되는 개념으로 사회민주적 기본질서를 들 수 있다. 사회민주적 기본질서는 자유주의를 전면적으로 거부하는 것이 아니라, 사회적 정의의 실현, 사회복지의 실현을 위하여 자유에 어느 정도의 제한을 인정하는 것이다. 사회민주적 기본질서에는 기본권 중 사회적 기본권(생존권적 기본권)의 보장이 강조되며, 실질적 법치주의에 입각하고 있다. 사회민주주의는 자유민주주의를 전제로 하여 실질적인 평등을 지향하는 민주주의의 한 유형이라고 할 수 있다.

- 특히 경제적으로는 사회적 시장경제질서를 채택하고 있다. 원칙적으로 사유재산제도와 사유재산권 및 자유주의 시장경제를 보장하고 있는 한편, 예외적으로 이에 대한 다양한 제한이 이루어지고 있다.

---

17) - 시민에 의한 권력, 데모스(시민) 크라토스(권력), 건강한 민주주의란 시민들이 많은 일을 한다는 것, 선거때 투표용지에 표시하는 것 이상을 의미- 샹탈 무페(웨스트민스터대 정치학과 교수)
- 사람들이 정부 통제 권한을 동등하게 나눠가지는 것 - 필립 페팃(프린스턴대 정치학과 교수)
- 평범한 시민들의 이익을 추구하고 그들의 우려에 대응하는 정치체제 - 폴 피어슨(UC 버클리 정치학과 교수)
- 시민들이 정부정책에 막대한 영향력을 행사할 수 있는 제도 - 제이콥 해커(예일대 정치학과 교수)

〈사유재산제도와 재산권 보장〉

제23조 ①모든 국민의 재산권은 보장된다. 그 내용과 한계는 법률로 정한다.

〈자유주의 시장경제의 채택〉

헌법전문 – 정치 · 경제 · 사회 · 문화의 모든 영역에 있어서 각인의 기회를 균등히 하고, 능력을 최고도로 발휘하게 하며

제15조 모든 국민은 직업선택의 자유를 가진다.

제119조 ①대한민국의 경제질서는 개인과 기업의 경제상의 자유와 창의를 존중함을 기본으로 한다.

〈사유재산제도와 재산권의 제한〉

제23조 ②재산권의 행사는 공공복리에 적합하도록 하여야 한다.

③공공필요에 의한 재산권의 수용 · 사용 또는 제한 및 그에 대한 보상은 법률로써 하되, 정당한 보상을 지급하여야 한다.

제121조 ①국가는 농지에 관하여 경자유전의 원칙이 달성될 수 있도록 노력하여야 하며, 농지의 소작제도는 금지된다.

②농업생산성의 제고와 농지의 합리적인 이용을 위하거나 불가피한 사정으로 발생하는 농지의 임대차와 위탁경영은 법률이 정하는 바에 의하여 인정된다.

제122조 국가는 국민 모두의 생산 및 생활의 기반이 되는 국토의 효율적이고 균형있는 이용 · 개발과 보전을 위하여 법률이 정하는 바에 의하여 그에 관한 필요한 제한과 의무를 과할 수 있다.

제126조 국방상 또는 국민경제상 긴절한 필요로 인하여 법률이 정하는 경우를 제외하고는, 사영기업을 국유 또는 공유로 이전하거나 그 경영을 통제 또는 관리할 수 없다.

〈자유주의 시장경제의 제한〉

제32조 ①모든 국민은 근로의 권리를 가진다. 국가는 사회적 · 경제적 방법으로 근로자의 고용의 증진과 적정임금의 보장에 노력하여야 하며, 법률이 정하는 바에 의하여 최저임금제를 시행하여야 한다.

②모든 국민은 근로의 의무를 진다. 국가는 근로의 의무의 내용과 조건을 민주주의원칙에 따라 법률로 정한다.

③근로조건의 기준은 인간의 존엄성을 보장하도록 법률로 정한다.

④여자의 근로는 특별한 보호를 받으며, 고용 · 임금 및 근로조건에 있어서 부당한 차별을 받지 아니한다.

⑤연소자의 근로는 특별한 보호를 받는다.

⑥국가유공자 · 상이군경 및 전몰군경의 유가족은 법률이 정하는 바에 의하여 우선적으로 근로의 기회를 부여받는다.

제33조 ①근로자는 근로조건의 향상을 위하여 자주적인 단결권·단체교섭권 및 단체행동권을 가진다.
②공무원인 근로자는 법률이 정하는 자에 한하여 단결권·단체교섭권 및 단체행동권을 가진다.
③법률이 정하는 주요방위산업체에 종사하는 근로자의 단체행동권은 법률이 정하는 바에 의하여 이를 제한하거나 인정하지 아니할 수 있다.

제119조 ②국가는 균형있는 국민경제의 성장 및 안정과 적정한 소득의 분배를 유지하고, 시장의 지배와 경제력의 남용을 방지하며, 경제주체간의 조화를 통한 경제의 민주화[18]를 위하여 경제에 관한 규제와 조정을 할 수 있다.[19]

제125조 국가는 대외무역을 육성하며, 이를 규제·조정할 수 있다.

○ 우리 헌법이 지향하는 사회국가원리(앞에서 살펴본 여러 가지 조항들에서 구현)를 감안하면, 일반적인 의미에서 민주적 기본질서의 개념은 자유민주적 기본질서와 사회민주적 기본질서가 포함된 개념이라고 할 수 있다.

* 다만, 헌법 제8조 4항의 위헌정당해산사유로서 민주적 기본질서는 자유민주적 기본질서로 이해하여야 할 것임.

민주주의(다수결) 자유 민주주의 사회 민주주의	사회 민주주의	인민 민주주의 민중 민주주의
다원적 민주주의 가치 민주주의	가치 민주주의	권위주의 전체주의

18) 헌법상의 경제질서에 관한 규정은, 국가행위에 대하여 한계를 설정함으로써 경제질서의 형성에 개인과 사회의 자율적인 참여를 보장하는 '경제적 기본권'과 경제영역에서의 국가활동에 대하여 기본방향과 과제를 제시하고 국가에게 적극적인 경제정책을 추진할 수 있는 권한을 부여하는 '경제에 대한 간섭과 조정에 관한 규정'(헌법 제119조 이하)으로 구성되어 있다. 특히 헌법 제119조는 개인의 경제적 자유를 보장하면서 사회정의를 실현하는 경제질서를 경제헌법의 지도원칙으로 표명함으로써 국가가 개인의 경제적 자유를 존중하여야 할 의무와 더불어 국민경제의 전반적인 현상에 대하여 포괄적인 책임을 지고 있다는 것을 규정하고 있다. 우리 헌법은 헌법 제119조 이하의 경제에 관한 장에서 균형있는 국민경제의 성장과 안정, 적정한 소득의 분배, 시장의 지배와 경제력남용의 방지, 경제주체간의 조화를 통한 경제의 민주화, 균형있는 지역경제의 육성, 중소기업의 보호육성, 소비자보호 등의 경제영역에서의 국가목표를 명시적으로 언급함으로써 국가가 경제정책을 통하여 달성하여야 할 '공익'을 구체화하고, 동시에 헌법 제37조 제2항의 기본권제한을 위한 법률유보에서의 '공공복리'를 구체화하고 있다. 따라서 헌법 제119조 제2항에 규정된 '경제주체간의 조화를 통한 경제민주화'의 이념도 경제영역에서 정의로운 사회질서를 형성하기 위하여 추구할 수 있는 국가목표로서 개인의 기본권을 제한하는 국가행위를 정당화하는 헌법규범이다. 헌재 2004. 10. 28. 99헌바91.

19) 규제의 한계 - 우리 헌법 제23조 제1항, 제119조 제1항에서 추구하고 있는 경제질서는 개인과 기업의 경제상의 자유와 창의를 최대한도로 존중·보장하는 자본주의에 바탕을 둔 시장경제질서이므로 국가적인 규제와 통제를 가하는 것도 보충의 원칙에 입각하여 어디까지나 자본주의 내지 시장경제질서의 기초라고 할 수 있는 사유재산제도와 아울러 경제행위에 대한 사적자치의 원칙이 존중되는 범위내에서만 허용될 뿐이라 할 것이다. 헌재 1989. 12. 22. 88헌가13.

<table>
<tr><td>간접 민주주의
대의(제) 민주주의
대표 민주주의
(순수대표제)</td><td rowspan="4">반대표 민주주의
(반대표제, 반직접제)</td><td rowspan="4"></td></tr>
<tr><td>직접 민주주의</td></tr>
<tr><td>참여 민주주의
전자 민주주의</td></tr>
<tr><td>풀뿌리 민주주의</td></tr>
<tr><td>숙의 민주주의
심의 민주주의</td><td></td><td></td></tr>
<tr><td>방어적 민주주의</td><td></td><td></td></tr>
</table>

○ 자유민주주의의 구현

- 반대표 민주주의
- 민주적 선거제도
- 복수정당제도
- 권력분립 - 지방자치제도
- 실질적 법치주의
- 경제의 민주화를 위한 사회적 시장경제질서
- 사법권 독립
- 국제평화주의

3. 사회국가의 원리

○ 모든 국민에게 그 생활의 기본적 수요를 충족시킴으로써 건강하고 문화적인 생활을 영위할 수 있도록 하는 것이 국가의 책임이면서, 그것에 대한 요구가 국민의 권리로 인정되어 있는 국가를 사회국가라 하고 이를 실현하려는 원리를 사회국가원리라고 한다. 사회국가 원리는 산업혁명의 결과 발생한 사회적 모순을 해결하여 체제의 안정성을 확보하기 위하여 등장하였다고 볼 수 있다.

- "법치국가가 국가와 시민사회간의 대립에서 성립되고 법치국가의 개념이 시민혁명의 산물인 것처럼 사회국가는 국가와 산업사회간의 대립에서 성립되고 사회국가의 개념은 산업혁명의 산물이다." (계희열)

- "민주주의가 자유와 평등의 통치형태적 실현수단이고, 법치국가가 자유와 평등의 국가기능적 실현수단이라면, 사회국가는 자유와 평등이 국민 스스로의 자율적인 생활설계에 의해서 실현될 수 있도록 생활여건을 조성해 주는 이른바 사회구조의 골격적인 테두리를 말한다." (허영)

○ 일반적으로 사회국가는 복지국가 혹은 이를 합쳐서 사회복지국가라고도 부르기도 한다. 예컨대, 헌법재판소는 이를 사회국가, 사회복지국가, 복지국가, 민주복지국가라는 표현을 혼용해서 사용하고 있음.

- 그러나 만약 이를 구별한다면, '복지국가는 개인의 안전과 복지를 국가가 전적으로 책임지는 데 반하여, 사회국가는 개인의 생활을 스스로 설계하고 형성하도록 하여 스스로 책임지는 자유의 범위를 확대하는 원리로 이해할 것'- (허영)

○ 사회국가원리의 한계

- 원칙적으로 다른 헌법상의 기본원리와 자유주의 시장경제를 보장하면서 사회국가원리를 실현해 나가야함.

국민주권원리 자유민주주의	자유민주주의 사회민주주의	사회주의국가가 아니라는 점에서 사회개량적 방법을 벗어날 수 없을 것임 = 이념적 · 개념적 한계(개념 본질상 한계)
	기본적 인권 보장 헌법 제37조 제2항 "자유와 권리의 본질적인 내용은 침해할 수 없다."	"입법부라고 할지라도 수권의 범위를 넘어 자의적인 입법을 할 수 있는 것은 아니며 사유재산권의 본질적인 내용을 침해하는 입법을 할 수 없음은 물론이다. … 사유재산제도의 전면적인 부정, 재산권의 무상몰수, 소급입법에 의한 재산권박탈 등이 본질적인 침해가 된다는데 대하여서는 이론의 여지가 없다." 1989. 12. 22 88헌가13.
법치국가원리	법치국가적 절차를 무시한 사회국가화는 허용될 수 없을 것임	"국가의 공권력이 부실기업의 처분정리를 위하여 경영권에 개입코자 한다면 적어도 긴절한 필요 때문에 정한 법률상의 규정이 없이는 불가능한 일이고, 다만 근거법률은 없지만 부실기업의 정리에 개입하는 예외적인 길은 부실기업 때문에 국가가 중대한 재정 · 경제상의 위기에 처하게 된 경우 공공의 안녕질서의 유지상 부득이하다 하여 요건에 맞추어 긴급재정 · 경제명령을 발하여 이를 근거로 할 것이고, 그렇게 하는 것만이 합헌적인 조치가 될 수 있는 것이다." 헌재 1993. 7. 29. 89헌마31.

사적 자치의 원칙	"우리 헌법 제23조 제1항, 제119조 제1항에서 추구하고 있는 경제질서는 개인과 기업의 경제상의 자유와 창의를 최대한도로 존중 · 보장하는 자본주의에 바탕을 둔 시장경제질서이므로 국가적인 규제와 통제를 가하는 것도 보충의 원칙에 입각하여 어디까지나 자본주의 내지 시장경제질서의 기초라고 할 수 있는 사유재산제도와 아울러 경제행위에 대한 사적 자치의 원칙이 존중되는 범위에서만 허용될 뿐이다" 헌재 1989. 12. 22 88헌가13.
보충성 원리	"헌법상의 복지국가이념을 실천하기 위하여, 국가가 공공복리를 위하여 사적 영역에 개입하는 것이 필요하다고 하더라도, 자유주의적 시장경제질서를 근간으로 하고 있는 우리 헌법질서하에서는 국가는 우선 사적 자치 영역에서 그러한 공공복리의 목적수행이 가능하도록 조장하고, 그것이 여의치 않을 때에만 실질적 법치주의에 따른 목적과 비례성 범위내에서 개입하는 것이 타당하다" 헌재 1995. 11. 30 94헌가2 "헌법 제119조 제1항은 사유재산제도와 사적자치의 원칙 및 과실책임의 원칙을 기초로 하는 자유시장경제질서를 기본으로 하고 있음을 선언하고, 헌법 제23조 제1항은 국민의 재산권을, 헌법 제10조는 국민의 행복추구권과 여기서 파생된 일반적 행동자유권 및 사적자치권을 보장하고 있다. 이와 같이 우리 헌법이 추구하고 있는 경제질서는 개인과 기업의 경제상의 자유와 창의를 최대한도로 존중 · 보장하는 자본주의에 바탕을 둔 시장경제질서이므로 이에 대하여 국가적인 규제와 통제를 가하는 것은 보충의 원칙에 입각하여 어디까지나 자본주의 내지 시장경제질서의 기초라고 할 수 있는 사유재산제도와 아울러 경제행위에 대한 사적자치의 원칙이 존중되는 범위내에서만 허용될 뿐이다." 헌재 1999. 7. 22. 98헌가3
재정상의 한계	국가의 재정 · 경제적 뒷받침이 있어야 할 것임.

○ 헌법상 사회국가원리의 구현

- 헌법 전문, 재산권의 사회적 구속성(헌법 제23조) 사회적 기본권 보장(헌법 제31조~36조), 경제민주화 및 경제영역에서 국가의 역할(헌법 제119조 이하), 국민의 의무(헌법 제23조 제2항, 근로의무, 납세의무, 환경보전의무 등)

〈사회국가원리와 평등〉 헌재 1989.01.25. 88헌가7

헌법은 그 전문에 "정치, 경제, 사회, 문화의 모든 영역에 있어서 각인의 기회를 균등히 하고"라고 규정하고, 제11조 제1항에 "모든 국민은 법 앞에 평등하다"고 규정하여 기회균등 또는 평등의 원칙을 선언하고 있는바, 평등의 원칙은 국민의 기본권 보장에 관한 우리 헌법의 최고원리로서 국가가 입법을 하거나 법을 해석 및 집행함에 있어 따라야할 기준인 동시에, 국가에 대하여 합리적 이유없이 불평등한 대우를 하지 말것과, 평등한 대우를 요구할 수 있는 모든 국민의 권리로서, 국민의 기본권중의 기본권인 것이다.

〈사회국가원리〉

헌재 2001. 2. 22. 99헌마365 국민연금법 제75조 등 위헌확인[20)]

【판시사항】

1. 강제가입과 소득재분배 효과를 전제로 한 연금보험료의 강제징수에 관한 국민연금법 규정이 조세법률주의나 재산권보장 원칙에 위배되는지 여부(소극)
2. 강제가입에 관한 국민연금법 규정이 행복추구권을 침해하는지 여부(소극)
3. 위 국민연금법 규정이 헌법상의 시장경제질서에 위반되는지 여부(소극)

【결정요지】

1. 국민연금제도는 가입기간 중에 납부한 보험료를 급여의 산출근거로 하여 일정한 급여를 지급하는 것이므로 반대급부 없이 국가에서 강제로 금전을 징수하는 조세와는 성격을 달리한다. 비록 국민연금법 제79조가 연금보험료의 강제징수에 관하여 규정하고 있으나 이는 국민연금제도의 고도의 공익성을 고려하여 법률이 특별히 연금보험료의 강제징수 규정을 둔 것이지 그렇다고 하여 국민연금보험료를 조세로 볼 수는 없다. 또한 국민연금제도에 소득재분배의 효과가 있지만, 이는 사회보험의 본질적 요소로서 소득재분배를 어느 정도로 할 것인지는 입법정책의 문제이며, 뿐만 아니라 연금보험료의 징수는 재산권행사의 사회적 의무성의 한계 내에 있다고 볼 수 있다. 따라서 국민연금제도는 조세법률주의나 재산권보장에 위배되지 않는다.

2. 강제가입과 연금보험료의 강제징수를 전제로 한 국민연금제도는 자신 스스로 사회적 위험에 대처하고자 하는 개인들의 행복추구권을 침해한다고 볼 수 있다. 그러나 국민의 노령 · 폐질 또는 사망에 대하여 연금급여를 실시함으로써 국민의 생활안정과 복지증진에 기여할 것을 그 목적으로 하는 국민연금법의 입법목적에 정당성이 있으며, 국가적인 보험기술을 통하여 사회적 위험을 대량으로 분산시킴으로써 구제를 도모하는 사회보험제도의 일종으로서 그 방법 또한 적정하고, 필요한 최소한도로 개인의 선택권이 제한되며, 국민연금제도를 통하여 달성하고자 하는 공익이 개별적인 내용의 저축에 대한 선택권이라는 개인적 사익보다 월등히 크다고 보아야 할 것이어서 과잉금지의 원칙에 위배되지 아니하므로, 결국 위 행복추구권 침해는 헌법에 위반된다고 할 수 없다.

3. 우리 헌법의 경제질서 원칙에 비추어 보면, 사회보험방식에 의하여 재원을 조성하여 반대급부로 노후생활을 보장하는 강제저축 프로그램으로서의 국민연금제도는 상호부조의 원리에 입각한 사회연대성에 기초하여 고소득계층에서 저소득층으로, 근로세대에서 노년세대로, 현재세대에서 다음세대로 국민간에 소득재분배의 기능을 함으로써 오히려 위 사회적 시장경제질서에 부합하는 제도라 할 것이므로, 국민연금제도는 헌법상의 시장경제질서에 위배되지 않는다.

우리 헌법 제119조는 제1항에서 대한민국의 경제질서는 개인과 기업의 경제상의 자유와 창의를 존중함을 기본으로 한다고 규정하여 사유재산제도, 사적 자치의 원칙, 과실책임의 원칙을 기초로 하는 자유시장 경제질서를 기본으로 하고 있음을 선언하면서, 한편 그 제2항에서 국가는 균형있

는 국민경제의 성장 및 안정과 적정한 소득의 분배를 유지하고, 시장의 지배와 경제력의 남용을 방지하며, 경제주체간의 조화를 통한 경제의 민주화를 위하여 경제에 관한 규제와 조정을 할 수 있다고 규정하고, 또한 헌법 제34조 제1항은 모든 국민은 인간다운 생활을 할 권리를 가진다, 제5항은 신체장애자 및 질병·노령 기타의 사유로 생활능력이 없는 국민은 법률이 정하는 바에 의하여 국가의 보호를 받는다고 규정하여 사회국가원리를 수용하고 있어, 결국 우리 헌법은 자유시장 경제질서를 기본으로 하면서 사회국가원리를 수용하여 실질적인 자유와 평등을 아울러 달성하려는 것을 근본이념으로 하고 있다 (헌재 1998. 5. 28. 96헌가4등, 판례집 10-1, 522, 533-534).

즉, 우리 헌법의 경제질서는 사유재산제를 바탕으로 하고 자유경쟁을 존중하는 자유시장 경제질서를 기본으로 하면서도 이에 수반되는 갖가지 모순을 제거하고 사회복지·사회정의를 실현하기 위하여 국가적 규제와 조정을 용인하는 사회적 시장경제질서로서의 성격을 띠고 있다 (헌재 1996. 4. 25. 92헌바47, 판례집 8-1, 370, 380).

〈사회국가원리〉

헌재 1998. 10. 29. 97헌마345 자동차운수사업법 제24조 등 위헌확인[21)]

【판시사항】

2. 사납금제를 금지하기 위하여 택시운송사업자의 운송수입금 전액 수납의무와 운수종사자의 운송수입금 전액 납부의무를 규정한 자동차운수사업법 제24조 제3항 및 제33조의5 제2항이 기업의 자유·계약의 자유·단체협약체결의 자유를 침해하는지 여부(소극)

3. 위 법률조항이 사기업의 국공유화를 금지한 헌법 제126조에 위반되는지 여부(소극)

4. 택시업종에만 운송수입금 전액 관리의무를 부과하는 것이 평등원칙에 위반되는지 여부(소극)

【결정요지】

2. 이 사건 법률조항들은 청구인들의 직업수행의 자유를 다소 제약하고 있기는 하나, 일반택시운송사업의 수익성을 근본적으로 저하시켜 해당 사업을 포기할 수 밖에 없을 정도로 청구인들의 기업활동을 중대하게 제한하고 있다고 볼 수 없는 반면, 이에 의하여 달성하려는 공익은 관련 기업의 경영투명성 확보에 기여할 것은 물론 일반택시 운수종사자의 생활안정을 통한 일반택시이용자들에 대한 서비스의 질 제고도 기대되므로, 청구인들의 기본권 제한의 정도나 기타 이익의 손

---

20) 청구인들의 주장 (1)국민연금법은 소득재분배를 전제로 하고 있어 고소득자는 저소득자에 비하여 자기가 납부한 연금보험료보다 적은 비율의 연금급여를 받게 되는바, 이는 국가가 대가 없이 금전을 강제로 징수하는 것으로서 실질적으로 조세 징수에 해당되며 국가가 고소득자의 구매력을 강제로 빼앗아 저소득자에게 이전시키는 것이므로 조세법률주의를 규정한 헌법 제59조와 재산권보장을 규정한 헌법 제23조 제1항에 위반된다.
(2)모든 국민은 각자의 인생에 대한 설계를 자유로이 할 수 있으므로 국가로서는 국민들이 스스로 자신의 소득과 저축을 기준으로 하여 노후대책을 포함한 각자의 인생설계를 할 수 있도록 맡겨 두면 족하다. 다만 노령, 질병 등의 사유로 자기 힘으로 생활하기 어려운 사람들에게는 본래의 연금제도와는 별도로 국가재정으로 공적부조의 급여를 제공하는 사회안전망을 두어야 할 것이고 그 이상의 소득재분배는 사회주의로 가는 결과가 된다. 이런 의미에서 국민연금제도는 개인과 기업의 경제상의 자유와 창의를 존중함을 기본으로 하는 헌법 제119조 제1항에 위반되며 개인들이 자신의 노후대책을 스스로 선택할 수 있는 행복추구권을 침해한다.

실이 이를 통해서 달성하려는 공익에 비하여 지나치게 커서 법익간의 상당한 비례관계를 벗어났다고 보기 어렵다.

3. 이 사건 법률조항들이 규정하는 운송수입금 전액관리제로 인하여 청구인들이 기업경영에 있어서 영리추구라고 하는 사기업 본연의 목적을 포기할 것을 강요받거나 전적으로 사회·경제정책적 목표를 달성하는 방향으로 기업활동의 목표를 전환해야 하는 것도 아니고, 그 기업경영과 관련하여 국가의 광범위한 감독과 통제 또는 관리를 받게 되는 것도 아니며, 더구나 청구인들 소유의 기업에 대한 재산권이 박탈되거나 통제를 받게 되어 그 기업이 사회의 공동재산의 형태로 변형된 것도 아니므로, 이 사건 법률조항들이 헌법 제126조에 위반된다고 볼 수 없다.

4. 버스와 같은 다른 운수사업의 경우 운수종사자가 운송수입금 전액을 사업자에게 납부하는 방법으로 이미 운송수입금이 관리되고 있고 이러한 관리형태가 확립된 관행으로 자리잡아 이를 새삼스럽게 규제할 필요성이 없다고 할 것이므로, 이 제도가 현실적으로 적용되고 있지 아니하는 일반택시운송사업영역에 한하여 그 적용을 강제하려는 것은 규율의 필요성에 따른 합리적인 차별이어서 평등원칙에 위반되지 아니한다.

헌법 제126조는 국방상 또는 국민경제상 긴절한 필요로 인하여 법률이 정하는 경우를 제외하고는, 사영기업을 국유 또는 공유로 이전하거나 그 경영을 통제 또는 관리할 수 없다고 규정하고 있다. 여기서 '사영기업의 국유 또는 공유로의 이전'은 일반적으로 공법적 수단에 의하여 사기업에 대한 소유권을 국가나 기타 공법인에 귀속시키고 사회정책적·국민경제적 목표를 실현할 수 있도록 그 재산권의 내용을 변형하는 것을 말하며, 또 사기업의 '경영에 대한 통제 또는 관리'라 함은 비록 기업에 대한 소유권의 보유주체에 대한 변경은 이루어지지 않지만 사기업 경영에 대한 국가의 광범위하고 강력한 감독과 통제 또는 관리의 체계를 의미한다고 할 것이다. 그런데 이 사건에 있어서 이 사건 법률조항들이 규정하는 운송수입금 전액관리제로 인하여 청구인들이 기업경영에 있어서 영리추구라고 하는 사기업 본연의 목적을 포기할 것을 강요받거나 전적으로 사회·경제정책적 목표를 달성하는 방향으로 기업활동의 목표를 전환해야 하는 것도 아니고, 그 기업경영과 관련하여 국가의 광범위한 감독과 통제 또는 관리를 받게 되는 것도 아니며, 더구나 청구인들 소유의 기업에 대한 재산권이 박탈되거나 통제를 받게 되어 그 기업이 사회의 공동재산의 형태로 변형된 것도 아니다. 따라서 '국방상 또는 국민경제상 긴절한 필요'에 관한 요건이 충족되는지의 여부를 살펴 볼 필요도 없이, 이 사건에서 헌법 제126조의 사기업의 국·공유화 내지 그 경영의 통제·관리조항이 적용될 여지는 없다고 할 것이다.
그렇다면 이 사건 법률조항들이 헌법 제126조에 위반된다고 볼 수 없다.

---

21) (2) 운수종사자는 사업자에게 경영활동의 결실인 운송수입금을 납부하고 사업자는 운수종사자로부터 운송수입금을 받아들이는 것이 경제상의 당연한 사실인데도, 이를 법률로써 강제하고 위반할 경우 과태료를 부과하는 것은 사기업의 경영상의 자유와 창의를 박탈하는 것이다.
(3) 이 사건 법률조항들에 의하여 일반택시업종의 운송수입금을 전액 관리하도록 하는 것은 국민경제상의 긴박한 필요없이 일반택시운송사업자의 경영권을 제한·통제하는 것으로서, 국민경제상 긴박한 필요로 인하여 법률이 정하는

〈사회국가원리: 재산권의 사회적 기속성〉

헌재 1989.12.22. 88헌가13 國土利用管理法 第21條의3 第1項, 第31條의2의 違憲審判[22]

【판시사항】[23]

1. 재산권(財産權) 행사(行使)의 사회적(社會的) 의무성(義務性)과 토지재산권(土地財産權)의 행사(行使)
2. 토지재산권(土地財産權)의 본질적(本質的)인 내용(內容)
3. 국토이용관리법(國土利用管理法) 제21조의 3 제1항의 위헌여부(違憲與否)
4. 같은 법률(法律) 제31조의 2의 위헌여부(違憲與否)
5. 위헌결정(違憲決定) 정족수(定足數) 미달(未達)인 경우의 주문(主文) 표시방식(表示方式)

【결정요지】

1. 사유재산제도(私有財産制度)의 보장(保障)은 타인(他人)과 더불어 살아가야 하는 공동체생활(共同體生活)과의 조화(調和)와 균형(均衡)을 흐트려뜨리지 않는 범위(範圍) 내에서의 보장(保障)이다.

2. 토지재산권(土地財産權)의 본질적(本質的)인 내용(內容)이라는 것은 토지재산권(土地財産權)의 핵(核)이 되는 실질적(實質的) 요소(要素) 내지 근본요소(根本要素)를 뜻한다.

3. 국토이용관리법(國土利用管理法) 제21조의3 제1항의 토지거래허가제(土地去來許可制)는 사유재산제도(私有財産制度)의 부정이 아니라 그 제한(制限)의 한 형태이고 토지(土地)의 투기적(投機的) 거래(去來)의 억제를 위하여 그 처분(處分)을 제한(制限)함은 부득이한 것이므로 재산권(財産權)의 본질적인 침해(侵害)가 아니며, 헌법상(憲法上)의 경제조항에도 위배(違背)되지 아니하고 현재의 상황에서 이러한 제한수단(制限手段)의 선택(選擇)이 헌법상(憲法上)의 비례(比例)의 원칙(原則)이나 과잉금지(過剩禁止)의 원칙(原則)에 위배(違背)된다고 할 수도 없다.

4. 같은 법률(法律) 제31조의2가 벌금형(罰金刑)과 선택적으로 징역형(懲役刑)을 정(定)함은 부득이 한 것으로서 입법재량(立法裁量)의 문제(問題)이고 과잉금지(過剩禁止)의 원칙(原則)에 반(反)

경우를 제외하고는 사기업의 경영을 통제 또는 관리할 수 없도록 규정하는 헌법 제126조에 위반된다.

(4) 운송수입금을 전액 납부하는 것은 근로계약상의 의무인데, 노사간에 근로계약을 이행하지 않는다는 이유로 근로계약을 이행토록 명령하고 이를 이행하지 않을 경우 과태료를 부과하는 것은 사기업의 노사간의 문제를 공권력으로 강제하는 것이므로 계약자유의 원칙에 위반된다.

(5) 이 사건 법률조항들이 모든 자동차 운송사업에 적용되지 아니하고 택시업종에 종사하는 사업자와 운수종사자에 한하여 운송수입금 전액관리제를 강제하는 것은 평등원칙에도 위반된다.

(6) 사납금제가 회사의 불법경영과 운수종사자의 불법 · 난폭운전 등 사회문제를 야기한다는 주장은 현실을 제대로 파악하지 못한 불합리한 주장이다. 한편, 건설교통부장관은 택시운송사업의 시민에 대한 서비스향상과 경영의 투명성확보를 이유로 이 사건 법률조항들을 신설하였다고 주장하나, 이 사건 법률조항들의 입법목적은 현행 자동차운수사업법규에 따라 업체를 지도 · 감독하거나 위반행위에 대한 적정한 행정처벌을 함으로써 달성할 수 있으므로, 이 사건 조항들을 신설한 것은 사기업의 경영권을 과도하게 침해하는 것이다.

하지 않으며, 그 구성요건(構成要件)은 건전한 법관(法官)의 양식(良識)이나 조리(條理)에 따른 보충적인 해석으로 법문(法文)의 의미(意味)가 구체화될 수 있으므로 죄형법정주의(罪刑法定主義)의 명확성(明確性)의 원칙(原則)에도 위배(違背)되지 아니한다.

5. 위헌의견(違憲意見)이 종국심리(終局審理)에 관여한 재판관(裁判官)의 과반수(過半數)가 되지만 위헌결정(違憲決定)의 정족수(定足數)인 6인에 미달(未達)인 때에는 주문(主文)에 "헌법(憲法)에 위반(違反)된다고 선언(宣言)할 수 없다"라고 표시한다.

재판관 이시윤의 보충의견(補充意見) 및 위헌의견(違憲意見)

1. 국토이용관리법(國土利用管理法) 제21조의2 내지 4의 토지거래허가제(土地去來許可制)는 공공복리의 해당성이 있고 또 재산권(財産權)의 본질적(本質的) 내용(內容)의 침해금지원칙(侵害禁止原則)에 저촉(抵觸)되지 아니하여 헌법(憲法)에 위반(違反)되지 아니하고, 같은 법률(法律) 제21조의15는 헌법(憲法) 제23조 제3항의 정당보상원리(正當補償原理)에 저촉(抵觸)되나 이 사건(事件) 재판(裁判)의 전제성(前提性)이 없어 주문(主文)에 밝힐 필요까지는 없고 보완입법(補完立法)을 촉구(促求)한다.

2. 같은 법률(法律) 제31조의2는 헌법(憲法) 제37조 제2항의 과잉금지(過剩禁止)의 원칙(原則)에 위반(違反)된다.

재판관 한병채, 최광률, 김문희의 위헌의견(違憲意見)

국토이용관리법(國土利用管理法) 제21조의3 제1항과 같은 법률(法律) 제21조의2, 같은 조의 3 제3항, 제7항, 같은 조의 4,5,15는 불가분(不可分)의 관계(關係)에 있으므로 함께 심판(審判)의 대상이 되어야 하고, 위 제21조의 15가 헌법(憲法) 제23조의 제1항 제3항에 위반(違反)되므로 위 법조(法條) 전체가 헌법(憲法)에 위반(違反)되나 즉시 실효(失效)에 따른 혼란을 피하기 위하여 위 제21조의15를 상당기간내에 개정(改正)할 것을 촉구(促求)한다. 위헌(違憲)인 토지거래허가제(土地去來許可制)를 전제(前提)로 한 같은 법률(法律) 제31조의2는 당연히 헌법(憲法)에 위반(違反)되는 형사법규(刑事法規)이므로 즉시 위헌(違憲)임을 선언(宣言)하여야 한다.

재판관 김진우의 위헌의견(違憲意見)

국토이용관리법(國土利用管理法) 제31조의2 뿐만 아니라 같은 법률(法律) 제21조의3을 위헌(違憲)으로 선언(宣言)하여도 국가존립에 위해가 미칠 정도의 법(法)의 공백(空白)이나 사회적 혼란이 예상되는 것은 아니므로 입법촉구(立法促求)는 불필요(不必要)하다.

---

22) 가. 제청법원의 위헌여부심판제청의 이유
헌법 제23조는 사유재산권을 보장하고 있고, 헌법 제37조 제2항에 의하면 이러한 재산권은 법률로써 제한할 수 있으나, 그 경우에도 재산권의 본질적인 내용이 침해될 수 없는데, 국토이용관리법 제21조의3 제1항, 제31조의2는 재산권의 주된 내용인 처분의 자유를 제한(허가)내지 금지(불허가)하는 것이므로 헌법 제23조, 제37조 제2항에 위반되는 규정이라고 해석될 여지가 있으므로 위헌여부의 심판을 제청한다.

〈사회국가원리: 경제민주화-경영 관리 · 통제〉

헌재 1993.07.29. 89헌마31 공권력행사로 인한 재산권침해에 대한 헌법소원

【판시 사항】

가. 헌법재판소법(憲法裁判所法) 제68조 제1항에 의한 위헌소원(違憲訴願)의 적법요건(適法要件)인 공권력(公權力)의 행사(行使)의 의미

나. 공권력(公權力)의 행사과정(行使過程)에서 청구인(請求人) 개인(個人)에 대해 행사(行使)한 바는 없으나 청구인(請求人)의 개인재산권(個人財産權)을 직접(直接) 대상(對象)으로 하여 행사(行使)하였다 하여 헌법소원(憲法訴願)의 자기관련성(自己關聯性), 직접성(直接性)을 인정한 사례

다. 헌법소원(憲法訴願)의 적법요건(適法要件)인 보충성(補充性)의 원칙(原則)의 의미와 그 예외

라. 헌법소원심판청구권(憲法訴願審判請求權) 행사(行使)의 기산점(起算點)인 "사유(事由)가 있음을 안 날"의 의미와 제소기간(提訴期間)을 도과한 헌법소원심판청구(憲法訴願審判請求)를 허용(許容)할 수 있는 예외적(例外的) 사유(事由)로서의 "정당(正當)한 사유(事由)"의 의미

마. 이 사건(事件)은 이미 종료(終了)한 기본권(基本權) 침해행위(侵害行爲)에 대한 헌법소원심판청구(憲法訴願審判請求)이기는 하나 그 기본권(基本權) 침해행위(侵害行爲)가 위헌(違憲)임을 선언적(宣言的) 의미(意味)에서 확인(確認)할 필요가 있는 경우에 해당한다고 본 사례

바. 재무부장관(財務部長官)이 대통령(大統領)의 지시(指示)를 받아 재벌기업인 국제그룹을 해체(解體)키로 기본방침(基本方針)을 정하고 그 후속조치(後續措置)로서 한 일련의 공권력(公權力)의 행사(行使)가 위헌(違憲)이라고 판단한 사례

【결정 요지】

가. 재무부장관이 제일은행장에 대하여 한 국제그룹의 해체준비착수지시(解體準備着手指示)와 언론발표(言論發表) 지시(指示)는 상급관청의 하급관청에 대한 지시가 아님은 물론 동 은행에 대한 임의적(任意的) 협력(協力)을 기대하여 행하는 비권력적(非權力的) 권고(勸告) · 조언(助言) 등의 단순한 행정지도(行政指導)로서의 한계(限界)를 넘어선 것이고, 이와 같은 공권력(公權力)의 개입(介入)은 주거래 은행으로 하여금 공권력(公權力)에 순응(順應)하여 제3자 인수식(引受式)의 국제그룹 해체라는 결과를 사실상(事實上) 실현시키는 행위(行爲)라고 할 것으로, 이와 같은 유형

나. 제청신청인 대리인의 의견

오늘날 소유권관념의 변천에 따라 소유권의 사회성을 인정하여야 하지만 소유권의 사회성을 강조한다고 하여 자본주의, 자유민주주의의 근본이념을 훼손하여서는 안된다.

법률에 의한 기본권의 제한은 헌법 제37조 제2항에 나타나 있는 최소제한의 원칙과 본질적 내용 침해금지의 원칙에 따라야 한다. 그런데 토지거래허가제는 토지의 처분과 취득을 금지하는 것이므로 이는 계약자유의 원칙을 완전히 부정하고 재산권의 본질적 내용을 침해하는 것인 동시에 토지거래규제에 있어서 가장 극단적인 방법에 해당되어 최소제한의 원칙도 부정하고 있는 것이다.

23) 【주문】

1. 국토이용관리법(1972.12.30. 법률 제2408호, 1978.12.5. 개정 법률 제3139호, 1982.12.31. 개정 법률 제3642호) 제21조의3 제1항은 헌법에 위반되지 아니한다.
2. 같은 법률(1989.4.1. 개정 법률 제4120호) 제31조의2는 헌법에 위반된다고 선언할 수 없다.

의 행위는 형식적으로는 사법인(私法人)인 주거래 은행의 행위였다는 점에서 행정행위(行政行爲)는 될 수 없더라도 그 실질이 공권력(公權力)의 힘으로 재벌기업(財閥企業)의 해체(解體)라는 사태변동을 일으키는 경우인 점에서 일종의 권력적(權力的) 사실행위(事實行爲)로서 헌법소원(憲法訴願)의 대상이 되는 공권력(公權力)의 행사(行使)에 해당한다.

나. 이 사건 공권력(公權力)의 행사(行使)가 청구인(請求人) 주도(主導)의 계열기업(系列企業) 전면해체(全面解體)와 그 경영권(經營權)의 제3자 인수(引受)를 내용으로 하고 있는 이상 청구인(請求人) 자신의 기본권(基本權)과 무관(無關)한 것이었다 할 수 없으며, 이 사건 공권력(公權力)의 행사과정(行使過程)에서 청구인(請求人) 개인을 직접 상대방으로 하여 대인적(對人的)으로 행사(行使)한 바는 없으나 청구인(請求人)의 개인주식 등 재산권(財産權)과 기업경영권(企業經營權)을 직접 대상(對象)으로 하여 대물적(對物的)으로 행사(行使)하였는 바, 이러한 사실관계(事實關係)하에서는 공권력(公權力)의 행사(行使) 자체에 의하여 청구인(請求人)의 기본권(基本權)이 직접(直接) 침해(侵害)당한 경우라고 볼 것이다.

다. 헌법재판소법(憲法裁判所法) 제68조 제1항에서 말하는 "다른 법률(法律)에 의한 구제절차(救濟節次)"는 공권력(公權力)의 행사(行使) 또는 불행사(不行使)를 직접 대상(對象)으로 하여 그 잘못 자체를 다투는 권리구제절차(權利救濟節次)를 의미하는 것이고, 공권력(公權力)의 행사(行使)·불행사(不行使)의 결과 생긴 효과를 원상회복(原狀回復)시키거나 손해배상(損害賠償)을 위한 사후적(事後的)·보충적(補充的) 구제수단(救濟手段)은 포함되지 않는 것인 바, 이 사건 국제그룹 해체와 그 정리조치가 형식상으로는 사법인(私法人)인 제일은행이 행한 행위이므로 당시 시행되던 구(舊) 행정소송법상(行政訴訟法上)의 행정소송(行政訴訟)의 대상이 된다고 단정하기 어렵고, 따라서 당사자에게 그에 의한 권리구제절차(權利救濟節次)를 밟을 것을 기대하기는 곤란하므로 이와 같은 범주의 권력적(權力的) 사실행위(事實行爲)의 경우에는 보충성(補充性)의 원칙(原則)의 예외(例外)로서 소원(訴願)의 제기(提起)가 가능하다.

라. 헌법소원(憲法訴願)의 제기기간(提起期間)으로서 "사유(事由)가 있음을 안 날로부터 60일"이라 함에 있어 "사유(事由)가 있음을 안 날"이라고 함은 적어도 공권력행사(公權力行使)에 의한 기본권침해(基本權侵害)의 사실관계(事實關係)를 특정(特定)할 수 있을 정도로 현실적으로 인식하여 심판청구(審判請求)가 가능해진 경우를 뜻하나, 헌법재판소법(憲法裁判所法) 제40조 제1항에 의하여 행정소송법(行政訴訟法) 제20조 제2항 단서(但書)가 헌법소원심판(憲法訴願審判)에 준용(準用)됨에 따라 정당(正當)한 사유(事由)가 있는 경우에는 제소기간(提訴期間)의 도과(徒過)에도 불구하고 헌법소원심판청구(憲法訴願審判請求)는 적법(適法)하다고 할 것인바, 여기의 정당(正當)한 사유(事由)라 함은 청구기간(請求期間) 도과(徒過)의 원인 등 여러 가지 사정을 종합하여 지연(遲延)된 심판청구(審判請求)를 허용(許容)하는 것이 사회통념상(社會通念上)으로 보아 상당(相當)한 경우를 뜻한다.

마. 당해사건에 대한 헌법재판(憲法裁判)이 헌법질서(憲法秩序)의 수호(守護)·유지(維持)를 위

하여 긴요한 사항이어서 헌법적(憲法的)으로 그 해명(解明)이 중요한 의미를 지니고 있는 경우에는 이미 종료된 기본권(基本權) 침해행위(侵害行爲)가 위헌(違憲)이었음을 선언적(宣言的) 의미에서 확인할 필요가 있는바, 이 사건에서도 권력적(權力的) 사실행위(事實行爲)가 이미 종료되어 나름대로 새 질서(秩序)가 형성(形成)되었지만, 이 사건은 재산권보장(財産權保障)과 사영기업(私營企業)의 자유(自由)를 골간으로 하는 시장경제질서하(市場經濟秩序下)에서 제반 기업활동에 대한 공권력(公權力) 개입(介入)의 헌법적(憲法的) 한계가 판시될 수밖에 없는 중요한 사안이고, 여기에서 아직 미결인 헌법상(憲法上) 중요한 문제가 해명될 것이라는 의미에서 그 심판(審判)의 필요성(必要性) 충분하다.

바. 피청구인(被請求人)이 대통령(大統領)에게 건의 보고하여 그 지시를 받아 청구인(請求人) 경영의 국제그룹을 해체(解體)키로 하고 그 인수업체를 정한 후 이의 실행을 위하여 제일은행장 등에게 지시하여 국제그룹 계열사에 대한 은행자금 관리에 착수하게 하는 한편 동 은행으로 하여금 계열사의 처분권(處分權)을 위임(委任)받는 등 해체준비를 하도록 하고 피청구인(被請求人)이 만든 보도자료에 의거 제일은행의 이름으로 언론에 발표하도록 하는 등의 일련의 국제그룹 해체를 위한 공권력(公權力)의 행사(行使)는 헌법상 법치국가(法治國家)의 원리(原理), 헌법(憲法) 제119조 제1항의 시장경제(市場經濟)의 원리(原理), 헌법(憲法) 제126조의 경영권(經營權) 불간섭(不干涉)의 원칙(原則), 헌법(憲法) 제11조의 평등권(平等權)의 각 규정을 직접적(直接的)으로 침해(侵害)한 것으로서 헌법(憲法)에 위반된다.

〈사회국가원리: 경제민주화-독과점규제, 농 · 어민 및 중소기업 보호육성〉
헌재 1996.12.26. 96헌가18 주세법 제38조의 7 등에 대한 위헌제청[24)]

【판시 사항】
가. 위헌법률심판절차에 적용되는 위헌심사의 기준 … 모든 헌법적 관점
나. 주세법의 自道燒酒 購入命令制度가 헌법에 위반되는지 여부

【결정 요지】
나. (1) 헌법 제119조 제2항은 독과점규제라는 경제정책적 목표를 개인의 경제적 자유를 제한할 수 있는 정당한 공익의 하나로 명문화하고 있다. 독과점규제의 목적이 경쟁의 회복에 있다면 이 목적을 실현하는 수단 또한 자유롭고 공정한 경쟁을 가능하게 하는 방법이어야 한다. 그러나 주세법의 구입명령제도는 전국적으로 자유경쟁을 배제한 채 지역할거주의로 자리잡게 되고 그로써 지역 독과점현상의 고착화를 초래하므로, 독과점규제란 공익을 달성하기에 적정한 조치로 보기 어렵다.

(2) 헌법 제123조가 규정하는 지역경제육성의 목적은 일차적으로 지역간의 경제적 불균형의 축소에 있다. 입법자가 개인의 기본권침해를 정당화하는 입법목적으로서의 지역경제를 주장하

기 위하여는 문제되는 지역의 현존하는 경제적 낙후성이라든지 아니면 특정 입법조치를 취하지 않을 경우 발생할 지역간의 심한 경제적 불균형과 같은 납득할 수 있는 구체적이고 합리적인 이유가 있어야 한다. 그러나 전국 각도에 균등하게 하나씩의 소주제조기업을 존속케 하려는 주세법에서는 수정되어야 할 구체적인 지역간의 차이를 확인할 수 없고, 따라서 1도1소주제조업체의 존속유지와 지역경제의 육성간에 상관관계를 찾아볼 수 없으므로 "지역경제의 육성"은 기본권의 침해를 정당화할 수 있는 공익으로 고려하기 어렵다.

(3) 우리 헌법은 제123조 제3항에서 중소기업이 국민경제에서 차지하는 중요성 때문에 "중소기업의 보호"를 국가경제정책적 목표로 명문화하고, 대기업과의 경쟁에서 불리한 위치에 있는 중소기업의 지원을 통하여 경쟁에서의 불리함을 조정하고, 가능하면 균등한 경쟁조건을 형성함으로써 대기업과의 경쟁을 가능하게 해야 할 국가의 과제를 담고 있다. 중소기업의 보호는 넓은 의미의 경쟁정책의 한 측면을 의미하므로 중소기업의 보호는 원칙적으로 경쟁질서의 범주내에서 경쟁질서의 확립을 통하여 이루어져야 한다. 중소기업의 보호란 공익이 자유경쟁질서안에서 발생하는 불리함을 국가의 지원으로 보완하여 경쟁을 유지하고 촉진시키려는데 그 목적이 있으므로, 구입명령제도는 이러한 공익을 실현하기에 적합한 수단으로 보기 어렵다.

(4) 따라서 구입명령제도는 소주판매업자의 직업의 자유는 물론 소주제조업자의 경쟁 및 기업의 자유, 즉 직업의 자유와 소비자의 행복추구권에서 파생된 자기결정권을 지나치게 침해하는 위헌적인 규정이다. 소주시장과 다른 상품시장, 소주판매업자와 다른 상품의 판매업자, 중소소주제조업자와 다른 상품의 중소제조업자 사이의 차별을 정당화할 수 있는 합리적인 이유를 찾아 볼 수 없으므로 이 사건 법률조항은 평등원칙에도 위반된다. 지방소주제조업자는 신뢰보호를 근거로 하여 구입명령제도의 합헌성을 주장할 수는 없다 할 것이고, 다만 개인의 신뢰는 적절한 경과규정을 통하여 고려되기를 요구할 수 있는데 지나지 않는다.

재판관 조승형, 재판관 정경식, 재판관 고중석의 반대의견

나. (1) 주류제조 · 판매와 관련되는 직업의 자유 내지 영업의 자유에 대하여는 폭넓은 국가적 규제가 가능하고 또 입법자의 입법형성권의 범위도 광범위하게 인정되는 분야라고 하지 않을 수 없다. 구입명령제도는 독과점규제와 지역경제육성이라는 헌법상의 경제목표를 실현코자 하는 것이므로 정당한 입법목적을 가진 것이라 아니할 수 없고, 또 그 입법목적을 달성하기에 이상적인 제도라고까지는 할 수 없을 지라도 다수의견과 같이 전혀 부적합한 것이라고는 단정할 수 없다.

(2) 독과점규제의 궁극목표가 경쟁질서의 유지라는 점에는 이론의 여지가 있을 수 없겠지만, 경우에 따라서는 경쟁을 다소 완화하여 시장지배자로부터 약자를 보호하는 정책도 훌륭한 독과점규제책이 될 수 있다. 다수의견은 구입명령제도로 말미암아 전국적 자유경쟁이 배제되고 지역적 독과점현상의 고착화를 초래한다고 주장하나, 이는 구입명령제도가 폐지되는 경우에는 지역적 독과점현상 대신에 그 보다 더 경계해야 할 전국적 독과점현상이 나타나게 된다는 점을 간과하고 있는 것이다.

(3) 지역경제의 육성이라 함은 경제력이 전국적으로 균형있게 배분된 상태를 지향하는 모든 노력을 이르는 말이라 할 것인데, 이에는 각 지역간의 경제력의 수준을 살펴 그 중 낙후한 지역의 경제력을 향상시키는 일뿐만 아니라 수도권에 비해 상대적으로 경제력이 미약한 수도권 이외의 나머지 지역의 경제력을 향상시키는 일도 포함된다고 보아야 한다. 이 사건 구입명령제도를 통하여 경쟁으로부터 보호되는 소주제조업체의 소재지는 모두 수도권 이외의 지역인바, 이 지역에 각 하나씩의 소주제조업체가 도산하지 않고 건실하게 사업을 할 수 있도록 보호해주는 것만으로도 헌법상의 지역경제육성의 목적에 부합하는 것이다.

(4) 소주에 대하여는 그 특성상 국민보건에 직접적 영향을 미치는 상품이어서 강한 규제를 하지 않을 수 없고, 구입명령제도는 대기업 제조업자의 독과점을 막고 지역소주제조업자를 보호함으로써 독과점규제와 지역경제육성이라는 헌법상의 경제목표를 구체화하고자 하는 제도이므로 이 제도로 인하여 약간의 차별이 생긴다고 하여도 그 차별에는 합리적인 이유가 있다고 할 것이고, 여러 가지 사정을 입법정책적으로 고려하여 입법형성권의 범위내에서 입법한 것으로서 헌법 제37조 제2항이 정한 한계내에서 행한 필요하고 합리적인 기본권제한이라고 할 것이므로 헌법에 위반되지 아니한다.

4. 문화국가의 원리

○ 문화국가란 문화와 국가가 단절된 관계가 아니라, 국가가 문화의 자율성을 존중하면서도 국가에 의한 적극적 문화육성이 이루어져 실질적인 문화평등을 실현시키려는 국가를 말한다. 현대국가는 문화의 자율성을 최대한 존중하면서도 문화에 대한 자유방임정책이 초래한 모순과 불합리를 극복하기 위해 능동적으로 문화를 형성하고 보호하는 기능을 떠맡게 되었다. 이런 점에서 문화국가원리는 국가와 사회의 이원론을 전제로 한다고 볼 수 있다.

---

24) 사건의 개요 - 정부가 70년대초부터 전국에 400여개의 소주업체가 난립한 소주시장을 1도1사의 원칙을 최종목표로 하여 통폐합정책을 추진한 결과 소주제조업자의 수는 1981년에 현재의 10개업체로 통합·축소되었다. 한편 정부는 소주제조업체의 통폐합정책을 추진함과 아울러 소위 특정업체의 독과점방지와 지방산업의 균형발전을 위하여 1970년에는 소주용주정배정제도를 도입하였고 1976년부터는 자도소주구입제도(1976. 6. 24. 국세청훈령 제534호)를 시행하였다. 주정배정제도는 정부가 주정총수요량을 소주회사별로 전년도 소주출고실적에 비례하여 배분함으로써 경쟁을 제한하려는 정책이고, 이 제도와 함께 시행된 자도소주구입제도 또한 소주도매업자로 하여금 그 영업장소소재지에서 생산되는 자도소주를 의무적으로 총구입액의 100분의 50 이상을 구입하도록 제도화함으로써 경쟁을 억제하고 소주시장의 현상태를 유지하는데 기여하였다.
한편 경제행정규제완화위원회가 1990. 5. 소비자에 대한 서비스를 향상하고 자유경쟁을 통한 주류산업의 경쟁력을 제고하기 위하여 주류산업에 대한 규제를 완화하기로 결정함에 따라 일정한 경과기간을 거쳐 자도소주구입제도는 1991년말에, 주정배정제도는 1992년말에 각 폐지되었다. 그러나 자도소주구입제도는 1995. 8. 4. 공포되어 1995. 10. 1.부터 시행된 주세법 중 개정법률(법률 제4956호)에 의하여 신설된 주세법 제38조의 7 규정에 따라 다시 되살아났고, 위 법률조항은 1995. 12. 29. 법률 제5036호로 개정되어 1996. 1. 1.부터 시행되었다.

〈문화국가의 원리에 관련한 헌법조항〉

헌법 전문 "유구한 역사와 전통에 빛나는 우리 대한국민은 … 정치 · 경제 · 사회 · 문화의 모든 영역에 있어서 …"

제9조 국가는 전통문화의 계승 · 발전과 민족문화의 창달에 노력하여야 한다.

제69조 대통령은 취임에 즈음하여 다음의 선서를 한다.

"나는 헌법을 준수하고 국가를 보위하며 조국의 평화적 통일과 국민의 자유와 복리의 증진 및 민족문화의 창달에 노력하여 대통령으로서의 직책을 성실히 수행할 것을 국민 앞에 엄숙히 선서합니다."

헌재 2004.05.27. 2003헌가1 학교보건법 제6조 제1항 제2호 위헌제청, 학교보건법 제19조 등 위헌 **제청**[25)]

【판시사항】

1. 학교보건법상 학교 및 극장의 의미

2. 학교 정화구역 내에서의 극장시설 및 영업을 금지하고 있는 학교보건법 제6조 제1항 본문 제2호 중 '극장'부분(이하 '이 사건 법률조항'이라 한다) 중 대학의 정화구역에서도 극장영업을 일반적으로 금지하고 있는 부분이 직업의 자유를 과도하게 침해하여 위헌인지 여부(적극)

3. 유치원 및 초 · 중 · 고등학교의 정화구역 중 극장영업을 절대적으로 금지하고 있는 절대금지구역 부분이 극장 영업을 하고자 하는 자의 직업의 자유를 과도하게 침해하여 위헌인지 여부(적극)

4. 학교정화구역내의 극장 시설 및 영업을 금지하고 있는 이 사건 법률조항이 정화구역 내에서 극장업을 하고자 하는 자의 표현의 자유 내지 예술의 자유를 침해하는지 여부(적극)

5. 학교정화구역내의 극장 시설 및 영업을 금지하고 있는 이 사건 법률조항이 학생들의 행복추구권을 침해하는지 여부(적극)

6. 법률조항의 일부분에 대하여는 단순위헌결정을 하면서 입법자에게 위헌적인 상태를 제거할 수 있는 여러 가지의 입법수단 선택의 가능성을 인정할 필요성이 있는 부분에 대하여는 헌법불합치결정을 한 사례

【결정요지】

1. 학교보건법 제5조 제1항은 교육감에게 학교의 보건 · 위생 및 학습환경을 보호하기 위하여 학교경계선으로부터 200미터를 초과하지 않는 범위에서 대통령령이 정하는 바에 따라 학교환경위생정화구역을 설정하여야 할 의무를 부과하고 있다. 이 법에서 정하는 '학교'의 의미는 학교보건법의 입법목적 및 학교보건법시행령의 규정의 취지를 종합하여 살펴 볼 때 학교보건법시행령 제2조에 규정된 모든 학교 즉, 유치원 · 초 · 중 · 고등학교 및 대학을 포함하는 개념이다.

또한 이 사건 법률조항은 누구든지 정화구역 안에서 극장시설 및 영업을 하여서는 아니 된다고 규정하고 있는바, 여기서의 '극장'이란 그 사전적 의미 및 이 사건 법률조항의 입법취지를 종합하여 살펴볼 때 연극 등의 공연을 위한 무대공연시설과 영화상영을 위한 극장 시설을 모두 포함하는 개념이다.

2. 이 사건 법률조항은 대학 부근 정화구역 내의 극장을 일반적으로 금지하고 있다. 그런데 대학생들은 고등학교를 졸업한 자 또는 법령에 의하여 이와 동등 이상의 학력이 있는 자 중에서 선발되므로 신체적 · 정신적으로 성숙하여 자신의 판단에 따라 자율적으로 행동하고 책임을 질 수 있는 시기에 이르렀다고 할 것이다. 이와 같은 대학생의 신체적 · 정신적 성숙성에 비추어 볼 때 대학생이 영화의 오락성에 탐닉하여 학습을 소홀히 할 가능성이 적으며, 그와 같은 가능성이 있다고 하여도 이는 자율성을 가장 큰 특징으로 하는 대학교육이 용인해야 할 부분이라고 할 것이다. 따라서 대학의 정화구역에 관하여는 학교보건법 제6조 제1항 단서에서 규율하는 바와 같은 예외조항의 유무와 상관없이 극장에 대한 일반적 금지를 둘 필요성을 인정하기 어렵다. 결국, 대학의 정화구역 안에서 극장시설을 금지하는 이 사건 법률조항은 극장운영자의 직업수행의 자유를 필요 · 최소한 정도의 범위에서 제한한 것이라고 볼 수 없어 최소침해성의 원칙에 반한다.

3. 이 사건 법률조항은 유치원 및 초 · 중 · 고등학교의 정화구역 내의 극장시설 및 영업도 일반적으로 금지하고 있는바, 그 정화구역 중 금지의 예외가 인정되는 구역을 제외한 나머지 구역은 어떠한 경우에도 예외가 인정되지 아니하는 절대금지구역이다. 그런데 국가 · 지방자치단체 또는 문화재단 등 비영리단체가 운영하는 공연장 및 영화상영관, 순수예술이나 아동 · 청소년을 위한 전용공연장 등을 포함한 예술적 관람물의 공연을 목적으로 하는 공연법상의 공연장, 순수예술이나 아동 · 청소년을 위한 영화진흥법상의 전용영화상영관 등의 경우에는 정화구역 내에 위치하더라도 초 · 중 · 고등학교 학생들에게 유해한 환경이라고 하기보다는 오히려 학생들의 문화적 성장을 위하여 유익한 시설로서의 성격을 가지고 있어 바람직한 방향으로 활용될 가능성이 높다는 점을 부인하기 어렵다. 그렇다면 정화구역 내의 절대금지구역에서는 이와 같은 유형의 극장에 대한 예외를 허용할 수 있는 가능성을 전혀 인정하지 아니하고 일률적으로 금지하고 있는 이 사건 법률조항은 그 입법목적을 달성하기 위하여 필요한 정도 이상으로 극장운영자의 기본권을 제한하는 법률이다.

4. 이 사건 법률조항은 극장운영자의 표현의 자유 및 예술의 자유도 필요한 이상으로 과도하게 침해하고 있으며, 표현 · 예술의 자유의 보장과 공연장 및 영화상영관 등이 담당하는 문화국가형성의 기능의 중요성을 간과하고 있다. 따라서 이 사건 법률조항은 표현의 자유 및 예술의 자유를 침해하는 위헌적인 규정이다.

5. 오늘날 영화 및 공연을 중심으로 하는 문화산업은 높은 부가가치를 실현하는 첨단산업으로서의 의미를 가지고 있다. 따라서 직업교육이 날로 강조되는 대학교육에 있어서 문화에의 손쉬운 접근가능성은 중요한 기본권으로서의 의미를 갖게 된다. 이 사건 법률조항은 대학생의 자유로운 문화향유에 관한 권리 등 행복추구권을 침해하고 있다.
아동과 청소년은 부모와 국가에 의한 단순한 보호의 대상이 아닌 독자적인 인격체이며, 그의 인격권은 성인과 마찬가지로 인간의 존엄성 및 행복추구권을 보장하는 헌법 제10조에 의하여 보호된다. 따라서 헌법이 보장하는 인간의 존엄성 및 행복추구권은 국가의 교육권한과 부모의 교육권의 범주 내에서 아동에게도 자신의 교육환경에 관하여 스스로 결정할 권리, 그리고 자유롭게 문화를 향유할 권리를 부여한다고 할 것이다. 이 사건 법률조항은 아동·청소년의 문화향유에 관한 권리 등 인격의 자유로운 발현과 형성을 충분히 고려하고 있지 아니하므로 아동·청소년의 자유로운 문화향유에 관한 권리 등 행복추구권을 침해하고 있다.

6. 이 사건 법률조항에 대하여 단순위헌의 판단이 내려진다면 극장에 관한 초·중·고등학교·유치원 정화구역 내 금지가 모두 효력을 잃게 됨으로써 합헌적으로 규율된 새로운 입법이 마련되기 전까지는 학교정화구역 내에도 제한상영관을 제외한 모든 극장이 자유롭게 설치될 수 있게 될 것이다. 그 결과 이와 같이 단순위헌의 결정이 내려진 후 입법을 하는 입법자로서는 이미 자유롭게 설치된 극장에 대하여 신뢰원칙 보호의 필요성 등의 한계로 인하여 새로운 입법수단을 마련하는 데 있어서 제약을 받게 된다. 이는 이 결정의 취지에서 정당한 목적으로서 인정한 공익의 측면에서 비추어 보아도 바람직하지 아니하다. 따라서, 이 사건 법률조항 중 초·중등교육법 제2조에 규정한 각 학교에 관한 부분에 대하여는 단순위헌의 판단을 하기보다는 헌법불합치결정을 하여 입법자에게 위헌적인 상태를 제거할 수 있는 여러 가지의 입법수단 선택의 가능성을 인정할 필요성이 있는 경우라고 할 것이다. 따라서 초·중·고등학교·유치원 정화구역 부분에 관하여는 헌법불합치결정이 타당하다.

헌재 2005.02.03. 2001**헌가**9 민법 제781조 제1항 본문 후단부분 위헌제청 등[26)]

【판시사항】

1. 위헌제청되지 않은 법률조항을 심판대상에 포함시킨 사례
2. 헌법과 전통의 관계
3. 호주제가 헌법에 위반되는지 여부(적극)
4. 위헌결정으로 초래되는 다른 법제도의 공백을 이유로 헌법불합치결정을 한 사례

【결정요지】

1. 처의 부가(夫家)입적을 규정한 민법 제826조 제3항 후단은 무호주로의 변경을 구하면서 호주제의 위헌성을 다투는 위헌제청신청의 취지와 무관하지 않을 뿐 아니라, 법원이 위헌제청한 민법 제778조, 제781조 제1항 본문 후단과 결합하여 호주제의 골격을 이루고 있으므로 호주제의 위헌 여부라는 중요한 헌법문제의 보다 완전한 해명을 위하여 그 조항의 위헌 여부도 심판의 대상으로 삼아 한꺼번에 심리·판단하는 것이 헌법재판의 객관적 기능에 비추어 상당하다.

2. 가. 헌법은 국가사회의 최고규범이므로 가족제도가 비록 역사적·사회적 산물이라는 특성을 지니고 있다 하더라도 헌법의 우위로부터 벗어날 수 없으며, 가족법이 헌법이념의 실현에 장애를

25) 심판대상 중 학교보건법 제5조(학교환경위생정화구역의 설정) ①학교의 보건·위생 및 학습환경을 보호하기 위하여 교육감은 대통령령이 정하는 바에 따라 학교환경위생정화구역을 설정하여야 한다. 이 경우 학교환경위생정화구역은 학교경계선으로부터 200미터를 초과할 수 없다. ②제1항의 규정에 의한 교육감의 권한은 대통령령이 정하는 바에 따라 교육장에게 위임할 수 있다.

초래하고, 헌법규범과 현실과의 괴리를 고착시키는데 일조하고 있다면 그러한 가족법은 수정되어야 한다.

나. 우리 헌법은 제정 당시부터 특별히 혼인의 남녀동권을 헌법적 혼인질서의 기초로 선언함으로써 우리 사회 전래의 가부장적인 봉건적 혼인질서를 더 이상 용인하지 않겠다는 헌법적 결단을 표현하였으며, 현행 헌법에 이르러 양성평등과 개인의 존엄은 혼인과 가족제도에 관한 최고의 가치규범으로 확고히 자리잡았다. 한편, 헌법 전문과 헌법 제9조에서 말하는 "전통", "전통문화"란 역사성과 시대성을 띤 개념으로서 헌법의 가치질서, 인류의 보편가치, 정의와 인도정신 등을 고려하여 오늘날의 의미로 포착하여야 하며, 가족제도에 관한 전통 · 전통문화란 적어도 그것이 가족제도에 관한 헌법이념인 개인의 존엄과 양성의 평등에 반하는 것이어서는 안 된다는 한계가 도출되므로, 전래의 어떤 가족제도가 헌법 제36조 제1항이 요구하는 개인의 존엄과 양성평등에 반한다면 헌법 제9조를 근거로 그 헌법적 정당성을 주장할 수는 없다.

3. 가. 심판대상조항인 민법 제778조, 제781조 제1항 본문 후단, 제826조 제3항 본문이 그 근거와 골격을 이루고 있는 호주제는 "호주를 정점으로 가(家)라는 관념적 집합체를 구성하고, 이러한 가를 직계비속남자를 통하여 승계시키는 제도", 달리 말하면 남계혈통을 중심으로 가족집단을 구성하고 이를 대대로 영속시키는데 필요한 여러 법적 장치로서, 단순히 집안의 대표자를 정하여 이를 호주라는 명칭으로 부르고 호주를 기준으로 호적을 편제하는 제도는 아니다.

나. 호주제는 성역할에 관한 고정관념에 기초한 차별로서, 호주승계 순위, 혼인 시 신분관계 형성, 자녀의 신분관계 형성에 있어서 정당한 이유없이 남녀를 차별하는 제도이고, 이로 인하여 많은 가족들이 현실적 가족생활과 가족의 복리에 맞는 법률적 가족관계를 형성하지 못하여 여러모로 불편과 고통을 겪고 있다. 숭조(崇祖)사상, 경로효친, 가족화합과 같은 전통사상이나 미풍양속은 문화와 윤리의 측면에서 얼마든지 계승, 발전시킬 수 있으므로 이를 근거로 호주제의 명백한 남녀차별성을 정당화하기 어렵다.

다. 호주제는 당사자의 의사나 복리와 무관하게 남계혈통 중심의 가의 유지와 계승이라는 관념에 뿌리박은 특정한 가족관계의 형태를 일방적으로 규정 · 강요함으로써 개인을 가족 내에서 존엄한 인격체로 존중하는 것이 아니라 가의 유지와 계승을 위한 도구적 존재로 취급하고 있는데, 이는 혼인 · 가족생활을 어떻게 꾸려나갈 것인지에 관한 개인과 가족의 자율적 결정권을 존중하라는 헌법 제36조 제1항에 부합하지 않는다.

라. 오늘날 가족관계는 한 사람의 가장(호주)과 그에 복속하는 가속(家屬)으로 분리되는 권위주의적인 관계가 아니라, 가족원 모두가 인격을 가진 개인으로서 성별을 떠나 평등하게 존중되는 민주적인 관계로 변화하고 있고, 사회의 분화에 따라 가족의 형태도 모와 자녀로 구성되는 가족, 재혼부부와 그들의 전혼소생자녀로 구성되는 가족 등으로 매우 다변화되었으며, 여성의 경제력 향상, 이혼율 증가 등으로 여성이 가구주로서 가장의 역할을 맡는 비율이 점증하고 있다. 호주제

가 설사 부계혈통주의에 입각한 전래의 가족제도와 일정한 연관성을 지닌다고 가정하더라도, 이와 같이 그 존립의 기반이 붕괴되어 더 이상 변화된 사회환경 및 가족관계와 조화되기 어렵고 오히려 현실적 가족공동체를 질곡하기도 하는 호주제를 존치할 이유를 찾아보기 어렵다.

4. 호주제의 골격을 이루는 심판대상조항들이 위헌으로 되면 호주제는 존속하기 어렵고, 그 결과 호주를 기준으로 가별로 편제토록 되어 있는 현행 호적법이 그대로 시행되기 어려워 신분관계를 공시·증명하는 공적 기록에 중대한 공백이 발생하게 되므로, 호주제를 전제하지 않는 새로운 호적체계로 호적법을 개정할 때까지 심판대상조항들을 잠정적으로 계속 적용케 하기 위하여 헌법불합치결정을 선고한다.

재판관 김영일, 재판관 권 성의 반대의견

현행법상의 호주제는 고대 이래 조선 중기까지 이어져온 우리 고유의 합리적 부계혈통주의의 전통을 이어받아 부계혈통주의의 존립을 위한 극히 기본적인 요소만을 담고 있는 것으로서, 일제 잔재로서의 색채를 불식하고 우리 고유의 관습으로 복귀한 것으로 평가할 수 있으며, 혼인과 가족관계를 규율하는 가족법은 전통성·보수성·윤리성을 강하게 가질 수밖에 없어서 혼인과 가족관계에 관한 헌법규정을 해석함에 있어서는 가족법의 전통적 성격을 고려하지 않을 수 없고, 특히 가족법의 영역에서 도식적인 평등의 잣대로 우리의 전통문화를 함부로 재단함으로써 전통가족문화가 송두리째 부정되고 해체되는 결과를 초래하여서는 아니되는바, 현행법상의 호주제는 전통 가족제도의 핵심인 부계혈통주의에 입각한 가의 구성 및 가통의 계승을 위한 제도로서 이를 위하여 마련된 처의 부가입적 원칙, 자의 부가입적 원칙 및 호주승계제도는 우리 사회의 오랜 전통과 현실에 기초한 것일 뿐만 아니라 여성에 대한 실질적 차별을 내용으로 하고 있는 것으로 보기 어렵다는 점에서 평등원칙에 위반되지 아니하며, 호주제가 신분관계를 일방적으로 형성되는 측면이 있다고 하더라도 이는 가족제도를 법제화하는 과정에서 부득이한 것일 뿐만 아니라 임의분가, 호주승계권의 포기 등 이를 완화하는 제도를 두고 있으므로 개인의 존엄을 존중하지 않는 것이라 보기도 어려우므로 결국 헌법 제36조 제1항에 위반되지 아니한다.

재판관 김영일의 위 반대의견에 대한 별개의견

민법 제781조 제1항 본문 후단이 규정하고 있는 자의 부가입적 원칙이 그 자체로서 위헌은 아니나, 그 원칙에 대한 예외의 설정이 너무 좁게 한정되어 있어서 다수의견이 지적하는 바와 같이 현실에 맞지 않고 불합리하게 자의 의사를 지나치게 제한하고 모를 실질적으로 차별하므로 개인의 존엄 및 평등의 원칙에 반한다고 하지 않을 수 없어, 결론적으로 민법 제778조, 제826조 제3항 본문은 헌법에 위반되지 아니하나, 민법 제781조 제1항 본문 후단은 헌법에 위반된다.

재판관 김효종의 반대의견

민법이 가제도(家制度)를 두고 있는 것은 헌법 제36조 제1항이 제도보장의 하나로 규정한 가족제도를 형성하고 유지하는 데 기여한다 할 것이고, 각개의 가(家)에 호주를 두고 있는 것은 우리의 전통문화에 터 잡은 것으로 봄이 상당하므로, 민법 제778조가 법적 개념으로서 가(家)의 존재를 인정하고 여기에 호주의 관념을 도입하였다 하여 헌법 제36조 제1항을 비롯한 헌법에 위배된다고 볼 수 없으며, 호주제의 양성차별적 요소는 민법 제984조 등 위헌성이 있는 관련 개별규정의 효력을 상실시키거나 입법적 개선이 이루어지면 해소될 수 있는 문제여서 그러한 위헌적 요소가 가제도의 기본조항인 민법 제778조에 본질적으로 내재된 문제라고 볼 수 없다. 따라서 민법 제781조 제1항 본문 후단, 제826조 제3항 본문에 관하여는 위헌이라는 다수의견과 견해를 같이 하지만 민법 제778조는 가족제도의 보장을 위한 입법재량의 범위내에서 이루어진 입법적 조치로서 헌법에 위반된다고 볼 수 없다.

헌재 2003.01.30. 2001헌바64 구 전통사찰보존법 제6조 제1항 제2호 등 위헌소원[27)]

【판시사항】

1. 전통사찰보존법의 입법목적, 관할 행정관청의 전통사찰 지정의 법적 성격 및 그 헌법적 보호법익
2. 전통사찰보존법에서 공용수용으로 인한 경내지 등의 소유권변동에 관한 별도의 규제조항을 두지 아니한 것이 전통사찰 소유자 등의 재산권을 침해하는 것인지 여부(소극)
3. 전통사찰의 경내지 등에 대한 모든 유형의 소유권변동이 전통사찰을 훼손할 수 있음에도 불구하고, 다른 소유권변동원인과 달리 '공용수용'으로 인한 소유권변동에 대해서는 아무런 규제를 하지 아니한 것이 평등원칙에 위반되는 것인지 여부(적극)

【결정요지】

1. 전통사찰보존법의 입법목적은 '민족문화의 유산으로서 역사적 의의를 가진 전통사찰을 보존함으로써 민족문화의 향상에 이바지하게 하는 것'으로서, '국가는 전통문화의 계승 · 발전과 민족문화의 창달에 노력하여야 한다.'라고 규정한 헌법 제9조에 근거하여 제정된 것이다. 관할 행정관청의 전통사찰 지정은 국가의 '보존공물(保存公物)'을 지정하는 것으로서, 헌법적 보호법익은 '민족문화유산의 존속'이다.

2. 건설부장관이 이 사건 토지를 택지개발예정지구에 편입시킴으로써 청구인의 소유권 등을 제한한 행위에 대한 근거법률은 택지개발촉진법이고, 이 사건 법률조항을 비롯한 전통사찰보존법의 경우 헌법 제9조 소정의 '민족문화유산의 보존'에 관련된 내용만을 규율하고 있을 뿐이므로, 이 사건 법률조항이 평등원칙을 위반하였는지 여부는 별론으로 하고, 청구인의 재산권을 침해한다고 할 수는 없다.

---

26) 민법(2005. 3. 31. 법률 제7427호로 개정되기 전의 것) 제778조 (호주의 정의) 일가의 계통을 계승한 자, 분가한 자 또는 기타 사유로 인하여 일가를 창립하거나 부흥한 자는 호주가 된다.
민법(2005. 3. 31. 법률 제7427호로 개정되기 전의 것) 제781조 (자의 입적, 성과 본) ① 자는 부의 성과 본을 따르고 부가에 입적한다. 다만, 부가 외국인인 때에는 모의 성과 본을 따를 수 있고 모가에 입적한다.
민법(2005. 3. 31. 법률 제7427호로 개정되기 전의 것) 제826조 (부부간의 의무) ③처는 부의 가에 입적한다. 그러나 처가 친가의 호주 또는 호주승계인인 때에는 부가 처의 가에 입적 할 수 있다.

3. 민족문화유산을 보존하는 것이 국가의 은혜적 시혜가 아니라 헌법상 의무이므로, 일단 관할 국가기관에 의하여 민족문화유산으로 지정된 전통사찰의 경우, 사정이 허락하는 한 이를 최대한 지속적으로 보존하는 것이 헌법 제9조 등의 규정취지에 부합한다. 한편, 헌법상 명령에 근거하여 엄격한 보존방법이 규정된 전통사찰보존법을 제정함으로써 민족문화유산으로 지정된 전통사찰을 철저하게 보존하겠다는 입법자의 의사가 분명하게 표명된 이상, 그 경내지 등의 소유권변동으로 인한 전통사찰의 훼손이 불가피한 것인지 여부와 이러한 보존 및 훼손에 관한 판단·결정이 헌법 등에 근거하여 정당한 권한을 행사할 수 있는 관할 국가기관에 의하여 이루어지는 것인지 여부 등이 가장 본질적인 문제이고, 전통사찰을 훼손할 수 있는 경내지 등에 대한 소유권변동을 시도한 주체가 사인(私人)인지 아니면 건설부장관과 같은 제3자적 국가기관인지 여부, 또는 그 형식이 양도(혹은 강제집행)인지 아니면 공용수용인지 여부는 본질적인 문제가 될 수 없다. 이 사건 법률조항의 경우, 전통사찰을 훼손하고자 시도하는 주체가 제3자적 국가기관이고 그 형식이 공용수용이라는 우연한 사정의 유무에 따라서 전통사찰을 훼손하는 것이 불가피한 것인지 여부를 관할 국가기관이 실효성 있게 판단·결정할 수 있는 기회를 실질적으로 배제하는 사안과 그렇지 아니한 사안을 구별하는 중요한 차별을 행하는 것이 되어 불합리하고, 헌법 제23조를 이유로 하여 헌법 제9조의 규정을 실질적으로 무력화시키는 결과를 초래하므로, 평등의 원칙에 어긋나는 위헌적인 법률이다.

재판관 하경철, 재판관 송인준의 반대의견

전통사찰의 경내지의 소유권변동의 원인에 따라서 헌법 제9조 소정의 보호법익에 대한 '침해결과'가 달라지는 것은 아니다. 그러나, 공용수용은 '공공의 필요성'이 인정되는 경우에 한하여 헌법 제23조 등에 근거하여 개인의 재산권을 제한하는 것이므로, 양자의 '침해목적'은 분명히 다르고, 사적인 처분행위와 국가 권력을 토대로 하여 이루어지는 공용수용행위는 본질적으로 그 특성을 달리한다. 또한, 공공의 필요성이 인정되는 경우 개인의 재산권을 수용할 수 있도록 허용하고 있는 헌법적 이념에 따라서 택지개발촉진법 등이 별도로 마련되어 있는 마당에, 굳이 입법자에게 전통사찰 경내지 등의 소유권이 변동되는 모든 경우에 대하여 중첩적으로 '관할 행정관청'의 의견이 반드시 반영되도록 하는 규정내용을 이 사건 법률조항에 삽입할 의무는 없다. 따라서, 민족문화유산의 '문화적 가치의 본질적인 내용'이 훼손되지 않는 이상, 건설교통부장관의 경우 공공필요에 의하여 과다한 경내지 등에 대하여 관계중앙행정기관의 장과 협의를 거치는 등 일련의 절차를 거쳐서 이를 택지개발예정지구에 포함시킬 수 있고, 이러한 조치는 합헌적이다. 그렇다면, 입법자가 이 사건 법률조항에서는 사인(私人)인 주지의 처분행위에 대해서만 규제를 하고, 별도의 법률을 통하여 적정한 규제를 하고 있는 제3자적 국가기관에 의한 공공수용행위에 대해서까지 이 사건 법률조항에서 실질적으로 동일한 규제를 하지 않았다고 하여 이를 평등의 원칙에 위배되거나 합리성이 결여되었다고 볼 수는 없다.

---

27) 전통사찰보존법(1997. 4. 10. 법률 제5320호로 개정되기 전의 것) 제6조(허가사항) ① 전통사찰의 주지가 다음 각호의 1에 해당하는 행위를 하고자 할 때에는 대통령령이 정하는 바에 따라 문화체육부장관의 허가를 받아야 한다.
1. 생략 2. 동산 또는 대통령이 정하는 부동산의 대여·양도 또는 담보의 제공
⑤제1항의 규정에 의한 허가를 받지 아니하고 제1항 제2호의 행위를 한 때에는 이를 무효로 한다.

헌재 2000.04.27. 98헌가16 학원의설립 · 운영에관한법률 제22조 제1항 제1호 등 위헌제청, 학원의 설립 · 운영에관한법률 제3조 등 위헌 확인[28)]

【판시사항】

1. 부모의 자녀교육권
2. 교육에 대한 국가의 책임
3. 부모의 자녀교육권과 국가의 교육책임과의 관계
4. 법 제3조에 의하여 제한되는 기본권
5. 기본권 제한의 한계로서의 비례의 원칙
6. 입법목적의 정당성과 수단의 적합성
7. 수단의 최소침해성
8. 법익의 균형성

【결정요지】

1. 자녀의 양육과 교육은 일차적으로 부모의 천부적인 권리인 동시에 부모에게 부과된 의무이기도 하다. '부모의 자녀에 대한 교육권'은 비록 헌법에 명문으로 규정되어 있지는 아니하지만, 이는 모든 인간이 누리는 불가침의 인권으로서 혼인과 가족생활을 보장하는 헌법 제36조 제1항, 행복추구권을 보장하는 헌법 제10조 및 "국민의 자유와 권리는 헌법에 열거되지 아니한 이유로 경시되지 아니한다"고 규정하는 헌법 제37조 제1항에서 나오는 중요한 기본권이다. 부모는 자녀의 교육에 관하여 전반적인 계획을 세우고 자신의 인생관 · 사회관 · 교육관에 따라 자녀의 교육을 자유롭게 형성할 권리를 가지며, 부모의 교육권은 다른 교육의 주체와의 관계에서 원칙적인 우위를 가진다.

2. 헌법 제31조 제1항은 "모든 국민은 능력에 따라 균등하게 교육을 받을 권리를 가진다"고 규정하여 국민의 교육을 받을 권리를 보장하고 있다. '교육을 받을 권리'란, 모든 국민에게 저마다의 능력에 따른 교육이 가능하도록 그에 필요한 설비와 제도를 마련해야 할 국가의 과제와 아울러 이를 넘어 사회적 · 경제적 약자도 능력에 따른 실질적 평등교육을 받을 수 있도록 적극적인 정책을 실현해야 할 국가의 의무를 뜻한다. 특히 같은 조 제6항은 "학교교육 및 평생교육을 포함한 교육제도와 그 운영, 교육재정 및 교원의 지위에 관한 기본적인 사항은 법률로 정한다"고 함으로써 학교교육에 관한 국가의 권한과 책임을 규정하고 있다. 위 조항은 국가에게 학교제도를 통한 교육을 시행하도록 위임하였고, 이로써 국가는 학교제도에 관한 포괄적인 규율권한과 자녀에 대한 학교교육이 책임을 부여받았다.

3. 자녀의 양육과 교육에 있어서 부모의 교육권은 교육의 모든 영역에서 존중되어야 하며, 다만, 학교교육에 관한 한, 국가는 헌법 제31조에 의하여 부모의 교육권으로부터 원칙적으로 독립된 독자적인 교육권한을 부여받음으로써 부모의 교육권과 함께 자녀의 교육을 담당하지만, 학교 밖의 교육영역에서는 원칙적으로 부모의 교육권이 우위를 차지한다.

4. 법 제3조에 의하여 제한되는 기본권은, 배우고자 하는 아동과 청소년의 인격의 자유로운 발현권, 자녀를 가르치고자 하는 부모의 교육권, 과외교습을 하고자 하는 개인의 직업선택의 자유 및 행복추구권이다.

5. 과외교습을 금지하는 법 제3조에 의하여 제기되는 헌법적 문제는 교육의 영역에서의 자녀의 인격발현권 · 부모의 교육권과 국가의 교육책임의 경계설정에 관한 문제이고, 이로써 국가가 사적인 교육영역에서 자녀의 인격발현권 · 부모의 자녀교육권을 어느 정도로 제한할 수 있는가에 관한 것이다. 학교교육에 관한 한, 국가는 교육제도의 형성에 관한 폭넓은 권한을 가지고 있지만, 과외교습과 같은 사적으로 이루어지는 교육을 제한하는 경우에는 특히 자녀인격의 자유로운 발현권과 부모의 교육권을 존중해야 한다는 것에 국가에 의한 규율의 한계가 있으므로, 법치국가적 요청인 비례의 원칙을 준수하여야 한다.

6. 가. 사교육의 영역에 관한 한, 우리 사회가 불행하게도 이미 자정능력이나 자기조절능력을 현저히 상실했고, 이로 말미암아 국가가 부득이 개입하지 않을 수 없는 실정이므로, 위와 같이 사회가 자율성을 상실한 예외적인 상황에서는 고액과외교습을 방지하여 사교육에서의 과열경쟁으로 인한 학부모의 경제적 부담을 덜어주고 나아가 국민이 되도록 균등한 정도의 사교육을 받도록 하려는 법 제3조의 입법목적은 입법자가 '잠정적으로' 추구할 수 있는 정당한 공익이라고 하겠다.

나. 수단의 적합성의 관점에서 보더라도 법 제3조가 학원 · 교습소 · 대학(원)생에 의한 과외교습을 허용하면서 그밖에 고액과외교습의 가능성이 있는 개인적인 과외교습을 광범위하게 금지하는 규제수단을 택하였고, 이러한 수단이 위 입법목적의 달성에 어느정도 기여한다는 점은 의문의 여지가 없다. 따라서 수단으로서의 적합성도 인정된다 하겠다.

7. 법 제3조는 원칙적으로 허용되고 기본권적으로 보장되는 행위에 대하여 원칙적으로 금지하고 예외적으로 허용하는 방식의 '원칙과 예외'가 전도된 규율형식을 취한데다가, 그 내용상으로도 규제의 편의성만을 강조하여 입법목적달성의 측면에서 보더라도 금지범위에 포함시킬 불가피성이 없는 행위의 유형을 광범위하게 포함시키고 있다는 점에서, 입법자가 선택한 규제수단은 입법목적의 달성을 위한 최소한의 불가피한 수단이라고 볼 수 없다.

8. 법 제3조와 같은 형태의 사교육에 대한 규율은, 사적인 교육의 영역에서 부모와 자녀의 기본권에 대한 중대한 침해라는 개인적인 차원을 넘어서 국가를 문화적으로 빈곤하게 만들며, 국가간의 경쟁에서 살아남기 힘든 오늘날의 무한경쟁시대에서 문화의 빈곤은 궁극적으로는 사회적 · 경제적인 후진성으로 이어질 수 밖에 없다. 따라서 법 제3조가 실현하려는 입법목적의 실현효과에 대하여 의문의 여지가 있고, 반면에 법 제3조에 의하여 발생하는 기본권제한의 효과 및 문화국가실현에 대한 불리한 효과가 현저하므로, 법 제3조는 제한을 통하여 얻는 공익적 성과와 제한이 초래하는 효과가 합리적인 비례관계를 현저하게 일탈하여 법익의 균형성을 갖추지 못하고 있다.

재판관 한대현의 반대의견

이 사건 법률조항이 국민의 기본권을 과도하게 침해하는 위헌적인 규정이라는 점에서는 다수의 견과 견해를 같이 하나, 우리 현실에 비추어 볼 때 아직까지는 과외교습을 전면 허용할 것이 아니고 일정부분 규제할 필요가 있다. 따라서 이 사건 법률조항에 대하여 바로 위헌선언을 할 것이 아니라 헌법불합치결정을 함으로써 입법자로 하여금 국민의 기본권을 가능한 한 적게 침해하면서도 과외교습을 둘러싼 폐단을 제거할 수 있는 새로운 수단을 마련하도록 하는 것이 타당하다.

재판관 정경식의 반대의견

이 사건 법률조항의 입법목적은 정당하고, 단속의 필요성도 인정되나, 이 법률조항의 위헌성은 과외교습의 규제방식이 기본권제한입법의 체계와 방식을 제대로 갖추고 있지 못한 데에 있는 것이며, 과외교습의 폐단이 여전히 극심하여 이를 규제하여야 할 필요성과 당위성이 인정되는 현재의 상황에서 이 사건 법률조항의 효력을 소멸시켜 과외교습을 전면적으로 허용하는 것이 곧 합헌적 상태를 실현하는 것이라 볼 수 없다. 그러므로 단순위헌결정을 하여 당장 그 효력을 상실시킬 것이 아니라, 입법자가 광범위한 국민적 합의를 거쳐 합리적인 범위에서 과외교습을 규제할 수 있도록 하고 과외교습이 전혀 규제되지 않는 상황을 피하기 위하여 새로운 입법이 이루어질 때까지는 이 사건 법률조항을 잠정적으로 적용하도록 하는 헌법불합치결정을 하는 것이 바람직하다.

재판관 이영모의 반대의견

과외교습은 학교교육에 종속된 보충교육으로서 학교교육의 공공성을 침해하는 경우 국가는 학교교육의 정상화를 위하여 재량적으로 이를 규제할 수 있고, 그 규제입법의 위헌심사기준은 입법형성의 합리성이다.

다수의견이 이를 금지함으로써 비례성원칙에 반한다고 지적하고 있는 친척이나 이웃집 가정주부의 교습, 뛰어난 예술인의 개인 과외교습 등은 이를 허용할 경우 교습행위의 은밀성으로 인하여 입법목적 달성에 어려움이 있고, 그러한 개인교습이 학교교육의 공공성을 해하지 않는다는 보장도 없다. 과외교습 금지로 인한 공익을 고려할 때 이들이 개인 과외교습을 못함으로써 불이익을 받는다 하더라도 법익간에 균형을 잃는 것도 아니다. 초등학생의 학교 교과목에 대한 과외교습 금지는 그것이 초등학생에게 신체적 · 정서적 · 교육적으로 바람직하지 않은 영향을 미칠 수 있기 때문이다.

결국, 이 사건 법률조항은 국가와 학부모의 공동과제인 자녀의 학교교육과 학부모가 결정하는 사교육의 한 부분인 과외교습과의 조화를 꾀하기 위한 입법으로서 합리성을 벗어난 것으로 인정되지 아니한다.

이 사건 법률조항이 원칙적인 금지와 예외적인 허용이라는 규율형식을 취하고 있으나, 실질적으로 이 법에서 허용되는 과외교습은 학습이 부진한 학생들로 하여금 이를 보충하는 데 모자람이 없는 한편, 사회적 폐해의 소지가 현저하고 부작용이 보다 높은 개인의 과외교습에 한하여 금지되고 있을 뿐이다.

따라서, 이 사건 법률조항은 입법목적의 정당성 및 수단의 합리성을 갖춘 입법으로서 과외교습자와 학부모, 학습자의 기본권의 본질적인 내용을 침해하는 것이 아니므로 합헌이다.

5. 평화국가의 원리(국제평화주의, 평화통일원리, 국제법 존중주의)

○ 평화국가라 함은 국제협조와 국제평화의 지향을 그 이념적 기반으로 하는 국가를 말한다. 평화국가의 원리란 국제적 차원에서 평화공존 · 국제분쟁의 평화적 해결 · 각 민족국가의 자결권 존중 · 국내문제불간섭 등을 핵심내용으로 하는 국제평화주의를 국가목적으로 하는 원리를 말한다. - 평화국가의 원리는 국제평화주의, 평화통일원리, 국제법 존중주의로 나누어 살펴볼 수 있다.

> 헌법 전문 "조국의 민주개혁과 평화적 통일의 사명에 입각하여 정의 · 인도와 동포애로써 민족의 단결을 공고히 하고 … 밖으로는 항구적인 세계평화와 인류공영에 이바지함 …"
>
> 제4조 대한민국은 통일을 지향하며, 자유민주적 기본질서에 입각한 평화적 통일 정책을 수립하고 이를 추진한다.
>
> 제5조 ①대한민국은 국제평화의 유지에 노력하고 침략적 전쟁을 부인한다.
> ②국군은 국가의 안전보장과 국토방위의 신성한 의무를 수행함을 사명으로 하며, 그 정치적 중립성은 준수된다.
>
> 제6조 ①헌법에 의하여 체결 · 공포된 조약과 일반적으로 승인된 국제법규는 국내법과 같은 효력을 가진다.
> ②외국인은 국제법과 조약이 정하는 바에 의하여 그 지위가 보장된다.
>
> 제69조 대통령은 취임에 즈음하여 다음의 선서를 한다.
> "나는 헌법을 준수하고 국가를 보위하며 조국의 평화적 통일과 국민의 자유와 복리의 증진 및 민족문화의 창달에 노력하여 대통령으로서의 직책을 성실히 수행할 것을 국민 앞에 엄숙히 선서합니다."

〈평화국가원리: 국제평화주의〉

> **헌재 2004.04.29. 2003헌마814** 일반사병 이라크파병 위헌확인
>
> **【판시사항】**
> 1. 외국에의 국군의 파견결정과 같이 성격상 외교 및 국방에 관련된 고도의 정치적 결단이 요구되는 사안에 대한 국민의 대의기관의 결정이 사법심사의 대상이 되는지 여부(소극)

---

28) 학원의설립 · 운영에관한법률(1995. 8. 4. 법률 제4964호로 전문개정된 이후의 것) 제3조(과외교습) 누구든지 과외교습을 하여서는 아니된다. 다만, 다음 각호의 1에 해당하는 경우에는 그러하지 아니하다.
1. 학원 또는 교습소에서 기술 · 예능 또는 대통령령이 정하는 과목에 관한 지식을 교습하는 경우
2. 학원에서 고등학교 · 대학 또는 이에 준하는 학교에의 입학이나 이를 위한 학력인정에 관한 검정을 받을 목적으로 학습하는 수험준비생에게 교습하는 경우
3. 대학 · 교육대학 · 사범대학 · 전문대학 · 방송통신대학 · 개방대학 · 기술대학 또는 개별 법률에 의하여 설립된 대학 및 이에 준하는 학교에 재적중인 학생(대학원생을 포함한다)이 교습하는 경우

2. '대통령이 2003. 10. 18. 국군(일반사병)을 이라크에 파견하기로 한 결정'(이하 '이 사건 파견결정'이라 한다)이 헌법에 위반되는지의 여부에 대한 판단을 헌법재판소가 하여야 하는지 여부(소극)
3. 그 성격상 국방 및 외교에 관련된 고도의 정치적 결단을 요하는 이 사건 파견결정이 사법심사의 대상이 되는지 여부(소극)

○ 평화통일 조항과 영토조항과의 관계

헌법 제4조 및 헌법 제69조를 우리헌법이 평화통일을 지향하고 있다는 것을 알 수 있다. 또한 헌법 제92조 제1항은 "평화통일정책의 수립에 관한 대통령의 자문에 응하기 위하여 민주평화통일자문회의를 둘 수 있다"고 규정하고 있다.

그러나 헌법 제3조는 "대한민국의 영토는 한반도와 그 부속도서로 한다."고 규정되어 있어서 평화통일 조항과의 관계에 있어서 규범과 현실의 불일치 문제가 발생한다. 즉, 국가의 통일이란 원래 둘 이상의 국가가 하나의 국가를 건설하는 것을 의미하지만, 남북한의 통일은 원래 단일한 하나의 국가를 전제로 하는 것으로 해석되기 때문에 북한지역까지 대한민국의 영토로 하고 있는 영토조항과 모순되기 때문이다. 이와 관련하여 영토에 관한 조항은 대한민국이 유일한 합법정부임을 선언한 것이며, 따라서 북한지역은 불법적인 반국가단체가 지배하고 있는 미수복지역에 불과하고 대한민국의 영토의 일부라는 것을 이유로 정당화하는 주장이 제기된 바 있다. 이러한 논리는 국가보안법의 근거가 될 수 있다. 그러나 현실적으로 대한민국의 통치권은 북한지역에 미치지 못한다는 점, 남북기본합의서나 남북유엔동시가입 등을 어떻게 해석할 것인가의 문제가 남아 있다. 이들 헌법규범의 조화적 해석이 요구된다.

〈평화국가원리: 평화통일- 국가보안법, 영토조항, 남북교류〉

- 영토조항, 국가보안법, 반국가단체, 북한

대판 1990.09.25. 90도1451
우리 헌법이 전문과 제4조, 제5조에서 천명한 평화통일의 원칙과 국제평화주의는 자유민주적 기본질서라는 대전제하에서 추구되어야 하는 것이므로 아직도 북한이 우리의 자유민주적 기본질서에 대한 위협이 되고 있음이 분명한 상황에서 국가보안법이 북한을 반국가단체로 본다고 하여 국제평화주의 등의 원칙과 모순되는 법률이라고 볼 수 없다.
헌법 제3조는 "대한민국의 영토는 한반도와 그 부속도서로 한다"고 규정하고 있어 법리상 이 지역에서는 대한민국의 주권과 부딪치는 어떠한 국가단체도 인정할 수가 없는 것이므로 비록 북한이 국제사회에서 하나의 주권국가로 존속하고 있고, 우리 정부가 북한 당국자의 명칭을 쓰면서 정상

회담 등을 제의하였다 하여 북한이 대한민국의 영토고권을 침해하는 반국가단체가 아니라고 단정할 수 없다.
단지 정부정책에 대한 비판에 그치는 것이 아니라 나아가 전투경찰은 미제국주의의 식민지정책에 종속한 파쇼군사독재의 사병이고, 주한미군은 통일의 적이므로 철수되어야 하며, 팀스피리트 훈련도 핵전쟁 연습을 하는 것이어서 중지되어야 한다는 주장 등을 하여 객관적으로 반국가단체인 북한공산집단의 활동에 동조하거나 이를 이롭게 하는 행위를 하고 위 반국가단체의 이익이 된다는 것을 인식하면서 민주군대쟁취투쟁위원회와 민족자주군대쟁취투쟁위원회를 구성한 경우에는 국가보안법 제7조 제1항, 제3항에 해당한다.

- 국가보안법

대판 2008. 4. 17. 2003도758 전원합의체
우리 헌법이 전문과 제4조, 제5조에서 천명한 국제평화주의와 평화통일의 원칙은 자유민주주의적 기본질서라는 우리 헌법의 대전제를 해치지 않는 것을 전제로 하는 것이다. 그런데 북한은 현 시점에서도 우리 헌법의 기본원리와 서로 조화될 수 없으며 적대적이기도 한 그들의 사회주의 헌법과 그 헌법까지도 영도하는 조선로동당규약을 통하여 북한의 최종 목적이 주체사상화와 공산주의 사회를 건설하는 데에 있다는 것과 이러한 적화통일의 목표를 위하여 이른바 남한의 사회민주화와 반외세 투쟁을 적극 지원하는 정책을 명문으로 선언하고 그에 따른 정책들을 수행하면서 이에 대하여 변경을 가할 징후를 보이고 있지 않다. 그러므로 북한이 남북관계의 발전에 따라 더 이상 우리의 자유민주주의 체제에 위협이 되지 않는다는 명백한 변화를 보이고 그에 따라 법률이 정비되지 않는 한, 국가의 안전을 위태롭게 하는 반국가활동을 규제함으로써 국가의 안전과 국민의 생존 및 자유를 확보함을 목적으로 하는 국가보안법이 헌법에 위반되는 법률이라거나 그 규범력을 상실하였다고 볼 수는 없고,… 즉, 북한은 조국의 평화적 통일을 위한 대화와 협력의 동반자이나 동시에 남 · 북한 관계의 변화에도 불구하고, 적화통일노선을 고수하면서 우리의 자유민주주의 체제를 전복하고자 획책하는 반국가단체라는 성격도 아울러 가지고 있고, 반국가단체 등을 규율하는 국가보안법의 규범력이 상실되었다고 볼 수는 없다.

헌재 1990. 4. 2. 89헌가113
국가보안법 제7조 제1항 및 제5항의 규정은 각 그 소정의 행위가 국가의 존립 · 안전을 위태롭게 하거나 '자유민주적 기본질서'에 위해를 줄 명백한 위험이 있을 경우에만 축소적용되는 것으로 해석한다면 헌법에 위반되지 아니한다.

- 남북한 UN 동시가입, 남북합의서

헌재 1997. 1. 16. 92헌바6 등
비록 남 · 북한이 유엔(U.N)에 동시가입하였다고 하더라도, 이는 "유엔헌장"이라는 다변조약(多

邊條約)에의 가입을 의미하는 것으로서 유엔헌장 제4조 제1항의 해석상 신규가맹국이 "유엔(U.N)"이라는 국제기구에 의하여 국가로 승인받는 효과가 발생하는 것은 별론으로 하고, 그것만으로 곧 다른 가맹국과의 관계에 있어서도 당연히 상호간에 국가승인이 있었다고는 볼 수 없다는 것이 현실 국제정치상의 관례이고 국제법상의 통설적인 입장이다.
또 소위 남북합의서는 남북관계를 "나라와 나라 사이의 관계가 아닌 통일을 지향하는 과정에서 잠정적으로 형성되는 특수관계"(전문 참조) 임을 전제로 하여 이루어진 합의문서인바, 이는 한민족공동체 내부의 특수관계를 바탕으로 한 당국간의 합의로서 남북당국의 성의있는 이행을 상호 약속하는 일종의 공동성명 또는 신사협정에 준하는 성격을 가짐에 불과하다. 따라서 남북합의서의 채택·발효 후에도 북한이 여전히 적화통일의 목표를 버리지 않고 각종 도발을 자행하고 있으며 남·북한의 정치, 군사적 대결이나 긴장관계가 조금도 해소되지 않고 있음이 엄연한 현실인 이상, 북한의 반국가단체성이나 국가보안법의 필요성에 관하여는 아무런 상황변화가 있었다고 할 수 없다.

헌재 2000. 7. 20. 98헌바63
1992. 2. 19. 발효된 '남북사이의화해와불가침및교류협력에관한합의서'는 일종의 공동성명 또는 신사협정에 준하는 성격을 가짐에 불과하여 법률이 아님은 물론 국내법과 동일한 효력이 있는 조약이나 이에 준하는 것으로 볼 수 없다.

- 남북교류협력에관한법률과 국가보안법

헌재 1997. 1. 16. 92헌바6 등
1990. 8. 1. 법률 제4239호로 "남북교류협력에관한법률"이 공포·시행된 바 있으나, 이 법률은 남·북한간의 상호교류와 협력을 촉진하기 위하여 필요한 사항을 규정할 목적으로 제정된 것인데 (제1조) 남·북한간의 왕래·교역·협력사업 및 통신역무의 제공 등 남북교류와 협력을 목적으로 하는 행위에 관하여는 정당하다고 인정되는 범위 안에서 다른 법률에 우선하여 이 법을 적용하도록 되어 있어 (제3조) 이 요건을 충족하지 아니하는 경우에는 이 법률의 적용은 배제된다고 할 것이므로 국가보안법이 이 법률과 상충되는 것이라고는 볼 수 없다. 요컨대, 현단계에 있어서의 북한은 조국의 평화적 통일을 위한 대화와 협력의 동반자임과 동시에 대남적화노선을 고수하면서 우리 자유민주주의체제의 전복을 획책하고 있는 반국가단체라는 성격도 함께 갖고 있음이 엄연한 현실인 점에 비추어, 헌법의 전문과 제4조가 천명하는 자유민주적 기본질서에 입각한 평화적 통일정책을 수립하고 이를 추진하는 법적 장치로서 남북교류협력에관한법률 등을 제정·시행하는 한편, 국가의 안전을 위태롭게 하는 반국가활동을 규제하기 위한 법적 장치로서 국가보안법을 제정·시행하고 있는 것으로서, 위 두 법률은 상호 그 입법목적과 규제대상을 달리하고 있는 것이므로 남북교류협력에관한법률 등이 공포·시행되었다 하여 국가보안법의 필요성이 소멸되었다거나 북한의 반국가단체성이 소멸되었다고는 할 수 없다 (헌법재판소 1993. 7. 29. 선고, 92헌바48 결정 참조)

- 북한주민의 법적 지위

대판 1996. 11. 12. 96누1221
조선인을 부친으로 하여 출생한 자는 남조선과도정부법률 제11호 국적에관한임시조례의 규정에 따라 조선국적을 취득하였다가 제헌헌법의 공포와 동시에 대한민국 국적을 취득하였다 할 것이고, 설사 그가 북한법의 규정에 따라 북한국적을 취득하여 중국 주재 북한대사관으로부터 북한의 해외공민증을 발급받은 자라 하더라도 북한지역 역시 대한민국의 영토에 속하는 한반도의 일부를 이루는 것이어서 대한민국의 주권이 미칠 뿐이고, 대한민국의 주권과 부딪치는 어떠한 국가단체나 주권을 법리상 인정할 수 없는 점에 비추어 볼 때, 그러한 사정은 그가 대한민국 국적을 취득하고 이를 유지함에 있어 아무런 영향을 끼칠 수 없다.

대판 2004. 11. 12. 2004도4044
우리 헌법이 "대한민국의 영토는 한반도와 그 부속도서로 한다"는 영토조항(제3조)을 두고 있는 이상 대한민국의 헌법은 북한지역을 포함한 한반도 전체에 그 효력이 미치고 따라서 북한지역은 당연히 대한민국의 영토가 되므로, 북한을 법 소정의 "외국"으로, 북한의 주민 또는 법인 등을 "비거주자"로 바로 인정하기는 어렵지만, 개별 법률의 적용 내지 준용에 있어서는 남북한의 특수관계적 성격을 고려하여 북한지역을 외국에 준하는 지역으로, 북한주민 등을 외국인에 준하는 지위에 있는 자로 규정할 수 있다고 할 것이다.

- 북한주민의 법적 지위[상속]

2016. 10. 19. 2014다46648 **전원합의체**
남북 주민 사이의 가족관계와 상속 등에 관한 특례법(이하 '남북가족특례법'이라 한다)은 상속회복청구와 관련하여서는, 제11조 제1항에서 남북이산으로 인하여 피상속인인 남한주민으로부터 상속을 받지 못한 북한주민(북한주민이었던 사람을 포함한다) 또는 그 법정대리인은 민법 제999조 제1항에 따라 상속회복청구를 할 수 있다고 규정하고 있을 뿐, 친생자관계존재확인의 소나 인지청구의 소의 경우와 달리 민법 제999조 제2항에서 정한 제척기간에 관하여 특례를 인정하는 규정을 두고 있지 아니하다. 상속회복청구의 경우에도 친생자관계존재확인이나 인지청구의 경우와 마찬가지로 남북 분단의 장기화 · 고착화로 인하여 북한주민의 권리행사에 상당한 장애가 있음을 충분히 예측할 수 있음에도, 이들 법률관계를 구분하여 상속회복청구에 관하여 제척기간의 특례를 인정하지 아니한 것은 입법적인 선택이다.
상속회복청구에 관한 제척기간의 취지, 남북가족특례법의 입법 목적 및 관련 규정들의 내용, 가족관계와 재산적 법률관계의 차이, 법률해석의 한계 및 입법적 처리 필요성 등의 여러 사정을 종합하여 보면, 남북가족특례법 제11조 제1항은 피상속인인 남한주민으로부터 상속을 받지 못한 북한주민의 상속회복청구에 관한 법률관계에 관하여도 민법 제999조 제2항의 제척기간이 적용됨을 전제로 한 규정이며, 따라서 남한주민과 마찬가지로 북한주민의 경우에도 다른 특별한 사정이 없는 한 상속권이 침해된 날부터 10년이 경과하면 민법 제999조 제2항에 따라 상속회복청구권이 소멸한다.

[대법관 김창석, 대법관 김소영, 대법관 권순일, 대법관 이기택, 대법관 김재형의 반대의견]
남북가족특례법이 북한을 이탈하여 남한에 입국한 사람(이하 '북한주민이었던 사람'이라고 한다)에 대하여서까지 단순히 상속권의 침해행위가 있은 날부터 10년이 경과하였으니 상속권이 소멸한 것으로 규정하였다고 해석하는 것은 제척기간에 내재된 전제와 부합하지 않고, 남 · 북한주민 사이에 단일민족으로서의 공감대를 형성하고 이를 통해 평화적 통일의 기반을 다져야 한다는 헌법의 정신에도 부합하지 아니한다. … 남북이산으로 인하여 피상속인인 남한주민으로부터 상속을 받지 못한 북한주민이었던 사람은 남한의 참칭상속인에 의하여 상속권이 침해되어 10년이 경과한 경우에도 민법상 상속회복청구권의 제척기간이 연장되어 남한에 입국한 때부터 3년 내에 상속회복청구를 할 수 있다.

〈평화국가원리: 국제법 존중주의〉

○ 헌법 제6조 제1항은 "헌법에 의하여 체결 · 공포된 조약과 일반적으로 승인된 국제법규는 국내법과 같은 효력을 가진다."고 규정하고 있다.

- 여기에서 '조약'이란 두 개 이상의 국가간에 법규상의 권리의무를 창설 · 변경 · 소멸시키는 법률효과를 목적으로 하는 문서화된 명시적 합의를 말하며, '일반적으로 승인된 국제법규'란 세계 다수국가에 의하여 일반적으로 승인된 보편적 · 일반적 규범으로 설명되지만, 분류의 정확한 기준에 대해서는 학설대립이 있다. 일반적으로 유엔헌장, 국제사법재판소 규정, 제노사이드금지협정, 포로에 관한 제네바협정 등을 포함한다고 이야기 되며, 국제법 학계의 지배적 견해는 '국제관습법'만을 의미하는 것으로 보기도 한다.(성낙인)
- 국내법과 동일한 효력을 가지지만, 그것이 어떤 국내법인가에 관하여는 학설의 대립이 있다. 조약은 '헌법에 의하여 체결'되었고, 또한 헌법부칙 제5조는 "이 헌법시행 당시의 법령과 조약은 이 헌법에 위배되지 아니하는 한 그 효력을 지속한다"는 규정에 비추어 일반적으로는 헌법 하위의 효력을 가지는 것으로 보고 있다. 구체적으로 국회의 동의를 얻은 조약은 법률과 동등한 효력을, 국회 동의가 없는 행정협정 등은 법률 하위의 규범으로 해석될 수 있다.

헌재 2001. 4. 26. 99헌가13
<u>헌법 제6조 제1항의 국제법 존중주의는 우리나라가 가입한 조약과 일반적으로 승인된 국제법규가 국내법과 같은 효력을 가진다는 것으로서 조약이나 국제법규가 국내법에 우선한다는 것은 아니다.</u> 이 사건 법률조항에서 규정하고 있는 부정수표 발행행위는 지급제시될 때에 지급거절될 것

을 예견하면서도 수표를 발행하여 지급거절에 이르게 하는 것으로 그 보호법익은 수표거래의 공정성이며 결코 '계약상 의무의 이행불능만을 이유로 구금' 되는 것이 아니므로 국제법 존중주의에 입각한다 하더라도 국제연합 인권규약 제11조의 명문에 정면으로 배치되는 것이 아니다.

헌재 1991. 7. 22. 89헌가106

국제연합의 "인권에 관한 세계선언"에 관하여 보면, 이는 그 전문에 나타나 있듯이 "인권 및 기본적 자유의 보편적인 존중과 준수의 촉진을 위하여 …… 사회의 각 개인과 사회 각 기관이 국제연합 가맹국 자신의 국민 사이에 또 가맹국 관할하의 지역에 있는 인민들 사이에 기본적인 인권과 자유의 존중을 지도교육함으로써 촉진하고 또한 그러한 보편적, 효과적인 승인과 준수를 국내적 · 국제적인 점진적 조치에 따라 확보할 것을 노력하도록, 모든 국민과 모든 나라가 달성하여야 할 공통의 기준"으로 선언하는 의미는 있으나 그 선언내용인 각 조항이 바로 보편적인 법적구속력을 가지거나 국제법적 효력을 갖는 것으로 볼 것은 아니다.

"시민적및정치적권리에관한국제규약" … 제22조는 우리의 국내법적인 수정의 필요에 따라 가입당시 유보되었기 때문에 직접적으로 국내법적 효력을 가지는 것도 아니다.

국제연합교육과학문화기구와 국제노동기구가 채택한 "교원의지위에관한권고"는 … 그 전문에서 교육의 형태와 조직을 결정하는 법규와 관습이 나라에 따라 심히 다양성을 띠고 있어 나라마다 교원에게 적용되는 인사제도가 한결같지 아니함을 시인하고 있듯이 우리사회의 교육적 전통과 현실, 그리고 국민의 법감정과의 조화를 이룩하면서 국민적 합의에 의하여 우리 현실에 적합한 교육제도를 단계적으로 실시 · 발전시켜 나갈 것을 그 취지로 하는 교육제도의 법정주의와 반드시 배치되는 것이 아니고, 또한 직접적으로 국내법적인 효력을 가지는 것이라고도 할 수 없다.

헌재 1998. 7. 16. 97헌바23

강제노동의 폐지에 관한 국제노동기구(ILO)의 제105호 조약은 우리나라가 비준한 바가 없고, 헌법 제6조 제1항에서 말하는 일반적으로 승인된 국제법규로서 헌법적 효력을 갖는 것이라고 볼 만한 근거도 없으므로 이 사건 심판대상 규정의 위헌성 심사의 척도가 될 수 없다.

헌재 2011. 8. 30. 2008헌가22 등

우리나라가 1990. 4. 10. 가입한 시민적 · 정치적권리에관한국제규약(International Covenant on Civil and Political Rights)에 따라 바로 양심적 병역거부권이 인정되거나 양심적 병역거부에 관한 법적인 구속력이 발생한다고 보기 곤란하고, 양심적 병역거부권을 명문으로 인정한 국제인권조약은 아직까지 존재하지 않으며, 유럽 등의 일부국가에서 양심적 병역거부권이 보장된다고 하더라도 전 세계적으로 양심적 병역거부권의 보장에 관한 국제관습법이 형성되었다고 할 수 없어 양심적 병역거부가 일반적으로 승인된 국제법규로서 우리나라에 수용될 수는 없으므로, 이 사건 법률조항에 의하여 양심적 병역거부자를 형사처벌한다고 하더라도 국제법 존중의 원칙을 선언하고 있는 헌법 제6조 제1항에 위반된다고 할 수 없다.

6. 법치국가의 원리(법치주의 원리)

○ 법치국가의 원리는 명문으로 규정되어 있지는 않지만 우리 헌법의 기본원리로 보는 데 이견이 없다. 법치국가의 원리는 기본적으로 '법에 의한 지배'를 의미한다고 할 수 있다.

- 여기에서 법은 국민의 권리인 자유와 평등을 보장하여 정의를 구현하는 '법'이어야 하고 국민의 의사에 따라 제정된 '법'이어야 한다. 따라서 법치국가 원리는 국민이 국가권력으로 하여금 '법에 의한 지배'를 할 수 있는 권한을 부여하는 동시에(국가권력 발동의 근거, 적극적 측면), 국가권력이 자의적으로 국민의 권리를 침해할 수 없다는 것(국가권력제한 · 통제의 근거, 소극적 측면)을 의미한다고 할 수 있다.

○ 법에 의한 지배에서 '법'을 의미를 구체적으로 살펴보아, 단순히 정상적인 입법절차를 거쳐 제정된 '법'이기만 하면 정당성을 부여할 것인가, 아니면 실질적인 '법'의 내용까지 정당성을 갖추어야 하는 문제가 있다. 오늘날 법치국가의 원리는 단순히 형식적 법에 의한 지배원리인 '법률우위의 원칙'이 아니라(형식적 법치주의), 법률의 목적과 내용도 국민의 권리를 보장하고 정의를 구현할 것을 요구한다는 점에서 '헌법우위의 원칙'(실질적 법치주의)으로 나타나고 있다.

○ 법치국가 원리의 구현
- 헌법의 우위 확보 : 성문헌법, 경성헌법
- 기본권과 적법절차의 실질적 보장
- 권력분립과 포괄적 위임입법의 금지 : 헌법 제75조
- 규범통제(대법원 및 헌법재판소)와 권리구제제도(국가배상-제29조, 손실보상-제23조 3항, 형사보상-제28조, 청원권-제26조)
- 파생원칙- 신뢰보호의 원칙, 소급입법금지의 원칙, 체계정당성의 원리[29]

29) 체계정당성의 원리란 "규범상호간의 구조와 내용 등이 모순됨이 없이 체계와 균형을 유지하도록 입법자를 기속하는 헌법적 원리"를 말한다. 헌재 2004. 11. 25. 2002헌바66. 한편, 규범상호간의 체계정당성을 요구하는 이유는 입법자의 자의를 금지하여 규범의 명확성 · 예측가능성 및 규범에 대한 신뢰와 법적 안정성을 확보하기 위한 것이고, 이는 국가공권력에 대한 통제와 이를 통한 국민의 자유와 권리의 보장을 이념으로 하는 법치국가원리로부터 도출된다. 또한 체계정당성위반 자체가 바로 위헌이 되는 것은 아니고, 이는 비례의 원칙위반이나 평등원칙위반 내지 입법의 자의금지위반 등의 위헌성을 시사하는 하나의 징후일 뿐, 그것이 위헌이 되기 위해서는 결과적으로 일정한 헌법의 규정이나 원칙을 위반하여야 한다.(성낙인)

제10조 모든 국민은 인간으로서의 존엄과 가치를 가지며, 행복을 추구할 권리를 가진다. 국가는 개인이 가지는 불가침의 기본적 인권을 확인하고 이를 보장할 의무를 진다.

제12조 ①모든 국민은 신체의 자유를 가진다. 누구든지 법률에 의하지 아니하고는 체포 · 구속 · 압수 · 수색 또는 심문을 받지 아니하며, 법률과 적법한 절차에 의하지 아니하고는 처벌 · 보안처분 또는 강제노역을 받지 아니한다.

③체포 · 구속 · 압수 또는 수색을 할 때에는 적법한 절차에 따라 검사의 신청에 의하여 법관이 발부한 영장을 제시하여야 한다. 다만, 현행범인인 경우와 장기 3년 이상의 형에 해당하는 죄를 범하고 도피 또는 증거인멸의 염려가 있을 때에는 사후에 영장을 청구할 수 있다. ② ~ ⑦ 생략

제13조 ①모든 국민은 행위시의 법률에 의하여 범죄를 구성하지 아니하는 행위로 소추되지 아니하며, 동일한 범죄에 대하여 거듭 처벌받지 아니한다.

②모든 국민은 소급입법에 의하여 참정권의 제한을 받거나 재산권을 박탈당하지 아니한다.

③모든 국민은 자기의 행위가 아닌 친족의 행위로 인하여 불이익한 처우를 받지 아니한다.

제37조 ①국민의 자유와 권리는 헌법에 열거되지 아니한 이유로 경시되지 아니한다.

②국민의 모든 자유와 권리는 국가안전보장 · 질서유지 또는 공공복리를 위하여 필요한 경우에 한하여 법률로써 제한할 수 있으며, 제한하는 경우에도 자유와 권리의 본질적인 내용을 침해할 수 없다.

제107조 ①법률이 헌법에 위반되는 여부가 재판의 전제가 된 경우에는 법원은 헌법재판소에 제청하여 그 심판에 의하여 재판한다.

②명령 · 규칙 또는 처분이 헌법이나 법률에 위반되는 여부가 재판의 전제가 된 경우에는 대법원은 이를 최종적으로 심사할 권한을 가진다.

제111조 ①헌법재판소는 다음 사항을 관장한다.

1. 법원의 제청에 의한 법률의 위헌여부 심판

5. 법률이 정하는 헌법소원에 관한 심판

제130조 ①국회는 헌법개정안이 공고된 날로부터 60일 이내에 의결하여야 하며, 국회의 의결은 재적의원 3분의 2 이상의 찬성을 얻어야 한다.

②헌법개정안은 국회가 의결한 후 30일 이내에 국민투표에 붙여 국회의원선거권자 과반수의 투표와 투표자 과반수의 찬성을 얻어야 한다.

1) 신뢰보호의 원칙

○ 의의

- "헌법의 법치주의 원리로부터 파생되는 신뢰보호의 원칙은 국민이 법률적 규율이나 제도가 장래에도 지속할 것이라는 합리적인 신뢰를 바탕으로 이에 적응하여 개인의 법적 지위를 형성해 왔을 때에는 국가로 하여금 그와 같은 국민의 신뢰를 되도록 보

호할 것을 요구한다." 헌재 1997. 7. 16. 97헌마38. 또한 "국민이 종전의 법률관계나 제도가 장래에도 지속될 것이라는 합리적인 신뢰를 바탕으로 이에 적응하여 일정한 법적 지위를 형성한 경우, 국가는 법적안정성을 위하여 권리의무에 관련된 법규 · 제도의 개폐에 있어서 국민의 기대와 신뢰를 최대한 보호하여야 한다." 헌재 2001. 9. 27. 2000헌마208 등(법적 안정성은 아래 판례 참조).

○ 심사기준 및 한계

"신뢰보호의 원칙에 위반되는지를 판단하기 위하여는 신뢰보호의 필요성과 새로이 달성하려는 공익목적을 비교 · 형량하여야 한다." 헌재 1998. 3. 26. 93헌바12. 구체적으로 "한편으로는 침해받은 이익의 보호가치, 침해의 중한 정도, 신뢰가 손상된 정도, 신뢰침해의 방법 등과 다른 한편으로는 새 입법을 통해 실현하고자 하는 공익적 목적을 종합적으로 비교 · 형량하여야 한다." 헌재 2001. 4. 26. 99헌바55.

"사회환경이나 경제여건의 변화에 따른 필요성에 의하여 법률은 신축적으로 변할 수밖에 없고, 변경된 새로운 법질서와 기존의 법질서 사이에는 이해관계의 상충이 불가피하다. 따라서 국민이 가지는 모든 기대 내지 신뢰가 헌법상 권리로서 보호될 것은 아니고, 신뢰의 근거 및 종류, 상실된 이익의 중요성, 침해의 방법 등에 의하여 개정된 법규 · 제도의 존속에 대한 개인의 신뢰가 합리적이어서 권리로서 보호할 필요성이 인정되어야 한다." 헌재 2002. 2. 28. 93헌바12.

- 일단 국가가 입법행위를 통하여 개인에게 신뢰의 근거를 제공한 경우, 입법자가 자신의 종전 입법행위에 의하여 어느 정도로 구속을 받는지 여부(법률의 존속에 대한 개인의 신뢰가 어느 정도로 보호되는지 여부)에 대한 주요한 판단기준 (헌재 2002. 11. 28. 2002헌바45)

(1) 법령개정의 예측성

먼저, 법적 상태의 존속에 대한 개인의 신뢰는 그가 어느 정도로 법적 상태의 변화를 예측할 수 있는지, 혹은 예측하였어야 하는지 여부에 따라 상이한 강도를 가진다. 그런데, 일반적으로 법률은 현실상황의 변화나 입법정책의 변경 등으로 언제라도 개정될 수 있는 것이기 때문에, 원칙적으로 이에 관한 법률의 개정은 예측할 수 있다고 보아야 한다. 따라서, 청구인과 같이 의과대학에 입학하여 의무사관후보생 병적에 편입된 사람이 그 당시 법률

규정에 따른 징집면제연령에 대하여 가지고 있던 기대와 신뢰가 절대적인 것이라고는 볼 수 없다.

(2) 유인된 신뢰의 행사여부

다음으로, 개인의 신뢰이익에 대한 보호가치는 ① 법령에 따른 개인의 행위가 국가에 의하여 일정방향으로 유인된 신뢰의 행사인지, ② 아니면 단지 법률이 부여한 기회를 활용한 것으로서 원칙적으로 사적 위험부담의 범위에 속하는 것인지 여부에 따라 달라진다. 만일 법률에 따른 개인의 행위가 단지 법률이 반사적으로 부여하는 기회의 활용을 넘어서 국가에 의하여 일정 방향으로 유인된 것이라면 특별히 보호가치가 있는 신뢰이익이 인정될 수 있고, 원칙적으로 개인의 신뢰보호가 국가의 법률개정이익에 우선된다고 볼 여지가 있다.

2) 소급입법금지의 원칙

○ 소급입법금지 원칙이란 이미 종료된 과거의 사실관계 혹은 법률관계를 규율하는 법률은 법치국가의 한 내용인 법적 안정성이나 신뢰보호의 원칙에 반하여 헌법상 허용되지 않는다는 것을 말한다.

○ 소급입법은 진정소급입법과 부진정소급입법으로 구분하고 있으며, 소급입법금지 원칙은 일반적으로 진정소급입법을 의미한다. 부진정소급입법에 속하는 입법에 대해서는 일반적으로 과거에 시작된 구성요건 사항에 대한 신뢰는 더 보호될 가치가 있다고 할 것이기 때문에 신뢰보호원칙에 대한 심사가 장래 입법에 비해서보다는 일반적으로 더 강화되는 것으로 설명된다.(성낙인)

"과거의 사실관계 또는 법률관계를 규율하기 위한 소급입법의 태양에는 이미 과거에 완성된 사실 또는 법률관계를 규율의 대상으로 하는 이른바 진정소급효의 입법과 이미 과거에 시작하였으나 아직 완성되지 아니하고 진행과정에 있는 사실 또는 법률관계를 규율의 대상으로 하는 이른바 부진정소급효의 입법을 상정할 수 있다고 할 것이다. 전자의 경우에는 입법권자의 입법형성권보다도 당사자가 구법질서에 기대했던 신뢰보호의 견지에서 그리고 법적안정성을 도모하기 위해 특단의 사정이 없는 한 구법에 의하여 이미 얻은 자격 또는 권리를 새 입법을 하는 마당에 그대로 존중할 의무가 있다고 할 것이나, 후자의 경우에는 구법질서에 대하여 기대했던 당사자의 신뢰보호보다는 광범위한 입법권자의 입법형성권을 경시해서는 안될 일이므로 특단의 사정이 없는한 새 입법을 하면서 구법관계 내지 구법상의 기대

이익을 존중하여야 할 의무가 발생하지는 않는다고 할 것이다." 1989. 3. 17. 88헌마1.

"새로운 입법으로 이미 종료된 사실관계에 작용케 하는 진정소급입법은 헌법적으로 허용되지 않는 것이 원칙이며 특단의 사정이 있는 경우에만 예외적으로 허용될 수 있는 반면, 현재 진행중인 사실관계에 작용케 하는 부진정소급입법은 원칙적으로 허용되지만 소급효를 요구하는 공익상의 사유와 신뢰보호의 요청 사이의 교량과정에서 신뢰보호의 관점이 입법자의 형성권에 제한을 가하게 된다." 1998. 11. 26. 97헌바58.

- 헌법재판소는 일정한 경우 신뢰보호가 충분히 이루어졌는지 여부를 과잉금지의 원칙의 위반 여부를 판단하는 기준으로 보고 있다.

"입법자가 공익상의 필요에 의하여 직업행사의 요건을 달리 정하거나 강화하는 등 직업제도를 개혁함에 있어서는 기존 종사자들의 신뢰를 보호하는 것이 헌법상 법치국가의 원리로부터 요청되고, 신뢰보호가 충분히 이루어졌는지 여부가 과잉금지원칙의 위반 여부를 판단하는 기준이 된다." 헌재 2002. 7. 18. 99헌마574.

○ 진정소급입법

헌법재판소 1996. 2. 16. 선고 96헌가2,96헌바7,96헌바13
[5 · 18민주화운동등에관한특별법제2조위헌제청등]

〈재판관 김진우, 재판관 이재화, 재판관 조승형, 재판관 정경식의 합헌의견〉
(1) 진정소급입법이라 하더라도 기존의 법을 변경하여야 할 공익적 필요는 심히 중대한 반면에 그 법적 지위에 대한 개인의 신뢰를 보호하여야 할 필요가 상대적으로 적어 개인의 신뢰이익을 관철하는 것이 객관적으로 정당화될 수 없는 경우에는 예외적으로 허용될 수 있다.
(2) 진정소급입법이 허용되는 예외적인 경우로는 일반적으로, 국민이 소급입법을 예상할 수 있었거나, 법적 상태가 불확실하고 혼란스러웠거나 하여 보호할 만한 신뢰의 이익이 적은 경우와 소급입법에 의한 당사자의 손실이 없거나 아주 경미한 경우, 그리고 신뢰보호의 요청에 우선하는 심히 중대한 공익상의 사유가 소급입법을 정당화하는 경우를 들 수 있다.
(3) 이 사건 반란행위 및 내란행위자들은 우리 헌법질서의 근간을 이루고 있는 자유민주적 기본질서를 파괴하였고, 그로 인하여 우리의 민주주의가 장기간 후퇴한 것은 말할 것도 없고, 많은 국민의 그 생명과 신체가 침해되었으며, 전국민의 자유가 장기간 억압되는 등 국민에게 끼친 고통과 해악이 너무도 심대하여 공소시효의 완성으로 인한 이익은 단순한 법률적 차원의 이익이고, 헌법상 보장된 기본권적 법익에 속하지 않는 반면, 집권과정에서 헌정질서파괴범죄를 범한 자들을 응징하여 정의를 회복하여 왜곡된 우리 헌정사의 흐름을 바로 잡아야 할 뿐만 아니라, 앞으로는 우

리 헌정사에 다시는 그와 같은 불행한 사태가 반복되지 않도록 자유민주적 기본질서의 확립을 위한 헌정사적 이정표를 마련하여야 할 공익적 필요는 매우 중대한 반면, 이 사건 반란행위자들 및 내란행위자들의 군사반란죄나 내란죄의 공소시효완성으로 인한 법적 지위에 대한 신뢰이익이 보호받을 가치가 별로 크지 않다는 점에서, 이 법률조항은 위 행위자들의 신뢰이익이나 법적 안정성을 물리치고도 남을 만큼 월등히 중대한 공익을 추구하고 있다고 평가할 수 있어, 이 법률조항이 위 행위자들의 공소시효완성에 따르는 법적 지위를 소급적으로 박탈하고, 그들에 대한 형사소추를 가능하게 하는 결과를 초래하여 그 합헌성 인정에 있어서 엄격한 심사기준이 적용되어야 한다고 하더라도, 이 법률조항은 헌법적으로 정당화된다고 할 것이다.
(4) 위 법률조항은 헌정질서파괴범죄자들에 대하여 국가가 실효적으로 소추권을 행사할 수 있는 기간을 다른 일반국민들에 대한 시효기간과 동일하게 맞춤으로써, 그 범죄행위로 인하여 초래되었던 불평등을 제거하겠다는 것에 불과하여, 위 범죄행위자들을 자의적으로 차별하는 것이 아닐 뿐만 아니라, 오히려 실질적 정의와 공평의 이념에 부합시키는 조치라고 할 수 있다.

헌법재판소 2011. 3. 31. 선고 2008헌바141(병합) [친일반민족행위자재산의국가귀속에관한특별법 제2조등위헌소원등] – 친일재산을 그 취득 · 증여 등 원인행위시에 국가의 소유로 하도록 규정한 친일재산귀속법 제3조 제1항 본문(2005. 12. 29. 법률 제7769호로 제정된 것, 이하 '이 사건 귀속조항'이라 한다)이 진정소급입법으로서 헌법 제13조 제2항에 반하는지 여부(소극)
"이 사건 귀속조항은 진정소급입법에 해당하지만, 진정소급입법이라 할지라도 예외적으로 국민이 소급입법을 예상할 수 있었던 경우와 같이 소급입법이 정당화되는 경우에는 허용될 수 있다. 친일재산의 취득 경위에 내포된 민족배반적 성격, 대한민국임시정부의 법통 계승을 선언한 헌법 전문 등에 비추어 친일반민족행위자측으로서는 친일재산의 소급적 박탈을 충분히 예상할 수 있었고, 친일재산 환수 문제는 그 시대적 배경에 비추어 역사적으로 매우 이례적인 공동체적 과업이므로 이러한 소급입법의 합헌성을 인정한다고 하더라도 이를 계기로 진정소급입법이 빈번하게 발생할 것이라는 우려는 충분히 불식될 수 있다. 따라서 이 사건 귀속조항은 진정소급입법에 해당하나 헌법 제13조 제2항에 반하지 않는다. … 진정소급입법에 해당하지만 소급입법을 예상할 수 있었던 예외적인 사안이고 진정소급입법을 통해 침해되는 법적 신뢰는 심각하다고 볼 수 없는 데 반해 이를 통해 달성되는 공익적 중대성은 압도적이라고 할 수 있으므로 진정소급입법이 허용되는 경우에 해당한다."

○ 부진정소급입법

헌법재판소 2001. 4. 26. 선고 99헌바55
가. 종전에 감면되어 오던 양도소득세에 대하여, 농어촌특별세법을 신설하여 감면분 중 일부를 농어촌특별세로 부과징수하면서, 동법 시행 이후 양도된 분에 대하여 곧바로 적용하기로 한 동법 부칙규정이, "소급입법에 의한 재산권박탈금지의 원칙"에 위배되는지 여부(소극)
나. 같은 규정이 "신뢰보호원칙"에 위배되는지 여부(소극)

가. 이 사건 법률조항은 농어촌특별세법 시행 전에 이미 그 양도되어 과세요건이 완성된 양도소득세 감면분에 대하여 소급하여 그 일부를 농어촌특별세로 부과하려는 것이 아니라, 동법 시행 당시 보유 · 임대중인 임대주택에 대하여 동법의 시행기간 중 장차 그것이 양도되면 그에 대한 양도소득세 감면분 중 일부를 농어촌특별세로 부과하려는 것이므로, 이는 아직 완성되지 아니하고 진행과정에 있는 사실 또는 법률관계를 규율대상으로 하는 이른바 "부진정소급효"의 입법에 해당하는 것이므로, 원칙적으로 허용되는 것이다.

나. 농어촌특별세는 본질적으로 불로소득인 지가상승에 대하여 과세하는 것으로 침해되는 이익의 보호가치는 원천적으로 크지 않고, 양도소득세 감면에 대한 기대와 신뢰는 본래부터 영구적인 것이 아니라 법의 개정에 따라 신축적 · 잠정적인 것이며, 종전에 받고 있던 특혜의 정도가 축소되었을 뿐 일반의 양도소득세 납세자와 비교하여 여전히 높은 감면의 혜택을 누린다. 이러한 신뢰이익의 가치 및 손상의 정도와, 우루과이라운드 협상의 타결에 따라 농어업의 경쟁력 강화와 농어촌 산업기반시설의 확충 및 농어촌 개발사업에 필요한 재원을 조달하여야 할 공익적 목적을 비교형량할 때, 후자가 전자보다 더 크다고 할 것이므로, 정책적 · 잠정적인 조세우대조치라 할 임대주택 양도소득세 감면제도를 시행함에 있어, 그 감면비율을 적정범위 내에서 축소조정함으로 인하여 초래되는 신뢰의 손상은 앞서 본 그 조정의 공익적 목적에 의하여 헌법상 그 정당성을 인정할 수밖에 없다.

○ 시혜적 소급입법과 입법형성권

"개정된 신법이 피적용자에게 유리한 경우에 이른바 시혜적인 소급입법을 하여야 한다는 입법자의 의무가 헌법상의 원칙들로부터 도출되지는 아니한다. 따라서 이러한 시혜적 소급입법을 할 것인지의 여부는 입법재량의 문제로서 그 판단은 일차적으로 입법기관에 맡겨져 있는 것이므로 이와 같은 시혜적 조치를 할 것인가를 결정함에 있어서는 국민의 권리를 제한하거나 새로운 의무를 부과하는 경우와는 달리 입법자에게 보다 광범위한 입법형성의 자유가 인정된다." 헌재 1998. 11. 26. 선고 97헌바67.

"신법이 피적용자에게 유리한 경우에는 이른바 시혜적인 소급입법이 가능하지만, 그러한 소급입법의 여부는 그 일차적인 판단이 입법기관에 맡겨져 있으므로 입법자는 입법목적, 국민의 법감정 등을 참작하여 시혜적 소급입법을 할 것인가 여부를 결정할 수 있다." 헌재 2002. 2. 28. 선고 2000헌바69.

○ 소급입법의 헌법적 한계

"소급입법의 헌법적 한계는 법적 안정성과 신뢰보호원칙을 포함하는 법치주의의 원칙에 따른 기준으로 판단하여야 한다. … 법적 안정성은 객관적 요소로서 법질서의 신뢰성 · 항구성 · 법적 투명성과 법적 평화를 의미하고, 이와 내적인 상호연관관계에 있는 법적 안정성의 주관적 측면은 한번 제정된 법규범은 원칙적으로 존속력을 갖고 자신의 행위기준으로 작용하리라는 개인의 신뢰보호원칙이다. 법적 안정성과 신뢰보호원칙에 있어서 특히 중요한 것은 시간적인 요소이다. 특정한 법률에 의하여 발생한 법률관계는 그 법에 따라 파악되고 판단되어야 하고, 개인은 과거의 사실관계가 그 뒤에 생긴 새로운 법률의 기준에 따라 판단되지 않는 것을 믿을 수 있어야 한다. 그러므로 법치국가적 요청으로서의 법적 안정성과 신뢰보호원칙은 무엇보다도 바로 소급효력을 갖는 법률에 대하여 민감하게 대립할 수밖에 없고, 구체적으로는 어떤 법률이 이미 종료된 사실관계에 예상치 못했던 불리한 결과를 가져오게 하는 경우인가 아니면 현재 진행중이나 아직 종료되지 않는 사실관계에 작용하는 경우인가에 따라 헌법적 의미를 달리하게 된다." 헌재 1996. 2. 16. 96헌가2.

○ 신뢰보호원칙 관련판례

〈헌법상 보호할 가치가 있는 신뢰인지 여부〉

헌재 1997. 7. 16. 97헌마38 – 종합생활기록부에 의하여 절대평가와 상대평가를 병행, 활용하도록 한 교육부장관 지침이 교육개혁위원회의 교육개혁방안에 따라 절대평가가 이루어 질 것으로 믿고 특수목적고등학교에 입학한 학생들의 신뢰이익을 침해하는 것인지 여부(소극)

"법규나 제도의 존속에 대한 개개인의 신뢰가 그 법규나 제도의 개정으로 침해되는 경우에 상실된 신뢰의 근거 및 종류와 신뢰이익의 상실로 인한 손해의 정도 등과 개정규정이 공헌하는 공공복리의 중요성을 비교교량하여 현존상태의 지속에 대한 신뢰가 우선되어야 한다고 인정될 때에는 규범정립자는 지속적 또는 과도적으로 그 신뢰보호에 필요한 조치를 취하여야 할 의무가 있다. 이 원칙은 법률이나 그 하위법규 뿐만 아니라 국가관리의 입시제도와 같이 국·공립대학의 입시전형을 구속하여 국민의 권리에 직접 영향을 미치는 제도운영지침의 개폐에도 적용되는 것이다."
청구인들이 이른바 특수목적고등학교인 외국어고등학교에 입학하기 위하여 원서를 제출할 당시 시행되었던 종합생활기록부 제도는 처음부터 절대평가와 상대평가를 예정하고 있었고, 대학입학전형에 있어서 학생부를 절대평가방법으로 활용할 것인가 상대평가방법으로 활용할 것인가 등 그 반영방법도 대학의 자율에 일임되어 있었다. 따라서 그 이후 공표된 이 사건 제도개선보완 시행지침은 1999학년도까지 대입전형자료로 절대평가와 상대평가를 병행하도록 하고 다만 종전 종합생활기록부제도의 문제점을 보완하기 위하여 과목별 석차의 기록방법 등 세부적인 사항을 개선, 변경한 데 불과하므로 이로 인하여 청구인들의 헌법상 보호할 가치가 있는 신뢰가 침해되었다고 볼 수 없다.

〈법령개정의 예측가능성〉

헌재 2002. 11. 28. 2002헌바45 – 의무사관후보생의 병적에서 제외된 사람의 징집면제연령을 31세에서 36세로 상향조정한 구 병역법 제71조 제1항 단서(이하, "이 사건 법률조항"이라 한다)가 소급입법금지원칙, 신뢰보호원칙 및 평등원칙에 위반되는지 여부(소극)

"입법자가 징병검사의무 등의 상한연령을 규정함으로써 구체적인 징집대상자의 범위를 정하는 입법을 하는 경우, 이를 과거에 시작되거나 완성된 사실관계 등을 규율의 대상으로 하는 법률이라고 보기 어렵다. 우리 헌법상 국방의 의무는 우리 국민의 자격을 유지하고 있는 이상 지속적으로 부담하는 것이고, 입법자는 이러한 국방의무의 내용을 법률로써 구체적으로 형성할 수 있으므로, 입법자가 새로운 입법을 하면서 그 시점 이후의 징집대상자의 범위를 정하는 것은 그 입법당시를 기준으로 하여 국민들중 군복무에 적합한 사람을 선정하는 것일 뿐이고, 과거에 시작되거나 완성된 사실관계 등을 규율대상으로 하는 것이 아니기 때문이다."
"일반적으로 법률은 현실상황의 변화나 입법정책의 변경 등으로 언제라도 개정될 수 있는 것이다. 특히, 이 사건 법률조항은 직접적인 병력형성에 관한 영역으로서, 입법자가 급변하는 정세에 따라 탄력적으로 그 징집대상자의 범위를 결정함으로써 적정한 군사력을 유지하여야 하는 강력한 공익상 필요가 있기 때문에, 이에 관한 입법자의 입법형성권의 범위가 매우 넓다. 따라서 국민들은 이러한 영역에 관한 법률이 제반 사정에 따라 언제든지 변경될 수 있다는 것을 충분히 예측할 수 있다고 보아야 한다."

〈기타 사례〉

헌재 2001. 9. 27. 2000헌마152 – 기존 국세관련 경력공무원 중 일부에게만 구법 규정을 적용하여 세무사자격이 부여되도록 규정한 위 세무사법 부칙 제3항이 신뢰이익을 침해하는 것으로서 헌법에 위반되는지 여부(적극)
"이 사건 부칙조항은 이 사건 법률조항의 시행일인 2001. 1. 1. 직전인 2000. 12. 31. 현재 구법 규정상의 자격부여요건을 충족한 자들에게만 구법 규정을 적용하도록 규정하여 세무사자격을 부여하고 있다. 따라서 위 기준일 현재 자격부여요건을 충족하지 못한 청구인들에게는 위 부칙규정이 적용되지 아니함으로써 세무사자격이 부여되지 않게 되었다. 그러므로 청구인들에 대한 세무사자격의 부여를 배제하는 이 사건 부칙규정이 청구인들의 신뢰이익을 침해하는 것인지 여부를 살펴본다."
"청구인들의 세무사자격 부여에 대한 신뢰는 보호할 필요성이 있는 합리적이고도 정당한 신뢰라 할 것이고, 개정법 제3조 등의 개정으로 말미암아 청구인들이 입게 된 불이익의 정도, 즉 신뢰이익의 침해정도는 중대하다고 아니할 수 없는 반면, 청구인들의 신뢰이익을 침해함으로써 일반응시자와의 형평을 제고한다는 공익은 위와 같은 신뢰이익 제한을 헌법적으로 정당화할 만한 사유라고 보기 어렵다. 그러므로 기존 국세관련 경력공무원 중 일부에게만 구법 규정을 적용하여 세무사자격이 부여되도록 규정한 위 세무사법 부칙 제3항은 충분한 공익적 목적이 인정되지 아니함에도 청구인들의 기대가치 내지 신뢰이익을 과도하게 침해한 것으로서 헌법에 위반된다."

헌재 2012. 11. 29. 2011헌마786 등 – 2013. 1. 1.부터 판사임용자격에 일정 기간 법조경력을 요구하는 법원조직법(2011. 7. 18. 법률 제10861호로 개정된 것) 부칙 제1조 단서 중 제42조 제2항에 관한 부분 및 제2조(이하 '이 사건 심판대상 조항'이라 한다)가 신뢰보호원칙에 반하여 청구인들의 공무담임권을 침해하는지 여부(적극)

"판사임용자격에 관한 법원조직법 규정이 지난 40여 년 동안 유지되어 오면서, 국가는 입법행위를 통하여 사법시험에 합격한 후 사법연수원을 수료한 즉시 판사임용자격을 취득할 수 있다는 신뢰의 근거를 제공하였다고 보아야 하며, 수년간 상당한 노력과 시간을 들인 끝에 사법시험에 합격한 후 사법연수원에 입소하여 사법연수생의 지위까지 획득한 청구인들의 경우 사법연수원 수료로써 판사임용자격을 취득할 수 있으리라는 신뢰이익은 보호가치가 있다고 할 것이다.
이 사건에서 청구인들의 신뢰이익에 대비되는 공익이 중대하고 장기적 관점에서 필요한 것이라 하더라도, 이 사건 심판대상조항을 이 사건 법원조직법 개정 당시 이미 사법연수원에 입소한 사람들에게도 반드시 시급히 적용해야 할 정도로 긴요하다고는 보기 어렵고, 종전 규정의 적용을 받게 된 사법연수원 2년차들과 개정 규정의 적용을 받게 된 사법연수원 1년차들인 청구인들 사이에 위 공익의 실현 관점에서 이들을 달리 볼 만한 합리적인 이유를 찾기도 어려우므로, 이 사건 심판대상 조항이 개정법 제42조 제2항을 법 개정 당시 이미 사법연수원에 입소한 사람들에게 적용되도록 한 것은 신뢰보호원칙에 반한다고 할 것이다."

2003. 4. 24. 2002**헌마**611 - 외국 치과, 의과대학을 졸업한 우리 국민이 국내 의사면허시험을 치기 위해서는 기존의 응시요건에 추가하여 새로이 예비시험을 치도록 한 의료법 제5조 본문 중 "예비시험 조항" 및 새로운 예비시험의 실시를 일률적으로 3년 후로 한 동법 부칙 제1조의 "경과규정"이 이 신뢰보호의원칙에 위배되는지 여부(소극)
"청구인들이 장차 치과의사 면허시험을 볼 수 있는 자격 요건에 관하여 가진 구법에 대한 신뢰는 합법적이고 정당한 것이므로 보호가치 있는 신뢰에 해당하는 것이지만, 한편 청구인들에게 기존의 면허시험 요건에 추가하여 예비시험을 보게 하는 것은 이미 존재하는 여러 가지 면허제도상의 법적 규제에 추가하여 새로운 규제를 하나 더 부가하는 것에 그치고, 이러한 규제가 지나치게 가혹한 것이라고 하기 어려운 반면, 이러한 제도를 통한 공익적 목적은 위에서 본 바와 같이 그 정당성이 인정된다. 따라서 경과규정은 신뢰보호의 원칙에 위배한 것이라 보기 어렵다."

3) 포괄위임입법금지의 원칙

○ 개념

"현대 사회복지국가에 있어서는 사회현상이 복잡·다기해지고 전문적, 기술적 행정기능이 요구됨에 따라 그때 그때의 사회경제적 상황의 변화에 대하여 신속하고 적절히 대응할 필요성이 커지는 반면, 국회의 기술적·전문적 능력이나 시간적 적응능력에는 한계가 있기 때문에 국민의 권리·의무에 관한 것이라 하여 모든 사항을 국회에서 제정한 법률만으로 규정하는 것은 불가능하므로, 일정 사항에 관하여는 행정부에 입법권을 위임하는 것이 불가피하다.

그러나 입법권의 위임은 반드시 한정적으로 행해져야 하는바, 만일 일반적이고 포괄적인 위임을 한다면 이는 사실상 입법권을 백지위임하는 것이나 다름없어 의회입법의 원칙이나 법치주의를 부인하는 결과가 되고, 행정권에 의한 자의적인 기본권 침해를 초래할 위험이 있다. 우리 헌법 제75조는 "대통령은 법률에서 구체적으로 범위를 정하여 위임받은 사항과 법률을 집행하기 위하여 필요한 사항에 관하여 대통령령을 발할 수 있다"고 규정하여 위임입법의 근거와 아울러 위임의 구체성 · 명확성을 요구하고 있다. 여기에서 위임의 구체성 · 명확성이라 함은, (주-포괄위임금지원칙이라 함은) 법률에 이미 대통령령으로 규정될 내용 및 범위의 기본사항이 구체적으로 규정되어 있어서 누구라도 당해 법률로부터 대통령령에 규정될 내용의 대강을 예측할 수 있어야 함을 뜻하고, 그러한 예측가능성의 유무를 판단함에 있어서는 당해 특정조항 하나만을 가지고 판단할 것이 아니고 관련 법조항 전체를 유기적 · 체계적으로 종합판단하여야 하며, 각 대상법률의 성질에 따라 구체적 · 개별적으로 검토하여야 한다." 헌재 2003. 7. 24. 선고 2002헌바51

○ 위임의 한계와 판단기준

"범죄와 형벌에 관한 사항에 있어서도 위임입법의 근거와 한계에 관한 헌법 제75조는 적용되는 것이고(주 - 이는 조세법규도 마찬가지이다), 다만 법률에 의한 처벌법규의 위임은 헌법이 특히 인권을 최대한 보장하기 위하여 죄형법정주의와 적법절차를 규정하고 법률에 의한 처벌을 강조하고 있는 기본권보장 우위사상에 비추어 바람직하지 못한 일이므로 그 요건과 범위가 보다 엄격하게 제한적으로 적용되어야 한다. 따라서 형벌법규의 위임을 하기 위하여는 특히 긴급한 필요가 있거나 미리 법률로써 자세히 정할 수 없는 부득이한 사정이 있는 경우에 한정되어야 하며, 이러한 경우에도 법률에서 범죄의 구성요건은 처벌대상행위가 어떠한 것일 것이라고 예측할 수 있을 정도로 구체적으로 규정하여야 하되, 위임입법의 위와 같은 예측가능성의 유무를 판단함에 있어서는 당해 특정 조항 하나만을 가지고 판단할 것이 아니고 관련 법조항 전체를 유기적 · 체계적으로 종합하여 판단하여야 한다." 헌재 2002. 5. 30. 2001헌바5.

"헌법 제95조는 "…… 행정각부의 장은 소관사무에 관하여 …… 대통령령의 위임 ……으로 부령을 발할 수 있다"라고 규정하여 대통령령의 부령에 대한 재위임의 근거를 마련하고 있다. 그러나 헌법 제95조에는 헌법 제75조(법률의 대통령령에 대한 위임)의 '구체적으로 범위를 정하여'라는 문구가 없으므로 이 경우에도 헌법상 포괄위임입법금지 원칙이 적용되는지 문제된다.

살피건대, 법률에서 위임받은 사항을 전혀 규정하지 않고 재위임하는 것은 복위임금지의 법리에 반할 뿐 아니라 수권법의 내용변경을 초래하는 것이 되고, 부령의 제정 · 개정절차가 대통령령에 비하여 보다 용이한 점을 고려할 때 재위임에 의한 부령의 경우에도 위임에 의한 대통령령에 가해지는 헌법상의 제한이 당연히 적용되어야 할 것이므로 법률에서 위임받은 사항을 전혀 규정하지 아니하고 그대로 재위임하는 것은 허용되지 않으며 위임받은 사항에 관하여 대강을 정하고 그 중의 특정사항을 범위를 정하여 하위 법령에 다시 위임하는 경우에만 재위임이 허용된다." 헌재 2008. 4. 24. 2007헌마1456.

"수권법률의 명확성의 정도에 대한 요구는 일반적으로 확정될 수 있는 성질의 것이 아니라, '규율하고자 하는 생활영역이 입법자로 하여금 어느 정도로 상세하고 명확하게 규정하는 것을 가능하게 하는가' 하는 규율대상의 특수성 및 수권법률이 당사자에 미치는 규율효과에 따라 다르다. 다양한 형태의 사실관계를 규율하거나 규율대상인 사실관계가 상황에 따라 자주 변화하리라고 예상된다면 규율대상인 사실관계의 특성을 고려하여 명확성에 대하여 엄격한 요구를 할 수 없다. 한편, 법률에 의한 기본권제한의 효과가 중할수록, 법률의 명확성에 대하여 보다 엄격한 요구를 해야 한다. 따라서 위임에 의하여 제정된 행정입법이 국민의 기본권을 침해하는 성격이 강할수록 보다 명확한 수권이 요구되며, 침해적 행정입법에 대한 수권의 경우에는 급부적 행정입법에 대한 수권의 경우보다 그 수권이 보다 명확해야 한다." 헌재 2003. 7. 24. 선고 2002헌바82.

"헌법 제75조는 입법의 위임은 구체적으로 범위를 정하여 해야 한다는 한계를 제시하고 있는바, 적어도 국민의 헌법상 기본권 및 기본의무와 관련된 중요한 사항 내지 본질적인 내용에 대한 정책 형성 기능만큼은 입법부가 담당하여 법률의 형식으로써 수행해야 하지, 행정부나 사법부에 그 기능을 넘겨서는 안 된다. 국회의 입법절차는 국민의 대표로 구성된 다원적 인적 구성의 합의체에서 공개적 토론을 통하여 국민의 다양한 견해와 이익을 인식하고 교량하여 공동체의 중요한 의사결정을 하는 과정이다. 일반국민과 야당의 비판을 허용하고 그들의 참여가능성을 개방하고 있다는 점에서 전문관료들만에 의하여 이루어지는 행정입법절차와는 달리 공익의 발견과 상충하는 이익간의 정당한 조정에 보다 적합한 민주적 과정이라 할 수 있다. 그리고 이러한 견지에서, 규율대상이 기본권적 중요성을 가질수록 그리고 그에 관한 공개적 토론의 필요성 내지 상충하는 이익간 조정의 필요성이 클수록, 그것이 국회의 법률에 의해 직접 규율될 필요성 및 그 규율밀도의 요구정도는 그만큼 더 증대되는 것으로 보아야 한다." 헌재 2004. 3. 25. 선고 2001헌마882.

"위임입법의 법리는 헌법의 근본원리인 권력분립주의와 의회주의 내지 법치주의에 바탕을 두는 것이기 때문에 행정부에서 제정된 대통령령에서 규정한 내용이 정당한 것인지 여부와 위임의 적법성은 직접적인 관계가 없다. 따라서 대통령령으로 규정한 내용이 헌법에 위반될 경우라도 그 대통령령의 규정이 위헌으로 되는 것은 별론으로 하고 그로 인하여 정당하고 적법하게 입법권을 위임한 수권법률조항까지 위헌으로 되는 것은 아니다." 헌재 1997. 9. 25. 96헌바18.

○ 의회유보의 원칙

헌법재판소 1999. 5. 27. 선고 98헌바70 - 텔레비전방송수신료의 금액에 대하여 국회가 스스로 결정하거나 결정에 관여함이 없이 한국방송공사로 하여금 결정하도록 한 한국방송공사법 제36조 제1항이 법률유보원칙에 위반되는지 여부(적극)

"헌법은 법치주의를 그 기본원리의 하나로 하고 있으며, 법치주의는 행정작용에 국회가 제정한 형식적 법률의 근거가 요청된다는 법률유보를 그 핵심적 내용의 하나로 하고 있다. 그런데 오늘날 법률유보원칙은 단순히 행정작용이 법률에 근거를 두기만 하면 충분한 것이 아니라, 국가공동체와 그 구성원에게 기본적이고도 중요한 의미를 갖는 영역, 특히 국민의 기본권실현에 관련된 영역에 있어서는 행정에 맡길 것이 아니라 국민의 대표자인 입법자 스스로 그 본질적 사항에 대하여 결정하여야 한다는 요구까지 내포하는 것으로 이해하여야 한다(이른바 의회유보원칙). 그리고 행정작용이 미치는 범위가 광범위하게 확산되고 있으며, 그 내용도 복잡·다양하게 전개되는 것이 현대행정의 양상임을 고려할 때, 형식상 법률상의 근거를 갖출 것을 요구하는 것만으로는 국가작용과 국민생활의 기본적이고도 중요한 요소마저 행정에 의하여 결정되는 결과를 초래하게 될 것인바, 이러한 결과는 국가의사의 근본적 결정권한이 국민의 대표기관인 의회에 있다고 하는 의회민주주의의 원리에 배치되는 것이라 할 것이다.

입법자가 형식적 법률로 스스로 규율하여야 하는 그러한 사항이 어떤 것인가는 일률적으로 획정할 수 없고, 구체적 사례에서 관련된 이익 내지 가치의 중요성, 규제 내지 침해의 정도와 방법 등을 고려하여 개별적으로 결정할 수 있을 뿐이나, 적어도 헌법상 보장된 국민의 자유나 권리를 제한할 때에는 그 제한의 본질적인 사항에 관한 한 입법자가 법률로써 스스로 규율하여야 할 것이다. 헌법 제37조 제2항은 "국민의 모든 자유와 권리는 국가안전보장·질서유지 또는 공공복리를 위하여 필요한 경우에 한하여 법률로써 제한할 수 있다"고 규정하고 있는바, 여기서 "법률로써"라고 한 것은 국민의 자유나 권리를 제한하는 행정작용의 경우 적어도 그 제한의 본질적인 사항에 관한 한 국회가 제정하는 법률에 근거를 두는 것만으로 충분한 것이 아니라 국회가 직접 결정함으로써 실질에 있어서도 법률에 의한 규율이 되도록 요구하고 있는 것으로 이해하여야 한다.

(한국방송)공사는 비록 행정기관이 아니라 할지라도 그 설립목적, 조직, 업무 등에 비추어 독자적

행정주체의 하나에 해당하며, 수신료는 특별부담금으로서 국민에게 금전납부의무를 부과하는 것이므로, 공사가 수신료를 부과 · 징수하는 것은 국민의 재산권에 대한 제한을 가하는 행정작용임에 분명하고, 그 중 수신료의 금액은 수신료 납부의무자의 범위, 수신료의 징수절차와 함께 수신료 부과 징수에 있어서 본질적인 요소이다. 대부분의 가구에서 수상기를 보유하고 있는 현실에서 수신료의 결정행위는 그 금액의 다과를 불문하고 수많은 국민들의 이해관계에 직접 관련된다. 따라서 수신료의 금액은 입법자가 스스로 결정하여야 할 사항이다.

한편 오늘날 텔레비전방송은 언론자유와 민주주의의 실현에 있어 불가결의 요소이고 여론의 형성에 결정적인 영향력을 행사하며, 정치적 · 사회적 민주주의의 발전에도 중요한 영향을 미친다. 공영방송사인 공사가 실시하는 텔레비전방송의 경우 특히 그 공적 영향력과 책임이 더욱 중하다 하지 아니할 수 없다. 이러한 공사가 공영방송사로서의 공적 기능을 제대로 수행하면서도 아울러 언론자유의 주체로서 방송의 자유를 제대로 향유하기 위하여서는 그 재원조달의 문제가 결정적으로 중요한 의미를 지닌다. 공사가 그 방송프로그램에 관한 자유를 누리고 국가나 정치적 영향력, 특정 사회세력으로부터 자유롭기 위하여는 적정한 재정적 토대를 확립하지 아니하면 아니되는 것이다. 이 법은 수신료를 공사의 원칙적인 재원으로 삼고 있으므로 수신료에 관한 사항은 공사가 방송의 자유를 실현함에 있어서 본질적이고도 중요한 사항이라고 할 것이므로 의회 자신에게 그 규율이 유보된 사항이라 할 것이다.

이와 같이 수신료는 국민의 재산권보장의 측면에서나 공사에게 보장된 방송자유의 측면에서나 국민의 기본권실현에 관련된 영역에 속하는 것이고, 수신료금액의 결정은 납부의무자의 범위, 징수절차 등과 함께 수신료에 관한 본질적이고도 중요한 사항이므로, 수신료금액의 결정은 입법자인 국회가 스스로 행하여야 할 것이다. 물론 여기서 입법자의 전적인 자의가 허용되는 것은 아니어서, 입법자는 공사의 기능이 제대로 수행될 수 있으며 방송프로그램에 관한 자율성이 보장될 수 있도록 적정한 규모의 수신료를 책정하여야 하고, 공사에게 보장된 방송의 자유를 위축시킬 정도의 금액으로 결정하여서는 아니된다.

국회가 수신료금액을 법률로써 직접 규정하는 것에 어려움이 있다면 적어도 그 상한선만이라도 정하고서 공사에 위임할 수도 있고, 공사의 예산을 국회에서 승인토록 하는 절차규정을 둘 수도 있을 것이며, 또 수신료금액의 1차적인 결정권한을 전문성과 중립성을 갖춘 독립된 위원회에 부여하고서 국회가 이를 확정하는 방안도 있을 수 있다.

그런데 이 법 제36조 제1항은 국회의 결정 내지 관여를 배제한 채 공사로 하여금 수신료의 금액을 결정하도록 맡기고 있다. 공사가 전적으로 수신료금액을 결정할 수 있게 되면 공영방송사업에 필요한 정도를 넘는 금액으로 정할 수 있고, 또 일방적 수신자의 처지에 놓여 있는 국민의 경제적 이해관계가 무시당할 수도 있다. 이 조항은 공사의 수신료금액 결정에 관하여 공보처장관의 승인을 얻도록 규정하고 있으나, 이는 행정기관에 의한 방송통제 내지 영향력 행사를 초래할 위험을 내포하는 것이어서 위와 같은 문제점에 대한 하등의 보완책이 되지 못한다."

Ⅲ. 대한민국 헌법의 기본질서[30)]

1. 정치적 기본질서: 민주적 기본질서

○ 헌법규정

○ 민주적 기본질서의 의미

○ 민주적 기본질서의 효력: 헌법개정금지사항, 법령해석의 기준- 국가기관 및 개인이나 단체 활동의 위헌성 심사기준(헌법 제8조 제4항)

2. 경제적 기본질서: 사회적 시장경제질서

○ 사유재산제도 보장과 자유주의 시장경제 채택에 관한 헌법규정

○ 사유재산제도 제한과 자유주의 시장경제 제한에 관한 헌법규정

○ 경제민주화: 헌법 제119조의 각주 참조.

○ 국가개입의 한계: 사회국가원리의 한계의 설명 참조

3. 평화적 국제질서

○ 평화국가의 원리의 설명 참조

Ⅳ. 대한민국 헌법의 기본제도

1. 제도보장과 헌법의 기본제도

1) 제도와 제도보장(제도적보장)의 의의

○ 제도란 한마디로 정의하기는 힘들지만, 일단 정치 · 사회 · 문화 · 경제 등 그 사회의 다양한 분야에 미치는 규범과 가치체계들이 모여 일정한 방향으로 형성된 것(정치제도, 가족제도, 교육제도 등)으로 이해할 수 있다.

---

30) Ⅱ. 한국헌법의 기본원리 2. 자유민주주의 원리/3. 사회국가원리/4. 평화국가 원리 부분에서 이미 기술한 부분을 참조하여 제목과 매칭 시켜서 살펴봅시다.

○ 제도보장이란 역사적 · 전통적으로 확립된 기존의 객관적 제도 그 자체의 본질적 내용이 입법에 의하여 폐지되거나 본질이 훼손되는 것을 방지하기 위하여 헌법이 객관적 법규범으로서 보장하는 것이다. 따라서 대통령제나 의원내각제와 같이 헌법에 의해 비로소 창설된 제도는 이에 포함되지 않는다.

- 헌법재판소는 "제도적 보장은 객관적 제도를 헌법에 규정하여 당해 제도의 본질을 유지하려는 것으로서 헌법제정권자가 특히 중요하고도 가치가 있다고 인정되고 헌법적으로도 보장할 필요가 있다고 생각하는 국가제도를 헌법에 규정함으로써 장래의 법발전, 법형성의 방침과 범주를 미리 규율하려는데 있다." 헌재 1997. 4. 24. 95헌바48.

2) 제도보장의 분류

○ 무엇이 우리헌법의 기본제도인가? 학설이 대립하고 있다. 일반적으로 다음과 같다.

(1) 직업공무원제도

헌법 제7조 ②공무원의 신분과 정치적 중립성은 법률이 정하는 바에 의하여 보장된다.

(2) 복수정당제도

헌법 제8조 ①정당의 설립은 자유이며, 복수정당제는 보장된다.

(3) 사유재산제도

헌법 제23조 ①모든 국민의 재산권은 보장된다. 그 내용과 한계는 법률로 정한다.

(4) 교육제도(의무교육제도/ 민주적 교육제도/ 대학자치)

헌법 제31조 ②모든 국민은 그 보호하는 자녀에게 적어도 초등교육과 법률이 정하는 교육을 받게 할 의무를 진다.
③의무교육은 무상으로 한다.
④교육의 자주성 · 전문성 · 정치적 중립성 및 대학의 자율성은 법률이 정하는 바에 의하여 보장된다.

(5) 혼인제도와 가족제도

헌법 제36조 ①혼인과 가족생활은 개인의 존엄과 양성의 평등을 기초로 성립되고 유지되어야 하며, 국가는 이를 보장한다.

(6) 지방자치제도

헌법 제117조 ①지방자치단체는 주민의 복리에 관한 사무를 처리하고 재산을 관리하며, 법령의 범위안에서 자치에 관한 규정을 제정할 수 있다.

---

(7) 언론 · 출판 · 집회 · 결사(제도)

(8) 선거(제도)

(9) 근로3권(제도)

○ '헌법제정권자가 특히 중요하고도 가치가 있다고 인정되고 헌법적으로도 보장할 필요가 있다고 인정되는 것'이 무엇일지 문제되고 이에 따라 제도보장의 종류를 알 수 있을 것이다.

- 일반적으로 헌법은 국민의 권리를 보장하는 것이 목적이기 때문에 ① 기본권을 보호하기 위한 제도보장, ② 기본권과 (직접적으로) 관련이 없는 중요한 헌법적 가치를 보호하는 제도보장, ③ 양자가 함께 관련되어 있는 제도보장 등으로 분류해 볼 수 있을 것이다.
- 한편 ② 기본권과 관련이 없는 중요한 헌법적 가치에 어떠한 것이 있을까? - 지방자치제도와 같은 경우 일견 기본권과 관련이 없는 것으로 파악될 수 있을까?
- 헌법재판소는 "지방자치단체의 폐치 · 분합에 관한 것은 지방자치단체의 자치행정권 중 지역고권의 보장문제이나, 대상지역주민들은 그로 인하여 인간다운 생활공간에서 살 권리, 평등권, 정당한 청문권, 거주이전의 자유, 선거권, 공무담임권, 인간다운 생활을 할 권리, 사회보장 · 사회복지수급권 및 환경권 등을 침해받을 수도 있다는 점에서 기본권과도 관련이 있어 헌법소원의 대상이 될 수 있다."[31]고 하여 지방자치제도와 기본권과의 (간접적) 관련성을 인정하고 있다. 따라서 제도보장은 직접적 · 간접적으로 기본권 보호와 관련을 가지고 있다고 할 수 있고, 제도보장과 기본권의 관계를 살펴볼 필요가 있다.

3) 제도보장과 기본권

① 제도적 보장은 주관적 권리가 아닌 객관적 범규범이라는 점에서 기본권과 구별되기는 하지만 헌법에 의하여 일정한 제도가 보장되면 입법자는 그 제도를 설정하고 유지할 입법의무를 지게될 뿐만 아니라 헌법에 규정되어 있기 때문에 법률로써 이를 폐지할 수 없고, 비록 내용을 제한하더라도 그 본질적 내용을 침해할 수 없다. 헌재 1997. 4. 24. 95헌바48.

② 기본권 보장은 "최대한 보장의 원칙"이 적용됨에 반하여, 제도적 보장은 그 본질적 내용을 침해하지 아니하는 범위 안에서 입법자에게 제도의 구체적 내용과 형태의 형성권을 폭넓게 인정한다는 의미에서 "최소한 보장의 원칙"이 적용될 뿐이다." 헌재 1997. 4. 24. 95헌바48.

---

31) 헌재 1994. 12. 29. 94헌마201. 판례에서 보충적으로 추론할 수 있는 것 - 제도보장(지방자치제도)이 침해되었다고 해서 그것으로 바로 헌법소원을 청구할 수는 없지만, 이와 결부된 기본권의 침해를 이유로는 헌법소원을 청구할 수 있을 것이다. 아래 제도보장과 기본권 ③과 관련하여 이해할 것.

③ 제도보장은 입법 · 행정 · 사법을 직접적으로 구속하는 법규범이다. 따라서 제도보장은 프로그램적 규정이 아니라 재판규범으로서의 성격을 가진다. 그러나 제도보장은 권리보장규범이 아니기 때문에 제도보장 그 자체만을 근거로 소를 제기할 수는 없다.

제2장 기본권 총론

제1절 기본권의 의의

제2절 기본권의 주체

제3절 기본권의 분류, 유형, 체계

제4절 기본권의 효력

제5절 기본권의 제한과 한계

제2장 기본권 총론

제1절 기본권의 의의

Ⅰ. 기본권의 개념과 구별개념

1. 기본권과 인권

‘기본권’이라는 표현은 독일의 바이마르헌법과 독일기본법에서 사용되고 있는 용어로 우리나라에서도 일반화된 용어라고 할 수도 있지만 대한민국 ‘헌법’은 명문으로 ‘기본권’이라는 표현을 쓰고 있지는 않다. 즉, 헌법은 본문 제2장에서는 “국민의 권리와 의무”라는 표제어를 사용하고 있고, 제10조에서 제37조에 걸쳐 “국민의 자유와 권리”를 규정하고 있다는 표현을 사용하고 있으며, 이를 포괄하는 권리라고 볼 수 있는 헌법 제10조는 인간의 존엄성과 “기본적 인권”의 보장과 같이 명시하고 있을 뿐이다. 한편 헌법의 하위법인 헌법재판소법에서 비로소 ‘기본건’이라는 용어가 사용되고 있다. 즉, 제68조 제1항은 “공권력의 행사 또는 불행사로 인하여 헌법상 보장된 ‘기본권’을 침해받은 자는 법원의 재판을 제외하고 ~~~ ”라 명시하고 있는데, 그렇다면 과연 헌법상 보장된 기본권이란 무엇인가가 문제시 된다.

이상을 종합적으로 해석한다면, 헌법재판소법에서 말하는 ‘헌법상 보장된 기본권’이란 ‘헌법상 보장된 국민의 자유와 권리’ 또는 ‘헌법상 보장된 기본적 인권’이라고 해석할 수 있고, 헌법실무상 ‘헌법상 보장된 기본권’에 해당하지 않는다면, 헌법소송에 나아갈 수 없는 점(적법요건 → 각하)을 종합적으로 고려한다면, 기본권이란 헌법에 열거된 국민의 자유와 권리와 헌법에 열거되지 아니하였지만 헌법재판소가 기본권임을 사후적으로 확인한 권리가 이에 해당하게 될 것이라고 할 수 있다.[32] 헌법재판소도 이와 같은 입장이다.

헌재 2001. 3. 21. 99헌마139 등
헌법소원심판을 청구할 수 있기 위하여는 청구인의 "헌법상 보장된 기본권"이 침해되어야 한다. 여기서 헌법상 보장된 기본권이 구체적으로 무엇을 의미하는지는 반드시 명확하지는 않다. 우리 헌법 제2장 국민의 권리와 의무(제10조 내지 제39조) 가운데에서 의무를 제외한 부분이 원칙적으로 기본권에 해당함은 인정할 수 있으나, 그에 한정할 것인지 또는 헌법상의 위 규정들 이외에서도 기본권성을 인정할 수 있는지, 나아가서 헌법의 명문의 규정이 없다하더라도 인정되는 기본권이 존재하는지, 존재한다면 구체적으로 어떠한 것인지에 대하여는 반드시 명확하다고만은 할 수 없다. 따라서 이 문제는 결국 개별적 · 구체적인 헌법해석에 의하여 해결하는 수밖에 없으나, 그것에 내재하는 의미를 "헌법에 의하여 직접 보장된 개인의 주관적 공권"이라고 파악할 수 있다.

국민의 개별적 기본권이 아니라 할지라도 기본권보장의 실질화를 위하여서는, 영토조항만을 근거로 하여 독자적으로는 헌법소원을 청구할 수 없다 할지라도, 모든 국가권능의 정당성의 근원인 국민의 기본권 침해에 대한 권리구제를 위하여 그 전제조건으로서 영토에 관한 권리를, 이를테면 영토권이라 구성하여, 이를 헌법소원의 대상인 기본권의 하나로 간주하는 것은 가능한 것으로 판단된다.

상술한 바에 따라 헌법체계상 '기본권'의 의미는 '기본적 인권'내지 '국민의 자유와 권리'와 동의어로 사용할 수 있다. 한편 인간이라면 가지는 권리, 생래적 권리, 천부적 권리라는 보편적 개념을 바탕으로 '기본적 인권'을 '기본권'과 동의어로 해석하기 위해서, '기본적 인권'이란 '인간이기 때문에 기본적으로 누리는 인권'의 의미가 아니라 '인권' 중에서 '사회공동체의 구성원인 국민이 가질 수 있는 권리 중 헌법이 기본적으로 보장하는 권리' 정도로 이해하여야 할 것이다. 요컨대 기본권은 헌법에 의해서 보장되는 실정권, 즉 "법적 · 제도적으로 보장된 권리"라고 이해할 수 있다.[33]

대법원 1980.5.20. 선고 80도306
현대 입헌 자유민주주의 국가의 헌법이론상 자연법에서 우러나온 <u>자연권으로서의 소위 저항권</u>

32) 이를 실정권으로 볼 수 있을 것인지에 관한 문제가 제기될 수 있지만, 헌법재판소가 열거되지 아니한 기본권임을 창설하는 것이 아니라 확인한다는 측면에서, 열거되지 아니한 기본권도 역시 실정권이라고 볼 수 있을 것이다.

33) 기본권이 실정권인가 자연권인가에 대하여는 학설이 대립하고 있고, 심지어 인권이 자연권과 같은 개념인가에도 의문을 품고 있는 견해도 있다. 한편, 자연권설을 주장하는 근거로 이론적 측면에서는 헌법제정권력도 근본규범에 구속된다는 점, 실정헌법적 측면에서 제10조 후단 "국가는 개인이 가지는 불가침의 기본적 인권을 확인하고 이를 보장할 의무를 진다"거나 제37조 제1항 "열거되지 아니한 권리 … 경시되지 아니한다"는 문언이 기본권의 자연권성을 확인하는 주의적 규정이지 창설적 규정이 아니라고 하고, 제37조 제2항 단서가 "… 본질적 내용을 침해할 수 없다."고 규정하고 있는 것을 실정권설에 따라 해석한다면 본질적 내용을 규정할 때 비로소 확정될 것이므로 그 내용이 선재할 수 없다는 문제를 지적한다. 그러나 자연권설이 다수설이라고 주장하는 견해도 있지만 실제상 다수설이라고 파악되지 않으며, 대법원 판례는 실정권설을 취하고 있다.

이 헌법 기타 실정법에 규정되어 있는 없든 간에 엄존하는 권리로 인정되어야 한다는 논지가 시인된다 하더라도, 그 저항권이 실정법에 근거를 두지 못하고 오직 자연법에만 근거하고 있는 한 법관은 이를 재판규범으로 원용할 수 없다고 할 것인바, 헌법 및 법률에 저항권에 관하여 아무런 규정없는 우리나라의 현 단계에서는 저항권이론을 재판의 근거규범으로 채용, 적용할 수 없다(다수의견).

* 형식적으로 보면 합법적으로 성립된 실정법이지만 실질적으로는 국민의 인권을 유린하고 민주적 기본질서를 문란케 하는 내용의, 실정법상의 의무이행이나 이에 대한 복종을 거부하는 등을 내용으로 하는 저항권은 헌법에 명문화되어 있지 않았더라도 일종의 자연법상의 권리로서 이를 인정하는 것이 타당하다 할 것이고 이러한 저항권이 인정된다면 재판규범으로서의 기능을 배제할 근거가 없다고 할 것이다(소수의견).

2. 기본권과 제도보장(구별 개념)

기본권이 "법적 · 제도적으로 보장된 권리"라고 한다면, 여기서 기본권과 제도의 관계를 살펴볼 필요가 있다. 이에 관해서는 앞에서 살펴보았다. 간단히 확인만 하기로 한다. 제도란 한마디로 정의하기는 힘들지만, 일단 정치 · 사회 · 문화 · 경제 등 그 사회의 다양한 분야에 미치는 규범과 가치체계들이 모여 일정한 방향으로 형성된 것(정치제도, 가족제도, 교육제도 등)으로 이해할 수 있다. 그리고 제도보장이란 역사적 · 전통적으로 확립된 기존의 객관적 제도 그 자체의 본질적 내용이 입법에 의하여 폐지되거나 본질이 훼손되는 것을 방지하기 위하여 헌법이 객관적 법규범으로서 보장하는 것이다.

헌재 1997. 4. 24. 95헌바48; 헌재 1994. 12. 29. 94헌마201

제도적 보장은 객관적 제도를 헌법에 규정하여 당해 제도의 본질을 유지하려는 것으로서 헌법제정권자가 특히 중요하고도 가치가 있다고 인정되고 헌법적으로도 보장할 필요가 있다고 생각하는 국가제도를 헌법에 규정함으로써 장래의 법 발전, 법 형성의 방침과 범주를 미리 규율하려는 데 있다. 이러한 제도적 보장은 주관적 권리가 아닌 객관적 범규범이라는 점에서 기본권과 구별되기는 하지만 헌법에 의하여 일정한 제도가 보장되면 입법자는 그 제도를 설정하고 유지할 입법의무를 지게 될 뿐만 아니라 헌법에 규정되어 있기 때문에 법률로써 이를 폐지할 수 없고, 비록 내용을 제한하더라도 그 본질적 내용을 침해할 수 없다. 그러나 기본권 보장은 "최대한 보장의 원칙"이 적용됨에 반하여, 제도적 보장은 그 본질적 내용을 침해하지 아니하는 범위 안에서 입법자에게 제도의 구체적 내용과 형태의 형성권을 폭넓게 인정한다는 의미에서 "최소한 보장의 원칙"이 적용될 뿐이다.

3. 기본권의 성격

1) 추상적 권리성과 구체적 권리성

기본권은 헌법규정만으로 구체적으로 실현할 수 있는 "구체적 권리"인가 아니면 구체적 입법(법률)에 의해서만 현실적 권리가 될 수 있는 "추상적 권리"인가가 문제된다. 이에 관해서는 입법방침규정설, 추상적 권리설, 구체적 권리설과 같은 학설대립이 있다. 통설은 기본권마다 구체적 권리성 여부를 판단하고 있으며 대체로 사회적 기본권은 추상적 권리라고 보고 그 외의 기본권은 구체적 기본권으로 보고 있다.

〈인간다운 생활을 할 권리의 의의와 법적 성격〉

헌재 2004. 10. 28. 2002헌마328

헌법 제34조 제1항이 보장하는 인간다운 생활을 할 권리는 사회권적 기본권의 일종으로서 인간의 존엄에 상응하는 최소한의 물질적인 생활의 유지에 필요한 급부를 요구할 수 있는 권리를 의미하는데, 이러한 권리는 국가가 재정형편 등 여러 가지 상황들을 종합적으로 감안하여 법률을 통하여 구체화할 때에 비로소 인정되는 법률적 권리라고 할 것이다(헌재 1995. 7. 21. 93헌가14, 판례집 7-2, 1, 30-31 ; 1998. 2. 27. 97헌가10등, 판례집 10-1, 30-31 ; 2000. 6. 1. 98헌마216, 판례집 12-1, 622, 646-647 ; 2003. 5. 15. 2002헌마90, 판례집 15-1, 581, 600-601).

나아가 모든 국민은 인간다운 생활을 할 권리를 가지며 국가는 생활능력 없는 국민을 보호할 의무가 있다는 헌법의 규정은 모든 국가기관을 기속하지만 그 기속의 의미는 동일하지 아니한데, 입법부나 행정부에 대하여는 국민소득, 국가의 재정능력과 정책 등을 고려하여 가능한 범위 안에서 최대한으로 모든 국민이 물질적인 최저생활을 넘어서 인간의 존엄성에 맞는 건강하고 문화적인 생활을 누릴 수 있도록 하여야 한다는 행위의 지침, 즉 행위규범으로서 작용하지만, 헌법재판에 있어서는 다른 국가기관, 즉 입법부나 행정부가 국민으로 하여금 인간다운 생활을 영위하도록 하기 위하여 객관적으로 필요한 최소한의 조치를 취할 의무를 다하였는지를 기준으로 국가기관의 행위의 합헌성을 심사하여야 한다는 통제규범으로 작용하는 것이다(헌재 1997. 5. 29. 94헌마33, 판례집 9-1, 553-554 ; 1999. 12. 23. 98헌바33, 판례집 11-2, 758-759 ; 2001. 4. 26. 2000헌마390, 공보 56, 494).

또한, 국가가 행하는 생계보호가 헌법이 요구하는 객관적인 최소한도의 내용을 실현하고 있는지 여부는 결국 국가가 국민의 '인간다운 생활'을 보장함에 필요한 최소한도의 조치를 취하였는가의 여부에 달려있다고 할 것인데 생계보호의 구체적 수준을 결정하는 것은 입법부 또는 입법에 의하여 다시 위임을 받은 행정부 등 해당기관의 광범위한 재량에 맡겨져 있다고 보아야 할 것이므로, 국가가 인간다운 생활을 보장하기 위한 헌법적 의무를 다하였는지의 여부가 사법적 심사의 대상이 된 경우에는, 국가가 생계보호에 관한 입법을 전혀 하지 아니하였다든가 그 내용이 현저히 불합리하여 헌법상 용인될 수 있는 재량의 범위를 명백히 일탈한 경우에 한하여 인간다운 생활을 할 권리를 보장한 헌법에 위반된다고 할 수 있다(헌재 1997. 5. 29. 94헌마33, 판례집 9-1, 553-554).

2) 자연권성과 실정권성

기본권은 자연법상의 권리로서 실정헌법에 규정되지 않더라도 보장되는 것인가 아니면 실정헌법에 규정되어야 비로소 인정되는 실정법상의 권리인가 하는 문제된다.

3) 주관적 공권성과 객관적 가치질서성

기본권은 개인을 위한 주관적 공권에 그치는가 아니면 주관적 공권성과 함께 국가의 기본적 법질서의 구성요소로서 객관적 가치질서성도 지니고 있는가가 문제된다. 역사적으로 볼 때, 시민혁명을 통해 주로 기본권의 주관적 공권성을 확보했던 근대시민사회로부터 사회복지국가로 진행하는 과정에서 기본권의 적극적 기능을 허용할 필요성이 증대하였다고 할 수 있다. 특히 사회경제구조의 변화는 개인 vs 국가라는 전통적인 권리 · 의무 관계에서 개인 vs 사회 및 제3자인 (거대)개인(ex〉 대기업 및 자본가계급)과의 관계에 있어서 발생할 수 있는 기본권 침해 가능성이 중요한 문제로 대두되었다고 할 수 있다. 이에 기본권은 이미 형성된 개인의 지위를 보장하는 것에 나아가 국가가 적극적으로 개인의 권리를 보장할 수 있게끔 하는 이론이 발전하였다. 이와 같은 배경아래에 기본권의 주관적 공권성 이외에 객관적 가치질서성을 지니는 것으로 파악하게 되었고, 현재 학설과 판례의 지배적인 입장이라고 할 수 있다.

이에 따라 기본권은 개인과 국가의 관계뿐 아니라 사회질서의 형성에도 기여하는 것으로 파악한다. 기본권이 국가의 영역을 넘어 전체 법질서로 확장하게 됨에 따라 다음과 같은 헌법적 영향을 미치게 되었다고 할 수 있다.

○ 일정한 가치체계를 기본권과 함께 제도적으로 보장(제도보장)
(＊주의: 기본권보장과 제도보장을 동일한 선에서 파악해서는 안될 것임. 상호 관계를 구별함을 전제로 상호관련성을 인정하는 것이 타당함.)

○ 국가의 기본권 보장의무(헌법 제10조 후문 "국가는 개인이 가지는 불가침의 기본적 인권을 확인하고 이를 보장할 의무를 진다.")

○ 기본권 충돌과 기본권의 제3자효(대사인적 효력 문제)에 관한 이론

헌재 1995. 6. 29. 93헌바45
국민의 기본권은 국가권력에 의하여 침해되어서는 아니된다는 의미에서 소극적 방어권으로서의 의미를 가지고 있을 뿐만 아니라, 헌법 제10조에서 국가는 개인이 가지는 불가침의 기본적 인권

을 확인하고 이를 보장할 의무를 진다고 선언함으로써, 국가는 나아가 적극적으로 국민의 기본권을 보호할 의무를 부담하고 있다는 의미에서 기본권은 국가권력에 대한 객관적 규범 내지 가치질서로서의 의미를 함께 갖는다. 객관적 가치질서로서의 기본권은 입법·사법·행정의 모든 국가기능의 방향을 제시하는 지침으로서 작용하므로, 국가기관에게 기본권의 객관적 내용을 실현할 의무를 부여한다.

〈직업선택의 자유〉 헌재 1996. 8. 29. 94헌마113

헌법 제15조에 의한 직업선택의 자유는 자신이 원하는 직업을 자유롭게 선택하는 좁은 의미의 직업선택의 자유와 그가 선택한 직업을 자기가 원하는 방식으로 자유롭게 수행할 수 있는 직업수행의 자유(영업의 자유)를 포함하는 직업의 자유를 뜻하고(헌재 1998. 3. 26. 97헌마194, 판례집 10-1, 302, 314), 법인도 직업수행의 자유(영업의 자유)의 주체가 될 수 있다(헌재 1996. 3. 28. 94헌바42, 판례집 8-1, 199, 206). 이와 같은 직업의 자유는 각자의 생활의 기본적 수요를 충족시키는 방편이 되고 또한 개성신장의 바탕이 된다는 점에서 주관적 공권의 성격이 두드러진 것이기는 하나, 다른 한편으로는 국민 개개인이 선택한 직업의 수행에 의하여 국가의 사회질서와 경제질서가 형성된다는 점에서 사회적 시장경제질서라고 하는 객관적 법질서의 구성요소이기도 하다(헌재 1995. 7. 21. 94헌마125, 판례집 7-2, 155).

〈정치적 기본권〉 헌재 2004. 3. 25. 2002헌마710

오늘날 정치적 기본권은 국민이 정치적 의사를 자유롭게 표현하고, 국가의 정치적 의사형성에 참여하는 정치적 활동을 총칭하는 것으로 넓게 인식하고 있다. 정치적 기본권은 기본권의 주체인 개별 국민의 입장에서 보면 주관적 공권으로서의 성질을 가지지만, 민주정치를 표방한 민주국가에 있어서는 국민의 정치적 의사를 국정에 반영하기 위한 객관적 질서로의 의미를 아울러 가진다.

제2절 기본권의 주체

Ⅰ. 의의

1. 의의

기본권의 주체란 헌법이 보장하는 자유와 권리를 누리는 자를 말한다. 한편, 기본권 향유에 있어서는 기본권 보유능력과 기본권 행위능력이 구별된다. 기본권 보유능력은 기본권을 보유 내지 향유하는 능력을 말하며, 원칙적으로 모든 국민이 기본권 보유능력자이다. 기본권 행위능력은 기본권의 주체가 특정한 기본권을 행사할 수 있는 능력을 말하며, 보통 인간의 권리인 경우는 기본권 보유능력과 행사능력이 일치하는 반면, 선거권이나 피선거과 같은 경우 어린이나 미성년자의 기본권 행위능력이 인정되지 않을 수 있다.

2. 구별개념으로서 기본권능력과 기본권행사능력

기본권 능력이란 기본권의 주체가 될 수 있는 능력을 말하는 것으로 민법상의 권리능력과는 그 범위가 다른 개념이라고 할 수 있다. 헌법재판소는 "인간의 생명은 고귀하고, 이 세상에서 무엇과도 바꿀 수 없는 존엄한 인간 존재의 근원이다. 모든 인간은 헌법상 생명권의 주체가 되며, 형성 중의 생명인 태아에게도 생명에 대한 권리가 인정되어야 한다."(헌재 2008. 7. 31. 2004헌바81)라고 하여 태아의 생명권 주체성을 인정하고 있으며, 또한 동의대 사건에서 순직한 경찰관들의 가족들이 제기한 헌법소원[34]에서 기본권 침해의 자기관련성

34) 헌재 2005. 10. 27. 2002헌마425 (한편 헌법재판소의 다수(각하) 의견은(5인) "헌법 제10조로부터 도출되는 일반적 인격권에는 개인의 명예에 관한 권리도 포함될 수 있으나, '명예'는 사람이나 그 인격에 대한 '사회적 평가', 즉 객관적 · 외부적 가치평가를 말하는 것이지 단순히 주관적 · 내면적인 명예감정은 포함되지 않는다. ……이 사건 결정으로 말미암아 순직경찰관들이 '자유민주적 기본질서를 문란하게 하고 헌법에 보장된 국민의 기본권을 침해한 권위주의적 통치'를 위하여 활동한 자로 평가되거나 이들의 사회적 명예가 훼손되었다고 할 수 없으며…… 이 사건 결정은 청구인들의 내면의 명예감정에 관계될지언정 법적으로 의미있는 명예를 직접 훼손한다고 할 수 없으므로 청구인들은 이 사건에서 간접적 · 사실적인 이해관계로만 관련되어 있고, 따라서 기본권 침해의 자기관련성이 인정되지 않는다."라고 하고 있으며, 소수(위헌)의견은(4인) "'민주화운동관련자'란 이 법에 의하면 '자유민주적 기본질서를 문란케 하고 헌법에 보장된 국민의 기본권을 침해한 권위주의적 통치에 항거하여 민주헌정질서의 확립에 기여'(제2조 제1호)한 사람이다. 그렇다면 이들과 대치하다 죽음을 맞이한 경찰관들에 대해서는 논리필연적으로 '자유민주적 기본질서를 문란케 하고 국민의 기본권을 침해한 권위주의적 통치'의 대행자라는 평가가 내려지지 않을 수 없으며, 이는 다름 아닌 이 법 및 이 사건 결정에 의해 주어진 법적 평가이다. ○○대 사건 가담자들에게 명예와 보상을 부여하는 순간 법질서의 수

이 없음을 이유로 각하하였는데 이는 사망한 자의 기본권 주체성은 인정한 것으로 볼 수 있다. 이처럼 기본권 능력은 민법상의 권리능력과 비교해 그 인정범위가 넓을 수도 있고, 외국인의 경우와 같이 민법상의 권리능력보다 그 인정범위가 좁게 되는 경우가 있을 수도 있다.

기본권 행사능력은 실제로 이를 행사할 수 있는지의 문제인 기본권 제한의 문제와 연결된다고 할 수 있다. 이는 헌법 제67조 제4항에서 대통령의 피선거권 연령을 40세로 정하여 공무담임권을 제한하는 것처럼 헌법에서 직접 제한하는 방법과 공직선거법 제16조에서 거주요건 등으 더 구체적으로 대통령의 피선거권을 제한하거나 국회의원의 피선거권의 연령을 25세로 정하는 것처럼 법률이 그 제한을 하는 경우도 있다. 그러나 인간의 존엄과 가치, 행복추구권이나, 신체의 자유 등과 같은 기본권에 있어서는 기본권보유능력 · 행위능력은 기본권 능력과 일치되며, 연령에 의한 제한은 허용되지 아니한다.

Ⅱ. 국민(재외국민)의 기본권 주체성

1. 일반 국민과 특수신분관계에 있는 국민

1) 일반 국민

국민은 내국민과 재외국민으로 나누어 질 수 있다.

내국민인 경우 미성년자, 성년자의 기본권의 주체성은 원칙적으로 인정되고 다만 미성년자의 경우 기본권의 행사에 일정한 제한이 따를 수 있음.

재외국민인 경우 헌법 제2조 제2항은 "국가는 법률이 정하는 바에 의하여 재외국민을 보호할 의무를 진다."라고 하여 재외국민에 대한 국가적 보호의무를 규정하고 있다. 재외국민이라 함은 영주할 목적으로 외국에 거주하고 있는 자를 말하는데, 국적법상의 국적상실 사유에 해당하지 않는 이상 재외국민도 기본권의 주체가 된다고 할 수 있다.

호자로서 순직경찰관들이 받아야 마땅한 사회적 평가와 추모는 격하될 수밖에 없다."라고 하며 순직한 경찰관들의 유족들에게 자기관련성을 인정하고, 헌법재판소법 제75조 제3항에 따라서 취소되어야 한다고 말하고 있다.

2) 특수신분관계에 있는 국민

공무원 · 군인 · 군무원 · 전투경찰관 · 학생 · 수형자 등의 신분으로 인해 국가와의 특수한 관계를 이유로 기본권을 인정하지 않는다는 종래의 특별권력관계 이론은 오늘날 부정되고 있다. 즉, 특수한 신분관계에 있는 사람들도 기본권의 주체성이 인정됨은 의문의 여지가 없다. 다만 그 신분의 특수성으로 말미암아 헌법과 법률에 의한 기본권 제한의 정도가 달라질 수 있다. 현행 헌법상으로는 공무원의 정치활동권, 군인 군무원의 재판청구권, 국가배상청구권, 공무원 등의 근로3권 등이 제한되고 있다.

3) 재외동포 문제

외국국적동포는 대한민국의 국적을 보유하였던 자 또는 그 직계비속으로서 외국국적을 취득한 자 중 대통령령이 정하는 자로서 외국인에 해당하고 외국인의 기본권 주체성에 대한 법리가 적용될 것이다. 다만, 재외동포법(재외동포의 출입국과 법적 지위에 관한 법률)에서는 재외국민과 외국국적동포를 재외동포로 재외동포에 대하여 일정한 조건에서 국민에 준하는 혜택을 부여한다.

4) 북한주민 문제

북한법의 규정에 따라 북한국적을 취득하였더라도 조선인을 부친으로 하여 출생한 경우라면 그 자도 제헌헌법의 공포와 동시에 대한민국 국적을 취득한 것으로 보아야 한다. 따라서 북한주민도 우리 헌법상 대한민국 국민으로서 기본권의 주체가 된다. 다만, 분단의 현실적인 문제와 관련하여 북한주민의 기본권 행위능력은 법률에 의해 특별한 제한을 받을 수 있다.

> 자연인은 원칙적으로 살아 있는 동안에 기본권주체가 된다. 다시 말해 기본권능력은 출생으로 발생하고 사망으로 소멸한다. 따라서 헌법소원심판의 청구인이 사망하면, 원칙적으로 기본권은 일신전속적인 성격을 갖기 때문에 헌법재판소에 계속된 헌법소원심판 역시 함께 종료된다고 할 것이다(헌재 1992. 11. 12. 90헌마33). 다만, 재산권과 같이 일신전속성이 상대적으로 약한 기본권의 경우에는 그 상속인 등이 헌법소원을 청구하는 것이 가능하고, 헌법소원심판을 청구한 후에 사망한 경우라면 그 절차를 수계하는 것도 가능하다. 헌법재판소는 사기 피해자인 고소인이 고소 후에 사망한 경우 그 배우자가 청구한 헌법소원을 적법한 청구로 받아들인 바 있다(헌재 1993. 7. 29. 92헌마234).

2. 배아의 기본권 주체성

헌재 2010. 5. 27. 2005헌마346

"출생 전 형성 중의 생명에 대해서 헌법적 보호의 필요성이 크고 일정한 경우 그 기본권 주체성이 긍정된다고 하더라도, 어느 시점부터 기본권 주체성이 인정되는지, 또 어떤 기본권에 대해 기본권 주체성이 인정되는지는 생명의 근원에 대한 생물학적 인식을 비롯한 자연과학·기술 발전의 성과와 그에 터 잡은 헌법의 해석으로부터 도출되는 규범적 요청을 고려하여 판단하여야 할 것이다. 초기배아는 수정이 된 배아라는 점에서 형성 중인 생명의 첫걸음을 떼었다고 볼 여지가 있기는 하나 아직 모체에 착상되거나 원시선이 나타나지 않은 이상 현재의 자연과학적 인식 수준에서 독립된 인간과 배아 간의 개체적 연속성을 확정하기 어렵다고 봄이 일반적이라는 점, 배아의 경우 현재의 과학기술 수준에서 모태 속에서 수용될 때 비로소 독립적인 인간으로의 성장가능성을 기대할 수 있다는 점, 수정 후 착상 전의 배아가 인간으로 인식된다거나 그와 같이 취급하여야 할 필요성이 있다는 사회적 승인이 존재한다고 보기 어려운 점 등을 종합적으로 고려할 때, 기본권 주체성을 인정하기 어렵다.

배아생성자는 배아에 대해 자신의 유전자정보가 담긴 신체의 일부를 제공하고, 또 배아가 모체에 성공적으로 착상하여 인간으로 출생할 경우 생물학적 부모로서의 지위를 갖게 되므로, 배아의 관리 또는 처분에 대한 결정권을 가진다. 이러한 배아생성자의 배아에 대한 결정권은 헌법상 명문으로 규정되어 있지는 아니하지만, 헌법 제10조로부터 도출되는 일반적 인격권의 한 유형으로서의 헌법상 권리라 할 것이다. 다만, 배아의 경우 형성 중에 있는 생명이라는 독특한 지위로 인해 국가에 의한 적극적인 보호가 요구된다는 점, 배아의 관리·처분에는 공공복리 및 사회 윤리적 차원의 평가가 필연적으로 수반되지 않을 수 없다는 점에서도 그 제한의 필요성은 크다고 할 것이다. 그러므로 배아생성자의 배아에 대한 자기결정권은 자기결정이라는 인격권적 측면에도 불구하고 배아의 법적 보호라는 헌법적 가치에 명백히 배치될 경우에는 그 제한의 필요성이 상대적으로 큰 기본권이라 할 수 있다."

3. 태아의 기본권(생명권) 주체성

헌재 2008. 7. 31. 2004헌바81

"인간의 생명은 고귀하고, 이 세상에서 무엇과도 바꿀 수 없는 존엄한 인간 존재의 근원이다. 이러한 생명에 대한 권리, 즉 생명권은 비록 헌법에 명문의 규정이 없다 하더라도 인간의 생존본능과 존재목적에 바탕을 둔 선험적이고 자연법적인 권리로서 헌법에 규정된 모든 기본권의 전제로서 기능하는 기본권 중의 기본권이다. 모든 인간은 헌법상 생명권의 주체가 되며, 형성 중의 생명인 태아에게도 생명에 대한 권리가 인정되어야 한다. 따라서 태아도 헌법상 생명권의 주체가 되며, 국가는 헌법 제10조에 따라 태아의 생명을 보호할 의무가 있다."

4. 사자(死者)에게도 예외적인 경우 기본권주체성이 인정된다. 헌법재판소는 사자도 인격적 가치에 대한 중대한 왜곡으로부터 보호될 필요가 있다(헌재 2010. 10. 28. 2007헌가23).

Ⅲ. 외국인의 기본권 주체성

1. 부정설

기본권 문언설 - 문리적 고찰: 헌법 규정 - 국민의 권리와 의무... but 제33조 근로자는...
법실증주의 - 기본권의 주체는 규범 속(법적 크기)에 포함되어야 함.
통합주의 - 스멘트 - (독일) 국민

2. 긍정설

칼 슈미트(결단주의 → 통치구조에 적용) - 기본권은 전국가적인 자연권으로 파악.
동화적 통합주의 - 진정한 통합

3. 헌법재판소

헌재 2001. 11. 29. 99헌마494
"헌법재판소법 제68조 제1항 소정의 헌법소원은 기본권을 침해받은 자만이 청구할 수 있고, 여기서 기본권을 침해받은 자만이 헌법소원을 청구할 수 있다는 것은 곧 기본권의 주체라야만 헌법소원을 청구할 수 있고 기본권의 주체가 아닌 자는 헌법소원을 청구할 수 없다고 한 다음, **'국민' 또는 국민과 유사한 지위에 있는 '외국인'은 기본권의 주체가 될 수 있다** 판시하여(헌재 1994. 12. 29. 93헌마120, 판례집 6-2, 477, 480) **원칙적으로 외국인의 기본권 주체성을 인정하였다. 청구인들이 침해되었다고 주장하는 인간의 존엄과 가치, 행복추구권은 대체로 '인간의 권리'로서 외국인도 주체가 될 수 있다고 보아야 하고, 평등권도 인간의 권리로서 참정권 등에 대한 성질상의 제한 및 상호주의에 따른 제한이 있을 수 있을 뿐이다.** 이 사건에서 청구인들이 주장하는 바는 대한민국 국민과의 관계가 아닌, 외국국적의 동포들 사이에 재외동포법의 수혜대상에서 차별하는 것이 평등권 침해라는 것으로서 성질상 위와 같은 제한을 받는 것이 아니고 상호주의가 문제되는 것도 아니므로, 청구인들에게 기본권주체성을 인정함에 아무런 문제가 없다."

인간의 존엄과 가치, 행복추구권, 평등권과 같은 기본권들은 '인간의 권리'로서 외국인에게도 인정될 수 있고(헌재 2001. 11. 29. 99헌마494), 신체의 자유, 주거의 자유, 변호인의 조력을 받을 권리, 재판청구권 등도 성질상 인간의 권리로 볼 수 있으므로 외국인의 기본권주체성이 인정된다(헌재 2012. 8. 23. 2008헌마430). 그리고 근로의 권리 중 기본적 생활수단을 확보하고 인간의 존엄성을 보장받기 위해 필요한 최소한의 근로조건을 요구할 수 있는 '일할 환경에 관한 권리'는 외국인에게도 보장되고(헌재 2007. 8. 30. 2004헌마670), 고용허가를 받아 우리 사회에서 정당한 노동인력으로서 지위를 부여받은 외국인의 직장선택의 자유 역시 인간의 권리로서 보장된다(헌재 2011. 9. 29. 2007헌마1083등). 다만 참정권, 입국의 자유, 복수국적을 가질 자유 등의 경우 외국인의 기본권주체성이 부인되고(헌재 2014. 6. 26. 2011헌마502), 의료인 자격제도와 관련한 직업선택의 자유도 국민의 기본권으로서 외국인의 경우에는 인정되지 않는다(헌재 2014. 8. 28. 2013헌마359). 한편, 평등권은 인간의 권리이지만, 관련 기본권의 성질이 외국인에게 인정되지 않거나 상호주의에 따른 제한이 있는 경우에는 외국인에게 기본권주체성이 인정되지 않는다(헌재 2001. 11. 29. 99헌마494). 따라서 의료인 자격제도에 관한 직업선택의 자유는 외국인에게 인정되지 아니하므로 평등권과 관련하여 내국인과의 관계에서 따로 기본권주체성을 인정할 수 없다(헌재 2014. 8. 28. 2013헌마359).
그러나 이와 같은 차별이 대한민국 국민과의 관계가 아닌 외국국적의 동포들 간에 발생하면 기본권주체성이 인정된다(헌재 2001. 11. 29. 99헌마494). 헌법재판소는 대한민국 정부수립 이전에 국외로 이주한 동포와 그 이후 국외로 이주한 동포를 구분하여 후자에게는 모국에의 출입국 및 체류에 대한 제한과 부동산취득·금융·외국환거래 등에 있어 각종 제약을 완화하고, 전자에 대해서는 이를 허용하지 않던 '재외동포의 출입국과 법적지위에 관한 법률'에 대해, 이 문제는 대한민국 국민과의 관계가 아닌 외국국적동포들 사이의 차별 문제이므로 기본권주체성을 인정함에 아무런 문제가 없다고 하였다(헌재 2001. 11. 29. 99헌마494).

4. 검토

외국인의 기본권 주체성을 부정하는 견해는 헌법 제2장의 '국민의 권리와 의무'를 문언 그대로만 파악하여 '국민'의 권리로만 이해하고 외국인의 국내법상의 권리는 헌법 제6조 제2항의 규정에 따라 인정되는 특수한 법적 권리로만 파악하는 견해나 법실증주의 또는 통합주의의 관점을 철저히 해석하는 견해가 있다. 그러나 오늘날 외국인의 기본권 주체성을 전면적으로 부정하는 견해는 거의 지지받지 못하고 있으며, 대부분이 외국인의 기본권 주체성을 인정하고 있는데 그 내용과 인정범위에 대하여는 차이가 있다. 이는 하나의 기본권이 인간의 권리와 국민의 권리의 성격을 모두 갖고 있을 수 있기 때문에 구체적인 경우에 이를 구별하여 외국인도 그 주체가 되느냐를 확정하기가 쉽지 않기 때문이다.

Ⅳ. 법인의 기본권 주체성과 범위

1. 법인의 기본권 주체성

1) 부정설

칼슈미트 - 전국가적 자연권 → 법인은 X
법인의제설

2) 긍정설

법실증주의 - 규범에 기본권의 주체로 법인이 규정되어 있는 경우(법인격은 있어야 함)
법인 아닌 사단/재단 X
통합주의 - 기본권 - 공동체가 지향하는 객관적 가치 - 단체의 기여도, 국가도 경우에 따라 가능할 수 있음.
법인실재설
일반적으로 법인에 기본권 인정하면 자연인에 기여한다는 점을 주요 논거로 함.

3) 헌법재판소

우리 헌법은 법인의 기본권향유능력을 인정하는 명문의 규정을 두고 있지 않지만, 본래 자연인에게 적용되는 기본권규정이라도 언론 · 출판의 자유, 재산권의 보장 등과 같이 성질상 법인이 누릴 수 있는 기본권을 당연히 법인에게도 적용하여야 한 것으로 본다(헌재 1991. 6. 3. 90헌마56).

법인도 법인의 목적과 사회적 기능에 비추어 볼 때 그 성질에 반하지 않는 범위 내에서 인격권의 한 내용인 사회적 신용이나 명예 등의 주체가 될 수 있고 법인이 이러한 사회적 신용이나 명예 유지 내지 법인격의 자유로운 발현을 위하여 의사결정이나 행동을 어떻게 할 것인지를 자율적으로 결정하는 것도 법인의 인격권의 한 내용을 이룬다고 할 것이다(헌재 2012. 8. 23. 2009헌가27).

2. 법인의 기본권 인정범위

1) 의의

법인의 기본권 주체성을 인정하더라도 구체적으로 어떠한 기본권을 어떠한 범위까지 인정할 것인가 하는 문제가 있음

기본권 기준설(기본권 성질설) - 성질상 법인이 누릴 수 있는 기본권은 당연히 법인에게도 적용된다(헌재 1991. 6. 3. 90헌마56). - 자연인의 속성을 요구하는 기본권 이외에는 대체로 법인에게 적용된다는 말임.

법인 기준설 - 법인에 따라 기본권이 인정되는지 여부를 정함. 학교 Vs 회사

2. 법인의 유형에 따른 기본권 주체성

1) 사법인

성질상 법인이 누릴 수 있는 한 기본권 주체성 긍정한다.

법인도 사단법인 · 재단법인 또는 영리법인 · 비영리법인을 가리지 아니하고 위 한계내에서는 헌법상 보장된 기본권이 침해되었음을 이유로 헌법소원심판을 청구할 수 있다. 또한 법인 아닌 사단 · 재단이라고 하더라도 대표자의 정함이 있고 독립된 사회적 조직체로서 활동하는 때에는 성질상 법인이 누릴 수 있는 기본권을 침해당하게 되면 그의 이름으로 헌법소원심판을 청구할 수 있다(헌재 1991. 6. 3. 90헌마56).

헌법재판소는 '사단법인 한국영화인협회'는 민법상의 비영리 사단법인으로서 성질상 법인이 누릴 수 있는 기본권에 관한 한 그 이름으로 헌법소원심판을 청구할 수 있다고 하였다(헌재 1991. 6. 3. 90헌마56). 법인 아닌 사단 · 재단이라고 하더라도 대표자의 정함이 있고 독립된 사회적 조직체로서 활동하는 때에는 성질상 법인이 누릴 수 있는 기본권을 침해당하게 되면 그의 이름으로 헌법소원심판을 청구할 수 있다(헌재 1991. 6. 3. 90헌마56). 헌법재판소는, 노동조합은 법인 아닌 사단으로서 헌법 제33조가 정하는 바에 따라 기본권주체성이 인정되므로, 그 범위에서는 헌법소원심판을 청구할 수 있다고 하였고(헌재 1999. 11. 25. 95헌마154), 권리능력 없는 사단의 일종인 정당에 대해서도 헌법소원청구능력을 인정하였으며(헌재 1991. 3. 11. 91헌마21), 한국신문편집인협회에 대해서도 언론 · 출판의 자유는 그 성질상 법인이나 권리능력 없는 사단도 누릴 수 있다고 하여 헌법소원

심판을 청구할 수 있다고 하였다(헌재 1995. 7. 21. 92헌마177등).
그러나 한국영화인협회 감독위원회와 같이 독립된 별개의 단체가 아니라 단체의 부분기관에 불과한 경우에는 청구인능력이 인정되지 않는다(헌재 1991. 6. 3. 90헌마56).

(2) 공법인

공법상 법인은 원칙적으로 기본권주체성이 부정된다.

국가나 국가기관 또는 국가조직의 일부나 공법인은 기본권의 '수범자'이지 기본권의 주체로서 그 '소지자'가 아니고 오히려 국민의 기본권을 보호 내지 실현해야 할 '책임'과 '의무'를 지니고 있는 지위에 있을 뿐이다(헌재 1994. 12. 29. 93헌마120; 헌재 2006. 2. 23. 2004헌바50).

그러나 공법인도 예외적으로 기본권에 의하여 보호되는 생활영역에 속하거나, 자연인의 개인적 기본권의 실현에 기여하거나, 조직법상 국가로부터 독립되어 해당 기본권영역에서 개인들의 기본권실현에도 이바지 하는 경우에는 그 기본권 주체성을 인정할 수 있다.

주식회사 문화방송의 경우 공법상 재단법인인 방송문화진흥회가 최다출자자인 방송사업자로서 방송법 등 관련규정에 의하여 공법상의 의무를 부담하지만, 그 설립목적이 언론의 자유 핵심 영역인 방송 사업이므로 이러한 업무 수행과 관련하여 당연히 기본권주체가 되고, 그 운영을 광고수익에 전적으로 의존하고 있는 만큼 사경제 주체로서도 기본권주체가 된다고 하였고(헌재 2013. 9. 26. 2012헌마271), 국립서울대학교는 공권력행사의 주체인 동시에 학문의 자유나 대학의 자율권이라는 기본권의 주체로서의 지위를 가진다(헌재 1992. 10. 1. 92헌마68). 또한 축협중앙회는 공법인성이 상대적으로 크지만 공법인성과 사법인성을 겸유한 특수한 법인으로서 기본권의 주체가 된다(헌재 2000. 6. 1. 99헌마553). 정부와 민간이 함께 주주로서 참여하는 주식회사 형태의 공사혼합기업인 한국전력공사는 그 과제수행을 행정의 방식이 아닌 영업의 방식에 의하고 있고 그 과제의 수행방식과 비용부담의 문제를 결정하는 것은 영업의 자유 등 기본권의 문제이므로 기본권주체성이 인정된다고 하였다(헌재 2005. 2. 24. 2001헌바71).

3) 외국법인

외국인의 기본권 주체성은 외국인의 지위에서의 기본권 주체성을 가지고 상호주의의 제한을 받으며, 법인이라는 점에서 성질상 법인이 향유할 수 있는 범위에서 기본권 주체성을 인정할 여지가 있다. 다만, 외국공법인은 기본권 인정 여부가 문제되지 않는다.

V. 결

헌법은 국민의 권리와 의무라는 제목으로 개별 기본권들을 나열하고 있고 국민이 이런 기본권의 주체가 됨에는 의문의 여지가 없다. 재외국민 또한 외국에 거주하고 있으나 국민인 점에는 변함이 없고, 헌법 제2조는 또한 특별히 재외국민 보호의무를 규정하고 있으므로 기본권의 주체가 된다고 할 수 있다. 공무원 기타 특수신분관계에 있는 자들은 국민인 점에서 기본권의 주체가 되는 것도 틀림이 없으나 그 신분의 특수성으로 말미암아 기본권의 성격에 따라서 제한되는 경우가 있다. 재외동포는 재외국민과 외국국적동포로 구성되며 재외동포 관련 법률에 의해 일정한 경우 국민에 준하는 권리를 부여받고 있다. 북한주민은 영토조항을 근거로 하면 북한도 우리 영토임에는 틀림이 없고 북한주민도 기본권의 주체이나, 법적용에 있어서 외국인에 준하는 자로서 법률상 기본권 제한을 받는 특수국민의 성격을 가진다고 볼 수 있다.

한편 외국인의 경우는 국민이 아니라는 점에서 헌법이 보장하는 기본권의 주체가 될 수 있는지의 여부가 논란이 되는데 이를 전면적으로 부정하는 견해는 타당하지 못하다. 그러나 긍정하더라도 그 논거와 범위에 대하여는 조금씩 차이를 보이고 있는데 대부분의 우리나라 학자들은 결단주의인 천부적인 인권설의 입장에서 인간의 권리에 대하여는 외국인에게도 기본권주체성이 인정되고 그 밖의 국민의 권리에 대하여는 상호주의에 따라 기본권의 주체성을 인정하고 있다. 이에 따르면 기본권이 선국가적으로 인간이면 당연히 누릴 수 있는 성질인 때에는 외국인에게도 기본권의 주체성을 인정할 수 있는 것이고, 그러한 성질이 아니고 국가의 성립을 전제로 국민의 지위에서 누릴 수 있는 성질인 때에는 국민의 권리로 분류할 수 있다. 또한 국민의 권리이더라도 인간의 권리의 성격을 겸하는 경우에는 기본권주체성을 인정하기도 한다. 헌법재판소도 이와 같은 입장을 가지고 있다.

그러나 우리 민족의 동화적 통합을 해치지 않고 외국인을 동화시키는 필요한 범위 안에서 외국인의 기본권 주체를 인정한다는 견해는 기본권의 의미를 헌법적 차원으로 끌어올리기는 하였으나 그 추상적인 설명으로 인하여 구체적인 경우에 어떻게 외국인의 기본권이 인정되는지 설명이 부족한 측면이 있다. 인간의 권리와 국민의 권리를 나누어 외국인에게 기본권주체성을 부여하는 것이 타당하다.

법인의 기본권주체성 인정근거에는 법인과 구성원의 관련성, 법인 그 자체의 독립적 역할, 또한 이를 바탕으로 한 사회적 필요성 등 여러 가지가 있고 또한 법인에 기본권주체성을 인정함이 타당하다. 한편 사법인의 경우에는 법인의 성질상 법인이 누릴 수 있는 기본권에 한하여 기본권주체성을 인정하고 있고 공법인의 경우에는 기본권의 주체로서 소지자가 아니라 기본권을 보호해야할 의무에 있는 자로서 원칙적으로 기본권주체성이 부정되고 있으며 예외적으로 국립대학, 공영방송사에 대하여 기본권주체성을 인정하고 있는 것은 주지의 사실이다.

제3절 기본권의 분류, 유형, 체계

Ⅰ. 기본권의 분류

기본권의 분류에 있어서 절대적인 기준이 있는 것은 아니며, 관점에 따라 여러 가지로 분류할 수 있다. 그것은 기본권의 성질이나 타당영역이 복합적일 뿐만 아니라 분류의 관점에 따라 기준 자체를 다르게 설정할 수 있기 때문이다.

1. 주체

1) 인간의 권리 : 국민의 권리

- 인간의 권리 ▸ 초국가적 · 자연법상의 권리(인권); 외국인도 향유
- 국민의 권리 ▸ 실정법상의 권리(기본권); 외국인은 원칙적 향유 불가

2) 자연인의 권리 : 법인의 권리

- 자연인의 권리 ▸ 기본권은 원칙적으로 자연인의 권리
- 법인의 권리 ▸ 성질상 허용되는 것은 법인도 향유(평등권, 재산권, 직업선택의 자유, 재판청구권 등) ※ 신체의 자유, 사생활의 비밀과 자유

2. 성격

1) 초국가적 기본권 : 실정법상의 기본권

- 초국가적 기본권 ▸ 자연법상의 권리 · 천부적 인권(인권)(행복추구권, 인격권, 표현의 자유, 저항권 등)
- 실정법상의 기본권 ▸ 국가에 의하여 창설된 권리(→ 그 내용이 실정법에 의하여 확정되고 입법자에 의하여 형성되는 권리: 선거권, 공무담임권, 재판청구권, 사회적 기본권 등)

2) 절대적 기본권 : 상대적 기본권

- 절대적 기본권 ▶ 제한되거나 침해될 수 없는 기본권(내심적 작용으로서의 신앙의 자유, 양심의 형성과 침묵의 자유, 연구와 창작의 자유 등)
  cf. 초국가적 · 자연법상의 권리
- 상대적 기본권 ▶ 국가질서나 국가적 목적을 위하여 제한 가능한 기본권(내심적 작용을 내용으로 하지 않는 모든 자유와 권리)

3) 진정기본권 : 부진정기본권

- 진정기본권 ▶ 주관적 공권
- 부진정기본권 ▶ 국가의 제도 등을 통하여 반사적으로 누리는 권리(문화시설이용권, 교육시설이용권 등)

3. 내용

- [행복추구권 : 평등권 : 자유권적 기본권 : 경제적 기본권 : 정치적 기본권 : 청구권적 기본권 : 사회적 기본권]

4. 효력

1) 구체적(현실적) 기본권 : 추상적 기본권

- 구체적 기본권 ▶ 모든 국가권력(입법권, 행정권, 사법권)을 직접 구속하는 효력을 가진 기본권(자유권 등)
- 추상적 기본권 ▶ 헌법상의 규정만으로는 입법자에 대하여 입법의무만을 부과하는 것일뿐 행정권과 사법권에 대하여 직접적 구속력이 없는 기본권(사회적 기본권[다수설])

2) 대국가적 기본권 : 대사인적(제3자적) 효력의 기본권

- 대국가적 기본권 ▶ 국가에 대하여서만 구속력(효력)을 가지는 기본권
- 대사인적 효력의 기본권 ▶ 국가뿐만 아니라 제3자인 사인(私人)에 대하여도 구속력을 가지는 기본권(평등권 등)

Ⅱ. 기본권의 유형 (내용과 성질에 따른 유형화)

1. 기본권 보장의 이념과 포괄적 기본권

① 인간으로서의 존엄과 가치, ② 행복추구권

2. 평등권(법 앞의 평등)

3. 자유권적 기본권

① 인신의 자유권, ② 사생활의 자유권, ③ 정신적 자유권,

4. 경제적 기본권(*자유권)

① 재산권, ② 직업선택의 자유, ③ 소비자의 권리

5. 정치적 기본권

① 정치적 자유, ② 참정권, ③ 그 밖의 정치적 활동권

6. 청구권적 기본권

① 청원권, ② 재판청구권, ③ 국가배상청구권,

④ 국가보상청구권, ⑤ 범죄피해자구조청구권

7. 사회적 기본권

① 인간다운 생활권, ② 근로의 권리, ③ 노동삼권, ④ 교육을 받을 권리, ⑤ 환경권, ⑥ 보건권

8. 기타 파생되는 기본권

① 헌법전문 → 기본권 도출 X

② 헌법 제3조 영토조항 → 영토권

③ 인간으로서의 존엄과 가치 → 생명권, 인격권 // 자기결정권(△)(자기운명 결정권, 성적 자기결정권, 개인정보 자기결정권)[35]

④ 행복추구권 → 일반적 행동자유권(→계약의 자유 내지 사적 자치), 개성의 자유로운 발현권, 자기결정권

⑤ 헌법에 열거되지 아니한 권리 → 아래 보충 참조

---

35) 한편, 헌법재판소에 따르더라도 파생되는 기본권들에 있어서 그 이념이 되는 헌법적 근거 조항(기본권 조항)을 달리 보는 경우가 종종 존재한다. 예컨대, 개인정보 자기결정권의 헌법적 근거를 헌법 제10조와 제17조로 보기도 하고, 헌법 제17조를 그 근거로 보기도 하며, 나아가 헌법 제10조 제17조 등을 이념적 바탕으로 하는 독자적인 기본권으로 보기도 한다.

Ⅲ. 기본권의 체계

〈헌법 제10조~제37조 제1항〉

1) 헌법 제10조 - 인간의 존엄과 가치(목적)

헌법 제10조 제1문 전단: "모든 국민은 인간으로서의 존엄과 가치를 가지며"

○ 학설

- 기본권의 이념적 전제 내지 기본권 보장의 목적[개별적 기본권성의 부정(다수설)]
- 개별적 기본권성의 인정[주기본권]

○ 판례

- 이념적 기초 내지 가치 지표성 인정: 헌재 1992. 4. 14. 90헌마82; 2000. 6. 1. 98헌마216
- 개별적 기본권성 인정: 헌재 1990. 9. 10. 89헌마82; 2001. 7. 19. 2000헌마546.

2) 헌법 제10조 - 행복추구권(수단)

헌법 제10조 제1문 전단: "모든 국민은… 행복을 추구할 권리를 가진다."

○ 포괄적 기본권: 헌법 제11조~제36조까지의 열거된 기본권과 제37조 제1항의 열거되지 아니한 자유와 권리까지도 그 내용으로 하는 포괄적 기본권

○ 인간의 존엄성 존중과 행복추구권의 관계: 행복추구권도 인간의 존엄과 가치의 존중이라는 목적을 위한 수단이다.

○ 행복추구권과 개별적 기본권의 경합 문제: 우선적 보장설, 보장경합설, 보충적 보장설의 대립 → 보충적 보장설 타당[개별적 기본권 조항의 공동화를 막고 행복추구권 조항에의 안이한 도피를 방지하기 위하여는 개별적 기본권조항이 최대한 적용되어야 할 것이기 때문이다.]

3) 헌법에 열거된 개별적 기본권(헌법 제10조~제36조)

○ 행복추구권 : 평등권 : 자유권적 기본권 : 경제적 기본권 : 정치적 기본권 : 청구권적 기본권 : 사회적 기본권

4) 헌법에 열거되지 아니한 자유와 권리

○ 헌법에 열거되지 아니한 자유와 권리의 의의

- 인간의 존엄성 존중이라는 기본권 보장의 목적은 헌법상 열거된 개별적 기본권을 통하여 달성될 수 있지만, 그러한 기본권만으로 완전무결하게 실현되고 있지는 못하다. 따라서 실정헌법상의 규정여부에 관계없이 인간의 존엄성 존중이라는 목적 달성을 의하여 필요한 자유와 권리도 보장되는 것으로 보아야 할 것이다.
- 헌법 제37조 제1항은 자유와 권리의 전국가성과 포괄성을 확인하고 있는 것이다.

○ 헌법에 열거되지 아니한 자유와 권리의 유형

- 헌법 제10조와 헌법 제37조 제1항의 통합적 · 유기적 해석을 통하여 "헌법에 열거되지 아니한 자유와 권리"를 해명하여야 할 것이다.
- 자기결정권; 일반적 행동자유권; 평화적 생존권; 휴식권; 일조권; 자녀교육권 등

보충 헌법에 열거되지 아니한 권리

선결과제 및 쟁점: 헌법상 보장된 권리는 헌법(전)에 열거된 권리와 헌법(전)에 열거되지 아니한 권리로 나누어 볼 수 있다. 그러나 헌법에 열거되지 아니한 권리에 대해서 헌법은 자세한 설명을 하지 않고 있다. 따라서 헌법에 열거되지 아니한 권리는 구체적으로 무엇인지, 누가 어떻게 결정하는 것인가를 알아보는 것은 기본권 주체가 잠정적으로 행사 가능한 국민의 권리를 인지하고 이를 안정적으로 행사할 수 있도록 한다는 측면에서 상당히 중요한 의미를 가진다고 할 수 있다. 헌법에 열거되지 아니한 권리를 헌법 자체에서 규정하고 있는 바가 없기 때문에, 그 규명은 주로 헌법해석에 의하여야 할 것이다. 헌법해석은 주로 국가기관(유권해석) 및 법학자(학리해석)를 비롯한 국민이 할 수 있을 것이고, 원칙적으로 이에 관한 다양한 견해(해석론)를 살펴보아야 할 것이다. 그러나 헌법에 관한 최종적인 해석권한은 헌법재판소가 담당하고 있다고 할 수 있기 때문에 헌법재판소의 결정을 중심으로 살펴보기로 한다.

헌법재판소는 헌법에 열거되지 아니한 권리란 "헌법에 명시적으로 규정되고 있지는 않지만 인간의 존엄과 가치라는 목적을 달성하기 위해 필요한 모든 권리"[36]라고 보고 있고, "헌법에 열거되지 아니한 기본권을 새롭게 인정하려면, 그 필요성이 특별히 인정되고, 그 권리내용(보호영역)이 비교적 명확하여 구체적 기본권으로서의 실체 즉, 권리내용을 규범 상대방에게 요구할 힘이 있고 그 실현이 방해되는 경우 재판에 의하여 그 실현을 보장받을 수 있는 구체적 권리로서의 실질에 부합하여야 한다"[37]고 판시하였다.

36) 헌재 2002. 1. 31. 2001헌바43.

헌법에 열거되지는 아니하였으나 기본권성을 인정한 것으로는 알 권리(헌재 1989. 9. 4. 88헌마22, 판례집 1, 176, 188-189), 성적 자기결정권(헌재 1990. 9. 10. 89헌마82, 판례집 2, 306, 310), 개성의 자유로운 발현권(헌재 1991. 6. 3. 89헌마204, 판례집 3, 268, 275-276), 일반적 인격권(헌재 1991. 9. 16. 89헌마165, 판례집 3, 518, 527), 일반적 행동자유권(헌재 1992. 4. 14. 90헌바23, 판례집 4, 162, 171), 생명권(헌재 1996. 11. 28. 95헌바1, 판례집 8-2, 537, 545), 소비자의 권리(헌재 1996. 12. 26. 96헌가18, 판례집 8-2, 680, 691), 휴식권(헌재 2001. 9. 27. 2000헌마159, 판례집 13-2, 353, 362), 명예권(헌재 2002. 1. 31. 2001헌바43, 판례집 14-1, 49, 57) 등을 들 수 있다.

인정한 예	인정하지 않은 예
헌재 2005.05.26., 99헌마513 개인정보자기결정권의 헌법상 근거로는 헌법 제17조의 사생활의 비밀과 자유, 헌법 제10조 제1문의 인간의 존엄과 가치 및 행복추구권에 근거를 둔 일반적 인격권 또는 위 조문들과 동시에 우리 헌법의 자유민주적 기본질서 규정 또는 국민주권원리와 민주주의원리 등을 고려할 수 있으나, 개인정보자기결정권으로 보호하려는 내용을 위 각 기본권들 및 헌법원리들 중 일부에 완전히 포섭시키는 것은 불가능하다고 할 것이므로, 그 헌법적 근거를 굳이 어느 한 두개에 국한시키는 것은 바람직하지 않은 것으로 보이고, 오히려 개인정보자기결정권은 이들을 이념적 기초로 하는 독자적 기본권으로서 헌법에 명시되지 아니한 기본권이라고 보아야 할 것이다.	헌재 1998. 10. 15. 98헌마168 결혼식 등의 당사자가 자신을 축하하러 온 하객들에게 주류와 음식물을 접대하는 행위는 인류의 오래된 보편적인 사회생활의 한 모습으로서 개인의 일반적인 행동의 자유 영역에 속하는 행위라 할 것이다. 그렇다면 이는 헌법 제37조 제1항에 의하여 경시되지 아니하는 기본권이며 헌법 제10조가 정하고 있는 행복추구권에 포함되는 일반적 행동자유권으로서 보호되어야 할 기본권이라 할 것이다.

한편, 헌재 2005. 12. 22. 2005헌마19 결정에서 재판관 권 성, 재판관 김경일의 별개의견은 '자기행위와 무관한 제재를 받지 아니할 권리'를 열거되지 아니한 권리로 인정하면서, 일반적으로 헌법에 열거되지 아니한 권리의 기본권성을 인정하기 위하여는 첫째 인간으로서의 삶에 기본적으로 중요한 권리라고 인정되어야 하며(기본성 · 중요성), 둘째 통시적으로도 그 정당성을 인정받을 수 있어야 하고(정당성), 셋째 일부 계층에 국한된 자유와 권리가 아니어야 하며(보편성), 넷째 주장하고자 하는 바가 모호하여서는 아니되고(내용의 명확성), 다섯째 타인의 기본권을 침해할 우려가 없거나(내재적 한계) 또는 침해의 우려가 있더라도 공공성이나 공공복리 기타 이론으로 극복이 가능한(기본권제한이론) 것이어야 한다는 의견을 개진한 바 있다.

한편, 헌법에 열거되지 아니한 권리란 "헌법에 명시적으로 규정되고 있지는 않지만 인간의 존엄과 가치라는 목적을 달성하기 위해 필요한 모든 권리"라고 본다면, 인간의 존엄과 가치에 대한 헌법재판소의 태도도 살펴보아야 할 것이다.

37) 헌재 2009. 5. 28. 2007헌마369.

〈인간의 존엄과 가치의 성격〉

1) 헌법원리, 기본권의 이념적 기초로서의 성격

헌재 1992. 10. 1. 91헌마31

(재판관 한병채의 반대의견)

우리 헌법 제10조는 "모든 국민은 인간으로서의 존엄과 가치를 가지며, 행복을 추구할 권리를 가진다. 국가는 개인이 가지는 불가침의 기본적 인권을 확인하고 이를 보장할 의무를 진다."라고 하여 인간으로서의 존엄과 가치를 핵으로 하는 헌법상의 기본권보장이 다른 헌법규정을 기속하는 최고의 헌법원리임을 규정하고 있으며, 나아가 우리 헌법은 여러 규정에서 국가는 국민의 생명·재산·자유를 보장할 질서유지의 책무를 지고 있음을 명백히 하고 있다.

헌재 1992. 4. 14. 90헌마82

신체의 자유는 정신적 자유와 더불어 헌법이념의 핵심인 인간의 존엄과 가치를 구현하기 위한 가장 기본적인 자유로서 모든 기본권 보장의 전제조건이다.

2) 개별적 (구체적) 기본권으로서의 성격

인격권의 도출

헌재 1990. 9. 10. 95헌가14 등

헌법 제10조는 모든 국민은 인간으로서의 존엄과 가치를 가지며 행복을 추구할 권리가 있다고 규정하고 있는바, 이로써 모든 국민은 그의 존엄한 인격권을 바탕으로 하여 자율적으로 자신의 생활영역을 형성해 나갈 수 있는 권리를 가지는 것이다.

헌재 1997. 3. 27. 96헌가11

음주운전으로 야기될 생명·신체·재산에 대한 위험과 손해의 방지라는 절실한 공익목적을 위하여 더욱이 주취운전의 상당한 개연성이 있는 사람에게 부과되는 제약이라는 점을 생각하면 그 정도의 부담을 두고 인간으로서의 인격적 주체성을 박탈한다거나 인간의 존귀성을 짓밟는 것이라고는 할 수 없으므로, 이 사건 법률조항은 헌법 제10조에 규정된 인간의 존엄과 가치를 침해하는 것이 아니다.

헌재 2002. 7. 18. 2000헌마327

헌법 제10조는 모든 기본권 보장의 종국적 목적이자 기본이념이라 할 수 있는 인간의 본질적이고 고유한 가치인 인간의 존엄과 가치로부터 유래하는 인격권을 보장하고 있고(헌재 1990. 9. 10. 89헌마82, 판례집 2, 306, 310 등 참조)

헌재 2003. 6. 26. 2002헌가14
재판관 한대현, 재판관 김영일, 재판관 권 성, 재판관 송인준, 재판관 주선회의 위헌의견

(1) 인격권의 침해
(가) 사회활동을 통한 개인의 자유로운 인격발현을 위해서는, 타인의 눈에 비치는 자신의 모습을 형성하는 데 있어 결정적인 인자가 될 수 있는 각종 정보자료에 관하여 스스로 결정할 수 있는 권리, 다시 말하여 사회적 인격상에 관한 자기결정권이 보장되어야 한다. 그런데 이 사건 신상공개제도는 이러한 사회적 인격상에 관한 자기결정권을 현저하게 제한함으로써 범죄인의 인격권에 중대한 훼손을 초래한다.
(나) 신상공개제도는 소위 '현대판 주홍글씨'에 비견할 정도로 수치형과 매우 흡사한 특성을 지닌다. 즉, 현행 신상공개제도는 대상자를 독자적 인격의 주체로서 존중하기보다는 대중에 대한 전시(展示)에 이용함으로써 단순히 범죄퇴치수단으로 취급하는 인상이 짙다. 그러나 이는 비록 범죄인일망정 그가 지니는 인간으로서의 기본적인 존엄과 가치를 보장하는 것이 국가적 의무임을 천명한 우리 헌법의 이념에 정면으로 배치되는 것이라 아니할 수 없다.

헌재 1990. 9. 10. 89헌마82
헌법 제10조는 '모든 국민은 인간으로서의 존엄과 가치를 가지며, 행복을 추구할 권리를 가진다. 국가는 개인이 가지는 불가침의 기본적 인권을 확인하고 이를 보장할 의무를 진다.'라고 규정하여 모든 기본권 보장의 종국적 목적(기본이념)이라 할 수 있는 인간의 본질이며 고유한 가치인 개인의 인격권과 행복추구권을 보장하고 있다.

헌재 1991. 9. 16. 89헌마165
우리 헌법 제10조는 "모든 국민은 인간으로서의 존엄과 가치를 가지며, 행복을 추구할 권리를 가진다."라고 규정하고 있고 제17조는 "모든 국민은 사생활의 비밀과 자유를 침해받지 아니한다."고 규정하고 있으며 한편 제21조의 제1항은 "모든 국민은 언론 · 출판의 자유를 가진다."라고 규정하고, 제4항은 "언론 · 출판이 타인의 명예나 권리 또는 공중도덕이나 사회윤리를 침해하여서는 아니된다."고 규정함으로써 언론 · 출판의 자유를 보장하는 동시에 언론 · 출판의 자유가 민주사회에서 비록 중요한 기능을 수행한다고 하더라도 그것이 인간의 존엄성에서 유래하는 개인의 일반적 인격권 등의 희생을 강요할 수는 없음을 분명히 밝히고 있다.
헌법의 위 조항들을 종합해 볼 때 언론기관에 의하여 일반적인 인격권이나 사생활의 비밀과 자유를 침해받은 피해자에게 인간의 존엄과 가치 및 사생활의 비밀과 자유권을 보호하기 위하여 신속하고도 적절한 방어의 수단이 주어져야 함이 형평의 원리에 부합한다고 할 것이다. 그러므로 이 법이 규정한 반론권으로서의 정정보도청구권은 바로 헌법상 보장된 인격권에 그 바탕을 둔 것으로서, 피해자에게 보도된 사실적 내용에 대하여 반박의 기회를 허용함으로써 피해자의 인격권을 보호함과 동시에 공정한 여론의 형성에 참여할 수 있도록하여 언론보도의 객관성을 향상시켜 제도로서의 언론보장을 더욱 충실하게 할 수도 있을 것이라는 취지 아래 헌법의 위에 든 각 조항들을 근거로하여 제정된 것이다.

〈인간으로서의 존엄과 가치 및 행복추구권의 상호관계〉

1) 양자를 헌법재판의 준거규범으로 병렬적으로 적시한 사례

헌재 1990. 9. 10. 89헌마82
"헌법 제10조는 '모든 국민은 인간으로서의 존엄과 가치를 가지며, 행복을 추구할 권리를 가진다. 국가는 개인이 가지는 불가침의 기본적 인권을 확인하고 이를 보장할 의무를 진다.'라고 규정하여 모든 기본권 보장의 종국적 목적(기본이념)이라 할 수 있는 인간의 본질이며 고유한 가치인 개인의 인격권과 행복추구권을 보장하고 있다."

헌재 1997. 3. 27. 95헌가14 등
"헌법 제10조는 모든 국민은 인간으로서의 존엄과 가치를 가지며 행복을 추구할 권리가 있다고 규정하고 있는바, 이로써 모든 국민은 그의 존엄한 인격권을 바탕으로 하여 자율적으로 자신의 생활영역을 형성해 나갈 수 있는 권리를 가지는 것이다. 그런데 이 사건의 경우 친생부인의 소의 제척 기간을 일률적으로 자의 출생을 안 날로부터 1년으로 규정함으로써 부가 자의 친생자 여부에 대한 의심도 가지기 전에 그 제척 기간이 경과하여 버려 결과적으로 부로 하여금 혈연관계가 없는 친자관계를 부인할 수 있는 기회를 극단적으로 제한하고 또 자의 출생 후 1년이 지나서 비로소 그의 자가 아님을 알게 된 부로 하여금 당사자의 의사에 반하면서까지 친생부인권을 상실하게 하는 것이다. 이는 인간이 가지는 보편적 감정에도 반할 뿐 아니라 자유로운 의사에 따라 친자관계를 부인하고자 하는 부의 가정생활과 신분관계에서 누려야 할 인격권 및 행복추구권을 침해하고 있는 것이다."

2) 행복추구권의 독자적 기본권성을 인정한 사례

헌재 1989. 10. 27. 89헌마56
범죄혐의가 없음이 명백한 사건인데도 이에 대하여 검찰관이 자의적이고 타협적으로 기소유예 처분을 했다면 이는 헌법 제11조 제1항의 평등권, 헌법 제10조의 행복추구권을 침해한 것이다.

헌재 1998. 9. 30. 97헌마263
청구외인들에게 수여한 모든 훈장을 치탈하지 아니하고 있는 것만으로는 청구인들의 행복추구권 등 헌법상 보장된 기본권이 침해받을 여지가 없다고 할 것이므로 청구인들로서는 헌법재판소법 제68조 제1항에 의한 헌법소원심판을 청구할 수 없다.

〈행복추구권의 성격(행복추구권과 개별적 기본권의 상호관계)〉

1) 독자적 기본권, 포괄적 기본권, 소극적(자유권적) 기본권, 보충적 기본권

- 헌재 1989. 10. 27. 89헌마56; 헌재 1998. 9. 30. 97헌마263; [※ 헌재 1997. 7. 16. 95헌가6 등에서의 반대의견]

헌재 1989. 10. 27. 89헌마56

범죄혐의가 없음이 명백한 사건인데도 이에 대하여 검찰관이 자의적이고 타협적으로 기소유예 처분을 했다면 이는 헌법 제11조 제1항의 평등권, 헌법 제10조의 행복추구권을 침해한 것이다.

헌재 1998. 9. 30. 97헌마263

청구외인들에게 수여한 모든 훈장을 치탈하지 아니하고 있는 것만으로는 청구인들의 행복추구권 등 헌법상 보장된 기본권이 침해받을 여지가 없다고 할 것이므로 청구인들로서는 헌법재판소법 제68조 제1항에 의한 헌법소원심판을 청구할 수 없다.

헌재 1997. 7. 16. 95헌가6 등에서의 반대의견

행복추구권이란 소극적으로는 고통과 불쾌감이 없는 상태를 추구할 권리, 적극적으로는 만족감을 느끼는 상태를 추구할 수 있는 권리라고 일반적으로 해석되고 있으나, 행복이라는 개념 자체가 역사적 조건이나 때와 장소에 따라 그 개념이 달라질 수 있으며, 행복을 느끼는 정신적 상태는 생활환경이나 생활조건, 인생관, 가치관에 따라 각기 다른 것이므로 일률적으로 정의하기가 어려운 개념일 수밖에 없고, 이와 같이 불확실한 개념을 헌법상의 기본권으로 규정한데 대한 비판적 논의도 없지 아니하며 우리 헌법은 인간의 기본권리로서 인간의 존엄과 가치의 존중, 사생활의 비밀의 자유, 환경권 등 구체적 기본권을 따로 규정해 놓고 있으면서 또 다시 그 개념이나 법적성격, 내용 등에 있어서 불명확한 행복추구권을 규정한 것은 추상적 권리를 중복하여 규정한 것이고 법해석의 혼란만 초래할 우려가 있다는 비난도 나오고 있다. 어떻든 이 행복추구권의 법적 성격에 관하여 자연권적 권리이고 인간으로서의 존엄과 가치의 존중 규정과 밀접 불가분의 관계가 있고, 헌법에 규정하고 있는 모든 개별적, 구체적 기본권은 물론 그 이외에 헌법에 열거되지 아니하는 모든 자유와 권리까지도 그 내용으로 하는 포괄적 기본권으로 해석되고 있다. 그러나 이와 같은 성격을 지닌 행복추구권이라 할지라도 반사회적 내지 반자연적 행위를 금지하는 규범이나 전통문화로 인식되어 온 국민의 법감정에 반하여 이를 남용할 수 없음은 물론 타인의 행복추구권을 침해하거나 방해할 수 없음은 너무나 당연하다고 할 것이며 적어도 국민의 의사에 정면으로 반하지 아니하는 한 전통 · 관습에 반한 행복추구권을 추구할 수는 없다고 할 것이다.

- 헌재 1991. 6. 3. 89헌마204; 헌재 1992. 4. 14. 90헌바23; 헌재 1997. 3. 27. 96헌가11; 헌재 1997. 7. 16. 95헌가6 등; 헌재 2003. 9. 25. 2001헌마814 등; 헌재 2005. 4. 28. 2004헌바65

헌재 1991. 6. 3. 89헌마204

헌법 제10조 전문은 모든 국민은 인간으로서의 존엄과 가치를 지니며, 행복을 추구할 권리를 가진다고 규정하여 행복추구권을 보장하고 있고, 행복추구권은 그의 구체적인 표현으로서 일반적인 행동자유권과 개성의 자유로운 발현권을 포함한다.

헌재 1992. 4. 14. 90헌바23

구 국가보안법 제9조(편의제공) 제2항에서 규제대상이 되는 편의제공은 "그 문언해석상 그 적용범위가 넓고 불명확하고, 법규의 문언대로 적용하느냐 한정적으로 축소적용하느냐에 대하여 법운영 당국의 재량의 여지가 있으므로 편의제공자가 누구인가에 따라 법규문언 그대로 적용하여 합헌행위까지도 처벌하여 헌법 제10조 소정의 행복추구권에서 파생하는 국민의 일반적 행동자유권은 물론, 도움은 말로도 줄 수 있는 것이라면 제21조 소정의 표현의 자유마저 위축시킬 수도 있다."

헌재 1997. 3. 27. 96헌가11

일반적 행동의 자유는 개인의 인격발현과 밀접히 관련되어 있으므로 최대한 존중되어야 하는 것이지만 헌법 제37조 제2항에 따라 국가안전보장·질서유지 또는 공공복리를 위하여는 제한될 수 있다(헌법재판소 1991. 6. 3. 선고, 89헌마204 결정 참조). 그런데 이 사건 법률조항이 과연 헌법 제37조 제2항의 한계내에서 일반적 행동의 자유를 제한하는 것인지 보건대, 이미 위 헌법 제12조 제1항의 적법절차 위배여부에 관한 설시에서 자세히 본 바와 같이 추구하는 목적의 중대성, 음주측정의 불가피성, 국민에게 부과되는 부담의 정도, 처벌의 요건과 정도에 비추어 헌법 제37조 제2항의 과잉금지의 원칙에 어긋나는 것이라 할 수 없다. 그러므로 이 사건 법률조항은 헌법 제10조에 규정된 행복추구권에서 도출되는 일반적 행동의 자유를 침해하는 것이라고도 할 수 없다.

헌재 2003. 9. 25. 2001헌마814 등

헌법 제10조의 행복추구권은 국민이 행복을 추구하기 위하여 필요한 급부를 국가에게 적극적으로 요구할 수 있는 것을 내용으로 하는 것이라기보다는 국민이 행복을 추구하기 위한 활동을 국가권력의 간섭 없이 자유롭게 할 수 있다는 포괄적인 의미의 자유권적 성격을 가진다(헌재 1995. 7. 21. 93헌가14, 판례집 7-2, 1, 32 참조).

헌재 2005. 4. 28. 2004헌바65

헌법 제10조에 의거한 행복추구권은 헌법에 열거된 기본권으로서 행복추구의 수단이 될 수 있는 개별적 기본권들을 제외한 헌법에 열거되지 아니한 권리들에 대한 포괄적인 기본권의 성격을 가지며, '일반적 행동자유권', '개성의 자유로운 발현권', '자기결정권', '계약의 자유' 등이 그 보호영역 내에 포함된다. 일반적 행동의 자유는 개인의 인격발현과 밀접히 관련되어 있으므로 최대한 존중되어야 하는 것이지만 헌법 제37조 제2항에 따라 국가안전보장 · 질서유지 또는 공공복리를 위하여는 제한될 수 있다(헌재 1997. 3. 27. 96헌가11, 판례집 9-1, 245, 265).

- 헌재 2000. 12. 14. 99헌마112 등

행복추구권은 다른 기본권에 대한 보충적 기본권으로서의 성격을 지니므로, 공무담임권이라는 우선적으로 적용되는 기본권이 존재하여(청구인들이 주장하는 불행이란 결국 교원직 상실에서 연유하는 것에 불과하다)그 침해여부를 판단하는 이상, 행복추구권 침해 여부를 독자적으로 판단할 필요가 없다.

2) 행복추구권과 개별적 기본권의 상호관계 - 기본권의 경합의 문제

헌재 2000. 12. 14. 99헌마112 등

행복추구권은 다른 기본권에 대한 보충적 기본권으로서의 성격을 지니므로, 공무담임권이라는 우선적으로 적용되는 기본권이 존재하여(청구인들이 주장하는 불행이란 결국 교원직 상실에서 연유하는 것에 불과하다)그 침해여부를 판단하는 이상, 행복추구권 침해 여부를 독자적으로 판단할 필요가 없다.

헌재 2003. 9. 25. 2002헌마519

어떠한 법률규정이 직업의 자유와 행복추구권의 양자를 제한하는 외관을 띠는 경우 두 기본권의 경합 문제가 발생한다. 보호영역으로서 '직업'이 문제되는 경우 직업의 자유와 행복추구권은 서로 특별관계에 있어 기본권의 내용상 특별성을 갖는 직업의 자유의 침해 여부가 우선한다 할 것이므로, 행복추구권관련 위헌 여부의 심사는 배제된다고 보아야 한다.

제4절 기본권의 효력

기본권의 효력이란 일반적으로 기본권이 그 의미와 내용대로 실현될 수 있는 힘이라고 설명된다. 즉 기본권의 수범자의 문제로 귀착된다. 전통적으로 기본권의 수범자는 국가라고 할 수 있으나 오늘날 기본권은 사인에게도 그 영향을 미치고 있으므로 이에 관해 살펴보기로 한다.

1. 기본권의 대국가적 효력

기본권이 국가에 대하여 효력을 미친다고 할 때, 구체적으로 모든 국가작용에 동일하게 효력을 미치는 것인지 여부를 살펴볼 필요가 있다. 국가작용은 크게 권력작용과 비권력작용으로 구분될 수 있으며, 비권력작용은 관리작용(행정주체가 공물·공기업 등을 관리·경영하는 작용)과 국고작용(행정주체가 사경제주체로서 사인과 법률관계를 형성하는 작용)으로 구분될 수 있다.

기본권은 모든 권력작용에 영향을 미친다. 즉, 기본권은 모든 공권력적 국가작용을 직접 구속하는 효력을 가진다. 문제는 비권력적 작용 중 관리작용을 제외한 국고작용에도 기본권의 효력이 직접 미치는지 여부이다. 학설의 다수견해는 관리작용은 물론이고 국고작용에도 국고작용에도 기본권이 직접 효력을 미친다고 보고 긍정설의 입장에 있다. 특히 이는 행정의 형식을 사법화하는 이른바 '사법에의 도피' 방법이 남용되어 기본권을 유명무실하게 할 우려는 방지하기 위함이라고 한다.

부정설은 비권력작용에 대하여는 사법이 적용되는 것이지 국가에 대한 공법적 제한이 인정되지 않으며, 비권력작용에 대한 기본권의 효력 문제는 기본권의 대사인적 효력 문제로 보고 있다. 이 경우 기본권의 대사인적 효력을 인정하고 간접적용설에 의하게 된다면 평등권 침해문제를 해결할 수 없다는 점이 지적된다(예컨대, 정부가 물품구매를 함에 있어 공개입찰을 하지 않고 수의계약에 의하는 경우).

헌법재판소는 행정청이 사경제 주체로서 하는 계약(국고작용 중 순수국고작용) 및 공법인인 한국방송공사의 사원 채용공고(국고작용 중 사법관계)는 헌법소원의 대상이 되는 공권력행사가 아니라고 판시하였다.[38]

헌재 1992. 11. 12. 90헌마160
공공용지의취득 및 손실보상에 관한 특례법에 의한 토지 등의 협의취득의 법적 성질은 사법상의 매매계약과 다를 것이 없는바, 그 협의취득에 따르는 보상금의 지급행위는 토지 등의 권리이전에 대한 반대급여의 교부행위에 지나지 아니하므로 그 역시 사법상의 행위라고 볼 수밖에 없으므로 이는 헌법소원심판의 대상이 되는 공권력의 행사라고 볼 수 없다.

헌재 2006. 11. 30. 2005헌마855
한국방송공사는 공법인으로서 … 공법인의 행위는 일반적으로 헌법소원의 대상이 될 수 있으나, 그 중 대외적 구속력을 갖지 않는 단순한 내부적 행위나 사법적(私法的)인 성질을 지니는 것은 헌법소원의 대상이 되는 공권력의 행사에 해당하지 않는다. 방송법은 '한국방송공사 직원은 정관이 정하는 바에 따라 사장이 임면한다.'고 규정하는 외에는(제52조) 직원의 채용관계에 관하여 달리 특별한 규정을 두고 있지 않으므로, 한국방송공사의 이 사건 공고 내지 직원 채용은 피청구인의 정관과 내부 인사규정 및 그 시행세칙에 근거하여 이루어질 수밖에 없다. 그렇다면 한국방송공사의 직원 채용관계는 특별한 공법적 규제 없이 한국방송공사의 자율에 맡겨진 셈이 되므로 이는 사법적인 관계에 해당한다고 봄이 상당하다. 또한 직원 채용관계가 사법적인 것이라면, 그러한 채용에 필수적으로 따르는 사전절차로서 채용시험의 응시자격을 정한 이 사건 공고 또한 사법적인 성격을 지닌다고 할 것이다. 이 사건 공고는 헌법소원으로 다툴 수 있는 공권력의 행사에 해당하지 않는다.

2. 기본권의 대사인적 효력

기본권의 대사인적 효력은 독일에서 건너온 이론으로 긍정설이 판례와 다수설이고, 미국에서도 이와 유사한 판례가 형성되어 있으며, 우리나라에서도 대체로 기본권의 대사인적 효력을 긍정하고 있다.[39] 그러나 기본권의 객관적가치질서성 및 현실적 필요성으로 인하여 기본권의 대사인적 효력을 인정할 수 있다고 할 때 어느 범위에서, 어떻게 효력을 미치는 것인지를 검토해볼 수 있다.

1) 독일의 이론

(1) 직접효력설

○ 직접효력설은 사적 자치의 원칙에 따라 체결된 사법상 계약이라고 할지라도 헌법상

38) 대법원 1999. 11. 26. 98다47245 "국가배상법이 정한 손해배상청구의 요건인 '공무원의 직무'에는 국가나 지방자치단체의 권력적 작용뿐만 아니라 비권력적 작용도 포함되지만, 단순한 사경제의 주체로서 하는 작용은 포함되지 아니한다."
39) 따라서 부정설은 따로 살펴보지 않기로 한다.

의 기본권을 침해하는 것이라면, 무효인 법률행위가 된다는 것이다.

ex〉 노동관계에서 여성의 독신을 요구하는 것은 인격의 자유발현권 및 부부와 가정의 보호 규정에 의해서 무효인 법률행위가 됨

○ 다만, 직접효력설도 모든 기본권이 직접효력을 가지는 것은 아니며 헌법의 명문규정상 또는 기본권의 성질상 사인 상호간의 관계에 직접 적용될 수 있는 기본권만이 직접효력을 가진다고 본다. 이러한 기본권으로 언론의 자유, 평등권, 부부와 가정의 보호, 인격의 자유발현권 등을 들고 있다.

(2) 간접효력설

○ 간접효력설은 헌법이 직접적으로 기본권의 대사인적 효력을 명시하고 있는 경우를 제외하고는 사법의 일반조항이라는 매개수단을 통하여 간접적으로 사인 상호간에도 적용될 수 있다는 것이다. 즉, 기본권의 이중적 성격은 주관적 공권의 성격을 넘어 객관적 가칠질서성을 통하여 모든 생활 영역에 소위 '방사효'를 미치게 되고 이러한 방사효가 '사법의 일반조항'으로 나타난다고 한다.

ex〉 노동관계에서 여성의 독신을 요구하는 것은 민법상 '신의성실의 원칙'과 '공서양속'과 같은 '사법의 일반조항'에 해당하여 무효인 법률행위가 됨.

2) 미국의 state action 이론(국가행위이론)

사인의 행위를 국가의 행위와 동일시하거나 적어도 국가작용인 것처럼 의제할 수 있는 경우 기본권의 대사인적 효력을 인정할 수 있다는 이론이다. 이는 기본권의 대사인적 효력에서 설명되고 있지만, 엄밀하게 본다면 개인의 행위를 사실상 국가의 행위로 본다는 점에서, 원래의미의 대사인적 효력과는 구별될 필요가 있을 것이다.

(1) 국가재산이론

시가 소유하는 공영주차장건물의 식당(Burton v. Wimington Parking Authority 사건) 및 시가 소유하는 비행장의 일부를 임차하여 운영하는 식당(Turner v City of Memphis 사건)에서 흑인이라는 것을 이유로 음식공급을 거부한 사건에서 해당 식당은 '공공성'을 띠고 있기 때문에 헌법상 기본권이 적용되어 위헌이라고 판시하였다.

(2) 국가원조이론

시로부터 재정적 지원을 받는 사립학교가 흑인에 대하여 차별행위를 한 경우 이를 국가가 차별한 것으로 보아 위헌이라고 판시하였다(Norris v. Mayor and City Council of Baltimore 사건).

(3) 통치기능이론

흑인을 예비선거에서 제외하는 정당내규는 순수한 사적행위가 아니고 정당이 주의 통치행위를 대리하는 것으로 보아 위헌이라고 판시하였다(Smith v. Allwright 사건).

개인회사 소유의 마을에서 종교전단을 배포하던 여호와의 증인 신도에게 이 행위를 중지하고 떠나라는 회사의 명령에 대해서, 회사소유의 교량 · 철도 · 선박 등의 시설물들은 1차적으로 공중의 편익을 위해서 설치 · 운영되는 것이라고 하여 회사의 행위를 위헌이라고 판시하였다(Marsh v. Alabama 사건).

(4) 사법집행이론(Shelly v Kraemer 사건)

(5) 특권부여이론(Public Utilities Commission v. Pollak 사건)

3) 대한민국의 이론 및 판례

우리의 경우 학설과 판례는 전체적으로 간접적용설에 가까운 입장을 따르고 있다.

따라서 원칙적으로 성질상 사인간의 관계에 적용될 수 있는 기본권 중에서 ㉠ 헌법의 명문규정상 또는 성질상 사인 상호간에 직접 적용될 수 있는 기본권은 직접적용되고, ㉡ 그 이외에는 간접적용되는 것으로 파악하고 있다.

○ 성질상 사인간에 적용될 수 없는 기본권- 개인과 국가를 전제로 하는 기본권들: 청구권적 기본권, 사법(司法)절차적 기본권, 참정권 등

○ 직접적용으로 언급되는 대사인적 기본권: 견해대립 있음
헌법상 근로3권 규정 vs 근로기준법, 노동조합법(노동법 조항)
언론 · 출판의 자유 vs 헌법 제21조 제4항(타인의 명예나 권리는 기본권 주체의 것이 아니므로 적용부정설)
인간의 존엄과 가치, 행복추구권
환경권

○ 간접적용되는 기본권: 나머지 기본권

> **대법원 2010.4.22. 선고 2008다38288**
> 헌법상의 기본권은 제1차적으로 개인의 자유로운 영역을 공권력의 침해로부터 보호하기 위한 방어적 권리이지만 다른 한편으로 헌법의 기본적인 결단인 객관적인 가치질서를 구체화한 것으로서, 사법(私法)을 포함한 모든 법 영역에 그 영향을 미치는 것이므로 사인간의 사적인 법률관계도 헌법상의 기본권 규정에 적합하게 규율되어야 한다. 다만 기본권 규정은 그 성질상 사법관계에 직접 적용될 수 있는 예외적인 것을 제외하고는 사법상의 일반원칙을 규정한 민법 제2조, 제103조, 제750조, 제751조 등의 내용을 형성하고 그 해석 기준이 되어 간접적으로 사법관계에 효력을 미치게 된다. 종교의 자유라는 기본권의 침해와 관련한 불법행위의 성립 여부도 위와 같은 일반규정을 통하여 사법상으로 보호되는 종교에 관한 인격적 법익침해 등의 형태로 구체화되어 논하여져야 한다.

3. 기본권의 효력과 관련된 기타 문제

1) 기본권의 포기

기본권의 포기란 기본권의 주체가 국가 또는 사인에 대해 자신의 기본권은 행사하지 않겠다고 하는 의사표시, '기본권 침해에 대한 자발적 승낙', '기본권적 보호법익에 대한 침해의 동의'

○ 구별개념
소극적 자유, 기본권의 불행사, 자초위해, 기본권의 전부포기

그 밖에 기본권포기의 허용여부(긍정설, 부정설, 개별적 판단설), 기본권포기의 요건(처분가능성, 의사표시, 자발성(임의성)), 기본권포기의 효과(일시중지), 기본권포기의 한계가 논의됨.

2) 기본권경합

(1) 의의

하나의 기본권주체가 국가에 대하여 동시에 2개 이상의 기본권을 동시에 주장하는 경우를 말한다. ex〉 종교단체가 발행하는 신문에 대하여 국가가 간섭하는 경우:⇒ 종교의 자유와 언론출판의 자유의 경합, 집회참석자를 체포 · 구금하는 경우:⇒ 집회의 자유와 신체의 자유의 경합

○ 유사경합(기본권의 부진정경합): 예를 들면 특별법상의 지위(개별적 권리)와 일반법상의 지위(포괄적 권리)가 경합되는 경우 → 공무담임권과 직업의 자유가 경합하는 경우(헌재 2000. 12. 14. 99헌마112등); 직업의 자유와 행복추구권이 경합하는 경우(헌재 2003.9. 25. 2002헌마519)

헌재 2000.12.14, 99헌마112

- 공직의 경우 공무담임권은 직업선택의 자유에 대하여 특별기본권이어서 후자의 적용을 배제하므로, 사립학교 교원의 청구를 부적법한 것으로 보는 한 직업선택의 자유는 문제되지 아니한다.
- 행복추구권은 다른 기본권에 대한 보충적 기본권으로서의 성격을 지니므로, 공무담임권이라는 우선적으로 적용되는 기본권이 존재하여(청구인들이 주장하는 불행이란 결국 교원직 상실에서 연유하는 것에 불과하다)그 침해여부를 판단하는 이상, 행복추구권 침해 여부를 독자적으로 판단할 필요가 없다.

헌재 2003.09.25, 2002헌마519

- 이 사건에서 청구인은 이 사건 심판대상 조항들로 인하여 직업선택의 자유와 행복추구권이 침해되었다고 주장하고 있는바, 이와 같이 어떠한 법률규정이 직업의 자유와 행복추구권의 양자를 제한하는 외관을 띠는 경우 두 기본권의 경합 문제가 발생한다. 보호영역으로서 '직업'이 문제되는 경우 직업의 자유와 행복추구권은 서로 특별관계에 있어 기본권의 내용상 특별성을 갖는 직업의 자유의 침해 여부가 우선한다 할 것이므로, 행복추구권관련 위헌 여부의 심사는 배제된다고 보아야 한다. 이를 학원강사로서의 교습행위와 관련하여 보면, 직업의 자유는 '생활의 기본적 수요를 충족시키기 위한 계속적인 소득활동으로서의 교습행위'를 자유롭게 행할 자유를 의미하고, 행복추구권은 일반적 행동의 자유에 속하는 것으로서 '생활수단성'과 '계속성'이라는 개념표지를 결하여 단지 일시적 · 일회적이거나 무상으로 가르치는 행위를 보호영역으로 하는 권리라고 말할 수 있다(헌재 2000. 4. 27. 98헌가106 등, 판례집 12-1, 427, 455 참조).
  따라서 이 사건에 있어 청구인이 주장하는 학원강사로서의 교습행위가 앞서 본 바와 같이 직업의 자유의 보호영역에 포함되는 이상 이 사건 심판대상 조항들로 인한 기본권침해는 직업의 자유에 한하여 문제된다 할 것이다.

(2) 기본권경합의 해결

기본권보호의 이념에 비추어 본다면 가장 강한 보호를 받을 수 있는 기본권을 우선적으로 보호하는 것이 바람직하다. 그러나 구체적인 경우에는 당해 사안과 가장 밀접한 관련성을 가지는 기본권을 중심으로 최강효력설에 따라야 할 것이다.

○ 특별관계에 있는 기본권경합(헌법 제11조의 평등권과 개별평등권 조항, 직업의 자유와 공무담임권)

○ 보충관계에 있는 기본권경합(행복추구권과 개별기본권, 자기결정권과 직업결정의 자유, 일반적 행동의 자유와 직업행사의 자유)

> **헌재 2006. 2. 23. 2005헌마403**
> 청구인들은 이 사건 법률조항이 위 공무담임권을 침해하였다는 주장 이외에 행복추구권도 침해하였다고 주장한다.
> 그런데 하나의 규제로 인해 여러 기본권이 동시에 제약을 받는 경우에는 기본권 침해를 주장하는 청구인의 의도 및 기본권을 제한하는 입법자의 객관적 동기 등을 참작하여 먼저 사안과 가장 밀접한 관계에 있고 또 침해의 정도가 큰 주된 기본권을 중심으로 해서 그 제한의 한계를 따져 보아야 할 것이다(헌재 1998. 4. 30. 95헌가16, 판례집 10-1, 327, 337).
> 이 사건에서 청구인들의 주장, 입법자의 동기를 고려하면 이 사건 법률조항으로 인한 규제는 공무담임권과 가장 밀접한 관계에 있고, 제한의 정도가 가장 큰 주된 기본권도 공무담임권으로 보이므로, 행복추구권 침해 여부에 대한 청구인들의 주장은 공무담임권 침해 여부에 대한 위 판단을 원용함으로써 족하다고 할 것이다.
>
> ......
>
> 이 사건에서 청구인은 직업선택의 자유 침해도 주장하나, 공무원직에 관한 한 공무담임권은 직업의 자유에 우선하여 적용되는 특별법적 규정이므로(헌재 1999. 12. 23. 99헌마135, 판례집 11-2, 800, 811; 헌재 2000. 12. 14. 99헌마112등, 판례집 12-2, 399, 409), 공직취임권과 관련된 이 사건에서는 직업선택의 자유 침해 여부에 대하여 따로 판단하지 아니한다.

3) 기본권충돌

(1) 의의

복수의 기본권주체가 서로 충돌하는 권익을 실현하기 위하여 국가에 대하여 각기 대립되는 기본권의 적용을 주장하는 것을 말한다. ex〉 인공임신중절의 경우: 모(母)의 행복추구권과 태아(胎兒)의 생명권의 충돌, 개인의 사생활의 보도의 경우: 보도의 자유와 사생활의 비밀의 충돌

(2) 구별개념

○ 기본권의 대사인적 효력과 기본권충돌

- 기본권의 대사인적 효력: 사인상호간의 기본권 주장의 문제(국가에 대하여서뿐만 아니라 사인에 대하여도 기본권을 주장할 수 있는가 하는 문제)= 기본권 수범자의 문제
- 기본권충돌: 대립하는 당사자가 국가에 대하여 기본권을 주장하는 것

○ 헌법상 보호되는 다른 법익(국가안전보장, 공공복리 등)과 기본권의 충돌
- 이 경우는 기본권 제한의 문제로 보는 것이 타당할 것이다.

○ 유사충돌(부진정충돌)
- 복수의 기본권 주체가 주장하는 내용이 당해 기본권의 보호영역을 벗어난 것을 의미한다. ex〉 사람을 살해하고서 행복추구권을 주장하는 경우에 생명권과 행복추구권, 출판업자의 종이절취에 대한 재산권과 출판의 자유의 충돌
- 기본권의 보호영역을 어떻게 설정하느냐에 따라 문제해결이 달라질 것이다. ex〉 통행의 자유와 집회의 자유의 경우: 통행을 방해하는 집회가 집회의 자유의 보호영역에 포함되느냐의 여부에 따라 진정충돌 또는 유사충돌이 결정 될 것이다. 이때 통행방해의 정도가 그 판단에 많은 영향을 미칠 것이다.

(3) 기본권충돌의 해결

기본권충돌은 기본권 가치가 최대한 충돌하지 않도록 1차적으로 입법을 통하여 해결하여야 할 것이지만(입법의 자유영역이론), 현실적으로 충돌상황이 발생한 경우 사법기관의 해석이 필요하다고 할 수 있다. 이에는 크게 2가지 방법이 함께 이용된다.

○ 기본권의 서열 이론(이익형량)

대립되는 기본권이 충돌하는 경우 이익형량을 통하여 기본권 상호간의 위계질서가 있는지 여부를 판단하는 이론이다(보다 중요하고 우월한 권리를 보호).

이에는 상위기본권 우선의원칙(태아의 생명권 vs 임산부의 권리:논란의 여지 있음, 혐연권〉흡연권), 인격적가치 우선의원칙(정신적 기본권〉경제적 자유권), 자유 우선의원칙(자유 vs 평등??) 등이 거론된다.

주의할 것은 기본권의 서열이 기본권의 효력상 차이를 의미하는 것은 아니라는 점이다.

헌재 1999.04.29, 94헌바37

기본권을 보장하는 목적은 인간의 존엄성을 실현하기 위한 것이다. 그러므로 우리 헌법구조에서 보다 더 중요한 자유영역과 덜 중요한 자유영역을 나눌 수 있다면, 이를 판단하는 유일한 기준은 "인간의 존엄성"이다. 따라서 인간의 존엄성을 실현하는 데 있어서 불가결하고 근본적인 자유는 더욱 강하게 보호되어야 하고 이에 대한 제한은 더욱 엄격히 심사되어야 하는 반면에, 인간의 존엄성의 실현에 있어서 부차적이고 잉여적인 자유는 공익상의 이유로 보다 더 광범위한 제한이 가능하다고 할 것이다.

헌재 2004.08.26., 2003헌마457
위와 같이 흡연자들의 흡연권이 인정되듯이, 비흡연자들에게도 흡연을 하지 아니할 권리 내지 흡연으로부터 자유로울 권리가 인정된다(이하 이를 '혐연권'이라고 한다). 혐연권은 흡연권과 마찬가지로 헌법 제17조, 헌법 제10조에서 그 헌법적 근거를 찾을 수 있다. 나아가 흡연이 흡연자는 물론 간접흡연에 노출되는 비흡연자들의 건강과 생명도 위협한다는 면에서 혐연권은 헌법이 보장하는 건강권과 생명권에 기하여서도 인정된다.
흡연자가 비흡연자에게 아무런 영향을 미치지 않는 방법으로 흡연을 하는 경우에는 기본권의 충돌이 일어나지 않는다. 그러나 흡연자와 비흡연자가 함께 생활하는 공간에서의 흡연행위는 필연적으로 흡연자의 기본권과 비흡연자의 기본권이 충돌하는 상황이 초래된다.
그런데 흡연권은 위와 같이 사생활의 자유를 실질적 핵으로 하는 것이고 혐연권은 사생활의 자유뿐만 아니라 생명권에까지 연결되는 것이므로 혐연권이 흡연권보다 상위의 기본권이라 할 수 있다. 이처럼 상하의 위계질서가 있는 기본권끼리 충돌하는 경우에는 상위기본권우선의 원칙에 따라 하위기본권이 제한될 수 있으므로, 결국 흡연권은 혐연권을 침해하지 않는 한에서 인정되어야 한다.

○ 규범조화적 해석(실제적 조화의 원칙)

규범조화적 해석은 어느 하나의 기본권을 우선시키기 보다는 상충하는 기본권 모두가 최대한으로 그 기능과 효력을 나타낼 수 있는 조화의 방법을 찾으려는 이론이다. 이에는 과잉금지의 방법, 대안식 해결방법, 최후수단의 억제방법 등이 거론된다.

헌재 1991.09.16. 89헌마165
반론권은 보도기관이 사실에 대한 보도과정에서 타인의 인격권 및 사생활의 비밀과 자유에 대한 중대한 침해가 될 직접적 위험을 초래하게 되는 경우 이러한 법익을 보호하기 위한 적극적 요청에 의하여 마련된 제도인 것이지 언론의 자유를 제한하기 위한 소극적 필요에서 마련된 것은 아니기 때문에 이에 따른 보도기관이 누리는 언론의 자유에 대한 제약의 문제는 결국 피해자의 반론권과 서로 충돌하는 관계에 있는 것으로 보아야 할 것이다.
이와 같이 두 기본권이 서로 충돌하는 경우에는 헌법의 통일성를 유지하기 위하여 상충하는 기본권 모두가 최대한으로 그 기능과 효력을 나타낼 수 있도록 하는 조화로운 방법이 모색되어야 할 것이고, 결국은 이 법에 규정한 정정보도청구제도가 과잉금지의 원칙에 따라 그 목적이 정당한 것인가 그러한 목적을 달성하기 위하여 마련된 수단 또한 언론의 자유를 제한하는 정도가 인격권과의 사이에 적정한 비례를 유지하는 것인가의 여부가 문제된다 할 것이다.

제5절 기본권의 제한과 한계

Ⅰ. 기본권의 제한

1. 기본권 제한

기본권의 제한은 기본권의 적용범위 또는 효력을 축소시키거나 한정하는 것으로 이해될 수 있다. 여기서 기본권은 규범적으로 '헌법상 보장된 기본권'을 의미하는 것이기 때문에 인권과의 구별가능성이 제기된다고 할 수 있고, 기본권의 적용범위 또는 효력은 기본권의 주체와 내용에 대한 제한(인적 · 사항적 제한)과 같이 기본권 자체에 대한 제약과, 기본권이 국가적 법익 내지는 공익(헌법 제37조 제2항의 '국가안전보장, 질서유지, 공공복리')과의 관계에 있어서 그 효과가 제약되는 경우가 대표적이고, 넓게는 타인의 법익(기본권 충돌상황)에 의해서 제약되는 상황을 모두 의미한다고 할 수 있을 것이다.

2. 구별개념 – 기본권의 내재적 한계

'기본권 제한'은 기본권에 대한 제한가능성(상대적 기본권)을 전제로 제한의 기준과 방법 및 한계에 관한 것이고, '기본권의 내재적 한계'는 기본권 속에 일종의 불문의 한계를 둠으로써 기본권에 대한 제한을 정당화하려는 논리라고 할 수 있다.

특히 '기본권 제한의 한계'는 기본권 제한의 일반원칙 '법률유보' 나아가 '의회유보' 및 '과잉금지원칙'과 '본질적 내용 침해금지원칙' 등에 의해 판단될 수 있고, 기본권의 내재적 한계에 관해서는 이와 같은 헌법상의 기본권 제한 근거가 없음에도 불구하고 기본권을 제한할 필요가 있는 경우에 내재적 한계라는 용어를 사용하고 있다. 기본권의 내재적 한계에 관해서 일반적으로는 다음과 같이 기술되고 있다.[40]

독일기본법과 같이 '절대적 기본권'(평등권, 신앙과 양심의 자유, 학문과 예술의 자유, 혼인의 자유 등)-법률에 의해서도 제한할 수 없는 기본권-을 규정하고 있는 경우에 헌법질

40) 내재적 한계에 관한 내용과 관련하여서 조영승, 가짜뉴스의 개념과 헌법적 한계에 관한 고찰 - 표현의 자유의 보호영역을 중심으로, 공법학연구 제21권 제1호, 2020. 2. 참조.

서내에서 당해 기본권을 제한할 현실적 필요성이 생겼을 때(예: 전염병지역에서의 종교의식의 금지), 이를 해결하기 위한 헌법이론적 논리형식이 바로 '기본권의 내재적 한계'라고 볼 수 있다. 우리나라 헌법은 기본권의 본질적 내용을 침해하지 아니하는 범위내에서 모든 기본권을 법률로써 제한할 수 있도록 규정(헌법 제37조 제2항)하고 있기 때문에, '기본권의 내재적 한계'에 관한 논쟁은 우리나라에서는 현실적인 필요성이 희박하다.

3. 기본권의 제한의 유형

1) 헌법유보와 법률유보(헌법직접적 제한과 헌법간접적 제한)

헌법유보란 헌법이 기본권을 보장하면서 동시에 직접 기본권을 제한하는 경우라고 할 수 있다. 이에는 다시 그 범위에 따라 일반적 헌법유보와 개별적 헌법유보, 일반적 법률유보와 개별적 법률유보로 분류할 수 있다. 나아가 법률유보는 개별적 법률유보는 다시 그 내용에 따라 기본권제한적 법률유보(본래의미의 법률유보): 행복추구권, 평등권, 자유권적 기본권 등에 대하여 기본권을 제한하는 법률유보, 기본권구체화적(또는 기본권형성적) 법률유보: 청구권적 기본권 · 정치적 기본권(또는 사회적 기본권) 등 그 절차나 내용 등이 법률에 의하여 비로소 구체화(또는 형성)되는 법률유보로 분류될 수 있다. 아래 판례 참조.

헌재 1993.07.29., 92헌바20 (기본권 형성적 법률유보에 관한 헌재 판례)

헌법 제23조에 「① 모든 국민의 재산권은 보장된다. 그 내용과 한계는 법률로 정한다. ② 재산권의 행사는 공공복리에 적합하도록 하여야 한다. ③ 공공필요에 의하여 재산권을 수용 · 사용 또는 제한 및 그에 대한 보상은 법률로써 하되, 정당한 보상을 지급하여야 한다.」라고 규정하여 재산권의 보장과 그 행사의 사회적의무성 및 법률에 의한 정당한 보상 없이는 공공필요에 의한 재산권의 수용 · 사용 또는 제한을 할 수 없음을 선언하였다.

위 **재산권보장**은 개인이 현재 누리고 있는 재산권을 **개인의 기본권**으로 보장한다는 의미와 개인이 재산권을 향유할 수 있는 **법제도로서의 사유재산제도**를 보장한다는 **이중적 의미**를 가지고 있다.

이 재산권 보장으로서 사유재산제도와 경제활동에 대한 사적 자치의 원칙을 기초로 하는 자본주의 시장경제질서를 기본으로하여 국민 개개인에게 자유스러운 경제활동을 통하여 생활이 기본적 수요를 스스로 충족시킬 수 있도록 하고 사유재산의 자유로운 이용 · 수익과 그 처분 및 상속을 보장해 주는 것이다. 이런 보장이 자유와 창의를 보장하는 지름길이고 궁극에는 인간의 존엄과 가치를 증대시키는 최선의 방법이라는 이상을 배경으로 하고 있는 것이다(당재판소 1989.12.22. 선고, 88헌가13 결정).

이러한 우리 헌법상의 재산권에 관한 규정은 다른 기본권 규정과는 달리 그 내용과 한계가 법률에 의해 구체적으로 형성되는 기본권형성적 법률유보의 형태를 띠고 있다. 그리하여 헌법이 보장하는 재산권의 내용과 한계는 국회에서 제정되는 형식적 의미의 법률에 의하여 정해지므로 이 헌법상의 재산권 보장은 재산권형성적 법률유보에 의하여 실현되고 구체화하게 된다. 따라서 재산권의 구체적 모습은 재산권의 내용과 한계를 정하는 법률에 의하여 형성된다. 물론 헌법이 보장하는 재산권의 내용과 한계를 정하는 법률은 재산권을 제한한다는 의미가 아니라 재산권을 형성한다는 의미를 갖는다. 이러한 재산권의 내용과 한계를 정하는 법률의 경우에도 사유재산제도나 사유재산을 부인하는 것은 재산권 보장규정의 침해를 의미하고, 결코 재산권형성적 법률유보라는 이유로 정당화될 수 없다. 한편 재산권 행사의 사회적 의무성을 헌법에 명문화한 것은 사유재산제도의 보장이 타인과 더불어 살아가야 하는 공동체 생활과의 조화와 균형을 흐트러뜨리지 않는 범위 내에서의 보장임을 천명한 것이다(당재판소 1989.12.12. 선고, 88헌가13 결정). 공공필요에 의하여 공권력의 행사로서 특정인에게 재산권의 수용ㆍ사용 또는 제한을 가하여 일반인에게 예기치 않은 특별한 희생을 가할 수 있는 경우도 국회에서 제정한 법률에 규정된 경우에 한하고 이에 대한 보상도 국회에서 제정한 법률에 의한 정당한 보상을 하여야만 한다고 헌법은 규정하였다. 여기서 말하는 정당한 보상은 원칙적으로 완전보상을 의미한다(당재판소 1989.12.22. 선고, 88헌가13 결정 참조). 이러한 재산권에 관한 규정은 민사법질서의 기본구조라고 할 수 있다.

2) 일반적 기본권 제한과 예외적 기본권 제한

일반적 기본권 제한은 일반적 권력관계 또는 평상시에 있어서의 기본권 제한을 의미하며 상술한 기본권 제한 이론이 일반적으로 적용됨. 예외적 기본권 제한은 특별권력관계(특수한 신분관계) 또는 비상시의 기본권 제한(특별권력관계에서의 기본권제한, 긴급재정ㆍ경제명령과 긴급명령에 의한 기본권제한, 그리고 비상계엄에 의한 기본권제한)

Ⅱ. 기본권의 제한, 예외적 제한, 한계

1. 기본권의 제한 (일반적인 경우)

1) 헌법 직접적 제한 (헌법유보) - 일반적 헌법유보와 개별적 헌법유보

우리헌법은 일반적 헌법유보 조항을 두고 있지는 않다.[41] 헌법상 개별적 헌법유보조항으로는 정당의 목적과 활동에 대한 제한규정(제8조 제4항), 언론 · 출판의 사회적 책임에 관한 규정(헌법 제21조 제4항), 재산권의 행사에 대한 제한규정(제23조 제2항) 등

2) 헌법 간접적 제한 (법률유보) - 일반적 법률유보와 개별적 법률유보

일반적 법률유보조항인 헌법 제37조 제2항은 기본권 제한의 수권규정인 동시에 한계규정이다.

> 제37조 ①국민의 자유와 권리는 헌법에 열거되지 아니한 이유로 경시되지 아니한다.
> ②국민의 모든 자유와 권리는 국가안전보장 · 질서유지 또는 공공복리를 위하여 필요한 경우에 한하여 법률로써 제한할 수 있으며, 제한하는 경우에도 자유와 권리의 본질적인 내용을 침해할 수 없다.

(1) 기본권제한의 대상

국민의 '모든' 자유와 권리, 다만 내심적 작용의 자유와 같은 절대적 기본권은 그 성질상 제한이 불가능

○ 기본권제한의 목적: '국가안전보장', '질서유지', '공공복리'
- 국가안전보장: 국가의 독립과 영토의 보전, 헌법과 법률의 규범력, 헌법기관의 유지 등 국가적 안전의 확보를 말한다[형법, 국가보안법, 군사기밀보호법 등].
- 질서유지: 자유민주적 기본질서를 포함하는 헌법적 질서와 사회의 안녕질서를 포함한다[경찰법, 집회와 시위에 관한 법률, 도로교통법, 경범죄처벌법 등].

---

41) 독일기본법 제2조 제1항: 「누구든지 타인의 권리를 침해하지 아니하고 또한 헌법적 질서 또는 도덕률에 위반하지 아니하는 한 "인격의 자유로운 발현권"을 가진다.」 ⇨ 일반적 헌법유보의 예로 '독일기본법 제2조 제1항'을 드는 견해도 있으나, 동 조항을 문리적으로 해석한다면 기본권 전반이 아니라 특정 기본권(인격권)만 제한하고 있는 규정이므로, 개별적 헌법유보조항이라고 할 것이다.

- 공공복리: 다의적이고 불확정개념인 '공공복리'를 기본권제한의 목적으로 설정한 점에서 문제가 없지 아니하다. 공공복리를 개인의 사적이익에 우월하면서 개개인에게 공통된 이익을 의미하는 개념으로 파악하면, 이것은 자유권에 대하여 제한사유인 동시에 사회적 기본권에 대하여는 실천목표가 된다. 공공복리를 위한 기본권의 제한은 자유권과 사회권의 조화를 도모하는 선에서 이루어져야 한다[국토의 계획 및 이용에 관한 법률, 건축법, 도로법, 전기통신사업법, 공익사업을 위한 토지 등의 취득 및 보상에 관한 법률 등].
- 위의 목적들은 상호 중첩적일 수 있다(헌재 1995. 7. 21. 92헌마144).

(2) 기본권제한의 형식

'법률'(국회가 제정한 형식적 의미의 법률; 일반성과 명확성을 구비한 법률)에 의한 기본권 제한[법률의 '일반성'(국민 일반을 규율대상으로 하는 것이어야 하며 처분적 법률, 재판적 법률, 사권박탈법은 원칙적으로 금지된다는 의미); 법률의 '명확성'(법률의 내용이 불명확한 경우에는 '막연하기 때문에 무효(void for vagueness)'의 이론에 따라 당해 법률이 무효가 될 것이다.) 또한 법률과 동일한 효력을 가지는 긴급명령 · 긴급재정경제명령[42], 조약과 일반적으로 승인된 국제법규는 법률에 의한 기본권제한에 준한다. 나아가 법률의 위임이 있는 경우에는 명령, 규칙의 형태로도 기본권이 제한 될 수 있고(행정명령, 행정규칙). 조례(지방자치단체의 조례)[43]에 의해 기본권이 제한될 수도 있다. 다만 국회, 대법원, 헌법재판소, 중앙선거관리위원회의 규칙제정권에 의해 만들어지는 규칙에 대해서는 단지 내부법에 불과하고 기관 내부에서만 효력을 가진다는 견해가 일반적이다.[44]

---

42) 제76조 ①대통령은 내우 · 외환 · 천재 · 지변 또는 중대한 재정 · 경제상의 위기에 있어서 국가의 안전보장 또는 공공의 안녕질서를 유지하기 위하여 긴급한 조치가 필요하고 국회의 집회를 기다릴 여유가 없을 때에 한하여 최소한으로 필요한 재정 · 경제상의 처분을 하거나 이에 관하여 법률의 효력을 가지는 명령을 발할 수 있다.
② 대통령은 국가의 안위에 관계되는 중대한 교전상태에 있어서 국가를 보위하기 위하여 긴급한 조치가 필요하고 국회의 집회가 불가능한 때에 한하여 법률의 효력을 가지는 명령을 발할 수 있다.
③ 대통령은 제1항과 제2항의 처분 또는 명령을 한 때에는 지체없이 국회에 보고하여 그 승인을 얻어야 한다.
④ 제3항의 승인을 얻지 못한 때에는 그 처분 또는 명령은 그때부터 효력을 상실한다. 이 경우 그 명령에 의하여 개정 또는 폐지되었던 법률은 그 명령이 승인을 얻지 못한 때부터 당연히 효력을 회복한다.
⑤ 대통령은 제3항과 제4항의 사유를 지체없이 공포하여야 한다.

43) 제117조 ①지방자치단체는 주민의 복리에 관한 사무를 처리하고 재산을 관리하며, 법령의 범위안에서 자치에 관한 규정을 제정할 수 있다.

44) * 그러나 그것이 정당화되는 것과는 별개로 전혀 불가능한 것은 아니라고 할 것이다. 학설대립 있음.
헌법 제64조 ①국회는 법률에 저촉되지 아니하는 범위 안에서 의사와 내부규율에 관한 규칙을 제정할 수 있다.
제108조 대법원은 법률에 저촉되지 아니하는 범위 안에서 소송에 관한 절차, 법원의 내부규율과 사무처리에 관한 규칙을 제정할 수 있다.

○ 법률유보와 의회유보

헌재 1999.05.27., 98헌바70
"헌법은 법치주의를 그 기본원리의 하나로 하고 있으며, 법치주의는 행정작용에 국회가 제정한 형식적 법률의 근거가 요청된다는 법률유보를 그 핵심적 내용의 하나로 하고 있다. 그런데 오늘날 법률유보원칙은 단순히 행정작용이 법률에 근거를 두기만 하면 충분한 것이 아니라, 국가공동체와 그 구성원에게 기본적이고도 중요한 의미를 갖는 영역, 특히 국민의 기본권실현에 관련된 영역에 있어서는 행정에 맡길 것이 아니라 국민의 대표자인 입법자 스스로 그 본질적 사항에 대하여 결정하여야 한다는 요구까지 내포하는 것으로 이해하여야 한다(이른바 의회유보원칙).
그리고 행정작용이 미치는 범위가 광범위하게 확산되고 있으며, 그 내용도 복잡·다양하게 전개되는 것이 현대행정의 양상임을 고려할 때, 형식상 법률상의 근거를 갖출 것을 요구하는 것만으로는 국가작용과 국민생활의 기본적이고도 중요한 요소마저 행정에 의하여 결정되는 결과를 초래하게 될 것인바, 이러한 결과는 국가의사의 근본적 결정권한이 국민의 대표기관인 의회에 있다고 하는 의회민주주의의 원리에 배치되는 것이라 할 것이다.…
헌법 제37조 제2항은 '국민의 모든 자유와 권리는 국가안전보장·질서유지 또는 공공복리를 위하여 필요한 경우에 한하여 법률로써 제한할 수 있다'고 규정하고 있는바, 여기서 '법률로써'라고 한 것은 국민의 자유나 권리를 제한하는 행정작용의 경우 적어도 그 제한의 본질적인 사항에 관한 한 국회가 제정하는 법률에 근거를 두는 것만으로 충분한 것이 아니라 국회가 직접 결정함으로써 실질에 있어서도 법률에 의한 규율이 되도록 요구하고 있는 것으로 이해하여야 한다."

○ 일반적 법률과 처분적 법률

헌재 2005.06.30., 2003헌마841 주식회사 연합뉴스를 국가기간뉴스통신사로 지정하고 이에 대한 재정지원 등을 규정한 뉴스통신진흥에관한법률 제10조 등 심판대상조항이 개인대상법률로서 헌법에 위반되는지 여부(소극)
헌법은 처분적 법률로서 개인대상법률 또는 개별사건법률의 정의를 따로 두고 있지 않음은 물론, 처분적 법률의 제정을 금하는 명문의 규정도 두고 있지 않은바, 특정규범이 개인대상 또는 개별사건 법률에 해당한다고 하여 그것만으로 바로 헌법에 위반되는 것은 아니다. 따라서 연합뉴스사를 위한 심판대상조항의 차별적 규율이 합리적인 이유로 정당화되는 경우에는 이러한 처분적 법률도 허용된다.

헌재 2001. 2. 22. 99헌마613
세무대학설치폐지법률은 세무대학설치의 법적 근거로 제정된 기존의 세무대학설치법을 폐지함

제113조 ②헌법재판소는 법률에 저촉되지 아니하는 범위 안에서 심판에 관한 절차, 내부규율과 사무처리에 관한 규칙을 제정할 수 있다.
제114조 ⑥중앙선거관리위원회는 법령의 범위 안에서 선거관리·국민투표관리 또는 정당사무에 관한 규칙을 제정할 수 있으며, 법률에 저촉되지 아니하는 범위 안에서 내부규율에 관한 규칙을 제정할 수 있다.

으로써 세무대학을 폐교하는 법적 효과를 발생하는 것이므로, 동법은 세무대학과 그 폐지만을 규율목적으로 삼는 처분법률의 형식을 띤다. 그러나 이와 같은 처분법률의 형식은 폐지대상인 세무대학설치법 자체가 이미 처분법률에 해당하는 것이므로, 이를 폐지하는 법률도 당연히 그에 상응하여 처분법률의 형식을 띨 수밖에 없는 필연적 현상이다. 한편 어떤 법률이 개별사건법률 또는 처분법률의 성격을 띠고 있다고 해서 그것만으로 헌법에 위반되는 것은 아니다.

○ 법률의 명확성과 구체성

헌재 1998.04.30., 95헌가16

"이 사건 법률조항 중 "저속한 간행물" 부분은 불명확하고 애매모호할 뿐만 아니라 지나치게 광범위한 표현내용을 규율하는 것이어서 명확성의 원칙 및 과도한 광범성의 원칙에 반한다고 하지 않을 수 없다." …

"음란"이란 인간존엄 내지 인간성을 왜곡하는 노골적이고 적나라한 성표현으로서 오로지 성적 흥미에만 호소할 뿐 전체적으로 보아 하등의 문학적, 예술적, 과학적 또는 정치적 가치를 지니지 않은 것으로서, 사회의 건전한 성도덕을 크게 해칠 뿐만 아니라 사상의 경쟁메커니즘에 의해서도 그 해악이 해소되기 어려워 언론・출판의 자유에 의한 보장을 받지 않는 반면, "저속"은 이러한 정도에 이르지 않는 성표현 등을 의미하는 것으로서 헌법적인 보호영역안에 있다(헌재 1998. 4. 30. 95헌가16).

〈판례변경〉

헌재 1998. 4. 30. 95헌가16 ⇨ "음란표현"의 헌법상 보호여부 ⇨ 헌재 2009.05.28, 2006헌바109

"이 사건 법률조항의 '음란' 개념은, 비록 보다 구체화하는 것이 바람직스럽다고 볼 여지가 있으나, 현 상태로도 수범자와 법집행자에게 적정한 판단기준 또는 해석기준을 제시하고 있다고 볼 수 있고, 이와 같은 기준에 따라 어떤 표현이 '음란' 표현에 해당하는지 여부에 관한 자의적인 법해석이나 법집행을 배제할 수 있다 할 것이므로, 결국 이 사건 법률조항의 '음란' 개념은 명확성의 원칙에 위반되지 않는다고 할 것이다."

헌재 2012.2.23. 2011헌가13 '건전한 통신윤리'라는 개념은 다소 추상적이기는 하나, 전기통신회선을 이용하여 정보를 전달함에 있어 우리 사회가 요구하는 최소한의 질서 또는 도덕률을 의미하고, '건전한 통신윤리의 함양을 위하여 필요한 사항으로서 대통령령이 정하는 정보(이하 '불건전정보'라 한다)'란 이러한 질서 또는 도덕률에 저해되는 정보로서 심의 및 시정요구가 필요한 정보를 의미한다고 할 것이다. 또한 정보통신영역의 광범위성과 빠른 변화속도, 그리고 다양하고 가변적인 표현형태를 문자화하기에 어려운 점을 감안할 때, 위와 같은 함축적인 표현은 불가피하다고 할 것이다.

○ 위임입법에 의한 기본권 제한

헌재 1993. 5. 13. 92헌마80

"위임입법이란 법률 또는 상위명령에서 구체적으로 범위를 정하여 위임받은 사항에 관하여 법규로서의 성질을 가지는 일반적·추상적 규범을 정립하는 것을 의미하는 것으로서 형식적 의미의 법률(국회입법)에는 속하지 않지만 실질적으로는 행정에 의한 입법으로서 법률과 같은 성질을 갖는 법규의 정립이기 때문에 권력분립주의 내지 법치주의의 원리에 비추어 그 요건이 엄격할 수 밖에 없으니 법규적 효력을 가지는 행정입법의 제정에는 반드시 구체적이며 명확한 법률의 위임을 요하는 것이다(헌법 제75조)."

헌재 1996. 6. 26. 93헌바2

사회현상의 복잡 다기화와 국회의 전문적·기술적 능력의 한계 및 시간적 적응능력의 한계로 인하여 조세부과에 관련된 모든 법규를 예외 없이 형식적 의미의 법률에 의하여 규정한다는 것은 사실상 불가능할 뿐만 아니라 실제에 적합하지도 아니하기 때문에, 경제현실의 변화나 전문적 기술의 발달에 즉시 대응하여야 할 필요 등 부득이한 사정이 있는 경우에는 법률로 규정하여야 할 사항에 관하여 국회 제정의 형식적 법률보다 더 탄력성이 있는 행정입법에 위임함이 허용된다.

헌재 1995. 7. 21. 94헌마125 등

헌법 제75조는 "대통령은 법률에서 구체적으로 범위를 정하여 위임받은 사항… 에 관하여 대통령령을 발할 수 있다"고 규정하여 위임입법의 헌법상 근거를 마련하는 한편 대통령령으로 입법할 수 있는 사항을 "법률에서 구체적으로 범위를 정하여 위임받은 사항"으로 한정함으로써 일반적이고 포괄적인 위임입법은 허용되지 않는다는 것을 명백히 하고 있는데, 이는 국민주권주의, 권력분립주의 및 법치주의를 기본원리로 하고 있는 우리 헌법하에서 국민의 헌법상 기본권 및 기본의무와 관련된 중요한 사항 내지 본질적인 내용에 대한 정책형성기능은 원칙적으로 주권자인 국민에 의하여 선출된 대표자들로 구성되는 입법부가 담당하여 법률의 형식으로써 이를 수행하여야 하고, 이와 같이 입법화된 정책을 집행하거나 적용함을 임무로 하는 행정부나 사법부에 그 기능을 넘겨서는 아니 되기 때문이다.

2002. 9. 19. 2002헌바2

법률이 어떤 사항에 관하여 대통령령에 위임할 경우에는 국민이 장래 대통령령으로 규정될 내용을 일일이 예견할 수는 없다고 할지라도 적어도 그 기본적 윤곽만은 예견할 수 있도록 기본적인 사항들에 관하여 법률에서 구체적으로 규정하여야 한다. 그러나 위임의 구체성·명확성의 요구 정도는 규제대상의 종류와 성격에 따라 다른 것으로 기본권침해영역에서는 급부행정영역에서보다 구체성의 요구가 강화되고, 다양한 사실관계를 규율하거나 사실관계가 수시로 변화될 것이 예상될 때에는 명확성의 요건이 완화될 수밖에 없는 것이다.

2. 기본권의 예외적 제한

1) 특별권력관계에 의한 기본권 제한

일반국민이 국가의 통치권행사에 대하여 일반적으로 복종하는 관계인 '일반권력관계'에 대하여 '특별권력관계'는 국민 중의 일부가 공법상의 특정목적을 달성하기 위하여 마련된 국가와의 관계로서 공무원의 복무관계, 군인의 병역관계, 국 · 공립학생의 재학관계, 수형자(미결수용자)의 재감관계, 국 · 공립병원수용자(전염병환자)의 입원관계 등으로 나타난다. 전통적인 특별권력관계론에 의하면 특별권력관계에서는 법치주의가 배제된다는 견해가 지배적이었으나, 오늘날은 특별권력관계에 있어서도 일반권력관계와 마찬가지로 법치주의가 적용된다고 보고 있다. 이러한 점에서 "특별권력관계에 있어서 기본권의 문제"는 이제 기본권 주체의 문제가 아니라 기본권 제한의 문제로 보는 것이 타당할 것이다.[45)]

> **헌재 1993.12.23., 92헌마247**
> **【판시 사항】**
> 2. 법관(法官)인 청구인이 대법원장(大法院長)의 인사처분(人事處分)에 대하여 헌법소원심판(憲法訴願審判)을 청구하기 전에 거쳐야 할 다른 법률(法律)이 정한 구제절차(救濟節次)와 이를 거치지 아니하고 제기된 헌법소원심판청구(憲法訴願審判請求)의 적법(適法) 여부

45) 전통적 특별권력관계와 오늘날 특별권력관계 이론에 관한 답변 참조. 헌법상 기본권의 제한은 헌법에 직접적인 기본권 제한 근거가 있는 경우 및 간접적인 제한 근거가 있는 제37조 제2항의 일반원칙에 따라야 하고 이는 모든 원칙적으로 모든 국민에게 동등하게 적용되어야 할 것입니다(이른바 일반권력관계). 그러나 과거 일정한 관계에 있다는 것만으로 기본권 제한에 관한 헌법상의 원리를 배제할 수 있는 소위 전통적 특별권력관계 이론이 제기되기도 했습니다(과거 독일 19~20세기의 이론). 독일 헌법을 상당히 계수한 우리 헌법 해석에 있어서도 과거 이러한 특별권력관계 이론의 적용이 주장되기도 했습니다. 그러나 오늘날 이러한 특별권력관계 이론의 적용을 이유로 기본권을 전면 배제할 정도에 이르거나 혹은 헌법상의 일반원칙 및 법치주의 원리 적용이 단지 그 관계만을 이유로 배제될 수는 없다는 견지에서 전통적인 특별권력관계 이론은 받아들여지고 있지 않습니다. 나만, 소위 특별권력관계에 있는 경우, 특별권력관계를 형성하는 목적달성을 위하여 필요한 범위에서 기본권 제한의 정당화 가능성을 다소 완화하여 폭넓게 해석해주는 경향은 있습니다. 결론적으로 전통적인 특별권력관계 이론은 오늘날 적용되지 않습니다만, 구체적인 상황에서 고려요소로 작용하고 있다는 점이 판례의 태도라고 알려져 있다고 보는 것이 일반적인 해석론입니다. 그러한 고려요소를 직장, 학생, 수형자, 군인, 군무원 등의 경우에 해석에 의해서 반영하면서 이름을 붙이자면 경영수행관계 에 있다거나 하는 이론이 있다고 알고 있습니다. 한마디만 여담으로 추가하자면, 그러나 과잉금지원칙을 적용하는 경우에는 당연히 기본권 침해 상황의 특수한 상황이나 배경을 고려하게 된다는 점에서, 오늘날 특별권력관계 이론은 그러한 분류와 실체가 모호한 이론이라고 생각됩니다. 특별관계를 유형별로 분류하더라도 언제나 그러한 상황에 동일한 헌법적 평가를 내리는 것도 불가능 할 것입니다.

【결정 요지】

2. 국가공무원법(國家公務員法) 제2조 및 제3조에 의하면 법관(法官)은 경력직공무원(經歷職公務員) 중 특정직공무원(特定職公務員)으로서, 다른 법률(法律)에 특별한 규정이 없는 한, 국가공무원법(國家公務員法)의 적용을 받도록 규정하고 있고, 같은 법 제9조에는 법원소속공무원(法院所屬公務員)의 소청(訴請)에 관한 사항을 심사결정(審査決定)하게 하기 위하여 법원행정처(法院行政處)에 소청심사위원회(訴請審査委員會)를 두도록 하고 있으며, 같은 법 제9조부터 제15조에는 소청심사위원회(訴請審査委員會)의 조직(組織), 심사절차(審査節次) 및 결정(決定)의 효력(效力)에 관하여 자세한 규정을 두고 있으며, 한편 같은 법 제76조 제1항에는 국가공무원이 그 의사(意思)에 반하여 불리한 처분(處分)을 받았을 때에는 소청심사위원회(訴請審査委員會)에 이에 대한 심사(審査)를 청구하여 그 시정(是正)을 구할 수 있도록 규정하고 있으므로, 법관(法官)인 청구인은 위 각 법률조항(法律條項)이 정한 절차(節次)에 따라 인사처분(人事處分)에 대하여 그 구제(救濟)를 청구할 수 있고, 그 절차(節次)에서 구제(救濟)를 받지 못한 때에는 국가공무원법(國家公務員法) 제16조, 법원조직법(法院組織法) 제70조, 행정소송법(行政訴訟法) 제1조의 규정에 미루어 다시 행정소송(行政訴訟)을 제기하여 그 구제(救濟)를 청구할 수 있음에도 불구하고, 청구인이 위와 같은 구제절차(救濟節次)를 거치지 아니한 채 제기한 헌법소원심판청구(憲法訴願審判請求)는 부적법(不適法)한 심판청구가 아니할 수 없다.

2) 국가비상사태하에서의 기본권 제한

국가긴급권이 발동되어야 할 비상사태가 발발하면, 법률에 의한 기본권제한의 일반원칙이 배제되고 예외적인 제한으로서 헌법 제76나 제77조에 의한 명령 · 처분 또는 특별조치에 의한 기본권제한이 가능하게 된다.

(1) 긴급재정 · 경제명령과 긴급명령에 의한 기본권제한 – 헌법 제76조 제1 · 2항

(2) 비상계엄에 의한 기본권제한 – 헌법 제77조 제3항, 제110조 제4항, 계엄법 제9 · 10조

3. 기본권 제한의 한계

일반적 법률유보의 원칙에 따라 기본권을 제한하는 경우에도 필요한 경우에 한하여 일정한 한계 내에서 이루어져야 한다. 기본권의 제한은 과잉금지의 원칙을 준수해야 할 뿐만 아니라 기본권의 본질적 내용을 침해하는 것이어서는 아니된다.

1) 과잉금지의 원칙

이 원칙은 기본권제한에 있어서 국가작용의 한계를 명시한 것으로서 목적의 정당성, 방법의 적정성(수단의 상당성), 피해의 최소성, 법익의 균형성을 갖출 것을 요구한다.

(1) 목적의 정당성: 기본권제한의 입법목적이 정당성을 인정받을 수 있어야 한다.

(2) 방법의 적정성(수단의 상당성): 기본권제한의 입법목적과 수단 사이에 합리성과 적정성이 유지되어야 한다.

(3) 피해의 최소성: 구체적인 기본권제한 조치가 입법목적의 달성을 위하여 적정한 것이라고 하더라도 그로 인한 피해가 필요최소한의 것이 되어야 한다.

(4) 법익의 균형성: 기본권 제한을 통하여 얻는 공익과 기본권의 제한으로 침해되는 사익간의 비교형량을 통하여 양 이익간에 균형이 유지되어야 한다. [구체적인 경우에 규제를 통한 공익이 제한되는 사익과 같은 정도이거나 그 이상이어야 한다.]

2) 본질적 내용 침해금지원칙

헌법 제37조 제2항은 "제한하는 경우에도 자유와 권리의 본질적인 내용을 침해할 수 없다"고 하고 있다. '기본권의 본질적 내용'이란 기본권의 핵심이 되는 내용을 말하는 것으로 본질적 내용의 침해란 그 침해로 말미암아 당해 기본권이 유명무실하게 되어버리는 정도의 침해를 말한다. 기본권의 본질적 내용의 의미와 범위는 판례를 통하여 구체적으로 형성되어갈 것이다.

헌재 1990. 9. 3. 89헌가95
헌법 제37조 제2항에 의하면 국민의 자유와 권리는 국가안전보장 질서유지 또는 공공복리를 위하여 필요한 경우에 한하여 법률로써 제한할 수 있으며 그 경우에도 자유와 권리의 본질적인 내용을 침해할 수 없다고 규정하여 국가가 국민의 기본권을 제한하는 내용의 입법을 함에 있어서 준수하여야 할 기본원칙을 천명하고 있다. 따라서 기본권을 제한하는 입법을 함에 있어서는 입법목적의 정당성과 그 목적달성을 위한 방법의 적정성, 피해의 최소성, 그리고 그 입법에 의해 보호하려는 공공의 필요와 침해되는 기본권 사이의 균형성을 모두 갖추어야 하며 이를 준수하지 않은 법률 내지 법률조항은 기본권제한의 입법적 한계를 벗어난 것으로 헌법에 위반된다.

헌재 1990. 9. 3. 89헌가95
"조세우선의 원칙의 헌법적 근거라고 할 수 있는 헌법 제37조 제2항의 규정은 기본권 제한입법의 수권(授權) 규정이지만, 그것은 동시에 기본권 제한입법의 한계(限界) 규정이기도 하기 때문에, 입법부도 수권의 범위를 넘어 자의적인 입법을 할 수 있는 것은 아니며, 사유재산권을 제한하는 입법을 함에 있어서도 그 본질적인 내용의 침해가 있거나 과잉금지의 원칙에 위배되는 입법을 할 수 없음은 자명한 것이다."

헌재 1995. 4. 20. 92헌바29

"기본권의 본질적 내용은 만약 이를 제한하는 경우에는 기본권 그 자체가 무의미하여지는 경우에 그 본질적인 요소를 말하는 것으로서, 이는 개별 기본권마다 다를 수 있을 것이다."

헌재 1995. 9. 28. 92헌가11등

"재판이라 함은 구체적 사건에 관하여 사실의 확정과 그에 대한 법률의 해석적용을 그 본질적인 내용으로 하는 일련의 과정이다. 따라서 법관에 의한 재판을 받을 권리를 보장한다고 함은 결국 법관이 사실을 확정하고 법률을 해석 · 적용하는 재판을 받을 권리를 보장한다는 뜻이고, 그와 같은 법관에 의한 사실확정과 법률의 해석적용의 기회에 접근하기 어렵도록 제약이나 장벽을 쌓아서는 아니 된다고 할 것이며, 만일 그러한 보장이 제대로 이루어지지 아니한다면 헌법상 보장된 재판을 받을 권리의 본질적 내용을 침해하는 것으로서(당재판소 1992. 6. 26. 선고, 90헌바25 결정 참조) 우리 헌법상 허용되지 아니한다(헌법 제37조 제2항)."

3) 기본권 제한의 한계에 관한 특칙 - ex〉 헌법 제21조 제2항

제3장 헌법재판과 기본권 심사

제1절 헌법재판

제2절 기본권 심사: 위헌법률심판과 헌법소원의 경우

제3장 헌법재판과 기본권 심사

제1절 헌법재판[46)]

Ⅰ. 헌법재판

1. 헌법재판이란 무엇인가?

사람은 살아가면서 다른 사람과 일정한 관계를 맺게 된다. 이 가운데 한 사람이 권리가 있고 다른 사람은 그에 상응하는 의무가 있는 관계도 나타나는바, 이러한 관계는 그 권리와 의무가 모두 법적인 근거에 의하여 정하여지므로 이를 일반적으로 법률관계라고 한다. 이러한 법률관계에 대하여 다툼이 발생한 경우에는 대체로 법원의 재판을 통하여 누구에게 어떠한 내용의 권리가 있는지를 확정하여 그 다툼을 해결하게 된다.

그런데 그러한 법률관계의 근거가 되는 법률이 헌법에 위반되는 잘못이 있다고 주장하거나, 국민에게 의무를 지우거나 국민의 자유를 제한하는 국가 공권력의 작용이 헌법에 위반된다고 다툴 때가 있다 이때에는 법원의 재판을 통하여 해결하는 것이 아니라, 헌법에 정한 권한 있는 재판기관이 그 분쟁에서 과연 무엇이 헌법에 합치되는 것이고 합치되지 않는 것인지 판단하여 헌법에 반하는 법률조항이나 공권력 행사를 바로잡음으로써 해결하게 되는데, 바로 이러한 것이 헌법재판이다.

헌법은 국가의 기본적이고 으뜸가는 법으로서 모든 하위 법령, 즉 법률, 명령, 규칙 등의 내용은 헌법에 위반되어서는 아니 되며 대통령, 입법부, 행정부, 사법부 등 모든 국가기관은 모든 통치권의 행사에서 헌법을 준수하여야 한다. 그런데 구체적인 문제에서는 어떻게 하는 것이 헌법에 부합하는 것인지에 관하여 국가기관 사이, 또는 국가기관과 국민 사이에서 의견의 차이와 분쟁이 발생할 수 있다. 이러한 다툼을 해결하여 국가 공권력 작용이

46) 헌법재판에 관한 이해는 헌법재판소 홈페이지의 '헌법재판 개관'을 발췌 및 수정하여 기술하고 있다.

헌법을 준수하게 하고 국민의 기본권을 보호하게 하는 재판이 바로 헌법재판인 것이다.

헌법재판을 담당하는 국가기관은 나라마다 역사적 배경이나 그때의 정치적 상황에 따라서 다르지만, 대체로 ① 일반 법원과는 다른 별도의 기관, 예컨대 헌법재판소나 헌법위원회가 맡는 경우와 ② 사법부(대법원)가 담당하는 경우가 있다. ①과 같은 제도를 두고 있는 대표적인 나라는 독일, 오스트리아, 이탈리아, 프랑스 등이며, ②와 같은 제도를 가지고 있는 대표적인 나라로는 미국과 일본이 있다. 우리나라는 현재 헌법재판소에서 헌법재판을 하고 있으므로 ①에 속한다.

2. 헌법재판과 일반 재판과의 차이점

먼저, 민사상 분쟁에서 일반 민사재판과 헌법재판의 차이를 통하여 헌법재판과 일반 재판과의 차이를 살펴본다. 민사상 분쟁, 즉 개인 사이에 금전대여관계나 임대차관계, 혼인이나 상속에 관한 관계에서 분쟁이 발생한 경우 예컨대, 어떤 사람이 다른 사람에게 돈을 빌려 주었는데 돈을 빌린 사람이 제때 돈을 갚지 않거나 갚은 금액에 다툼이 있는 대여금 관계인 경우에 민사소송에서는 당사자 간에 돈을 빌려 준 사실이 정말 있는지, 돈을 빌려 준 사실이 있다면 아직 갚지 않은 금액과 제때 갚지 않음으로써 발생한 손해에 대하여 지연이자를 정하고 있는 법률규정을 적용하여 배상할 금액을 확정하게 된다. 그러나 이때에 지연이자에 대한 법률규정에 문제가 있다고 하더라도 민사소송 과정에서는 그 법률규정의 잘못을 주장하여 적용을 회피할 수 없다, 이때 그 민사소송에서 적용되는 법률규정의 문제점을 다투어서 그 적용을 벗어나기 위하여는 그 법률규정이 헌법에 위반된다는 판단이 필요하며 바로 이와 같이 일반 소송에서 적용되는 근거 법률규정의 문제점을 다툴 수 있는 것이 헌법재판의 하나인 위헌법률심판절차이다.

이러한 과정은 형사재판이나 행정재판도 기본적으로 동일하다. 즉 헌법재판이란 일반 소송과정에서는 당연히 적용하게 되는 법률조항 자체에 대하여 그 위헌 여부까지를 판단하게 되므로 일반 소송으로는 해결할 수 없는 문제점을 근본적으로 해결하게 되는 것이다. 또한 일반 민사나 형사, 행정소송에서는 재판의 결과가 원칙적으로 그 소송의 당사자에게만 미치지만, 위와 같이 위헌법률심판절차에서 그 법률이 위헌이라고 선고되는 경우에는 그 법률조항의 효력이 상실되어 그 법률조항의 적용을 받고 있던 사람들은 그 소송의 당사자가 아니어도 재판 결과의 적용을 받게 된다.

그러나 헌법재판은 일반 소송과 달리 국가기관이 그 재판의 결과에 따르지 아니하여도 이를 강제적으로 따르게 할 수 없는 한계가 있다. 예를 들면, 대여금 지급소송에서 돈을 빌려 준 사람이 이기는 경우 돈을 빌린 사람이 계속해서 돈을 갚지 않을 때에는 돈을 빌려 준 사람은 법원의 도움을 얻어 돈을 빌린 사람이 가지고 있는 재산을 강제로 팔아 빌린 돈을 받을 수 있다. 하지만, 헌법재판의 경우에는 예컨대 어떠한 법률조항에 대하여 헌법에 합치하지 아니하다며 입법자에게 개선입법을 촉구하여도 입법부가 이를 따르지 않을 경우 헌법재판소가 입법부로 하여금 강제로 지키게 할 수 있는 수단이 따로 없다.

3. 헌법재판의 기능

헌법재판은 국가기관이 헌법을 지키지 아니하는 행위를 했을 때나 헌법이 뜻하는 바에 대하여 의문이 생겼을 때에 행하여진다. 그렇게 함으로써 국가기관으로 하여금 헌법을 잘 지키도록 하고 국민의 자유와 권리를 보장함으로써 질서를 유지하고 민주주의를 보호하는 것이 헌법재판의 중요한 기능이다.

4. 헌법재판의 종류[47)]

헌법재판에는 입법부가 만든 법률이 헌법에 위반되는지를 심사하고, 헌법에 위반된다고 판단하는 경우에 그 법률의 효력을 잃게 하거나 적용하지 못하게 하는 '위헌법률심판', 형벌 또는 보통의 징계절차로는 처벌하기 곤란한 고위 공무원이나 특수한 직위에 있는 공무원이 맡은 직무와 관련하여 헌법이나 법률에 어긋나는 행위를 하였을 경우 그에 대한 소추를 통하여 그 공무원을 재판으로 파면하거나 공직에서 물러나게 하는 '탄핵심판', 어떤 정당의 목적이나 활동이 헌법이 정하는 민주적 기본질서에 반하는 경우, 그 정당을 해산할 것인지를 결정하는 '정당해산심판', 국가기관 상호간이나 지방자치단체 상호간 또는 국가기관과 지방자치단체 사이에 권한이 누구에게 있는지 또는 권한이 어디까지 미치는

---

47) 위헌법률심판사건 - 헌가
탄핵심판사건 - 헌나
정당해산심판사건 - 헌다
권한쟁의심판사건 - 헌라
헌법재판소법 제68조 제1항의 헌법소원 - 헌마
헌법재판소법 제68조 제2항의 헌법소원 - 헌바
각종 신청사건 - 헌사
각종 특별사건 - 헌아

지에 관하여 다툼이 생기는 경우 이를 해결하는 '권한쟁의심판', 그리고 국가권력이 헌법상 보장된 국민의 기본권을 침해하는 경우에 기본권이 침해된 국민이 헌법재판기관에 대하여 자신의 기본권을 침해하는 국가권력의 행위가 헌법에 위반되는지를 가려내어 그 행위의 효력을 없애 줄 것을 요청하는 '헌법소원심판' 등이 있는데, 원칙적으로 모두 헌법재판소의 권한으로 되어 있다.

그 밖에 대통령선거, 국회의원선거, 시장이나 군수 등 지방자치단체장선거, 지방의회의원선거 등 공직선거가 헌법 또는 법률에 위반하여 효력이 없다고 다투거나 선거에서 어떤 사람이 당선된 것이 헌법이나 법률에 위반된다고 다투는 경우 이를 심사하는 선거소송심판도 보통 헌법재판으로 불리나 현재 우리나라에서는 이를 헌법재판소가 아닌 일반 법원(대법원 등)에서 맡고 있다.

Ⅱ. 심판절차일반

1. 심판청구 - 헌법재판소의 심판은 어떻게 시작되는가?

헌법재판소는 재판기관이므로 헌법적 다툼이 있는 사건을 스스로 찾아내어 처리할 수는 없다. 즉 헌법재판은 반드시 누군가가 헌법적 다툼을 헌법재판소에서 해결해 줄 것을 바라는 뜻을 적은 서류를 헌법재판소에 제출하여야 시작된다.

위 서류를 청구서라고 하는데 청구서의 작성방식은 법으로 정하여져 있다. 위헌법률심판에는 법원의 제청서, 탄핵심판에는 국회의 소추의결서 정본이 헌법재판소에 송부되므로 이들 서류를 청구서로 보아 심판을 개시한다.

청구서에는 일정한 내용을 기재하여야 하는데 예를 들면, 위헌법률심판의 경우에는 '어느 법원에서 재판 중인 어떤 사건을 처리하는 데에 문제가 되는 어느 법률의 어떤 내용이 무슨 이유로 헌법에 위반되는지 등'을, 정당해산심판의 경우에는 '어느 정당이 무슨 이유로 해산되어야 하는지'를, 권한쟁의심판의 경우에는 '어느 국가기관이나 지방자치단체가 다른 국가기관 또는 지방자치단체와 어떤 행위에 대하여 어떤 이유로 권한의 다툼이 있는지 등'을, 헌법소원심판의 경우에는 '어떤 공권력의 행사 또는 불행사 때문에 헌법상 보장된 자기의 어느 기본권이 무슨 이유로 침해되었는지 등'을 구체적으로 분명하게 기재하여야 한다. 청구서에는 증거나 참고가 되는 서류를 첨부할 수 있다.

청구서의 내용이 불분명하거나 내용에 부족함이 있으면 재판장이 이를 보충하여 제출하도록 명령하는데(이를 "보정명령"이라고 한다.) 청구인은 이에 따라야 한다.

2. 변호사강제주의와 국선대리인제도

각종 심판절차에서 정부가 당사자일 때에는 법무부장관이 정부를 대표하고 국가기관 또는 지방자치단체는 변호사 또는 변호사의 자격이 있는 소속직원을 대리인으로 선임하여 심판을 수행하게 할 수 있다. 그에 비하여, 당사자가 개인일 때에는 자신이 변호사가 아니면 반드시 변호사를 대리인으로 선임하여야만 심판청구를 하거나 심판을 수행할 수 있도록 되어 있다. 이를 변호사강제주의라고 한다.

헌법재판에서 법률전문가가 아닌 개인이 심판절차를 수행할 경우, 법률지식의 부족으로 재판의 본질을 제대로 이해하지 못하여 필요한 주장을 제대로 하지 못하거나 중요한 증거자료를 제대로 제출하지 못하여 자신의 권리를 올바로 보호받지 못할 수 있고, 나아가 재판의 결과가 국가기관과 국민 전체에 영향을 미치는 헌법재판의 신뢰를 떨어뜨릴 수도 있다. 또 감정에 얽매여 불필요한 주장이나 증거자료를 늘어놓거나 재판에서 이길 가능성이 없는 사건을 청구함으로써 재판관의 업무를 가중시켜 구제받아야 할 사건의 처리가 늦어질 수도 있다. 따라서 법률전문가가 아닌 개인은 반드시 법률전문가의 도움을 받아 헌법재판에 관여하도록 하는 것이 국민의 기본권을 효율적으로 보장하고 헌법질서를 지키는 데 도움이 된다. 일반 재판의 경우와 달리 유독 헌법재판에서만 변호사강제주의가 채택된 것은 바로 이러한 이유 때문이다.

그러나 정말 구제받아야 할 사람이 변호사를 선임할 돈이 없어 권리구제를 받지 못하는 경우가 있어서는 아니 될 것이므로 이에 대비하여 국선대리인제도가 마련되어 있다. 당사자가 심판청구를 하면서 대리인을 선임할 경제적 능력이 없다는 자료와 함께 국선대리인 선임신청을 하면, 헌법재판소는 그 신청내용을 보고 국선대리인선임이 필요하다고 인정되면 국가의 비용으로 변호사를 선임하여 주고 있다.

다만, 2003. 3. 12. 개정된 헌법재판소법에는 "헌법재판소가 공익상 필요하다고 인정할 때에는 국선대리인을 선임할 수 있다(제70조 제2항)."라는 규정을 신설하여 국선대리인의 선임요건으로 종래의 무자력 요건 이외에 공익상 요건을 추가하였다. 한편, 국선대리인 선임요건에 해당하더라도 그 심판청구가 명백히 부적법하거나 이유없는 경우 또는 권리의 남용이라고 인정되는 경우에는 국선대리인을 선정하지 아니할 수 있도록 하여 국선대리인 선임신청이 남용되는 일이 없도록 하고 있다.

3. 청구기간 - 심판청구는 언제까지 하여야 하는가?

헌법재판은 헌법에 관한 다툼이 있으면 바로 청구할 수 있다. 그러나 대개는 미리 변호사에게 물어도 보고 관련 자료를 찾아보기도 하여야 하므로 일이 생긴 후 얼마간의 기간이 지나서야 비로소 헌법재판을 청구할 수 있게 된다. 그렇다고 하여 일이 생기고 아주 오랜 기간이 지난 후에도 헌법재판을 청구할 수 있도록 허용할 수는 없다. 만일 이를 허용한다면 당사자로서는 좋겠지만 그와 관련된 다른 사람이나 국가기관은 불안한 상태에서 지내야 하고 이미 분쟁이 해결되었다고 믿고 행동한 다른 이해관계인들도 새로 분쟁에 휘말려야 하는 등의 예상치 못한 불이익을 받아야 한다. 그뿐만 아니라 시간이 오래 경과하면 다툼에 관련된 자료들도 다시 찾기 힘들어 올바른 재판을 하는데도 상당한 지장을 주게 된다. 이러한 이유들 때문에 헌법재판은 반드시 일정한 기간 내에 청구하도록 되어 있는데, 이 기간을 청구기간이라고 한다. 청구기간은 헌법재판의 유형에 따라 법으로 정하여져 있으므로 해당 항목에서 따로 설명하기로 한다.

4. 사건의 배당과 재판부의 구성 - 사건을 누가 처리할 것인가?

심판청구서가 헌법재판소에 제출되면 사무처에서 사건번호와 사건명을 부여하여 접수한 다음(예: 95헌바24 부가가치세법 제36조 등 위헌소원), 심리를 위하여 재판부로 사건기록을 넘긴다. 헌법재판소에는 현재 전원재판부와 3개의 지정재판부가 있다. 전원재판부란 재판관 9명 전원이 사건의 심리에 관여하는 재판부를 말하며 헌법재판소의 심판은 전원재판부에서 하는 것이 원칙이다. 지정재판부란 재판관 3명이 사건의 심리에 관여하는 재판부로서 지정재판부에서는 헌법소원심판 사건에 관하여 전원재판부가 심리하기에 앞서 법률에서 정한 일정한 요건을 갖추지 못하였음이 명백한 사건을 미리 걸러내어(이를 '사전심사'라고 한다.) 심리하지 않기로 하는 결정(각하결정)을 하고 그 외의 사건들은 전원재판부로 회부하는 역할을 한다. 전원재판부로 회부된 사건은 전원재판부의 심리와 토의(이를 '평의'라고 한다.)결과에 따라 사건의 결론이 내려지게 된다. 사건의 쉽고 어려움에 따라 평의가 한 차례에 끝나는 경우와 여러 차례 되풀이되는 경우가 있다.

이때 심판사건 자체나 그 사건의 당사자와 어떤 관련이 있어 심판을 공정하게 처리하기 어렵다고 여겨지는 재판관이 있을 때에는 심판의 공정성을 위하여 그 재판관은 법률에 따라 당연히 그 심판절차에서 배제되거나 또는 스스로의 요구나 당사자의 신청에 따라 심판에 관여하지 않게 되는데 이를 재판관의 제척 · 회피 · 기피 제도라고 한다.

전원재판부가 사건을 심리하기 위하여는 재판관 7명 이상이 출석하여야 하고 종국심리(평의를 여러 차례 거치는 경우 마지막 심리)에 관여한 재판관만으로 결정을 한다.

5. 심리의 방식 - 어떻게 심리하는가?

탄핵심판과 정당해산심판, 권한쟁의심판은 심판정에서 당사자들이 말로써 주장을 하면 재판부가 이를 들은 후 의문이 있으면 질문을 하고 답변을 듣는 방식으로(이를 '구두변론'이라고 한다.), 위헌법률심판과 헌법소원심판은 당사자나 이해관계인이 낸 서류를 검토하는 방식으로(이를 '서면심리'라고 한다.) 한다. 다만, 위헌법률심판과 헌법소원심판이라도 재판부가 필요하다고 인정할 때에는 구두변론을 열 수 있다. 구두변론은 공개하지만 서면심리와 평의는 공개하지 않는다.

심판에 관하여 이해관계가 있는 당사자나 국가기관 등은 헌법재판소에 의견서를 낼 수 있고, 재판부는 당사자가 신청하거나 재판부가 필요하다고 인정하는 증거에 관하여 증거조사를 할 수 있으며, 다른 국가기관 또는 공공단체의 기관에 대하여 심리에 필요한 사실을 조사하여 보내 주도록 요청하거나 기록이나 자료를 보내어 줄 것을 요구할 수도 있다. 그러나 재판 · 소추 또는 범죄수사가 진행 중인 사건의 기록을 보내 줄 것을 요구할 수는 없다.

6. 종국결정 - 헌법재판소의 심판은 어떻게 끝나는가?

재판부가 심리를 마치고 결론을 내리면 결정서를 작성하고 관여 재판관 전원이 서명과 날인을 하여 공개된 심판정에서 이를 선고한다. 결정서에는 사건번호와 사건명, 당사자와 심판수행자 또는 대리인, 주문(결론), 이유, 결정일자를 기재한다.

종국결정이 선고되면 참여 사무관 등은 바로 결정서 정본을 만들어 이를 당사자에게 보내 주고 관보에 결정내용을 실어 일반에게 그 내용을 널리 알린다.

헌법재판소에 접수된 모든 사건에 대하여 종국결정이 선고되는 것은 아니다. 종국결정이 선고되기 전에 심판청구인이 헌법재판소의 결론을 받아 볼 필요가 없다고 판단하여 심판청구를 취하하거나 법원이 위헌법률심판의 제청신청을 철회하는 경우에는 종국결정 없이 심판절차가 종료되기도 한다. 종국결정은 크게 심판청구의 내용에 대하여 실질적인 심사에 들어가기 전에 심판청구가 형식적인 요건을 갖추지 못했을 때 하는 본안 전 결정과 심판청구에 대하여 실질적인 심사를 거쳐 내리는 본안에 대한 결정으로 나눌 수 있다.

본안 전 결정인 각하결정이란 심판청구가 이유 있는지를 따져 볼 필요도 없이 예컨대, 청구기간을 지나서 한 청구나 변호사가 대리하지 아니한 청구와 같은 경우에 내리는 결정으로, 결정서에 '이 사건 심판청구를 각하한다'와 같은 형식으로 적는다.

본안에 들어가서, 즉 심판청구를 실질적으로 심사한 후 청구를 받아들일 수 없는 경우, 예를 들면 위헌법률심판 청구의 경우 법률이 헌법에 위반되지 아니하거나 헌법소원심판 청구의 경우 청구인의 기본권이 위헌적으로 침해당하지 않았다고 인정될 때 합헌결정 또는 기각결정 등을 한다. 이때 결정서에는 '어느 법 제00조는 헌법에 위반되지 아니한다', 또는 '이 사건 심판청구를 기각한다'와 같은 형식으로 적는다.

본안에 들어가서 심판청구를 받아들이는 경우, 즉 심판청구를 인용하는 경우에 내리는 결정으로 헌법재판의 유형에 따라 '어느 법 제00조는 헌법에 위반된다', '00검찰청 검사의 어떤 처분은 어떤 기본권을 침해한 것이므로 이를 취소한다' 등의 형식으로 적는다.

그리고 위헌결정이나 헌법소원심판 청구를 받아들이는 결정 및 헌법재판소의 종전의 견해를 변경하는 결정에는 반드시 재판관 6명 이상의 찬성이 있어야 한다(그러므로 9명의 재판관 중 과반수인 5명이 위헌의 의견을 갖고 있다 할지라도 위헌결정이 선고되지 아니할 때가 있다).

헌법재판소의 위헌결정이나 심판청구를 인용하는 결정에 대하여는 모든 국가기관과 지방자치단체가 따라야 하며 이와 어긋나는 처분이나 법적용을 하여서는 아니 된다. 예컨대 어느 법률이 위헌이라고 선고되면 그 법률은 효력을 상실하므로 법원은 재판에 그 법률을 적용하여서는 아니 되고 행정부도 그 법률에 근거한 행위를 할 수 없는 것이다.

7. 심판비용

헌법재판에 소요되는 비용은 국가가 부담한다. 재판에서 진 당사자가 소송비용을 부담하여야 하는 일반 법원의 재판과 비교하여 보면 특별히 다른 점이라고 할 수 있다.

이것은 헌법이 보장하는 기본권을 침해받고도 재판에서 지면 비용을 내어야 한다는 걱정 때문에 헌법재판을 청구하지 못하는 경우가 없도록 하기 위함이다. 다만, 당사자의 신청에 의한 증거조사 비용은 헌법재판소규칙이 정하는 바에 따라 신청인에게 부담시킬 수도 있다.

Ⅲ. 헌법소원 심판

1. 헌법소원심판의 의의

헌법소원이란 공권력에 의하여 헌법상 보장된 국민의 기본권이 침해된 경우에 헌법재판소에 제소하여 그 침해된 기본권의 구제를 청구하는 제도이다. 자연인은 물론 법인도 헌법소원을 청구할 수 있다. 헌법재판소의 다른 심판사항은 국회 · 정부 · 법원 또는 지방자치단체 등이 그 청구 주체가 됨에 비하여 헌법소원은 국민이 직접 심판청구의 주체가 되고 기본권 침해에 대한 직접적인 구제를 목적으로 하므로, 우리 헌법이 마련한 기본권 보장의 제도적 장치 중 핵심적인 것이다. 이 제도의 도입으로 우리나라의 민주주의는 한 걸음 더 나아갔다고 할 수 있으며, 헌법재판의 활성화에도 크게 기여하고 있다. 다음의 법 규정을 먼저 살펴보자

〈헌법〉	〈헌법재판소법〉
제5장 법원 제101조 ①사법권은 법관으로 구성된 법원에 속한다. ②법원은 최고법원인 대법원과 각급법원으로 조직된다. ③법관의 자격은 법률로 정한다. 제107조 ①법률이 헌법에 위반되는 여부가 재판의 전제가 된 경우에는 법원은 헌법재판소에 제청하여 그 심판에 의하여 재판한다. ②명령 · 규칙 또는 처분이 헌법이나 법률에 위반되는 여부가 재판의 전제가 된 경우에는 대법원은 이를 최종적으로 심사할 권한을 가진다. ③재판의 전심절차로서 행정심판을 할 수 있다. 행정심판의 절차는 법률로 정하되, 사법절차가 준용되어야 한다. 제6장 헌법재판소 제111조 ①헌법재판소는 다음 사항을 관장한다.	제1장 총칙(제1조~제11조) 제1조(목적) 이 법은 헌법재판소의 조직 및 운영과 그 심판절차에 관하여 필요한 사항을 정함을 목적으로 한다. 제2조(관장사항) 헌법재판소는 다음 각 호의 사항을 관장한다. 1. 법원의 제청(提請)에 의한 법률의 위헌(違憲) 여부 심판 2. 탄핵(彈劾)의 심판 3. 정당의 해산심판 4. 국가기관 상호간, 국가기관과 지방자치단체 간 및 지방자치단체 상호간의 권한쟁의(權限爭議)에 관한 심판 5. 헌법소원(憲法訴願)에 관한 심판 제2장 조직(제12조~제21조) 제3장 일반심판절차(제22조~제40조) 제4장 특별심판절차(제41조~제75조)

1. 법원의 제청에 의한 법률의 위헌여부 심판 2. 탄핵의 심판 3. 정당의 해산 심판 4. 국가기관 상호간, 국가기관과 지방자치단체간 및 지방자치단체 상호간의 권한쟁의에 관한 심판 5. 법률이 정하는 헌법소원에 관한 심판	제1절 위헌법률심판(제41조~제47조) 제2절 탄핵심판(제48조~제54조) 제3절 정당해산심판(제55조~제60조) 제4절 권한쟁의심판(제61조~제67조) 제5절 헌법소원심판(제68조~제75조) 제5장 전자정보처리조직을 통한 심판절차의 수행(제76조~제78조) 제6장 벌칙(제79조)

제1절 위헌법률심판(제41조~제47조)

제41조(위헌 여부 심판의 제청) ① 법률이 헌법에 위반되는지 여부가 재판의 전제가 된 경우에는 당해 사건을 담당하는 법원(군사법원을 포함한다. 이하 같다)은 직권 또는 당사자의 신청에 의한 결정으로 헌법재판소에 위헌 여부 심판을 제청한다.

④ 위헌 여부 심판의 제청에 관한 결정에 대하여는 항고할 수 없다.

⑤ 대법원 외의 법원이 제1항의 제청을 할 때에는 대법원을 거쳐야 한다.

2. 헌법소원의 종류와 청구사유

○ 헌법재판소법 제68조 제1항에 의한 헌법소원

공권력의 행사 또는 불행사로 인하여 헌법상 보장된 기본권을 침해받은 자는 법원의 재판을 제외하고는 헌법재판소에 헌법소원심판을 청구할 수 있다. 다만, 다른 법률에 구제절차가 있는 경우에는 그 절차를 모두 거친 후가 아니면 청구할 수 없다.

국회의 입법권도 공권력 중의 하나이므로, 법률 그 자체가 직접적으로 기본권을 침해하고 있는 경우나 국회가 당연히 입법하여야 할 사항을 입법하지 않음으로써 기본권을 침해하고 있는 경우도 헌법소원의 대상이 된다.

○ 헌법재판소법 제68조 제2항에 의한 헌법소원

법률이 헌법에 위반되는 여부가 소송사건에서 재판의 전제가 되어 당사자가 법원에 그 법률의 위헌심판제청을 신청하였으나 그 신청이 기각된 때에는 헌법재판소에 헌법소원심판을 청구할 수 있다. 이 경우 그 당사자는 당해 사건의 소송 절차에서 동일한 사유를 이유로 다시 위헌여부 심판의 제청을 신청할 수 없다.

3. 청구기간

헌법재판소법 제68조 제1항에 의한 헌법소원심판은 그 사유가 있음을 안 날부터 90일 이내에, 그 사유가 있은 날부터 1년 이내에 청구하여야 한다. 다른 법률에 의한 구제절차를 거친 경우에는 그 최종결정의 통지를 받은 날부터 30일 이내에 청구하여야 한다.

헌법재판소법 제68조 제2항에 의한 헌법소원심판은 위헌법률심판의 제청신청이 기각된 날부터 30일 이내에 하여야 한다.

4. 청구절차

헌법재판소법 제68조 제1항에 의한 헌법소원심판을 청구함에는 청구인, 침해된 권리, 침해의 원인이 되는 공권력의 행사 또는 불행사, 청구의 이유, 기타 필요한 사항을 기재한 청구서를 헌법재판소에 제출하여야 한다.

헌법재판소법 제68조 제2항에 의한 헌법소원심판을 청구함에는 청구인 등, 전제가 되는 소송사건 및 당사자, 위헌이라고 해석되는 법률 또는 법률의 조항, 위헌이라고 해석되는 이유, 기타 필요한 사항을 기재한 청구서를 헌법재판소에 제출하여야 한다.

제5절 헌법소원심판(제68조~제75조)

제68조(청구 사유) ① 공권력의 행사 또는 불행사(不行使)로 인하여 헌법상 보장된 기본권을 침해받은 자는 법원의 재판을 제외하고는 헌법재판소에 헌법소원심판을 청구할 수 있다. 다만, 다른 법률에 구제절차가 있는 경우에는 그 절차를 모두 거친 후에 청구할 수 있다.

② 제41조제1항에 따른 법률의 위헌 여부 심판의 제청신청이 기각된 때에는 그 신청을 한 당사자는 헌법재판소에 헌법소원심판을 청구할 수 있다. 이 경우 그 당사자는 당해 사건의 소송절차에서 동일한 사유를 이유로 다시 위헌 여부 심판의 제청을 신청할 수 없다.

[한정위헌, 2016헌마33, 2016. 4. 28., 헌법재판소법(2011. 4. 5. 법률 제10546호로 개정된 것) 제68조 제1항 본문 중 "법원의 재판을 제외하고는" 부분은, 헌법재판소가 위헌으로 결정한 법령을 적용함으로써 국민의 기본권을 침해한 재판이 포함되는 것으로 해석하는 한 헌법에 위반된다.]

제69조(청구기간) ① 제68조제1항에 따른 헌법소원의 심판은 그 사유가 있음을 안 날부터 90일 이내에, 그 사유가 있는 날부터 1년 이내에 청구하여야 한다. 다만, 다른 법률에 따른 구제절차를 거친 헌법소원의 심판은 그 최종결정을 통지받은 날부터 30일 이내에 청구하여야 한다.

② 第68조제2항에 따른 헌법소원심판은 위헌 여부 심판의 제청신청을 기각하는 결정을 통지받은 날부터 30일 이내에 청구하여야 한다.

第74조(이해관계기관 등의 의견 제출) ① 헌법소원의 심판에 이해관계가 있는 국가기관 또는 공공단체와 법무부장관은 헌법재판소에 그 심판에 관한 의견서를 제출할 수 있다.

第75조(인용결정) ① 헌법소원의 인용결정은 모든 국가기관과 지방자치단체를 기속한다.
② 第68조제1항에 따른 헌법소원을 인용할 때에는 인용결정서의 주문에 침해된 기본권과 침해의 원인이 된 공권력의 행사 또는 불행사를 특정하여야 한다.
③ 제2항의 경우에 헌법재판소는 기본권 침해의 원인이 된 공권력의 행사를 취소하거나 그 불행사가 위헌임을 확인할 수 있다.
④ 헌법재판소가 공권력의 불행사에 대한 헌법소원을 인용하는 결정을 한 때에는 피청구인은 결정 취지에 따라 새로운 처분을 하여야 한다.
⑤ 제2항의 경우에 헌법재판소는 공권력의 행사 또는 불행사가 위헌인 법률 또는 법률의 조항에 기인한 것이라고 인정될 때에는 인용결정에서 해당 법률 또는 법률의 조항이 위헌임을 선고할 수 있다.
⑥ 제5항의 경우 및 第68조제2항에 따른 헌법소원을 인용하는 경우에는 제45조 및 제47조를 준용한다.
⑦ 第68조제2항에 따른 헌법소원이 인용된 경우에 해당 헌법소원과 관련된 소송사건이 이미 확정된 때에는 당사자는 재심을 청구할 수 있다.

헌법소원 심판청구서에는 대리인의 선임을 증명하는 서류 또는 국선대리인 선임 신청서를 첨부하여야 한다.

5. 사전심사

헌법소원심판의 청구가 있으면 지정재판부가 사전심사를 한다. 사전심사 결과 그 심판청구가 다른 법률에 의한 구제절차가 있음에도 불구하고 그 절차를 모두 거치지 아니하였거나, 법원의 재판에 대하여 청구된 경우(헌법재판소가 위헌으로 결정한 법령을 적용한 재판은 제외), 청구기간이 경과된 후 청구된 경우, 변호사를 대리인으로 선임하지 아니하거나 국선대리인의 선임결정을 받지 아니한 경우, 기타 청구가 부적법하고 그 흠결을 보정할 수 없다고 인정되는 경우에는 구성 재판관 전원일치의 결정으로 심판청구를 각하한다.

지정재판부가 전원일치의 결정으로 심판청구를 각하하지 아니하는 경우에는 결정으로 그 사건을 재판부에 회부하는 결정을 하여야 한다. 그러나 심판청구일부터 30일이 경과할 때까지 각하결정이 없는 때에는 전원재판부에 회부하는 결정이 있는 것으로 본다.

6. 의견서의 제출

헌법소원심판에 대하여 이해관계가 있는 국가기관 또는 공공단체와 법무부장관은 헌법재판소에 그 심판에 관한 의견서를 제출할 수 있다. 또한 헌법재판소법 제68조 제2항에 의한 헌법소원심판의 경우에는 사건이 재판부에 심판 회부된 후에 당해 소송사건의 당사자와 법무부장관은 이해관계인으로서 헌법재판소에 그 심판에 관한 의견서를 제출할 수 있다.

7. 심판의 내용

헌법소원심판의 종국결정에는
심판청구가 부적법한 경우에 하는 각하결정,
심판청구가 이유없는 경우에 하는 기각결정,
심판청구가 이유있는 경우에 하는 인용결정의 3가지가 있다.

헌법재판소법 제68조 제1항에 의한 헌법소원심판에 있어서 심판청구가 이유있는 때에는 헌법재판소는 침해된 기본권과 침해의 원인이 된 공권력의 행사 또는 불행사를 특정하고, 그 공권력의 행사를 취소하거나 그 불행사가 위헌임을 확인하는 결정을 선고한다. 이 경우에 헌법재판소는 그 공권력의 행사 또는 불행사가 위헌인 법률 또는 법률조항에 기인한 것이라고 인정될 때에는 당해 법률 또는 법률조항이 위헌임을 선언할 수 있다.

헌법재판소법 제68조 제2항에 의한 헌법소원에 있어서 심판청구가 이유있는 때에는 헌법재판소는 심판의 대상이 된 법률 또는 법률조항이 위헌임을 선언하는 결정을 선고한다. 다만, 법률조항의 위헌결정으로 인하여 당해 법률 전부를 시행할 수 없다고 인정하는 때에는 그 법률 전부에 대하여 위헌결정을 할 수 있다.

8. 심판의 효력

헌법재판소법 제68조 제1항에 의한 헌법소원심판에 있어서 헌법재판소의 인용결정은 모든 국가기관과 지방자치단체를 기속한다. 특히 공권력 의 불행사에 대하여 헌법재판소가 헌법소원을 인용하는 결정을 한 때에는 피청구인은 그 결정의 취지에 따라 새로운 처분을 하여야 한다.

헌법재판소법 제68조 제2항에 의한 헌법소원심판에 있어서 헌법재판소의 인용결정은 법원을 포함한 모든 국가기관과 지방자치단체를 기속한다.

위헌으로 결정된 법률 또는 법률조항은 그 결정이 있는 날부터 효력을 상실한다. 다만, 형벌에 관한 법률 또는 법률조항은 소급하여 그 효력을 상실하되 해당 법률 또는 법률의 조항에 대하여 종전에 합헌으로 결정한 사건이 있는 경우에는 그 결정이 있는 날의 다음 날로 소급하여 효력을 상실한다. 헌법재판소법 제68조 제2항에 의한 헌법소원이 인용된 경우에 그 헌법소원과 관련된 소송사건이 이미 확정된 때에는 당사자는 민사 · 형사 · 행정 등 사건의 종류를 불문하고 재심을 청구할 수 있다.

또한 형벌법규에 대한 위헌결정은 소급효가 있으므로 그 헌법소원과 관련이 없는 형사사건일지라도 위헌으로 결정된 법률 또는 법률조항에 근거한 유죄의 확정판결에 대하여는 재심을 청구할 수 있다.

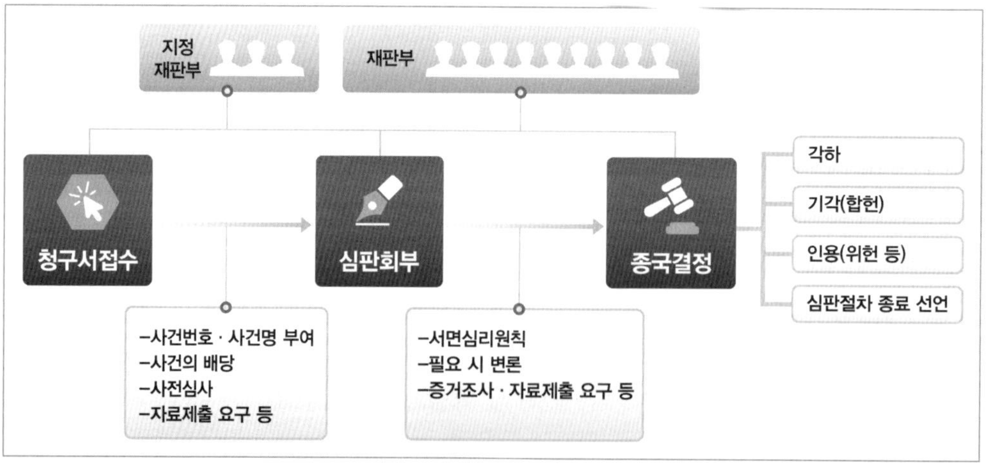

[헌법소원 심판절차 흐름도]

제2절 기본권 심사: 위헌법률심판과 헌법소원의 경우[48]

기본권을 부당하게 제한당하는 경우 그 침해 여부를 헌법재판을 통하여 다툴 수 있다. 이 경우 기본권 침해를 주장하는 당사자는 헌법재판을 받기 위한 소송요건을 적법하게 구비하여야 하는데, 이를 적법요건이라고 부를 수 있다. 적법요건이 구비되지 않으면 헌법재판은 본안에 나아가 구체적인 심리를 하지 않고 각하결정을 내리게 된다. 여기에서는 기본권 침해와 관련이 있는 위헌법률심판과 헌법소원의 적법요건에 대해서 살펴볼 것이다.

Ⅰ. 위헌법률심판

1. 당사자의 위헌법률심판 제청 신청과 법원의 제청 결정

가. 당사자의 위헌법률심판 제청 신청

일반법원에서 재판 계속 중 당해사건에 적용될 특정한 법률 또는 법률조항이 헌법에 위반된다고 주장하는 당사자는 당해사건을 담당하는 법원(군사법원을 포함. 이하 같음)에 위헌제청의 신청을 할 수 있다. 제청신청은 서면으로 하는데, 사건 및 당사자의 표시, 위헌이라고 해석되는 법률 또는 법률의 조항, 위헌이라고 해석되는 이유를 기재하여야 한다(법 제41조 제2항).

나. '법원'의 제청 결정

위헌제청신청을 받은 당해 법원은 제청신청의 대상인 법률의 위헌 여부가 당해 소송에서 재판의 전제가 되고 또한 합리적인 위헌의 의심이 있는 때(헌재 1993. 12. 23. 93헌가2)에 결정의 형식으로 위헌여부심판을 제청한다. 그리고 법원도 직권으로 위헌여부심판을 제청할 수 있다. 대법원 외의 법원이 위헌제청결정을 한 때에는 대법원을 거쳐야 한다(법 제41조 제5항). 그러나 대법원에게 각급법원이 한 위헌법률심판제청에 대한 심사권이 있는 것은 아니므로 법원행정처장은 위헌제청결정서 정본을 그대로 헌법재판소에 송부하

48) 제2절 기본권 심사에 관한 내용은 헌법재판소가 발간한 '헌법재판실무제요' 제2판과 헌법재판연구원이 발간한 '법학전문대학원 실무수습' 책의 내용의 판례 부분을 발췌 수정하여 편집한 것입니다.

여야 하며, 이로써 위헌법률심판의 제청이 이루어지게 된다(법 제26조 제1항 단서). 법 제41조 제4항은 "위헌 여부 심판의 제청에 관한 결정에 대해서는 항고할 수 없다."라고 규정하고 있으므로 위헌제청신청을 기각하는 결정에 대하여는 제청신청인은 물론 신청인의 상대방도 항고나 재항고를 할 수 없다.

한편, 법원이 위헌제청신청을 기각한 때에는 그 신청을 한 당사자는 헌법재판소에 헌법소원심판을 청구할 수 있다. 이 경우 그 당사자는 당해사건의 소송절차에서 동일한 사유를 이유로 다시 위헌 여부 심판의 제청을 신청할 수 없다(법 제68조 제2항).

2. 적법성 판단: 대상적격-법률

가. 헌법조항

헌법 제111조 제1항 제1호 및 법 제41조 제1항은 위헌법률심판의 대상에 관하여, 헌법 제111조 제1항 제5호 및 법 제68조 제2항, 제41조 제1항은 헌법소원심판의 대상에 관하여 그것이 법률임을 명문으로 규정하고 있으며, 여기서 위헌심사의 대상이 되는 법률이 국회의 의결을 거친 이른바 형식적 의미의 법률을 의미하는 것에는 아무런 의문이 있을 수 없다. 따라서 형식적 의미의 법률과 동일한 효력을 갖는 조약 등은 포함된다고 볼 것이지만 헌법의 개별규정 자체는 그 대상이 아님이 명백하다(헌재 1995. 12. 28. 95헌바3).

* 사법심사 배제에 관한 구 헌법조항

한편, 헌법재판소는 구 헌법(유신헌법) 제53조[49] 등에 대한 위헌소원 사건에서, 유신헌법 제53조의 위헌성을 사실상 판단하면서도, 유신헌법 제53조는 긴급조치의 근거규정일 뿐 재판의 전제성이 있는 규정이 아니므로 심판대상에서 제외하고, 긴급조치의 위헌여부는 현행헌법에 의하여 판단된다고 판시하였다.[50]

---

49) [시행 1972. 12. 27.] [헌법 제10호, 1987. 10. 29., 전부개정]
헌법 제53조 ①대통령은 천재 · 지변 또는 중대한 재정 · 경제상의 위기에 처하거나, 국가의 안전보장 또는 공공의 안녕질서가 중대한 위협을 받거나 받을 우려가 있어, 신속한 조치를 할 필요가 있다고 판단할 때에는 내정 · 외교 · 국방 · 경제 · 재정 · 사법등 국정전반에 걸쳐 필요한 긴급조치를 할 수 있다.
②대통령은 제1항의 경우에 필요하다고 인정할 때에는 이 헌법에 규정되어 있는 국민의 자유와 권리를 잠정적으로 정지하는 긴급조치를 할 수 있고, 정부나 법원의 권한에 관하여 긴급조치를 할 수 있다.
③제1항과 제2항의 긴급조치를 한 때에는 대통령은 지체없이 국회에 통고하여야 한다.
④제1항과 제2항의 긴급조치는 사법적 심사의 대상이 되지 아니한다.
⑤긴급조치의 원인이 소멸한 때에는 대통령은 지체없이 이를 해제하여야 한다.
⑥국회는 재적의원 과반수의 찬성으로 긴급조치의 해제를 대통령에게 건의할 수 있으며, 대통령은 특별한 사유가 없는 한 이에 응하여야 한다.

나. 법률

원칙- 위헌제청의 대상이 될 수 있는 법률은 원칙적으로 국회의 의결을 거쳐서 제정된 이른바 "형식적 의미의 법률"이다(헌재 1996. 6. 13. 94헌바20).[51] 따라서 대한민국 국회의 의결을 거치지 않은 외국의 법률은 제청 대상이 될 수 없고, 또한 제정되어 공포되었지만(형식적 의미의 법률) 시행되지 아니한 법률은 심판대상에서 제외된다.[52]

1) 위헌 선언된 법률

이미 위헌결정이 선고되어 효력을 상실한 법률조항에 대한 위헌심판제청은 부적법하다(헌재 1989. 9. 29. 89헌가86).[53]

2) 폐지된 법률

법률이 폐지되어 더 이상 재판의 전제가 되지 않는 경우의 위헌심판제청은 부적법하다(헌재 1989. 5. 24. 88헌가12). 그러나 폐지된 법률이라 하더라도 당해사건에 적용될 수 있어 재판의 전제가 되는 경우에는 위헌심판제청의 대상이 된다.[54]

---

50) "긴급조치는 사법적 심사의 대상이 되지 아니한다고 규정한 유신헌법 제53조 제4항은, 비록 고도의 정치적 결단에 의하여 행해지는 국가긴급권의 행사라고 할지라도 그것이 국민의 기본권침해와 직접 관련되는 경우에는 헌법재판소의 심판대상이 될 수 있다는 점, 이러한 사법심사 배제조항은 근대입헌주의에 대한 중대한 예외가 될 뿐 아니라 기본권보장 규정이나 위헌법률심판제도에 관한 규정 등 다른 헌법 조항들과 정면으로 모순·충돌되는 점, 현행헌법에서는 그 반성적 견지에서 긴급재정경제명령·긴급명령에 관한 규정(제76조)에서 사법심사 배제 규정을 삭제하여 제소금지조항을 승계하지 아니한 점 및 긴급조치의 위헌 여부는 원칙적으로 현행헌법을 기준으로 판단하여야 하는 점에 비추어 이 사건에서 유신헌법 제53조 제4항 규정의 적용은 배제되고 현행헌법에 따라 긴급조치들의 위헌성을 다툴 수 있다"(헌재 2013. 3. 21. 2010헌바132등, 판례집 25-1, 180, 195).

51) 형식적 의미의 법률은 아니지만, 법률의 효력을 갖는 관습법이나 긴급명령, 국회 동의를 거친 조약, 일반적으로 승인된 국제법규 등도 대상이 될 수 있다.

52) 우리 헌법이 채택하고 있는 구체적 규범통제인 위헌법률심판은 최고규범인 헌법의 해석을 통하여 헌법에 위반되는 법률의 효력을 상실시키는 것이므로 이와 같은 위헌법률심판 제도의 기능의 속성상 법률의 위헌여부심판의 제청대상 법률은 특별한 사정이 없는 한 법률은 공포되어 현재 시행중이거나 과거에 시행되었던 것이어야 한다. 제청 당시에 공포는 되었으나 시행되지 않은 법률은 위헌여부심판의 대상법률에서 제외된다(헌재 1997. 9. 25. 97헌가4, 판례집 9-2, 332, 337-338).

53) 다만, 한정합헌, 한정위헌 선언된 법률에 대하여 위헌법률심판이 제청된 경우 본안판단을 하고 있다. 89헌마113; 90헌가11; 89헌가8(한정합헌); 93헌바9; 92헌바27(한정위헌).

54) 대통령이 동원대상지역 내의 토지수용에 대한 특별조치를 할 수 있도록 규정한 국가보위에관한특별조치법 제5조 제4항 및 그에 따른 대통령령에 의하여 토지를 수용당한 소유자가 위 특별조치법 제5조 제4항이 위헌임을 이유로 하여 대한민국을 상대로 소유권이전등기말소청구소송을 제기한 경우에 비록 위 특별조치법이 폐지되었다고 하더라도 그 위헌 여부는 위 소송에서 재판의 전제가 되므로 위헌심판의 대상이 된다(1994. 6. 30. 92헌가18, 판례집 6-1, 557, 563).

3) 법률 개정 후 구법이 적용되는 경우

비록 조합의 구역 내에 같은 업종의 조합을 2개 이상 설립할 수 없도록 한 구 축산업협동조합법 제99조 제2항이 축산업협동조합법의 개정으로 삭제되기는 하였으나 농림수산부장관의 조합설립인가처분의 위법·부당 여부는 특별한 사정이 없는 한 위 처분 시의 법규에 비추어 판단하여야 할 것이고, 위 처분 당시 유효한 법률조항이었던 심판대상조항의 재판의 전제성이 인정된다(헌재 1996. 4. 25. 92헌바47).

4) 법률 개정 후 신법이 적용되는 경우

국적법 제2조 제1항 제1호 위헌제청 사건에서는 심판계속 중 제청대상 법률조항이 개정되어 당해사건에 신법을 적용하게 되었으므로 재판의 전제성이 없어 위헌심판제청을 각하하였다(헌재 2000. 8. 31. 97헌가12). 다만, 보호감호처분에 대하여는 소급입법이 금지되므로 비록 구법이 개정되어 신법이 소급적용되도록 규정되었다고 하더라도 실체적인 규정에 관한 한 오로지 구법이 합헌임을 전제로 신법이 보다 더 유리하게 변경되었을 때에만 신법이 소급적용될 것이어서 구법의 위헌 여부는 재판의 전제가 되므로 개정전 사회보호법 조항에 대한 위헌제청은 적법하다(헌재 1989. 7. 14. 88헌가5등).

다. 명령, 규칙, 조례

"명령·규칙"은 위헌제청의 대상이 되지 않는다(헌법 제107조 제2항). 명령·규칙의 위헌 여부는 법원 스스로 이를 판단할 수 있는 것이므로 법원의 명령·규칙에 대한 위헌심판제청은 부적법하고(헌재 1996. 10. 4. 96헌가6), 명령·규칙을 대상으로 한 법 제68조 제2항의 헌법소원심판청구도 부적법하다(헌재 2011. 7. 28. 2009헌바158). 그리고 법률조항의 위임에 따라 대통령령으로 규정한 내용이 헌법에 위반될 경우라도 그로 인하여 정당하고 적법하게 입법권을 위임한 수권법률까지 위헌으로 되는 것은 아니다(헌재 1996. 6. 26. 93헌바2).

- 지방자치단체의 조례도 '법률'이 아니므로 위헌법률심판이나 법 제68조 제2항의 헌법소원심판의 대상이 될 수 없다(헌재 1998. 10. 15. 96헌바77).
- 다만, 법률과 시행령·규칙 등이 결합하여 전체로서 하나의 완결된 법적 효력을 발휘할 경우에 법률과 시행령·규칙 등 하위법규를 제도적으로 분리하여 따로 심사하는 것은 기본권 보장의 관점에서 바람직하지 못한 결론을 가져올 수 있다. 법률에 대해서는 위임의 형식과 내용만이, 하위법규에 대해서는 위임 범위의 준수 여부가 따로 심사

의 대상이 되어 전체로서의 규율내용에 대해서는 의미 있는 판단을 하기 어려울 수도 있기 때문이다. 헌법재판소는 이 경우 법률의 위임에 따른 시행령 · 규칙 등 하위법규를 직접 심판대상으로 삼는 대신에 법률의 내용을 판단하는 부수적인 자료로 삼기도 하고(헌재 1992. 6. 26. 90헌가23), 다른 한편으로는 반드시 법률로써 규정하여야 할 입법사항의 위임금지를 통하여 하위법규로의 위임 자체를 통제하기도 한다.

라. 입법부작위(법률의 부존재, 불완전)

위헌법률심판이나 법 제68조 제2항의 헌법소원은 입법활동의 결과인 법률이나 법률조항이 헌법에 위반되는지 여부를 적극적으로 다투는 제도이므로 법률의 부존재, 즉 (진정)입법부작위를 대상으로 하여 다투는 것은 그 자체로서 허용되지 않는다. 그러나 법률이 불완전 · 불충분하여 결함이 있는 이른바 '부진정입법부작위'는 입법부작위로 다툴 것이 아니라 불완전한 법률조항 자체를 대상으로 위헌제청이나 헌법소원을 제기하여야 한다. 즉, 법률 자체의 위헌성을 다투는 취지로 이해될 경우에는 재판의 전제가 된다는 것을 요건으로 허용될 수 있다.[55]

1) 진정입법부작위

제청법원이 법률에 대한 위헌심판을 구하면서 동시에 토지수용의 경우에 가압류가 소멸함에도 그에 대한 보상의 방법과 절차를 전혀 규정하지 않아 가압류 채권자의 재산권을 침해하고 있다는 이른바 입법부작위로 인한 위헌청구를 한 부분은 위헌법률심판의 대상으로 삼을 수 없어 부적법하다(헌재 2007. 12. 27. 2005헌가9).

2) 부진정입법부작위

준재심의 사유와 방법을 정한 민소 제431조(현행 민소 제461조)에 대한 위헌소원 사건에서 헌법재판소는, 청구인은 재판상 화해의 합의가 없는 경우를 준재심의 사유로 정하지 않은 입법부작위를 다투지만, 이는 '화해의 합의가 없는 경우'와 같이 중대한 하자를 재심사건에서 제외하여 불완전, 불충분한 입법을 한 것임을, 즉 부진정입법부작위를 다투는 것이라고 판시하였다(헌재 1996. 3. 28. 93헌바27).

---

55) 법률이 불완전 · 불충분하게 규정되었음을 근거로 법률 자체의 위헌성을 다투는 취지로 이해될 경우에는 그 법률이 당해사건의 재판의 전제가 된다는 것을 요건으로 허용될 수 있다(헌재 2004. 1. 29. 2002헌바36). 불완전 · 불충분한 법률의 내용에 따라서는 헌법재판소가 그 위헌성을 확인하더라도 불완전 · 불충분한 입법을 적용하였을 때와 다른 내용의 재판을 하기 어려운 경우가 발생할 수 있기 때문이다.

마. 긴급명령과 긴급재정경제명령, 조약과 일반적으로 승인된 국제법규

형식적 의미의 법률은 아니나 그와 같은 효력을 가지는 대통령의 긴급명령과 긴급재정경제명령, 조약과 일반적으로 승인된 국제법규는 위헌제청의 대상이 될 수 있다.[56][57]

바. 관습법

관습법은 비록 형식적 의미의 법률은 아니지만 실질적으로는 법률과 같은 효력을 갖는 것이므로 위헌법률심판의 대상이 된다(헌재 2013. 2. 28. 2009헌바129).

3. 적법성 판단: 재판의 전제성

법률에 대한 위헌제청이 적법하기 위해서는 법원에 계속 중인 구체적인 사건에 적용할 법률이 헌법에 위반되는 여부가 재판의 전제로 되어야 한다. 재판의 전제성 요건은 위헌법률심판절차의 구체적 규범통제절차로서의 본질에 따른 요건으로 이를 요구하지 않는 추상적 규범통제절차와 구별된다.

한편, 법 제68조 제2항에 의한 헌법소원 역시 그 형식에도 불구하고 실질은 위헌법률심판제도이다. 따라서 위 조항에 의한 헌법소원에서도 구체적인 사건에 적용될 법률의 위헌 여부가 재판의 전제가 되어야 한다(헌재 1995. 7. 21. 93헌바46).

---

56) 헌법재판소는 법 제68조 제2항의 "법률"에는 "조약"이 포함되는데, 국제통화기금 임직원의 공적 행위에 대한 재판권 면제 등을 규정한 국제통화기금협정 제9조 제3항 및 제8항, 전문기구의특권과면제에관한협약 제4절, 제19절(a)은 국회의 동의를 얻어 체결된 것이므로 헌법 제6조 제1항에 따라 국내법적 효력을 가지며, 그 효력의 정도는 법률에 준하는 효력이라고 이해되고, 재판권 면제에 관한 것이므로 성질상 국내에 바로 적용될 수 있는 법규범으로서 위헌법률심판의 대상이 된다고 하였고(헌재 2001. 9. 27. 2000헌바20), 일정한 규범이 위헌법률심판 또는 법 제68조 제2항의 헌법소원심판의 대상이 되는 '법률'인지 여부는 그 제정 형식이나 명칭이 아니라 그 규범의 효력을 기준으로 판단하여야 하므로 헌법이 법률과 동일한 효력을 가진다고 규정한 긴급재정경제명령(헌법 제76조 제1항) 및 긴급명령(헌법 제76조 제2항)은 물론, 헌법상 형식적 의미의 법률은 아니지만 국내법과 동일한 효력이 인정되는 '헌법에 의하여 체결·공포된 조약과 일반적으로 승인된 국제법규'(헌법 제6조)의 위헌 여부의 심사권한도 헌법재판소에 전속된다고 보아야 한다고 하였다(헌재 2013. 3. 21. 2010헌바70등).

57) 헌법재판소는, '대한민국과 아메리카합중국 간의 상호방위조약 제4조에 의한 시설과 구역 및 대한민국에서의 합중국 군대의 지위에 관한 협정'(1967. 2. 9. 조약 제232호)은 그 명칭이 "협정"으로 되어 있어 국회의 관여 없이 체결되는 행정협정처럼 보이기도 하나 우리나라의 입장에서 볼 때에는 외국군대의 지위에 관한 것이고, 국가에게 재정적 부담을 지우는 내용과 근로자의 지위, 미군에 대한 형사재판권, 민사청구권 등 입법사항을 포함하고 있으므로 국회의 동의를 요하는 조약으로 취급되어야 한다고 보고, 위헌제청의 대상으로 인정하였다(헌재 1999. 4. 29. 97 헌가14).

가. "재판"

재판이란 인적 · 물적으로 독립된 제3자인 법원이 법률이 정한 절차에 따라 구체적인 분쟁이나 법 위반의 여부를 법규범을 기준으로 하여 유권적으로 판단하는 작용이다. 따라서 법원이 하는 사법행정은 재판이 아니다.

법 제41조 제1항에서 말하는 '재판'이라 함은 원칙적으로 그 형식 여하와 본안에 관한 재판인지 또는 소송절차에 관한 재판인지를 불문한다. 따라서 판결, 결정, 명령 등 모든 형식의 재판이 포함되고, 심급을 종국적으로 종결시키는 종국재판뿐만 아니라 중간재판도 이에 포함된다.

나. "전제성"

재판의 "전제성"이라 함은 원칙적으로 첫째 구체적인 사건이 법원에 계속 중이어야 하고, 둘째 위헌 여부가 문제되는 법률이 당해 소송사건의 재판에 적용되는 것이어야 하며, 셋째 그 법률이 헌법에 위반되는지의 여부에 따라 당해 소송사건을 담당하는 법원이 다른 내용의 재판을 하게 되는 경우를 말한다. 여기서 다른 내용의 재판을 하게 되는 경우라 함은 원칙적으로 법원이 심리 중인 당해사건의 재판의 결론이나 주문에 어떤 영향을 주는 경우뿐만 아니라, 문제된 법률의 위헌 여부가 비록 재판의 주문 자체에는 아무런 영향을 주지 않는다고 하더라도 재판의 내용과 효력에 관한 법률적 의미가 달라지는 경우도 포함된다고 할 것이다(헌재 1992. 12. 24. 92헌가8).

1) 구체적인 사건이 법원에 계속 중일 것

"구체적인 사건이 법원에 계속 중이어야"한다는 것은 위헌법률심판제청사건의 경우에는 위헌제청결정 당시는 물론이고 헌법재판소의 위헌 여부 결정 시까지 구체적 사건이 법원에 계속 중이어야 한다는 의미이고, 법 제68조 제2항의 헌법소원심판사건의 경우에는 최소한 위헌제청신청 시에는 구체적 사건이 법원에 계속 중이어야 한다는 의미이다.[58]

당해사건이 법원에 원칙적으로 "적법"하게 계속되어 있을 것을 요한다. 그러므로 "당해사건이 부적법한 것이어서 법률의 위헌 여부를 따져 볼 필요조차 없이 각하를 면할 수 없는 것일 때에는 위헌여부심판의 제청신청은 적법요건인 '재판의 전제성'을 흠결한 것"으로 각하하여야 한다(헌재 1992. 8. 19. 92헌바36).

---

58) 헌법재판소는 제청신청인이 당해사건에서 구속적부심 계속 중에 위헌심판제청신청을 하였으나 법원이 구속적부신청을 먼저 기각하여 재판계속이 종료된 후 위헌심판제청신청을 기각한 사안에서 재판의 전제성을 인정하였다(헌재 1995. 2. 23. 92헌바18).

한편, 법 제68조 제2항의 헌법소원의 경우에는 당해 소송사건이 헌법소원의 제기로 정지되지 않기 때문에 헌법소원심판의 종국결정 이전에 당해 소송사건이 확정되어 종료되는 경우가 있을 수 있다. 그러나 헌법소원이 인용된 경우에는 당해사건이 이미 확정된 때라도 당사자는 재심을 청구할 수 있으므로(법 제75조 제7항), 판결이 확정되었더라도 재판의 전제성이 소멸된다고 볼 수 없다(헌재 1998. 7. 16. 96헌바33등). 따라서 1심 법원에 소송 계속 중에 위헌제청신청을 하였으나 상소를 하지 않아 당해사건의 재판이 확정된 후에 법 제68조 제2항의 헌법소원을 청구한 경우에도 재판의 전제성이 인정된다(헌재 2002. 7. 18. 2000헌바57).[59]

당해사건이 법원에 일단 적법하게 계속되었더라도 위헌심판제청 이후 헌법재판소의 심리기간 중 사후적인 사정변경, 예컨대 당해사건이 소의 취하(취하간주 포함)로 말미암아 종료된 경우(민소 제267조 제1항 참조)에는 재판의 전제성은 인정되지 않는다. 따라서 위헌심판제청 또는 법 제68조 제2항에 따른 헌법소원을 제기한 후 소가 취하되면 재판의 전제성이 소멸된다(헌재 2007. 7. 26. 2003헌바107). 그러나 1심 법원에 소송 계속 중 위헌여부제청신청에 대한 기각결정을 받고 법 제68조 제2항의 헌법소원을 제기하였으나 항소심 계속 중 항소취하된 경우에는 위헌제청 시 또는 헌법소원심판청구 시 당해사건의 재판이 계속 중이었으므로 재판의 전제성이 인정되는 것으로 보아야 함을 유의하여야 한다.

2) 위헌 여부가 문제되는 법률이 당해사건의 재판에 적용되는 것일 것

가) 적용 여부의 결정기준

어떤 법률규정이 위헌의 의심이 있다고 하더라도 그것이 당해사건에 적용되지 않는다면 재판의 전제성 요건은 충족되지 않는다. 어떤 법률이 당해사건에 적용되는지 여부는 결국 법률의 해석에 관한 문제이므로 헌법재판소는 법원의 판단을 존중하면서 관련 법률규정의 체계적 해석을 통해 적용 여부를 판단하여야 한다.

헌법재판소는 청구인이 당해사건에서 해운대구에 대한 부당이득금반환청구소송의 청구원인으로 '해운대구청장이 경락기일 전에 경매법원에 취득세의 교부청구를 하지 아니하였음에도 경매법원이 이를 해운대구청장에게 배당한 것이 위법'이라는 주장, 즉 위법한 교부청구에 기한 배당의 위법만을 주장하고 있으므로 지방세의 근저당권에 대한 우선징

59) 이와 달리 항소심에서 유죄판결을 선고받은 후 위헌법률심판제청신청을 하였으나 상고를 하지 않아 위 유죄판결이 확정되었고, 그 이후 제청신청이 각하되자 헌법소원심판을 청구한 사건에서 헌법재판소는, 재판의 전제성이 없어 부적법하다고 하였다(헌재 2000. 6. 1. 99헌바73).

수권에 관한 구 지방세법 제31조 제2항 제3호는 당해사건에 적용될 여지가 없다고 하였고(헌재 1995. 7. 21. 93헌바46), 헌법불합치결정에 따른 개선입법의 소급적용 여부와 소급적용의 범위는 원칙적으로 입법자의 재량에 달린 것이기는 하지만, 헌법불합치결정 당시에 법률조항의 위헌 여부가 쟁점이 되어 법원에 계속 중인 사건에 대하여는 헌법불합치결정의 소급효가 미치므로, 헌법불합치결정 후 그 취지에 맞추어 그 법률조항이 개정된 이상 그 법률조항은 청구인들이 제기한 당해사건의 적용법률로 볼 수 없다(헌재 2006. 6. 29. 2004헌가3)고 판단하였다. 마찬가지로 당해사건에는 구법조항이 적용되는데 법원이 동일한 내용의 신법조항을 제청한 경우에는 신법조항의 위헌 여부는 당해사건에 적용되지 않으므로 재판의 전제성이 없다(헌재 2001. 4. 26. 2000헌가4).

한편, 공소가 제기되지 아니한 사실에 적용되는 법률조항의 위헌 여부는 당해 형사사건에서 재판의 전제가 될 수 없다(헌재 2006. 2. 23. 2003헌바84). 또한 공소장의 "적용법조"란에 적시된 법률조항이라 하더라도, 구체적 소송사건에서 법원이 적용하지 아니한 법률조항은 그에 대해 위헌결정이 선고된다고 하더라도 다른 특별한 사정이 없는 한, 그로 인해 당해사건의 재판의 주문이 달라지지 않을 뿐만 아니라 재판의 내용과 효력에 관한 법률적 의미가 달라지지 않기 때문에 재판의 전제성이 인정되지 않는다(헌재 1997. 1. 16. 89헌마240). 다만, 법관은 공소장의 변경 없이도 직권으로 공소장 기재와는 다른 법조를 적용할 수 있으므로, 공소장에 적시되지 아니한 법률조항이라고 할지라도 법원이 공소장변경 없이 실제 적용한 법률조항은 재판의 전제성이 있다(헌재 1997. 1. 16. 89헌마240).

그리고 헌법재판소는, 청소년의 성보호에 관한 법률 제2조 제3호 및 제8조 제1항의 '청소년이용음란물'이 실제인물인 청소년이 등장하는 음란물을 의미하고, 단지 만화로 청소년을 음란하게 묘사한 당해사건의 공소사실을 규율할 수 없다고 본다면 위 각 규정은 당해사건에 적용될 수 없어 일응 재판의 전제성을 부인하여야 할 것으로 보이나, 아직 법원에 의하여 그 해석이 확립된 바 없어 당해 형사사건에의 적용 여부가 불명인 상태에서 검사가 그 적용을 주장하며 공소장에 적용법조로 적시하였고, 법원도 적용가능성을 전제로 재판의 전제성을 긍정하여 죄형법정주의 위반 등의 문제점을 지적하면서 위헌법률심판제청을 하여 온 이상, 헌법재판소로서는 그 법령을 해석하여 이에 대한 판단을 하여야 하고 법원은 그 판단을 전제로 당해사건을 재판하게 되는 것이므로, 위 각 규정은 그 해석에 의하여 당해 형사사건에의 적용 여부가 결정된다는 측면에서 재판의 전제성을 인정하여야 한다고 하였다(헌재 2002. 4. 25. 2001헌가27).

나) 간접 적용되는 법률

심판대상이 되는 법률은 법원의 당해사건에 직접 적용되는 법률인 경우가 대부분이겠지만, 제청 또는 청구된 법률조항이 당해사건의 재판에 직접 적용되지는 않더라도 그 위헌 여부에 따라 당해사건의 재판에 직접 적용되는 법률조항의 위헌 여부가 결정되거나, 당해 재판의 결과가 좌우되는 경우 등과 같이 규범 사이에 내적 관련이 있는 경우에는 간접 적용되는 법률규정에 대하여도 재판의 전제성을 인정할 수 있다(헌재 2000. 1. 27. 99헌바23). 재판에 직접 적용되는 시행령의 위헌 여부가 수권조항인 위임법률의 위헌 여부에 달려 있는 경우에 위임법률을 심판의 대상으로 삼는 경우도 넓은 의미에서 여기에 포함시킬 수 있을 것이다(헌재 1994. 6. 30. 92헌가18).

헌법재판소는 '이자제한법 폐지 법률'(1998. 1. 13. 법률 제5507호)과 이자의 최고한도를 연 4할로 정한 '이자제한법 개정법률'(1965. 9. 24. 법률 제1710호)이 무효로 선언된다면 1962년 제정 당시의 이자제한법이 되살아나 당해사건에 적용될 것이므로, 개정법률과 폐지법률은 위 제정 당시의 이자제한법이 적용되는 것을 막고 있다는 의미에서 간접적으로나마 당해사건에 적용된다고 볼 수 있고, 위 약정연체이율 중 연 2할을 초과하는 부분이 무효가 된다면 당해사건의 재판 주문도 달라지게 될 것이므로, 재판의 전제성은 인정된다고 하였다(헌재 2001. 1. 18. 2000헌바7).

그리고 긴급조치 제2호는 대통령의 긴급조치를 위반한 자를 심판하기 위하여 설치하는 비상군법회의의 조직법으로, 긴급조치 제2호에 따라 법원이 아닌 비상군법회의가 청구인에게 긴급조치 위반의 혐의로 유죄판결을 선고할 수 있었으므로, 비록 긴급조치 제2호가 처벌의 직접적인 근거 조항은 아니더라도 그것이 위헌이라면 청구인에 대한 유죄판결은 결국 재판권이 없는 기관에 의한 것이 되므로 긴급조치 제2호도 당해사건에서 재판의 전제성이 인정된다고 판단하였고(헌재 2013. 3. 21. 2010헌바132등)

다) 적용되는 법률이 아니라고 본 사례

헌법재판소는, 국가보안법과 '남북교류 협력에 관한 법률'은 상호 그 입법목적과 규제대상을 달리하고 있으므로 위 두 법률조항에 관하여 형법 제1조 제2항이 적용될 수 없고, 청구인에 대한 공소장 기재의 공소사실을 보면 청구인의 행위에 관하여는 '남북교류 협력에 관한 법률'은 적용될 여지가 없다고 할 것이므로 '남북교류 협력에 관한 법률' 제3조의 위헌 여부가 당해 형사사건에 관한 재판의 전제가 된 경우라고 할 수 없다고 판시하였다(헌재 1993. 7. 29. 92헌바48).

그리고 당해사건이 지방자치선거에서 구청장으로 당선된 자의 '공직선거 및 선거부정방지법' 위반에 대한 것인 경우, 당선인이 선거범죄로 인하여 100만 원 이상의 벌금형을 선고받은 때에는 그 당선을 무효로 한다고 규정한 '공직선거 및 선거부정방지법' 제264조는 당해사건의 결론이나 주문에 영향을 미치는 것이 아니라, 당해사건의 결론이나 주문에 의하여 비로소 영향을 받는 것이며, 재판의 내용과 효력을 형성함에 있어 관련된 것이 아니라 별도의 구성요건(위 당선무효 규정의 구성요건)에 의해서 비로소 형성되는 법률적 효과를 규정한 것이기 때문에 재판의 전제성이 없다고 하였고(헌재 1997. 11. 27. 96헌바60), 구 지방세법 제74조 제1항은 심사청구제도를 규정하고 있을 뿐 행정소송과의 관계에 관하여는 아무런 규율도 하고 있지 않고, 당해사건 재판의 쟁점은 과연 청구인이 행정심판 전치(前置)의 요건을 적법하게 거쳤느냐에 관한 것인바, 이에 관한 판단은 지방세 부과처분에 대한 행정소송의 경우 반드시 심사청구를 하여 그 재결을 거치도록 규정하고 있는 지방세법 제78조 제2항의 위헌 여부에 달려 있는 것이지, 제74조 제1항의 위헌 여부에 달려있는 것이 아니므로 제74조 제1항은 재판의 전제성이 없다고 하였다(헌재 2001. 6. 28. 2000헌바30).

한편, 헌법재판소는 공무원에 대하여는 일반근로자들을 규율하는 근로기준법과는 전혀 다른 별개의 독립한 법체계를 지닌 공무원연금법을 적용하게 되므로 공무원연금법 제61조의2에 대한 위헌결정 또는 헌법불합치결정이 있다 하여 당해사건에서 퇴직금에 관한 근로기준법 조항이 곧바로 적용된다고 볼 수는 없다고 판시하였다(헌재 2003. 6. 26. 2001헌바54), 직위해제처분은 공무원이 공무원의 신분관계를 그대로 존속시키면서 다만 그 직위를 부여하지 아니하는 처분이므로 만일 어떤 사유에 기하여 직위해제를 한 후 동일한 사유를 이유로 공무원의 신분관계를 박탈하는 파면처분을 하였을 경우에는 뒤에 이루어진 파면처분에 의하여 그전에 있었던 직위해제처분의 효력은 상실하게 되므로 직위해제 상태의 일정기간 존속이라는 사실의 효과로 당연히 발생하는 당연퇴직의 효과도 발생하지 않게 되어 직위의 해제 및 해임에 관한 구 국가공무원법 제73조의2 제4항 중 동조 제1항 제2호 중 공무원으로서 근무태도가 심히 불성실한 자 부분은 당해사건에 적용되지 않게 되고 따라서 재판의 전제성이 인정되지 않는다고 판시하였다(헌재 2005. 12. 22. 2003헌바76).

3) 그 법률이 헌법에 위반되는지의 여부에 따라 당해사건을 담당하는 법원이 다른 내용의 재판을 하게 되는 경우일 것

재판의 전제성이 인정되려면 법률의 위헌 여부에 따라 제청법원이 다른 내용의 재판을 하게 되는 경우이어야 한다. 다른 내용의 재판을 하게 되는 경우란 ① 재판의 주문에 영향을 미치는 경우와 ② 재판의 결론을 이끌어 내는 이유를 달리하는데 관련되어 있거나, ③ 재판의 내용이나 효력에 관한 법률적 의미가 달라지는 경우가 있다.

가) 법원이 심리중인 당해사건 재판의 주문에 영향을 미치는 경우

① 일반론

헌법재판소는 "법률이 위헌일 때는 합헌일 때와 다른 판단을 할 수밖에 없는 경우 즉, 판결 주문이 달라질 경우"가 이 경우에 해당한다고 판시하였다.

예를 들면, 제청신청인들이 개정법률에 의하여 복직발령을 받았더라도 직위해제처분은 여전히 유효하기 때문에, 승급이나 보수지급에 관한 불리한 효과가 그대로 남아 있으므로 이러한 불리함을 제거하기 위하여 직위해제처분의 취소를 구할 소의 이익이 인정되고, 따라서, 형사사건으로 기소된 자에게는 직위를 부여하지 않는다는 구 국가공무원법 제73조의2 제1항 단서는 당해사건에서 적용되는 규정이고, 이 규정의 위헌 여부에 따라 직위해제처분의 취소 여부, 즉 재판의 결과가 달라지므로 재판의 전제성이 인정된다고 하였다(헌재 1998. 5. 28. 96헌가12).

국립공원지정처분으로 말미암은 청구인들의 손실 또는 손해에 대해 보상규정을 두지 않은 자연공원법 제4조에 대한 사건에서는, 위 조항에 대한 위헌결정 또는 헌법불합치결정에 따른 개선입법에 의하여 당해사건에서 다른 내용의 재판을 할 여지가 있다며, 재판의 전제성을 인정하였다(헌재 2003. 4. 24. 99헌바110).

한편, 과세관청이 상속세 과세표준을 산정함에 있어서, 상속공제의 합계액이 1억 원을 초과하는 경우 그 초과 부분은 이를 과세가액에서 공제하지 아니한다는 구 상속세법 제11조의5의 규정에 따라 상속세 과세가액에서 주택상속공제로서 금 1억 원을 공제하였다면, 농지 등의 상속공제에 대한 동법 제11조의3 제3항의 규정이 위헌이라고 하더라도 농지의 상속공제는 받을 수 없다고 할 것이고, 따라서 이 부분 심판청구는 재판의 전제성이 없고(헌재 2000. 1. 27. 98헌바12), 당해사건에서 청구인에게 유리한 판결이 확정되었다면 문제된 사립학교교원연금법조항이나 농지법조항의 위헌 여부에 따라 재판의 주문이 달라지는 경우에 해당하지 않는다고 할 것이므로 재판의 전제성이 없다고 하였다(헌재 2000. 7. 20. 99헌바61).

그리고 일반적으로 법률이 헌법에 위반된다는 사정은 헌법재판소의 위헌결정이 있기 전에는 객관적으로 명백한 것이라고 할 수 없으므로, 법률이 헌법에 위반되는지 여부를 심사할 권한이 없는 공무원으로서는 그 법률을 적용할 수밖에 없는 것이고, 따라서 법률에 근거한 행정처분이 사후에 그 처분의 근거가 되는 법률에 대한 헌법재판소의 위헌결정으로 결과적으로 위법하게 집행된 처분이 될지라도, 이에 이르는 과정에 있어서 공무원의 고의, 과실을 인정할 수는 없다 할 것이므로 근거법률이 헌법에 위반되는지 여부는 당해 사건에 있어 그 재판의 결론이나 주문 또는 내용과 효력에 관한 법률적 의미에 아무런 영향을 미치지 못한다(헌재 2008. 4. 24. 2006헌바72; 헌재 2014. 4. 24. 2011헌바56). 따라서 재판의 전제성이 없다.

다만, 법원이 위헌법률심판제청을 한 경우에는 재판의 전제성 요건을 갖추고 있는지 여부에 관하여 되도록 제청법원의 이에 관한 법률적 견해를 존중해야 할 것이며, 그 전제성에 관한 법률적 견해가 명백히 유지될 수 없을 때에만 헌법재판소가 그 제청을 부적법하다 하여 각하할 수 있다고 할 것이다.

② 제소기간(쟁송기간)이 경과한 후에 행정처분의 근거법률을 다투는 경우

제소기간이 경과한 후 처분의 무효확인을 구하면서 행정처분의 근거법률이 위헌이라고 주장하는 경우, 그 재판의 전제성 인정 여부는 근거법률에 대한 위헌결정이 해당 행정처분을 무효로 할 수 있는가 여부에 따라 달라진다. 그런데 행정처분의 근거법률이 헌법에 위반된다는 사정은 헌법재판소의 위헌결정이 있기 전에는 객관적으로 명백한 것이라고 할 수 없으므로, 특별한 사정이 없는 한 그러한 하자는 행정처분의 취소사유에 해당할 뿐 당연무효사유는 아니다.

헌법재판소는 구 국세기본법 제42조 제1항 단서에 대한 헌법소원 사건에서, "일반적으로 행정처분의 집행이 이미 종료되었고 그것이 번복될 경우 법적 안정성을 크게 해치게 되는 경우에는, 후에 행정처분의 근거가 된 법규가 헌법재판소에서 위헌으로 선고된다고 하더라도(처분의 근거법규가 위헌이었다는 하자는 중대하기는 하나 명백한 것이라고는 할 수 없다는 의미에서), 그 행정처분이 당연무효가 되지는 않는다고 할 수 있을 것이다. 따라서 행정처분에 대한 쟁송기간 내에 그 취소를 구하는 소를 제기한 경우는 별론으로 하고 쟁송기간이 경과한 후에는 처분의 근거법규가 위헌임을 이유로 무효확인소송 등을 제기하더라도 행정처분의 효력에 영향이 없음이 원칙이라고 할 것이다. 그러나 행정처분 자체의 효력이 쟁송기간 경과 후에도 존속 중인 경우, 특히 그 처분이 위헌법률에 근거하여 내려진 것이고 그 행정처분의 목적달성을 위하여서는 후행(後行) 행정처분이 필요한데 후행 행정처분은 아직 이루어지지 않은 경우, 그 행정처분을 무효로 하더라도 법적 안정성을 크게 해치지 않는 반면에 그 하자가 중대하여 그 구제가 필요한 경우에 대하여서는 그 예외를 인정하여 이를 당연무효사유로 보아서 쟁송기간 경과 후에라도 무효확인을 구할 수 있는 것이라고 봐야 할 것이다."라고 판시하여 위헌법률에 근거한 행정처분은 원칙적으로 취소할 수 있을 뿐이지만 예외적으로 무효인 경우도 있으므로 재판의 전제성을 긍정하였다(헌재 1994. 6. 30. 92헌바23).

한편, 대법원은, 하자 있는 행정처분이 당연무효가 되기 위하여는 그 하자가 중대할 뿐만 아니라 명백한 것이어야 하는데, 일반적으로 법률이 헌법에 위반된다는 사정이 헌법재판소의 위헌결정이 있기 전에는 객관적으로 명백한 것이라고 할 수는 없으므로 헌법재판소의 위헌결정 전에 행정처분의 근거되는 당해 법률이 헌법에 위반된다는 사유는 특별한 사정이 없는 한 그 행정처분의 취소소송의 전제가 될 수 있을 뿐 당연무효사유는 아니라고 봄이 상당하다."고 하였고(대법원 1994. 10. 28. 선고 92누9463 판결), 이후 하자 있는 행정처분이 당연무효가 되기 위하여는 그 하자가 법규의 중요한 부분을 위반한 중대한 것으로서 객관적으로 명백한 것이어야 하며, 하자가 중대하고 명백한 것인지 여부를 판별함에 있어서는 그 법규의 목적, 의미, 기능 등을 목적론적으로 고찰함과 동시에 구체적 사안 자체의 특수성에 관하여도 합리적으로 고찰함을 요한다고 하여 중대명백설을 채택하였음을 분명히 하였다(대법원 1995. 7. 11. 선고 94누4615 판결).

헌법재판소 역시, 법률이 헌법에 위반된다는 사정은 헌법재판소의 위헌결정이 있기 전에는 객관적으로 명백한 것이라고 할 수는 없으므로 특별한 사정이 없는 한 그러한 하자는 행정처분의 취소사유에 해당할 뿐 당연무효사유는 아니라고 전제한 다음, 제소기간이 경과한 뒤에는 행정처분의 근거법률이 위헌임을 이유로 무효확인소송 등을 제기하더라도 행정처분의 효력에는 영향이 없음이 원칙이므로, 이미 제소기간이 경과하여 불가쟁력이 발생한 행정처분의 근거법률의 위헌 여부에 따라 당해사건 재판의 주문이 달라지거나 재판의 내용과 효력에 관한 법률적 의미가 달라진다고 볼 수 없어, 이 경우는 재판의 전제성을 인정할 수 없다고 판단하고 있다(헌재 1999. 9. 16. 92헌바9; 헌재 2007. 10. 4. 2005헌바71; 헌재 2014. 1. 28. 2010헌바251). 다만 위 2010헌바251 사건에서 재판관 4인의 반대의견은,[60] 행정처분의 하자가 무효사유인지 취소사유인지를 가리는 것은 구체적인 사실관계를 토대로 그 처분의 근거가 되는 법률의 목적과 기능 등을 고려하여 이를 법적으로 평가하여 내리는 판단으로서, 이에 관한 법원의 판단 이전에 헌법재판소가 재판의 전제성을 판단하면서 행정

60) 또한 2014. 3. 27. 2011헌바232. 행정처분의 하자가 무효사유인지 취소사유인지를 가리는 것은 최종적으로 법원의 몫이므로 행정처분의 근거 법률이 위헌이 될 경우 그 행정처분의 하자가 무효가 될 가능성도 있다는 점에서 행정처분의 무효를 다투는 경우에도 그 근거법률에 대해 재판의 전제성을 인정하여야 한다(4인 재판관의 반대의견).

처분의 무효 여부를 논리적·가정적으로 단정하여 판단할 수는 없다. 따라서 행정처분에 대한 무효확인소송이나 그 효력 유무를 선결문제로 하는 민사소송에서 행정처분의 근거법률이 위헌이 될 경우 그 행정처분이 무효가 될 가능성이 상존하므로, 그 처분에 대한 취소소송의 제소기간이 지났는지 여부와는 상관없이 당해 사건 재판의 주문이 달라지거나 그 내용과 효력에 관한 법률적 의미가 달라질 여지가 없음이 명백하다고 볼 수는 없어 행정처분의 근거 법률의 위헌 여부는 재판의 전제가 된다고 보아야 한다고 하였다.[61)]

대법원도 취득세 신고행위는 납세의무자와 과세관청 사이에 이루어지는 것으로서 취득세 신고행위의 존재를 신뢰하는 제3자의 보호가 특별히 문제되지 않아 그 신고행위를 당연무효로 보더라도 법적 안정성이 크게 저해되지 않는 반면, 과세요건 등에 관한 중대한 하자가 있고 그 법적 구제수단이 국세에 비하여 상대적으로 미비함에도 위법한 결과를 시정하지 않고 납세의무자에게 그 신고행위로 인한 불이익을 감수시키는 것이 과세행정의 안정과 그 원활한 운영의 요청을 참작하더라도 납세의무자의 권익구제 등의 측면에서 현저하게 부당하다고 볼 만한 특별한 사정이 있는 때에는 예외적으로 이와 같은 하자 있는 신고행위가 당연무효라고 함이 타당하다고 하여(대법원 2009. 2. 12. 선고 2008두11716 판결), 하자가 중대하지만 명백하지 않는 경우라도 당연무효로 볼 수 있다는 취지의 판결을 함으로써 중대명백설의 결론을 모든 사안에 그대로 적용할 수 없음을 보여주고 있다.

---

61) 일반적으로, 법률이 헌법에 위반된다는 사정은 헌법재판소의 위헌결정이 있기 전에는 객관적으로 명백한 것이라고 할 수 없으므로, 공무원이 직무집행의 근거로 한 법률이 사후에 위헌결정되어 해당 직무집행이 결과적으로 위법하게 되었다고 하더라도, 이에 이르는 과정에 있어서 공무원에게 불법행위의 고의 또는 과실이 있다거나 그로써 국가에게 손해배상책임이 성립한다고는 볼 수 없으므로 손해배상 청구소송에서 직무집행의 근거가 된 법률에는 재판의 전제성이 인정되지 않고(헌재 2009. 9. 24. 2008헌바23; 헌재 2011. 3. 31. 2009헌바286; 헌재 2011. 9. 29. 2010헌바65등; 헌재 2011. 11. 24. 2010헌바353), 전소의 기판력 있는 법률효과가 후소의 선결문제로 되는 때에도 후소는 전소의 기판력을 받게 되어 법원은 전소판결의 내용에 어긋나는 판단을 할 수 없으므로 후행처분의 취소를 구하면서 그 전제로 선행처분의 실효를 주장하는 경우 당해사건 관련규정에 대해서는 재판의 전제성이 인정되지 않으며(헌재 2011. 7. 28. 2009헌바24), 부과처분에 대한 취소소송 제소기간이 경과한 뒤 부담금 부과의 근거조항이 위헌임을 전제로 납부한 부담금에 대한 부당이득반환청구에서 해당 조항들은 재판의 전제성이 인정되지 않는다(헌재 2010. 2. 25. 2007헌바131등).
나아가 두 개 이상의 행정처분이 연속적으로 행하여지는 경우 선행처분과 후행처분이 서로 결합하여 1개의 법률효과를 완성하는 때에는, 선행처분에 하자가 있으면 그 하자는 후행처분에 승계되므로 선행처분에 불가쟁력이 생겨 그 효력을 다툴 수 없게 된 경우에도 선행처분의 하자를 이유로 후행처분의 효력을 다툴 수 있는 반면, 선행처분과 후행처분이 서로 독립하여 별개의 법률효과를 목적으로 하는 때에는 선행처분에 불가쟁력이 생겨 그 효력을 다툴 수 없게 된 경우 선행처분의 하자가 중대하고 명백하여 당연무효인 경우를 제외하고는 선행처분의 하자를 이유로 후행처분의 효력을 다툴 수 없다(대법원 2005. 4. 15. 선고 2004두14915 판결; 대법원 2009. 4. 23. 선고 2007두13159 판결). 따라서 단계적으로 별개의 법률효과가 발생되는 독립한 행정처분이 이루어진 경우 선행처분에 불가쟁력이 생겨 그 효력을 다툴 수 없게 되었다면, 그 처분에 하자가 있다고 하더라도 당연무효사유가 아닌 한 후행처분에 승계되는 것은 아니므로 선행처분의 근거규정은 후행처분의 취소를 다투는 소송에서 재판의 전제성이 인정되지 않는다(헌재 2010. 12. 28. 2009헌바429; 헌재 2014. 3. 27. 2011헌바23).

③ 기판력과 재판의 전제성

과세처분이 무효임을 이유로 그 후행처분인 압류처분이 무효라고 주장하는 당해사건에서 위 과세처분의 무효 여부는 선결문제인데, 전소인 과세처분취소소송에서 확정된 원고청구기각판결의 기판력은 후소인 당해사건에도 미치게 되므로, 과세처분의 근거조항이 위헌이어서 그에 기초한 과세처분이 무효라고 하더라도 확정된 전소의 기판력에 의하여 당해사건에서 위 과세처분이 무효라고 판단할 수 없어 재판의 전제성이 없다(헌재 1998. 3. 26. 97헌바13).

나) 재판의 결론을 이끌어 내는 이유를 달리하는 경우

헌법재판소는 법률의 위헌 여부가 "재판의 결론을 이끌어 내는 이유를 달리하는 데 관련되어 있는 경우"에도 재판의 전제성이 있다고 설시한 바 있다(헌재 1992. 12. 24. 92헌가8; 헌재 1993. 11. 25. 92헌바39).

다) 당해사건 재판의 내용이나 효력에 관한 법률적 의미가 달라지는 경우

헌법재판소는 재판의 내용이나 효력 중에 어느 하나라도 그에 관한 법률적 의미가 달라지는 경우에는 재판의 전제성이 있는 것으로 보아야 한다고 하였다. 즉, 형사소송법 제331조는 "무죄, 면소, 형의 면제, 형의 선고유예, 형의 집행유예, 공소기각 또는 벌금이나 과료를 과하는 판결이 선고된 때에는 구속영장은 효력을 잃는다. 단 검사로부터 사형, 무기 또는 10년 이상의 징역이나 금고의 형에 해당한다는 취지의 의견진술이 있는 사건에 대하여는 예외로 한다."라고 규정하고 있는데, 위 조항의 위헌 여부에 따라 판결 주문의 내용이 달라지는 것은 아니더라도 그 판결의 실질적 효력에 차이가 있게 되므로, 재판의 전제가 되어 위헌법률심판제청의 적법요건으로서 재판의 전제성이 있다고 판단하였다(헌재 1992. 12. 24. 92헌가8).

또한 손해배상소송에서 법원이 피고의 불법행위를 인정한 후에 원고(청구인) 일부승소의 판결을 선고하였는데, 그 사실인정에서 서증 등의 증거조사를 하면서 청구인이 신청한 피고본인신문 등의 증거조사신청을 구 민사소송법 제263조를 근거로 배척하였는바, 위 조항이 위헌으로 결정되어 당해사건의 재심사건에서 청구인이 신청한 증거를 모두 받아들이게 된다면 손해배상의 인용금액이 달라지는 등 재판의 주문이 달라질 가능성을 배제할 수 없고, 설사 그렇지 않더라도 그 재판의 이유를 달리함으로써 재판의 내용과 효력에 관한 법률적 의미가 달라지므로 재판의 전제성이 있다고 하였다(헌재 2004. 9. 23. 2002헌바46).

그러나 공직선거에서 당선자의 배우자인 청구인이 '공직선거 및 선거부정 방지법' 상의 매수 및 이해유도죄로 기소된 경우 당해사건 법원은 청구인의 행위가 위 법 제230조 제1항 제4호에 해당하는지 여부를 심리하여 청구인의 유·무죄를 판단할 뿐으로, 공직선거 당선

자의 배우자가 일정한 선거범죄의 유죄판결을 선고받는 경우 당선이 무효가 되도록 규정한 위 법 제265조 본문 중 '배우자' 부분이 위헌이라고 하여도 이 규정은 당선인 본인과 관련이 있을 뿐 청구인의 형사사건과는 관련이 없으므로 당해사건에서 법원이 청구인에 대하여 다른 판단을 할 수는 없으며 청구인에 대한 관계에서 당해사건 재판의 내용과 효력에 관한 법률적 의미가 달라지는 것도 아니라 하였고(헌재 2005. 7. 21. 2005헌바21), '교원지위 향상을 위한 특별법' 제9조 제1항 중 '처분이 있은 것을 안 날부터 30일 이내' 부분이 위헌으로 선언된다면 청구인은 위 청구기간 규정이 아니라 행정심판법 제18조 소정의 '처분이 있음을 안 날부터 90일 이내, 처분이 있은 날부터 180일 이내'라는 청구기간 규정의 적용을 받게 될 것이나, 청구인은 이 기간에도 재심청구를 한 바 없으므로, 위 '교원지위 향상을 위한 특별법' 규정의 위헌 여부에 따라 당해사건의 재판의 주문이나 결론이 달라지지는 아니하고, 다만 그 위헌 여부에 따라 각하판결의 이유가 달라지지만, 단지 전심절차 흠결의 전제가 되는 청구기간의 근거조문이 달라지는 사정을 재판의 내용과 효력에 관한 법률적 의미가 달라지는 경우라고 보기는 어려우므로 재판의 전제가 된다고 할 수 없다고 하였다(헌재 2007. 1. 17. 2005헌바86).

4) 특수문제: 평등원칙위반과 재판의 전제성

가) 수혜의 대상에서 제외된 자가 청구한 소송에서의 문제

당해 소송의 원고를 특정한 급부의 수혜대상에서 제외하는 법률규정에 있어서 그것이 합헌인 경우뿐만 아니라 위헌 또는 헌법불합치로 선언되는 경우에도 당해 소송 원고의 법적 지위에는 아무런 변동이 생기지 않는다. 이처럼 법률규정이 평등원칙에 위반되는 의심이 있는 경우에 재판의 전제성이 있는지에 관하여 헌법재판소는 초기에 수혜대상에서 제외된 사람은 법률조항의 적용대상자가 아니라는 이유로 재판의 전제성을 부인한 적도 있지만(헌재 1993. 11. 25. 90헌바47등), 이후 재판의 전제성을 긍정하는 것으로 실무례가 확립되었다.

즉, '공업배치 및 공장설립에 관한 법률' 부칙 제3조 위헌소원 사건에서는, 심판대상조항이 조성 중인 산업단지 입주계약자 중 준공인가 전 토지사용허가를 받지 아니한 자에 대해서만 관리비를 반환하고 준공인가 전 사용허가를 받은 자에 대해서는 관리비 반환대상에서 제외하고 있는 것과 관련하여, 심판대상조항이 평등권 침해라는 이유로 헌법불합치 결정이 내려지고 입법자가 그 결정취지에 따라 수혜대상을 확대하여 청구인과 같은 경우에도 관리비를 반환하도록 법을 개정할 경우, 법원은 당해사건에 관한 판결을 달리 하여야 할 것이므로 재판의 전제성이 있다고 판시하였고(헌재 1999. 7. 22. 98헌바14), 또한 군인의 경우 공무상 질병 또는 부상으로 인하여 '폐질상태로 되어 퇴직한 때'에 한하여 상이연금을 지급하도록 규정한 군인연금법 제23조 제1항에 대한 위헌소원 사건에서, 위 법률조항이 청구인과 같은 '퇴직 이후에 폐질상태가 확정된 군인'의 경우를 상이연금 수급대상에서 제외하는 것이 평등권의 침해로서 헌법에 위반된다는 이유로 헌법불합치결정을 하고 입법자가 그 결정취지에 따라 수혜대상을 확대하여 청구인과 같은 경우에도 상이연금을 지급하도록 법을 개정할 경우, 법원은 당해사건에 관하여 판결을 달리하여야 할 것이므로, 위 법률조항이 헌법에 위반되는지 여부는 당해사건 재판의 결론 또는 주문에 영향을 미치는 것으로서 재판의 전제성이 인정된다(헌재 2010. 6. 24. 2008헌바128)고 하였다.

나) 수혜의 대상에 포함된 자가 청구한 소송에서의 문제

수혜적 · 수익적 법률의 적용을 받는 사람이 법원에 제소한 사건에서 그 법률이 제소자를 포함한 특정 집단에 대하여만 적용되는 것은 헌법에 위반된다는 이유로 법원이 직권으로 위헌제청을 할 수 있는지의 문제가 있다.

헌법재판소는 국가가 민사소송에서 패소하여 항소한 사건에서 법원이 피고의 항소장에 대한 심사를 함에 있어 '인지첩부 및 공탁제공에 관한 법률' 제2조가 국가에 대하여 인지첩부를 면제하고 있는 것은 사인에 비하여 국가에게 우대조치를 하는 것으로서 평등원칙에 반한다는 의심이 있다는 이유로 직권으로 위헌제청한 경우 재판의 전제성을 인정하였다(헌재 1994. 2. 24. 91헌가3).

다. 재판의 전제성 인정의 예외: 헌법적 해명

헌법재판소는 당해 소송사건이 종료되어 재판의 전제성이 소멸된 경우이거나 심판대상조항에 대한 헌법소원이 인용된다 하더라도 당해 소송사건에 영향을 미칠 수 없어 재판의 전제성이 없는 경우에도, 헌법적 해명이 긴요히 필요하거나 해당 조항으로 인한 기본권 침해가 반복될 우려가 있는 경우에는 헌법질서의 수호 · 유지를 위하여 예외적으로 본안판단을 한 사례가 있다.

헌법재판소는, 법원의 보석허가결정 등에 대한 검사의 즉시항고를 허용하는 형사소송법 제97조 제3항에 대한 위헌법률심판에서 "위헌심판제청된 법률조항에 의하여 침해되는 기본권이 중요하여 동 법률조항의 위헌 여부의 해명이 헌법적으로 중요성이 있는데도 그 해명이 없거나, 동 법률조항으로 인한 기본권의 침해가 반복될 위험성이 있는데도 좀처럼 그 법률조항에 대한 위헌심판의 기회를 갖기 어려운 경우에는 위헌제청 당시 재판의 전제성이 인정되는 한 당해 소송이 종료되었더라도 예외적으로 헌법질서의 수호·유지를 위하여 심판의 필요성을 인정하여 적극적으로 그 위헌 여부에 대한 판단을 하는 것이 헌법재판소의 존재이유에도 부합하고 그 임무를 다하는 것이 된다."고 하였고(헌재 1993. 12. 23. 93헌가2), 보안관찰법 부칙 제2조 제2호 등 위헌소원 사건에서도 청구인들에 대한 보안관찰 기간갱신처분은 이 결정 시에는 2년의 처분기간이 만료되었을 것이므로 보안관찰처분 취소 등을 구하는 행정소송절차에서 집행정지를 할 수 없도록 한 보안관찰법 제24조 단서의 심판대상조항에 대한 헌법소원이 인용된다 하더라도 당해사건에 영향을 미칠 수 없는 것이어서 재판의 전제성이 없다고 할 것이지만, 헌법소원제도는 개인의 주관적 권리구제에만 그 목적이 있는 것이 아니고 헌법질서의 유지·수호에도 있다 할 것인바, 위 법률조항에 의한 기본권침해 문제는 앞으로도 많은 사람에 관하여, 그리고 여러 차례 일어날 수 있는 성질의 것이어서 그 헌법적 해명이 긴요한 사안이라 할 것이므로, 이에 대하여 위헌 여부의 본안판단을 할 필요가 있다고 판시하였다(헌재 2001. 4. 26. 98헌바79등).

그리고 법원의 구속집행정지결정에 대하여 검사가 즉시항고할 수 있도록 한 형사소송법 제101조 제3항은 피고인의 구속에 관한 소송절차규정으로서 법원이 본안재판을 진행하여 당해 형사소송사건이 종료되고 피고인에 대한 형이 확정됨으로써 구속집행정지결정의 당부를 심사할 실익이 없게 되었더라도, 그 위헌 여부는 국민의 신체의 자유와 관계되는 중요한 헌법문제라고 할 수 있고, 아직 헌법재판소에서 해명이 이루어진 바가 없고, 앞으로도 법원의 구속집행정지결정에 대하여 검사가 즉시항고를 제기함으로써 피고인에 대한 기본권침해의 논란이 반복될 수 있으므로 이에 대한 위헌 여부의 심판이익이 인정된다고 하였으며(헌재 2012. 6. 27. 2011헌가36), 유신헌법 제53조에 근거하여 발령된 대통령긴급조치 위반죄의 확정판결에 대한 재심인 당해사건에서 대법원이 무죄판결을 선고한 경우 원칙적으로는 재판의 전제성이 인정되지 아니할 것이나, 긴급조치의 위헌 여부를 심사할 권한은 본래 헌법재판소의 전속적 관할 사항인 점, 법률과 같은 효력이 있는 규범인 긴급조치의 위헌 여부에 대한 헌법적 해명의 필요성이 있는 점, 당해사건의 대법원판결은 대세적 효력이 없는데 비하여 형벌조항에 대한 헌법재판소의 위헌결정은 대세적 기속력을 가지고 유죄 확정판결에 대한 재심사유가 되는 점, 유신헌법 당시 긴급조치 위반으로 처벌을 받게 된 사람은 재판절차에서 긴급조치의 위헌성을 다툴 수조차 없는 규범적 장애가 있었던 점 등에 비추어 볼 때, 예외적으로 헌법질서의 수호·유지 및 관련 당사자의 권리구제를 위하여 재판의 전제성을 인정함이 상당하다고 하였다(헌재 2013. 3. 21. 2010헌바132등).

Ⅱ. 헌법재판소법 제68조 제2항에 따른 헌법소원 (위헌심사형 헌법소원)

1. 위헌제청신청 기각결정

헌법재판소법 제68조 제2항의 위헌심사형 헌법소원은 '법률의 위헌 여부 심판의 제청신청이 기각된 때에는' 그 신청을 한 당사자가 헌법재판소에 헌법소원심판을 청구할 수 있다고 규정하고 있다. 따라서 이 규정에 따른 헌법소원심판청구의 대상은 형식적 의미의 법률과 형식적 의미의 법률은 아니지만 그와 동일한 효력을 가진 법규범으로 위헌법률심판의 대상과 같다.[62)]

위헌심사형 헌법소원은 위헌법률심판제청신청을 하였다가 기각당한 당사자가 청구할 수 있는데, 법 제40조에 의하여 준용되는 민소에 의하면 보조참가인은 피참가인의 소송행위와 저촉되지 아니하는 한 소송에 관하여 공격·방어·이의·상소 기타 일체의 소송행위를 할 수 있으므로 제청신청을 하였다가 기각되면 헌법소원심판을 청구할 수 있다(헌재 2003. 5. 15. 2001헌바98). 이때 청구인은 사인(私人)에 한정되지 않는다. 행정처분의 주체인 행정청도 당해사건의 당사자나 보조참가인으로서 위헌 여부 심판의 제청신청을 할 수 있고, 그 신청이 기각되면 법 제68조 제2항의 헌법소원을 제기할 수 있다(헌재 2008. 4. 24. 2004헌바44). 법 제68조 제1항에 따른 헌법소원의 경우 기본권주체로서 일반사인만이 헌법소원심판을 청구할 수 있고, 국가기관이나 지방자치단체 또는 공법인의 경우에는 원칙적으로 청구인이 될 수 없는 것과 다르다.

헌법재판소는 법원이 실질적으로 제청신청된 법률조항의 위헌 여부에 대하여 판단한 결과인 기각결정에 대해서만 적법한 청구로 받아들이는 것이 아니라, 기각결정인지 각하결정인지의 형식에 구애됨이 없이 해당 청구의 적법성을 직권으로 심사하여 청구의 적법성이 인정되면 재판의 전제성 등 적법요건을 갖춘 것으로 보고 본안판단으로 나아간다.

한편, 법 제68조 제2항 후문의 규정에 의하면, 법률에 대한 위헌여부심판제청신청을 하였으나 그 신청이 법원에 의해 기각(또는 각하)되어 헌법소원심판을 청구한 자는 당해사건의 소송절차에서 동일한 사유를 이유로 위헌 여부 심판의 제청신청을 할 수 없다. 이 때 당해사건의 소송절차란 당해사건의 상소심의 소송절차를 포함한다(헌재 2007. 7. 26. 2006헌바40; 헌재 2009. 9. 24. 2007헌바118). 따라서 같은 심급뿐 아니라 다른 심급에서도 다시 동일한 사유로 위헌 여부 심판 제청신청을 하는 것은 허용되지 않는다.

---

62) 조약(헌재 2001. 9. 27. 2000헌바20), 긴급재정경제명령(헌재 2013. 3. 21. 2010헌바132등)

헌법재판소는, 청구인들이 항고심 소송절차에서 위헌법률심판제청신청을 하여 그 신청이 기각되었는데도 헌법소원심판을 청구하지 아니하고 있다가 다시 그 재항고심 소송절차에서 대법원에 같은 이유를 들어 동일한 조항에 대해 위헌법률심판제청신청을 하여 그 신청이 기각되자 비로소 헌법소원심판청구를 제기한 사안에서, 이러한 청구는 제68조 제2항 후문의 규정에 위배된 것으로 부적법하다고 판단한 바 있고(헌재 2007. 7. 26. 2006헌바40), 당해사건의 1심 재판과정에서 위헌법률심판제청신청을 하였다가 기각된 후 헌법소원심판을 청구하여 그 사건이 헌법재판소에 계류 중에 있음에도 불구하고 당해사건의 항소심에서 다시 동일한 조항에 대해 위헌법률심판제청신청을 하여 기각되자 또 헌법소원심판을 청구한 사안에서, 그 심판청구는 법 제68조 제2항 후문에 위반되고, 헌법재판소에서 심판 중인 사건과 중복되는 것이어서 부적법하다고 하였다(헌재 2011. 5. 26. 2009헌바419). 또한 헌법재판소는 파기환송 전후의 소송절차 역시 법 제68조 제2항 후문의 당해사건 소송절차에 포함되는 것으로 보고 있다(헌재 2013. 6. 27. 2011헌바247).

그러나 당사자가 위헌법률심판제청신청의 대상으로 삼지 않았고 또한 법원이 기각결정의 대상으로도 삼지 않았음이 명백한 법률조항이라 하더라도, 예외적으로 위헌제청신청을 기각 또는 각하한 법원이 당해 조항을 실질적으로 판단하였거나 당해 조항이 명시적으로 위헌제청신청을 한 조항과 필연적 연관관계를 맺고 있어서 법원이 위 조항을 묵시적으로 위헌제청신청의 대상으로 판단한 것으로 볼 수 있는 경우에는 이러한 법률조항에 대한 심판청구도 적법하다(헌재 1998. 3. 26. 93헌바12; 헌재 2001. 2. 22. 99헌바93; 헌재 2005. 2. 24. 2004헌바24; 헌재 2012. 3. 29. 2010헌바432; 헌재 2012. 4. 24. 2010헌바1).

2. 재판의 전제성

헌법재판소법 제68조 제2항의 헌법소원(위헌심사형 헌법소원)의 본질은 헌법소원이라기보다는 규범통제에 있으므로 위헌법률심판의 일종이다(헌재 1997. 7. 16. 96헌바36등). 따라서 이 조항에 따른 헌법소원심판을 청구하기 위해서는 구체적인 사건에 적용될 법률의 위헌 여부가 '재판의 전제'가 되면 적법하고, 그 외에 법 제68조 제1항에 따른 헌법소원에서 요구되는 법적 관련성 등의 제소요건을 갖출 것을 요하지 않는다(헌재 1997. 8. 21. 94헌바2). 그 밖의 부분은 위헌법률심판의 경우와 대체로 동일하다.

법원에 위헌법률심판제청신청을 하였다가 각하되자 헌법소원심판을 청구한 경우, 접수공무원이 이를 법 제68조 제1항에 따른 헌법소원청구로 보아 사건번호를 부여하였다 하더라도, 헌법소원청구에 대한 사건번호는 헌법재판소의 내부준칙인 '헌법재판소 사건의 접수에 관한 규칙'에 따라 접수공무원이 임의로 부여한 것에 불과하므로 그 사건번호에도 불구하고 이러한 심판청구는 법 제68조 제2항에 따른 헌법소원심판청구에 해당하고, 따라서 적법요건에 대한 판단도 그에 상응하여 이루어져야 한다(헌재 2010. 3. 25. 2007헌마933)

한편, 법률의 목적조항은 해당 법률의 해석과 적용에 있어 일반적 주의사항을 추상적으로 규정하고 있을 뿐 당해사건에 직접 적용되는 법률이 아니므로 원칙적으로 재판의 전제성을 인정할 수 없다(헌재 2013. 12. 26. 2011헌바108).

3. 청구기간

가. 의의

법 제69조 제2항은 "제68조 제2항에 따른 헌법소원심판은 위헌 여부 심판의 제청신청을 기각하는 결정을 통지받은 날부터 30일 이내에 청구하여야 한다."라고 규정하고 있으므로 이 기간이 지난 후에 청구된 심판청구는 부적법하다.

다만 헌법소원심판을 청구하려는 자가 국선대리인선임신청을 한 경우에는 그 신청이 있는 날을 기준으로 청구기간을 정하도록 하고 있으므로(법 제70조 제1항), 국선대리인선임신청이 있는 경우에는 비록 헌법소원심판청구가 청구인에 대한 제청신청기각결정을 통지받은 날부터 30일이 경과한 후에 이루어졌다고 하더라도 청구인이 그 결정을 통지받은 날부터 30일 이내에 국선대리인선임신청을 하였다면 청구기간은 준수된 것이다(헌재 1994. 12. 29. 92헌바31).

국선대리인선임신청이 기각된 경우에는 신청인이 선임신청을 한 날부터 기각통지를 받은 날까지의 기간은 법 제69조의 청구기간에 이를 산입하지 않는다(법 제70조 제4항).

나. 청구기간의 경과와 정당한 사유

헌법소원심판이 비록 청구기간을 지나 청구된 것이라 하더라도 정당한 사유가 있는 경우에는 이를 허용하는 것이 법 제40조에 의하여 준용되는 행소 제20조 제2항 단서에 부합하는 해석이다. 여기서 '정당한 사유'라 함은 청구기간 도과의 원인 등 여러 가지 사정을 종합하여 지연된 심판청구를 허용하는 것이 사회통념상 상당한 경우를 뜻한다.

4. 한정위헌청구의 적법성

가. 의의

제68조 제2항에 따른 헌법소원에 있어서는 법률이 헌법에 위반되는지 여부가 당해사건의 재판의 전제로 되어야 하고, 여기서 '법률이 헌법에 위반되는지 여부'는 법률 자체의 위헌 여부, 즉 법률 내용의 위헌 여부를 의미한다.

그런데 이와 관련하여 법 제68조 제2항의 헌법소원을 제기하면서 법률의 해석이나 적용에 관한 청구, 즉 법률조항에 대한 '한정위헌[……하는 것으로 해석(적용)하는 한 위헌]'의 판단을 구하는 청구가 종종 있는데, 이에 대해 종래 헌법재판소는 "법 제68조 제2항이 '법률의 위헌 여부 심판의 제청신청이 기각된 때에는'이라고 규정함으로써 심판의 대상을 '법률'에 한정하고 있으므로, 일반적으로 법률조항 자체의 위헌판단을 구하는 것이 아니라 법률조항을 '……하는 것으로 해석하는 한 위헌'이라는 판단을 구하는 청구는 법 제68조 제2항의 청구로 적절치 아니하고, 다만, 청구인의 주장이 단순히 법률조항의 해석을 다투는 것이 아니라 법률조항 자체의 위헌성을 다투는 경우로 이해되는 경우에는 법 제68조 제2항의 적법한 청구로 받아들여진다."(헌재 1997. 2. 20. 95헌바27; 헌재 1995. 7. 21. 92헌바40)라고 하여 원칙적으로 법률해석의 위헌성을 다투는 한정위헌청구를 부적법한 것으로 보았다.

이에 따라 헌법재판소가 예외적으로 적법한 심판청구로 본 경우는, 그 청구가 ① 법률조항(법규정) 자체의 불명확성을 다투는 것으로 볼 수 있는 경우(헌법상의 명확성원칙의 위반을 다투는 경우 혹은 조세법률주의 위반을 다투는 경우, 헌재 1995. 7. 21. 92헌바40; 헌재 1997. 2. 20. 95헌바27; 헌재 1999. 3. 25. 98헌바2; 헌재 1999. 7. 22. 97헌바9; 헌재 1999. 11. 25. 98헌바36; 헌재 2000. 6. 1. 97헌바74), ② 심판대상규정에 대한 일정한 해석이 상당기간에 걸쳐 형성·집적되어 법원의 해석에 의하여 구체화된 심판대상규정이 위헌성을 지닌 경우(헌재 1995. 5. 25. 91헌바20; 헌재 1998. 7. 16. 97헌바23; 헌재 2001. 8. 30. 2000헌바36,), ③ 위의 두 가지 경우에 해당되지는 않지만 한정위헌의 판단을 구하는 청구가 법률조항 자체에 대한 다툼으로 볼 수 있는 경우(헌재 2000. 6. 29. 99헌바66등; 헌재 2000. 6. 1. 97헌바74) 등이었다.

그러나 헌법재판소는 종래의 위와 같은 입장을 변경하여 원칙적으로 한정위헌청구를 적법한 청구로 받아들이는 선례변경을 하였다.

헌법재판소는 법률의 의미는 결국 개별·구체화된 법률해석에 의해 확인되는 것이므로 법률과 법률의 해석을 구분할 수 없고, 재판의 전제가 된 법률에 대한 규범통제는 해석에 의해 구체화된 법률의 의미와 내용에 대한 헌법적 통제로서 헌법재판소의 고유권한이며,

법률조항 중 위헌성이 있는 부분에 한정하여 위헌결정을 하는 것은 입법권에 대한 자제와 존중으로서 당연하고 불가피하므로 한정위헌결정을 구하는 형식의 한정위헌청구도 원칙적으로 적법하다(헌재 2012. 12. 27. 2011헌바117)고 하였다.

다만, 한정위헌청구가 적법하다 하더라도, 재판소원을 금지하는 법 제68조 제1항의 취지에 비추어, 개별·구체적 사건에서 단순히 법률조항의 포섭이나 적용의 문제를 다투거나, 의미 있는 헌법문제에 대한 주장 없이 단지 재판결과를 다투는 헌법소원심판청구는 여전히 허용되지 않는다(헌재 2012. 12. 27. 2011헌바117)고 하여 헌법재판을 담당하는 헌법재판소와 일반재판을 담당하는 법원 사이의 관할 경계를 분명히 하였다.

따라서 제68조 제2항에 따른 헌법소원에서 한정위헌청구의 형식으로 심판이 청구되더라도, 헌법재판소는 청구인이 다투고자 하는 법원 등의 법률해석을 법률의 내용으로 볼 수 있거나 해석을 통해 구체화된 법률의 내용으로 평가할 수 있는 한 적법한 청구로 보고 본안판단을 하여야 하며, 청구인에게 불리한 판단을 한 당해사건의 재판결과를 다투려는 것이거나 헌법적인 문제없이 단순한 법률해석을 다투는 청구임이 명백한 경우에만 부적법한 청구로서 본안판단을 회피하여야 할 것이다.

나. 한청위헌청구의 심판대상 표시

청구인이 법 제68조 제2항에 따른 헌법소원심판을 청구하면서 그 심판대상을 법률조항 자체의 위헌 여부가 아니라 해당 법률조항에 대한 해석·적용의 위헌 여부로 표시하는 경우 심판대상을 어떻게 표시할 것인지가 문제된다.

종전의 선례를 변경한 2011헌바117 결정에서 헌법새판소는 심판대상을 "형법 제129조 제1항의 '공무원'에 구 '제주특별자치도 설치 및 국제자유도시 조성을 위한 특별법' 제299조 제2항의 제주특별자치도 통합영향평가심의위원회 심의위원 중 위촉위원이 포함되는 것으로 해석·적용하는 것이 위헌인지 여부"로 표시하였다(헌재 2012. 12. 27. 2011헌바117). 그러나 이후 유사한 법률조항이 문제가 된 사건에서는 해당 법률조항의 해석·적용 부분의 위헌 여부가 아니라 법률조항 자체의 위헌 여부를 심판대상으로 삼아 표시하였다(헌재 2015. 4. 30. 2014헌바32등).

Ⅲ. 헌법재판소법 제68조 제1항의 헌법소원

1. 총설 및 절차 개관

가. 총설

현행법상의 헌법소원제도는 공권력의 행사 또는 불행사로 인하여 헌법상 보장된 기본권을 침해받은 자가 제기하는 권리구제형 헌법소원(법 제68조 제1항에 따른 헌법소원)과 재판의 당사자가 법원에 위헌법률심판제청신청을 하였으나 기각된 경우에 제기하는 규범통제형(위헌심사형) 헌법소원(법 제68조 제2항에 따른 헌법소원)으로 나누어 규율되고 있다. 여기에서는 전자인 권리구제형 헌법소원을 살펴보기로 한다.

법 제68조 제1항에 따른 헌법소원심판은 주관적 권리구제의 헌법소원으로서 개별적인 공권력의 행사 또는 불행사로 인하여 헌법상 보장된 기본권을 침해받은 자가 청구할 수 있음에 비하여, 법 제68조 제2항에 따른 헌법소원심판은 구체적 규범통제의 헌법소원으로서 법 제41조 제1항에 따른 법률의 위헌여부심판의 제청신청이 법원에 의하여 기각된 때에 그 신청을 한 당사자가 헌법재판소에 제청신청이 기각된 법률의 위헌 여부를 가리기 위하여 헌법소원심판을 청구하는 것으로 그 심판청구의 요건과 대상이 다르다(헌재 1994. 4. 28. 89헌마221, 판례집 6-1, 239, 257).[63]

법 제68조 제1항에 따른 헌법소원과 제68조 제2항에 따른 헌법소원은 비록 그 요건과 대

---

63) 법 제68조 제2항에 따른 헌법소원제도는 다른 나라에서 유례를 찾기 힘든 독특한 헌법재판절차이다. 법 제68조 제2항은 법원에 계속 중인 재판의 당사자가 한 위헌제청신청이 기각된 경우 당사자가 직접 법률에 대한 헌법소원을 제기할 수 있는 가능성을 제공하고 있다. 재판에 적용되는 법률이 위헌인 경우에 법원 스스로가 위헌제청을 하지 않는다면, 재판의 당사자로서는 원칙적으로 모든 심급을 경유한 후에 비로소 위헌인 법률을 적용한 재판에 대하여 헌법소원을 제기할 수밖에 없다. 그러나 법원의 재판을 헌법소원의 대상에서 원칙적으로 제외하고 있는 현행 헌법재판제도에서는 재판의 당사자가 법원을 경유한 후에 재판소원의 형태로 규범의 위헌성을 물을 수 있는 길이 막혀 있기 때문에, 법은 제68조 제2항을 두어 이러한 경우에도 법률에 대하여 직접 헌법소원을 제기할 수 있는 길을 열어 놓았다. 따라서 법 제68조 제2항의 헌법소원제도는 재판소원을 배제하는 현행 헌법소원제도의 결함을 일부 보완하는 기능을 하고 있다. 헌법재판소는 초기에는 법 제68조 제2항에 따른 헌법소원제도가 헌법소원심판의 절에 규정되어 있다는 점과 국민이 직접 심판을 청구할 수 있다는 점에 주목하여 그 성질을 헌법소원제도의 한 유형으로 이해하는 입장을 취하였던 것으로 보인다. 그리하여 법 제68조 제1항에 따른 헌법소원심판청구와 마찬가지로 법 제68조 제2항에 따른 헌법소원심판청구에 대하여도 '헌마'라는 사건부호를 부여하였고, 몇몇 결정에서는 심판청구의 적법성을 판단하면서 청구인의 권리(기본권) 침해의 현재성 등의 개념을 사용하기도 하였다(헌재 1989. 9. 29. 89헌마53, 판례집 1, 302, 304; 헌재 1989. 12. 18. 89헌마32등, 판례집 1, 343, 347). 그러나 1990년부터는 법 제68조 제2항에 따른 헌법소원심판청구에 '헌바'라는 별도의 사건부호를 부여하였고, 심판청구의 적법성도 청구인의 소의 이익 유무가 아니라 심판대상이 된 법률이 당해소송에서 재판의 전제성을 가지는가 여부에 의하여 판단하였다(헌재 1990. 6. 25. 89헌마107, 판례집 2, 178). 결국 법 제68조 제2항에 따른 헌법소원심판은 법원이 제청하는 위헌법률심판과 함께 구체적 규범통제의 한 유형으로서 법률의 위헌 여부를 심판하는 제도로 확립되었다.

상은 다르다고 하더라도 개인에 의한 심판청구라는 헌법소원의 측면에서는 그 성질이 동일한 점, 사건번호 부여는 편의적인 것에 불과한 점, 법 제68조 제1항에 따른 헌법소원과 제68조 제2항에 따른 헌법소원으로 분리하여 제기하도록 하는 것은 소송경제에 반하는 점 등에 비추어 청구인은 양 청구를 병합하여 제기할 수 있다(헌재 2010. 3. 25. 2007헌마933). 또한 양 헌법소원 간에는 청구의 변경도 가능한데, 이 경우 청구기간과 같은 적법요건에 대한 판단은 변경된 청구를 기준으로 한다(헌재 2007. 10. 25. 2005헌바68).

청구인이 헌법재판소에 헌법소원심판청구서를 제출하면 사건번호와 사건명이 부여되고 사건이 배당된 후 지정재판부의 사전심사를 받게 된다.

지정재판부의 재판장은 심판청구서를 심사하여 심판청구가 부적법하나 보정할 수 있다고 인정하는 경우에는 상당한 기간을 정하여 보정을 요구하여야 한다(법 제72조 제5항, 제28조 제1항). 사전심사를 통과하여 전원재판부의 심판에 회부되면 본격적인 심리에 들어간다.

나. 절차 개관[64]

1) 심판청구서의 제출

헌법소원심판청구는 청구서를 헌법재판소에 제출하는 방법에 의하는 것이 원칙이다(법 제26조 제1항). 청구서는 이를 지참하여 제출하는 것이 바람직하겠으나 우송의 방법으로 제출하여도 무방하다. 다만 이 경우에는 우체국에 접수된 날짜가 아니라 실제로 헌법재판소에 접수된 날짜를 기준으로 하여 청구기간을 계산한다. 또한 청구서를 선사문서화

---

64) 법 제68조 제2항에 따른 헌법소원심판을 청구하고자 하는 자는 심판청구서를 제출하여야 한다(법 제26조 제1항). 청구서에는 법 제71조 제2항, 제43조, 심판규칙 제68조 제2항에 따라 다음 사항을 기재하여야 한다.
① 청구인 및 대리인의 표시
② 사건 및 당사자의 표시
③ 위헌이라고 해석되는 법률 또는 법률 조항
④ 위헌이라고 해석되는 이유
⑤ 법률이나 법률 조항의 위헌 여부가 재판의 전제가 되는 이유
⑥ 청구기간의 준수에 관한 사항
한편, 법 제68조 제2항에 따른 헌법소원심판의 청구서를 제출할 때에는 다음 각 호의 서류도 함께 제출하여야 한다(심판규칙 제69조 제2항).
① 위헌법률심판제청신청서 사본
② 위헌법률심판제청신청 기각결정서 사본
③ 위헌법률심판제청신청 기각결정서 송달증명원
④ 당해 사건의 재판서를 송달받은 경우에는 그 재판서 사본

하고 이를 정보통신망을 이용하여 헌법재판소에서 지정·운영하는 전자정보처리조직을 통해 제출할 수 있다(법 제76조 제1항).

2) 심판청구서의 기재사항

헌법재판소에 헌법소원의 심판을 청구하고자 하는 자는 헌법소원심판청구서를 제출하여야 한다(법 제26조 제1항). 헌법소원심판청구서에 필요적으로 기재하여야 할 사항은 다음과 같다(법 제71조 제1항, 심판규칙 제68조 제1항).

가) 청구인 및 대리인의 표시 … 생략

나) 피청구인

피청구인이란 공권력행사에 대한 헌법소원의 경우에는 당해 공권력을 행사한 기관을, 공권력불행사에 대한 헌법소원의 경우에는 공권력을 행사할 의무가 있다고 주장되는 기관을 말한다.[65]

다) 침해된 권리

침해된 권리는 헌법상 보장된 기본권을 의미하므로 청구인은 심판청구취지나 청구이유에서 침해되었다고 주장하는 헌법상 기본권을 특정하여야 한다(예컨대, '헌법 제15조 직업선택의 자유', '헌법 제23조 재산권'). 따라서 침해된 권리를 특정하지 아니한 채 제기한 헌법소원심판청구는 부적법하다(헌재 1992. 12. 24. 90헌마158). 다만, 침해된 권리의 기재는 헌법재판소로 하여금 헌법상 보장된 기본권의 침해가 있다는 주장인 것으로 인식할 수 있는

---

65) 법 제71조 제1항 각 호에서 '피청구인'이 별도로 규정되어 있지 않고, 과거 이에 관한 심판규칙도 따로 제정되어 있지 않았던 관계로 헌법소원심판청구서에 피청구인을 기재하여야 하는지 여부에 대하여 논란이 있었으나, 헌법재판소의 실무는 이를 엄격하게 요구하지 않았다. 즉, 헌법재판소는 청구인의 심판청구서에 기재된 피청구인이나 청구취지에 구애됨이 없이 청구인이 주장하는 침해된 기본권과 침해의 원인이 되는 공권력을 직권으로 조사하여 피청구인과 심판대상을 확정해 왔다(헌재 1993. 5. 13. 91헌마190, 판례집 5-1, 312, 320; 헌재 1999. 11. 25. 98헌마456, 판례집 11-2, 634, 638; 헌재 2001. 7. 19. 2000헌마546, 판례집 13-2, 103, 106-107).
그런데 이후 제정된 심판규칙에서는 법령에 대한 헌법소원의 경우를 제외하고는 피청구인의 기재를 요구하고 있고(제68조 제1항 제2호), 그 기재가 누락되거나 명확하지 아니함에도 보정명령에 불응한 경우에는 심판청구를 각하할 수 있도록 하고 있다(제70조). 이는 법령을 제외한 공권력의 행사 또는 불행사를 다투는 헌법소원의 경우 헌법재판소 실무가 피청구인의 존재를 전제로 하여 심판절차를 진행해 온 것을 반영한 것이다.
그러나 심판규칙이 제정된 이후에도 청구서에 피청구인의 기재를 엄격하게 요구하지 않는 것이 헌법재판소의 실무이다. 피청구인을 기재하지 아니하였거나 피청구인의 지정이 잘못된 경우 여전히 헌법재판소는 직권으로 이를 정정하여 판단하고 있다.
한편, 법령에 대한 헌법소원의 경우에는 헌법소원심판의 청구서에 피청구인을 기재하지 아니한다(심판규칙 제68조 제1항 제2호 단서).

정도의 표시로 족하고, 헌법재판소는 그 표시된 권리에 구애되지 않고 청구인이 주장하는 침해된 기본권과 침해의 원인이 되는 공권력의 행사를 직권으로 조사하여 판단할 수 있다(헌재 1997. 1. 16. 90헌마110 등).

한편, 여러 사람이 공동으로 헌법소원심판을 청구한 경우, 그들은 각자 독립된 지위를 가지므로, 헌법소원심판의 대상인 공권력의 행사 또는 불행사와 침해된 권리가 특정되어 있는지 여부는 청구인별로 개별적으로 판단하여야 한다(헌재 2007. 11. 29. 2005헌마347).

라) 침해의 원인이 되는 공권력의 행사 또는 불행사

기본권 침해의 원인이 되는 공권력 주체의 작위 또는 부작위를 구체적으로 특정하여 기재함으로써 헌법소원심판의 대상이 되는 공권력의 행사 또는 불행사를 명확히 하여야 한다. 예컨대, 법률의 경우에는, 법률의 명칭과 제·개정일자, 법률번호(시간적 범위 특정), 그리고 법률조항(조, 항, 호, 목, 별표 등으로 최소단위까지 특정)["구 토양환경보전법(2004. 12. 31. 법률 제7291호로 개정되고, 2011. 4. 5. 법률 제10551호로 개정되기 전의 것) 제2조 제3호 중 '장소 등' 부분"], 행정처분의 경우에는, 행정청의 명칭과 처분일시 및 처분내용("감사원장의 2004. 2. 12.자 국민감사청구에 대한 기각결정"), 입법부작위(행정입법부작위 포함)의 경우에는, 입법의무의 주체와 작위의무의 근거 법령 및 부작위의 내용["서울특별시장이 지방공무원법(1973. 3. 12. 법률 제2594호로 개정된 것) 제58조 제2항의 위임에 따라 '사실상 노무에 종사하는 공무원의 범위'를 정하는 조례를 제정하지 아니한 부작위"], 행정부작위의 경우에는, 행정청의 명칭과 작위의무의 근거 및 부작위의 내용("외교통상부장관이 일본국에 대하여 가지는 원폭피해자의 배상청구권 소멸 여부에 관하여 '한일청구권협약' 제3조가 정한 절차에 따라 해결하지 아니하고 있는 부작위")을 기재하여야 한다.

마) 청구이유

헌법소원심판청구에 이르게 된 경위를 먼저 기재하고, 당해 공권력의 행사 또는 불행사가 청구인의 기본권을 침해하는 이유 또는 헌법에 위반되는 이유를 자세히 기재한다. 여기에는 사실관계에 관한 것뿐만 아니라 법적 상황에 대한 주장이나 설명도 요구된다. 기재의 정도는 기본권 침해의 단순한 주장만으로는 불충분하고, 주장된 사실과 기본권침해 사이에 어느 정도 관련성이 있어야 할 것이다. 청구인이 기본권침해의 가능성을 확인할 수 있을 정도의 구체적 주장을 하지 않고 막연하고 모호한 주장만을 하는 경우 그 헌법소원은 부적법한 것이 된다(헌재 2005. 2. 3. 2003헌마544; 헌재 2014. 6. 17. 2014헌마362).

바) 다른 법률에 따른 구제절차의 경유에 관한 사항, 청구기간의 준수에 관한 사항, 그 밖에 필요한 사항

청구서에는 다른 법률에 따른 구제절차의 경유에 관한 사항(심판규칙 제68조 제1항 제6호)과 청구기간의 준수에 관한 사항(같은 항 제7호)을 기재하여야 한다. 그 밖에도 청구인이 헌법소원에 의하여 달성하려는 목적이 무엇인가를 분명히 하기 위하여 실무상으로는 "청구취지"(예컨대, "의료법(2012. 2. 1. 법률 제11252호로 개정된 것) 제33조 제8항 본문 중 '운영' 부분은 헌법 제15조에 의해 보장되는 청구인의 직업선택의 자유를 침해하므로 헌법에 위반된다."라는 결정을 구합니다.)를 기재하도록 하고 있다.

한편, 헌법소원심판의 청구서에는 대리인의 선임을 증명하는 서류를 붙여야 하며, 다만, 심판청구와 동시에 국선대리인선임신청을 하는 경우에는 그러하지 아니하다(심판규칙 제69조 제1항).

사) 보정명령

심판청구서의 필수 기재사항이 누락되거나 명확하지 아니한 경우에 헌법재판소는 적당한 기간을 정하여 이를 보정하도록 명할 수 있고(심판규칙 제70조 제1항), 위 명령에 따른 보정기간까지 보정하지 아니한 경우에는 심판청구를 각하할 수 있다(동조 제2항). 실제 헌법재판소는 기본권 침해의 원인이 되는 공권력 행사의 주체나 내용, 그로 인하여 청구인의 어떤 기본권이 어떻게 침해된다는 것인지를 구체적이고 명확하게 밝힐 것을 명하는 보정명령을 받고도 이에 응하지 아니한 경우 각하 결정을 하고 있다(헌재 2007. 11. 29. 2005헌마347; 헌재 2014. 7. 1. 2014헌마436; 헌재 2014. 7. 23. 2014헌마459).

3) 사건의 접수

헌법소원심판청구서가 제출되면 접수공무원은 이를 사건으로 접수하여 사건기록을 편성하고, 사건번호와 사건명을 부여하여 사건을 특정하며, 이런 사항들을 헌법재판정보시스템에 입력한다(접수규칙 제4조, 제7조). 전자헌법재판센터에 접속하여 제공된 서식에 따라 사용자정보를 입력함으로써 등록을 한 등록사용자는 전자서명을 위한 인증서를 발급받은 후 심판절차의 전자적 진행에 동의하면 청구서 등을 전자문서로 제출할 수 있고, 전자헌법재판센터를 이용하여 제출된 전자문서는 전자헌법재판센터에 전자적으로 기록된 때에 접수된 것으로 본다(전자문서이용규칙 제3조, 제4조, 제7조).

이 때 법 제68조 제1항에 따른 헌법소원은 '헌마', 제68조 제2항에 따른 헌법소원은 '헌바'의 사건부호를 부여하고, 사건배당을 실시한다.

4) 사전심사

가) 지정재판부

헌법재판소에 접수된 헌법소원심판사건은 법 제68조 제1항에 따른 헌법소원과 같은 조 제2항에 따른 헌법소원을 불문하고 먼저 지정재판부의 사전심사를 거치게 되는데(법 제72조 제1항), 이러한 사전심사는 심판청구의 본안에 대한 판단이 아니라 단지 적법요건의 구비 여부만을 심사하는 것이다.

다음의 각 경우에는 지정재판부 재판관 전원의 일치된 의견에 의한 결정으로 심판청구를 각하한다(법 제72조 제3항).

① 다른 법률에 구제절차가 있음에도 불구하고 그 절차를 모두 거치지 아니한 경우

② 법원의 재판에 대하여 청구된 경우

③ 청구기간이 지난 경우

④ 변호사를 대리인으로 선임하지 않고 청구한 경우(다만, 청구인 자신이 변호사의 자격을 가진 자인 때에는 각하사유에 해당되지 않는다)

⑤ 그 밖에 헌법소원심판의 청구가 부적법하고 그 흠결을 보정할 수 없는 경우

지정재판부의 사전심사에서도 청구서의 필수 기재사항이 누락되거나 명확하지 아니한 경우에 적당한 기간을 정하여 이를 보정하도록 명할 수 있고(심판규칙 제70조 제1항), 위 보정기간까지 보정하지 아니한 경우에는 심판청구를 각하할 수 있다(같은 조 제2항).

나) 심판회부

지정재판부가 심판청구를 각하하지 아니하는 경우에는 그 사건을 전원재판부의 심판에 회부하는 결정을 하여야 하고, 심판청구일부터 30일이 지날 때까지 각하결정이 없는 때에는 심판에 회부하는 결정이 있는 것으로 본다(법 제72조 제4항). 다만, 지정재판부 재판장이 심판청구의 보정을 요구하면서 정한 보정기간은 법 제72조 제5항에 따라 지정재판부의 심리에도 준용되는 법 제28조에 의해 법 제72조 제4항이 정한 지정재판부의 사전심사기간에서 제외되고, 법 제24조 제6항에 따라 기피신청에 관하여는 민소 제44조가 준용되어 기피신청에 대한 결정이 있을 때까지 심판절차가 정지되므로 재판부 기피신청으로 인하여 심판절차가 정지된 기간 역시 지정재판부의 사전심사기간에 산입하지 아니한다(헌재 1993. 10. 29. 93헌마222).

다) 통지

지정재판부는 헌법소원을 각하하거나 심판회부결정(심판회부간주의 경우에도 같다)을 한 때에는 그 결정일부터 14일 이내에 청구인 또는 그 대리인 및 피청구인에게 그 사실을 통지하여야 한다(법 제73조 제1항). 헌법재판소장은 헌법소원이 재판부의 심판에 회부된 때에는 법무부장관, 법 제68조 제2항에 따른 헌법소원심판에 있어서는 청구인이 아닌 당해 사건의 당사자에게 지체 없이 그 사실을 통지하여야 한다(법 제73조 제2항).

2. 헌법재판소법 제68조 제1항의 헌법소원과 적법성

가. 헌법소원의 대상

법 제68조 제1항은 "공권력의 행사 또는 불행사"로 인하여 기본권을 침해받은 자가 헌법소원을 청구할 수 있도록 하여 헌법소원의 대상을 공권력작용에 한정하고 있다. 공권력작용이라 함은 국가기관 · 공공단체 등의 고권적 작용을 의미한다. 다만, 헌법소원의 본질상 그 대상이 되는 공권력의 행사 또는 불행사는 대한민국 국가기관의 공권력작용을 의미하고, 외국이나 국제기관의 공권력작용은 포함되지 아니한다(헌재 1997. 9. 25. 96헌마159).

공권력작용은 크게 입법작용, 행정작용 및 사법작용으로 나눌 수 있고, 이러한 공권력작용 전반에 대해 헌법소원의 가능성을 열어 놓은 것은 모든 국가작용은 기본권에 기속되어야하기 때문이다.

먼저 아래 박스의 내용을 보고나서 헌법소원의 대상의 구체적으로 확인하기로 한다.

★ 판례를 통해서 다음을 살펴봄 ★

1. 헌법소원의 대상 – 명령 · 규칙의 대상성 여부와 보충성의 원칙
2. 헌법소원의 대상 – 법원의 재판(재판소원)
3. 헌법재판소와 대법원의 관계
   – 변형결정(한정합헌 · 위헌 및 헌법불합치 결정)에 대한 법원의 입장

1. 법무사법 시행규칙(대법원이 제정한 규칙) 1990. 10. 15. 89헌마178

【판시사항】

1. 사법부(司法府)에서 제정(制定)한 규칙(規則)의 헌법소원(憲法訴願)의 대상성(對象性)
2. 위 규칙(規則)에 대한 헌법소원(憲法訴願)과 보충성(補充性)의 원칙(原則)

【결정요지】

1. 가. 헌법(憲法) 제107조 제2항이 규정(規定)한 명령(命令)·규칙(規則)에 대한 대법원(大法院)의 최종심사권(最終審査權)이란 구체적(具體的)인 소송사건(訴訟事件)에서 명령(命令)·규칙(規則)의 위헌여부(違憲與否)가 재판(裁判)의 전제(前提)가 되었을 경우 법률(法律)의 경우와는 달리 헌법재판소(憲法裁判所)에 제청(提請)할 것 없이 대법원(大法院)이 최종적(最終的)으로 심사(審査)할 수 있다는 의미(意味)이며, 명령(命令)·규칙(規則) 그 자체(自體)에 의하여 직접(直接) 기본권(基本權)이 침해(侵害)되었음을 이유(理由)로 하여 헌법소원심판(憲法訴願審判)을 청구(請求)하는 것은 위 헌법규정(憲法規定)과는 아무런 상관이 없는 문제(問題)이다.

나. 따라서 입법부(立法府)·행정부(行政府)·사법부(司法府)에서 제정(制定)한 규칙(規則)이 별도의 집행행위(執行行爲)를 기다리지 않고 직접(直接) 기본권(基本權)을 침해(侵害)하는 것일 때에는 모두 헌법소원심판(憲法訴願審判)의 대상(對象)이 될 수 있는 것이다.

2. 가. 이 사건에서 심판청구(審判請求)의 대상(對象)으로 하는 것은 법원행정처장(法院行政處長)의 법무사시험(法務士試驗) 불실시(不實施) 즉 공권력(公權力)의 불행사(不行使)가 아니라 법원행정처장(法院行政處長)으로 하여금 그 재량(裁量)에 따라 법무사시험(法務士試驗)을 실시(實施)하지 아니해도 괜찮다고 규정(規定)한 법무사법시행규칙(法務士法施行規則) 제3조 제1항이다.

나. 법령자체(法令自體)에 의한 직접적(直接的)인 기본권침해(基本權侵害) 여부(與否)가 문제(問題)되었을 경우 그 법령(法令)의 효력(效力)을 직접(直接) 다투는 것을 소송물(訴訟物)로 하여 일반(一般) 법원(法院)에 구제(救濟)를 구할 수 있는 절차(節次)는 존재(存在)하지 아니하므로 이 사건에서는 다른 구제절차(救濟節次)를 거칠 것 없이 바로 헌법소원심판(憲法訴願審判)을 청구(請求)할 수 있는 것이다.

[심판대상조항]

법무사법(法務士法) 제4조(資格)

① 다음 각호(各號)의 1에 해당하는 자(者)는 법무사(法務士)의 자격(資格)이 있다.

1. 7년(年) 이상(以上) 법원(法院)·헌법재판소(憲法裁判所)·검찰청(檢察廳)에서 법원주사보(法院主事補)나 검찰주사보(檢察主事補) 이상의 직(職)에 있던 자 (者) 또는 5년(年) 이상(以上) 법원(法院)·헌법재판소(憲法裁判所)·검찰청(檢察廳)에서 법원사무관(法院事務官)이나 검찰사무관(수사사무관을 포함한다) 이상의 직(職)에 있던 자(者)로서 법무사업무의 수행(遂行)에 필요한 법률지식(法律知識)과 능력(能力)이 있다고 대법원장(大法院長)이 인정한 자(者)
2. 법무사시험(法務士試驗)에 합격(合格)한 자

② 제1항 제1호의 규정에 의한 법무사(法務士)의 자격인정(資格認定) 및 동항(同項)제2호의 규정(規定)에 의한 법무사시험(法務士試驗)의 실시에 관하여 필요한 사항은 대법원규칙(大法院規則)으로 정한다.

법무사법시행규칙(法務士法施行規則) 제3조(法務士試驗)

① 법원행정처장(法院行政處長)은 법무사(法務士)를 보충(補充)할 필요(必要)가 있다고 인정되는 경우에는 대법원장(大法院長)의 승인(承認)을 얻어 법무사시험(法務士試驗)(이하 "시험(試驗)"이라 한다)을 실시(實施)할 수 있다.

* 당사자가 규칙 등에 대하여 법원에서 다툴 가능성이 없지는 않음 *

1. 규칙에서 시험실시가 없음(부작위)를 이유로 다투거나 당사자가 법원행정처장에게 소송을 거는 방법(부작위 위법 확인 소송) → 이러한 방법은 법원행정처장이 법령상 시험을 실시하여야 함에도 불구하고 하지 않았을 경우에 인정될 수 있을 것임.
2. 또는 법원행정처장에게 시험실시 요청을 하고 – 법원행정처장의 거부 처분 – 행정심판 및 행정소송하는 방법 → 이 방법은 가능하지만, 헌법재판소는 불필요한 우회절차에 해당하거나 권리구제의 가능성이 약하다고 할 수 있음(=보충성 요건 완화)

2. 한정위헌 결정(1995. 11. 30. 94헌바40, 95헌바13 병합)

【판시사항】

2. 구(舊) 소득세법(所得稅法) 제23조 제4항 단서, 제45조 제1항 제1호 단서가 조세법률주의(租稅法律主義) 및 포괄위임금지(包括委任禁止)의 원칙(原則)에 반하는지 여부

【결정요지】

2. 이 사건 위임조항이 "대통령령이 정하는 경우에는 실지거래가액(實地去來價額)에 의한다"라고 규정하여 직접적, 명시적으로는 위임의 범위를 구체적으로 규정하고 있지는 않지만 소득세법의 전 체계, 양도소득세의 본질과 기준시가과세원칙(基準時價課稅原則)에 내재하는 헌법적 한계 및 이 사건 위임조항의 본문과의 관계등을 종합적으로 고려하여 이 사건 위임조항의 의미를 합리적으로 해석할 때, 이 사건 위임조항은 납세의무자가 기준시가(基準時價)에 의한 양도차익의 산정으로 말미암아 실지거래가액(實地去來價額)에 의한 경우보다 불이익을 받지 않도록 보완하기 위한 규정으로서 결국 실지거래가액(實地去來價額)에 의한 세액이 기준시가(基準時價)에 의한 세액을 초과하지 않는 범위 내에서 실지거래가액(實地去來價額)에 의하여 양도차익을 산정할 경우를 대통령령으로 정하도록 위임한 취지로 보아야 하고, 따라서 위 위임의 범위를 벗어나 실지거래가액(實地去來價額)에 의하여 양도소득세의 과세표준을 산정할 경우를 그 실지거래가액(實地去來價額)에 의한 세액이 그 본문의 기준시가(基準時價)에 의한 세액을 초과하는 경우까지를 포함하여 대통령령에 위임한 것으로 해석한다면 그 한도 내에서는 헌법 제38조, 제59조가 규정한 조세법률주의(租稅法律主義)와 헌법 제75조가 규정한 포괄위임금지(包括委任禁止)의 원칙(原則)에 위반된다.

[심판대상조문]
구(舊) 소득세법(所得稅法)(1982.12.21. 법률 제3576호로 개정된 후 1990.12.31. 법률 제4281호로 개정되기 전의 것) 제23조 (양도소득(讓渡所得))
④ 양도가액(讓渡價額)은 그 자산(資産)의 양도(讓渡)당시의 기준시가(基準時價)에 의한다. 다만, 대통령령(大統領令)이 정하는 경우에는 그 자산(資産)의 실지거래가액(實地去來價額)에 의한다.

구(舊) 소득세법(所得稅法)(1982.12.21. 법률 제3576호로 개정된 후 1990.12.31. 법률 제4281호로 개정되기 전의 것) 제45조 (양도소득(讓渡所得)의 필요경비계산(必要經費計算)) ① 주거자(住居者)의 양도차익(讓渡差益)의 계산(計算)에 있어서 양도가액(讓渡價額)에서 공제(控除)할 필요경비(必要經費)는 다음 각호에 게기하는 것으로 한다.

1. 당해 자산(資産)의 취득(取得)당시의 기준시가(基準時價)에 의한 금액(金額), 다만, 대통령령(大統領令)이 정하는 경우에는 그 자산(資産)의 취득(取得)에 소요(所要)된 실질거래가액(實質去來價額)

3. 한정위헌 결정에 대한 대법원의 입장(대판 1996. 4. 9. 95누11405)

【판시사항】
[1] 헌법재판소의 한정위헌 결정의 의미 및 그 기속력
[2] 헌법재판소의 모법에 대한 한정위헌 결정이 구 소득세법시행령 제170조 제4항 제2호에 미치는 영향
[3] 구 소득세법 제23조 제4항 단서 및 제45조 제1항 제1호 단서와 구 소득세법시행령 제170조 제4항 제2호가 위헌인지 여부(소극)

【판결요지】
[1] 헌법재판소의 결정이 그 주문에서 당해 법률이나 법률조항의 전부 또는 일부에 대하여 위헌 결정을 선고함으로써 그 효력을 상실시켜 법률이나 법률조항이 폐지되는 것과 같은 결과를 가져온 것이 아니라 그에 대하여 특정의 해석기준을 제시하면서 그러한 해석에 한하여 위헌임을 선언하는, 이른바 한정위헌 결정의 경우에는 헌법재판소의 결정에 불구하고 법률이나 법률조항은 그 문언이 전혀 달라지지 않은 채 그냥 존속하고 있는 것이므로 이와 같이 법률이나 법률조항의 문언이 변경되지 아니한 이상 이러한 한정위헌 결정은 법률 또는 법률조항의 의미, 내용과 그 적용범위를 정하는 법률해석이라고 이해하지 않을 수 없다. 그런데 구체적 사건에 있어서 당해 법률 또는 법률조항의 의미ㆍ내용과 적용범위가 어떠한 것인지를 정하는 권한 곧 법령의 해석ㆍ적용 권한은 바로 사법권의 본질적 내용을 이루는 것으로서, 전적으로 대법원을 최고법원으로 하는 법원에 전속한다. 이러한 법리는 우리 헌법에 규정된 국가권력분립구조의 기본원리와 대법원을 최고법원으로 규정한 헌법의 정신으로부터 당연히 도출되는 이치로서, 만일 법원의 이러한 권한이 훼손된다면 이는 헌법 제101조는 물론이요, 어떤 국가기관으로부터도 간섭받지 않고 오직 헌법과 법률에 의하여 그 양심에 따라 독립하여 심판하도록 사법권

독립을 보장한 헌법 제103조에도 위반되는 결과를 초래한다. 그러므로 한정위헌 결정에 표현되어 있는 헌법재판소의 법률해석에 관한 견해는 법률의 의미·내용과 그 적용범위에 관한 헌법재판소의 견해를 일응 표명한 데 불과하여 이와 같이 법원에 전속되어 있는 법령의 해석·적용 권한에 대하여 어떠한 영향을 미치거나 기속력도 가질 수 없다.

[2] 법률보다 하위법규인 대통령령의 제정근거가 되는 법률조항(이른바 위임규정)에 대하여 한정위헌 결정이 있는 경우에 있어서도, 앞에서 본 바와 같이 그 법률조항의 문언이 전혀 변경되지 않은 채 원래의 표현 그대로 존속하고 있는 이상 그 법률조항의 의미·내용과 적용범위는, 역시 법령을 최종적으로 해석·적용할 권한을 가진 최고법원인 대법원에 의하여 최종적으로 정하여질 수밖에 없고, 그 법률조항의 해석은 어디까지나 의연히 존속하고 있는 그 문언을 기준으로 할 수밖에 없다 할 것이므로 그 문언이 표현하고 있는 명백한 위임취지에 따라 제정된 대통령령 조항 역시 의연히 존속한다고 보아야 한다. 따라서 이 사건 양도소득세부과처분에 적용된 구 소득세법시행령(1989. 8. 1. 대통령령 제12767호로 개정되기 전의 것) 제170조 제4항 제2호는 그 위임근거 규정인 구 소득세법(1990. 12. 31. 법률 제4281호로 개정되기 전의 것) 제23조 제4항 단서 및 제45조 제1항 제1호 단서의 각 규정이 헌법재판소의 결정에도 불구하고 그 문언의 표현이 전혀 변경되지 않은 채 존속하고 있는 이상 위 시행령 조항의 헌법위반 여부와 상위법의 위반 여부에 관하여는 대법원이 최종적으로 판단하여 이 사건에 적용할지 여부를 결정하여야 한다.

[3] 구 소득세법 제23조 제4항 단서 및 제45조 제1항 제1호 단서가 대통령령에 위임하는 사항의 범위를 명시적으로 특정하지는 아니하였다 하더라도 위 조항에 있어서의 내재적인 위임의 범위나 한계는 충분히 인정될 수 있다고 할 것이고, 구 소득세법상 종전의 실지거래가액 과세원칙으로부터 기준시가 과세원칙으로 개정된 입법동기와 연혁, 그리고 다시 기준시가 과세원칙에 대한 예외로서 실지거래가액에 따라 과세할 수 있는 경우를 규정하게 된 입법목적을 두루 고려하여 보더라도, 위 각 조항 단서가 기준시가에 의한 과세보다 실지거래가액에 의한 과세가 납세자에게 유리한 경우만을 한정하여 대통령령에 위임한 것이라는 해석에는 도저히 이를 수 없다. 더욱이 이 사건의 사안을 보면 실지거래가액에 의하여 과세하는 경우 모두 금 1,000,000,000원을 초과하는 양도차익이 발생한 것이 되어 납부하여야 할 양도소득세액이 금 600,000,000여 원에 이르게 되는 반면, 기준시가에 의하여 과세하는 경우에는 오히려 양도차손이 발생한 것이 되어 양도소득세를 전혀 부과할 수 없게 되는바, 실제로 불과 2년 미만의 기간에 금 400,000,000여 원, 그리고 불과 2월 남짓 되는 기간에 금 600,000,000원의 각 양도차익을 얻은 납세의무자가 헌법재판소 1995. 11. 30. 선고 94헌바40, 95헌바13 한정위헌 결정과 같은 해석으로 말미암아 양도소득세 부과에서 제외된다는 것은 심히 부당한 결과라고 하지 않을 수 없다. 따라서 이 사건 과세처분에 적용된 구 소득세법 제23조 제4항 단서 및 제45조 제1항 제1호 단서와 구 소득세법시행령 제170조 제4항 제2호가 헌법상의 조세법률주의와 포괄위임금지원칙에 위배되지 아니하는 유효한 규정이라고 해석하여 온 지금까지의 견해는 변경할 필요가 없다.

4. 재판소원 및 재판취소(헌재 1997. 12. 24. 96헌마172,173 병합)

[심판대상]
헌법재판소법 제68조(청구사유) ① 공권력의 행사 또는 불행사로 인하여 헌법상 보장된 기본권을 침해받은 자는 법원의 재판을 제외하고는 헌법재판소에 헌법소원심판을 청구할 수 있다.

＊사안에서 적법요건＊ – 암기할 것!!!
1. 기본권의 주체
2. 대상적격– 공권력의 행사(입법권의 행사)
3. 헌법상 보장된 기본권(법원의 재판을 다른 국가기관과 달리 보는 것에 대해 평등권 침해, 헌법소원청구권이라는 재판청구권 침해, 헌법소원심판제도의 본질에 반함(재판을 제외시키면, 헌법소원의 의미가 없음. 사법부의 견제가 힘들다)
4. 기본권의 침해가능성
5. 법적 관련성(자기관련성, 현재성, 직접성)
6. 보충성(다른권리구제절차 없음– 입법자체가 권리를 침해)
7. 권리보호이익
8. 청구기간, 변호사 강제주의

【판시사항】
1. 법원의 재판을 헌법소원심판의 대상으로부터 배제하는 헌법재판소법 제68조 제1항의 위헌 여부
2. 헌법재판소가 위헌으로 결정한 법령을 적용함으로써 국민의 기본권을 침해한 법원판결이 헌법소원의 대상이 되는지 및 그 취소 여부
3. 한정위헌결정의 효력
4. 법원의 판결에 대한 헌법소원심판청구가 예외적으로 허용되어 그 재판이 취소되는 경우, 원래의 행정처분에 대한 헌법소원심판의 인용 여부

【결정요지】
(판시사항 1)
1. 가. 헌법 제107조는 구체적 규범통제절차에서의 법률에 대한 위헌심사권과 명령·규칙·처분에 대한 위헌심사권을 분리하여 각각 헌법재판소와 대법원에 귀속시킴으로써 헌법의 수호 및 기본권의 보호가 오로지 헌법재판소만의 과제가 아니라 헌법재판소와 법원의 공동과제라는 것을 밝히고 있다.
나. 헌법 제111조 제1항 제5호가 '법률이 정하는 헌법소원에 관한 심판'이라고 규정한 뜻은 헌법이 입법자에게 공권력작용으로 인하여 헌법상의 권리를 침해받은 자가 그 권리를 구제받기 위한 주관적 권리구제절차를 우리의 사법체계, 헌법재판의 역사, 법률문화와 정치적·사회적

현황 등을 고려하여 헌법의 이념과 현실에 맞게 구체적인 입법을 통하여 구현하게끔 위임한 것으로 보아야 할 것이므로, 헌법소원은 언제나 '법원의 재판에 대한 소원'을 그 심판의 대상에 포함하여야만 비로소 헌법소원제도의 본질에 부합한다고 단정할 수 없다.

2. 가. 입법작용과 행정작용의 잠재적인 기본권침해자로서의 기능과 사법작용의 기본권의 보호자로서의 기능이 법원의 재판을 헌법소원심판의 대상에서 제외한 것을 정당화하는 본질적인 요소이므로, 헌법재판소법 제68조 제1항은 평등의 원칙에 위반된 것이라 할 수 없다.

나. 법원은 기본권을 보호하고 관철하는 일차적인 주체이다. 모든 국가권력이 헌법의 구속을 받듯이 사법부도 헌법의 일부인 기본권의 구속을 받고, 따라서 법원은 그의 재판작용에서 기본권을 존중하고 준수해야 한다. 법원이 기본권의 구속을 받기 때문에 법원이 행정청이나 하급심에 의한 기본권의 침해를 제거해야 하는 것은 당연한 것이다. 기본권의 보호는 제도적으로 독립된 헌법재판소만의 전유물이 아니라 모든 법원의 가장 중요한 과제이기도 하다.

3. 헌법재판소법 제68조 제1항은 청구인의 재판청구권을 침해하였다거나 되도록이면 흠결없는 효율적인 권리구제절차의 형성을 요청하는 법치국가원칙에 위반된다고 할 수 없다. 재판청구권은 사실관계와 법률관계에 관하여 최소한 한번의 재판을 받을 기회가 제공될 것을 국가에게 요구할 수 있는 절차적 기본권을 뜻하므로 기본권의 침해에 대한 구제절차가 반드시 헌법소원의 형태로 독립된 헌법재판기관에 의하여 이루어 질 것만을 요구하지는 않는다. 법원의 재판은 법률상 권리의 구제절차이자 동시에 기본권의 구제절차를 의미하므로, 법원의 재판에 의한 기본권의 보호는 이미 기본권의 영역에서의 재판청구권을 충족시키고 있기 때문이다.

4. 법원의 재판을 헌법소원심판의 대상에 포함시켜야 한다는 견해는 기본권보호의 측면에서는 보다 이상적이지만, 이는 헌법재판소의 위헌결정을 통하여 이루어질 문제라기 보다 입법자가 해결해야 할 과제이다. 헌법재판소법 제68조 제1항은 국민의 기본권(평등권 및 재판청구권 등)의 관점에서는 입법형성권의 헌법적 한계를 넘는 위헌적인 법률조항이라고 할 수 없다.

(판시사항2)

5. 가. 헌법재판소법 제68조 제1항이 원칙적으로 헌법에 위반되지 아니한다고 하더라도, 법원이 헌법재판소가 위헌으로 결정하여 그 효력을 전부 또는 일부 상실하거나 위헌으로 확인된 법률을 적용함으로써 국민의 기본권을 침해한 경우에도 법원의 재판에 대한 헌법소원이 허용되지 않는 것으로 해석한다면, 위 법률조항은 그러한 한도내에서 헌법에 위반된다.

나. 모든 국가기관은 헌법의 구속을 받고 헌법에의 기속은 헌법재판을 통하여 사법절차적으로 관철되므로, 헌법재판소가 헌법에서 부여받은 위헌심사권을 행사한 결과인 법률에 대한 위헌결정은 법원을 포함한 모든 국가기관과 지방자치단체를 기속한다. 따라서 헌법재판소가 위헌으로 결정하여 그 효력을 상실한 법률을 적용하여 한 법원의 재판은 헌법재판소 결정의 기속력에 반하는 것일 뿐 아니라, 법률에 대한 위헌심사권을 헌법재판소에 부여한 헌법의 결단(헌법 제107조 및 제111조)에 정면으로 위배된다.

다. 헌법이 법률에 대한 위헌심사권을 헌법재판소에 부여하고 있음에도 법원이 헌법재판소의 위헌결정에 따르지 아니하는 것은 실질적으로 법원 스스로가 '입법작용에 대한 규범통제권'을 행사하는 것을 의미하므로, 헌법은 어떠한 경우이든 헌법재판소의 기속력있는 위헌결정에 반하여 국민의 기본권을 침해하는 법원의 재판에 대하여는 헌법재판소가 다시 최종적으로 심사함으로써 자신의 손상된 헌법재판권을 회복하고 헌법의 최고규범성을 관철할 것을 요청하고 있다.

라. 명령 · 규칙에 근거한 집행행위가 존재하지 아니한 경우에는 그에 대한 헌법위반여부를 구체적인 재판절차에서 심사할 수 없기 때문에 직접 국민의 기본권을 침해하는 명령 · 규칙에 대하여는 주관적 권리구제절차로서 헌법소원의 가능성이 열려 있으므로,[66] 헌법재판소에 의하여 명령 · 규칙이 위헌으로 결정되어 그 효력을 상실한 경우에도 법률의 경우와 그 법리가 다를 바 없다.

6. 헌법소원이 단지 주관적인 권리구제절차일 뿐이 아니라 객관적 헌법질서의 수호와 유지에 기여한다는 이중적 성격을 지니고 있으므로, 헌법재판소는 본안판단에 있어서 모든 헌법규범을 심사기준으로 삼음으로써 청구인이 주장한 기본권의 침해여부에 관한 심사에 한정하지 아니하고 모든 헌법적 관점에서 심판대상의 위헌성을 심사한다. 따라서 헌법재판소법 제68조 제1항이 비록 청구인이 주장하는 기본권을 침해하지는 않지만, 헌법 제107조 및 제111조에 규정된 헌법재판소의 권한규범에 부분적으로 위반되는 위헌적인 규정이므로, 이 사건 헌법소원은 위에서 밝힌 이유에 따라 한정적으로 인용될 수 있는 것이다.

(판시사항3)

7. 헌법재판소의 법률에 대한 위헌결정에는 단순위헌결정은 물론, 한정합헌, 한정위헌결정과 헌법불합치결정도 포함되고 이들은 모두 당연히 기속력을 가진다.

8. 가. 이 사건 대법원판결은 헌법재판소가 이 사건 법률조항에 대하여 한정위헌결정을 선고함으로써 이미 부분적으로 그 효력이 상실된 법률조항을 적용한 것으로서 위헌결정의 기속력에 반하는 재판임이 분명하므로 이에 대한 헌법소원은 허용된다 할 것이고, 또한 이 사건 대법원판결로 말미암아 청구인의 헌법상 보장된 기본권인 재산권 역시 침해되었다 할 것이다. 따라서 이 사건 대법원판결은 헌법재판소법 제75조 제3항에 따라 취소되어야 마땅하다.[67]

---

66) 법무사법 시행규칙에 관한 헌법소원- 상기 제1번 결정에서 확인.

67) 憲法裁判所法 제75조(認容決定) ① 憲法訴願의 認容決定은 모두 國家機關과 地方自治團體를 기속한다.
② 제68조 제1항의 規定에 의한 憲法訴願을 認容할 때에는 認容決定書의 主文에서 침해된 基本權과 침해의 원인이 된 公權力의 행사 또는 不行使를 특정하여야 한다.
③ 제2항의 경우에 憲法裁判所는 基本權侵害의 원인이 된 公權力의 행사를 取消하거나 그 不行使가 違憲임을 확인할 수 있다.
④ 憲法裁判所가 公權力의 不行使에 대한 憲法訴願을 認容하는 決定을 한 때에는 被請求人은 決定趣旨에 따라 새로운 處分을 하여야 한다.
⑤ 제2항의 경우에 憲法裁判所는 公權力의 행사 또는 不行使가 違憲인 法律 또는 法律의 條項에 기인한 것이라고 인정될 때에는 認容決定에서 당해 法律 또는 法律의 條項이 違憲임을 宣告할 수 있다.
⑥ 제5항의 경우 및 제68조 제2항의 規定에 의한 憲法訴願을 認容하는 경우에는 제45조 및 제47조의 規定을 準用한다.
⑦ 제68조 제2항의 規定에 의한 憲法訴願이 認容된 경우에 당해 憲法訴願과 관련된 訴訟事件이 이미 확정된 때에는 當事者는 再審을 請求할 수 있다.
⑧ 제7항의 規定에 의한 再審에 있어 刑事事件에 대하여는 刑事訴訟法의 規定을, 그외의 事件에 대하여는 民事訴訟法의 規定을 準用한다.

나. 물론 구체적 사건에서의 법률의 해석 · 적용권한은 사법권의 본질적 내용을 이루는 것임이 분명하다. 그러나 법률에 대한 위헌심사는 당연히 당해 법률 또는 법률조항에 대한 해석이 전제되는 것이고, 헌법재판소의 한정위헌의 결정은 단순히 법률을 구체적인 사실관계에 적용함에 있어서 그 법률의 의미와 내용을 밝히는 것이 아니라 법률에 대한 위헌성심사의 결과로서 법률조항이 특정의 적용영역에서 제외되는 부분은 위헌이라는 것을 뜻한다. 따라서 헌법재판소의 한정위헌결정은 결코 법률의 해석에 대한 헌법재판소의 단순한 견해가 아니라, 헌법에 정한 권한에 속하는 법률에 대한 위헌심사의 한 유형인 것이다.

(판시사항4)
9. 행정처분이 헌법에 위반되는 것이라는 이유로 그 취소를 구하는 행정소송을 제기하였으나 법원에 의하여 그 청구가 받아들여지지 아니한 후 다시 원래의 행정처분에 대하여 헌법소원심판을 청구하는 것이 원칙적으로 허용될 수 있는지의 여부에 관계없이, 이 사건의 경우와 같이 행정소송으로 행정처분의 취소를 구한 청구인의 청구를 받아들이지 아니한 법원의 판결에 대한 헌법소원심판의 청구가 예외적으로 허용되어 그 재판이 헌법재판소법 제75조 제3항에 따라 취소되는 경우에는 원래의 행정처분에 대한 헌법소원심판의 청구도 이를 인용하는 것이 상당하다.

＊참고＊
재판관 이재화, 재판관 고중석, 재판관 한대현의 反對意見
1. 헌법은 국가의 사법작용 중 구체적 쟁송에 관한 재판 등 고유한 사법기능과 명령 · 규칙 · 처분에 대한 위헌심사는 대법원을 최고법원으로하여 조직된 법원에 맡기는 한편 법원과는 별개의 독립한 헌법재판소를 설치하여 법률에 대한 위헌심판 등 헌법재판기능을 관장하게 하는 이원적인 사법제도를 채택하고 있다(헌법 제101조, 제107조, 제111조 제1항).
2. 입법자가 법원의 재판을 헌법소원심판대상에서 제외한 의도는 헌법이 법원에 부여한 구체적 쟁송에 관한 재판이나 명령 · 규칙 · 처분에 대한 위헌심사를 제외하려는 것일뿐 법원이 헌법을 위반하여 법률에 대한 위헌심판을 한 경우까지를 제외하려는 것은 아니라고 할 것이므로 이 사건 판결은 법원이 스스로 법률에 대한 위헌심판을 하였다는 점에서 헌법재판소법 제68조 제1항이 헌법소원심판의 대상에서 제외한 법원의 재판에 포함되지 않는다고 보아야 할 것이다. 그러므로 이 사건 판결에 대하여는 위 법 제68조 제1항이 합헌인것과는 상관없이 헌법소원심판을 청구할 수 있다.
3. 대법원의 구체적 사건에 관한 재판인 이 사건 판결자체를 직접 취소하는 것은 헌법재판소와 법원의 권한 및 상호간의 독립을 규정한 헌법의 취지에 비추어 적당하지 아니할 뿐만 아니라 대법원의 재판을 취소하는 경우의 후속절차에 관하여 아무런 규정이 없어 그 효력을 둘러싸고 법적 혼란이 일어날 우려가 있다. 따라서 다수의견과 같이 이 사건 판결자체를 직접 취

소할 것이 아니라 이 사건 판결이 헌법재판소가 위헌으로 결정한 법률을 법원이 위헌결정의 법리를 달리 해석하여 합헌으로 보아 적용한 점에서 위헌이라고 확인만 하고 그 후속조치는 법원에 맡기는 것이 바람직하다.
4. 행정처분이 위헌이라고 주장하고 그 취소를 구하는 행정소송을 제기하였다가 법원이 받아들이지 아니한 후 다시 원래의 그 행정처분에 대한 헌법소원심판을 허용하는 것은 명령·규칙·처분에 대한 최종적인 위헌심사권을 대법원에 부여하고 있는 헌법 제107조 제2항과 법원의 재판을 헌법소원심판의 대상에서 제외하고 있는 헌법재판소법 제68조 제1항에 배치될 뿐 아니라, 이 사건 처분은 헌법재판소가 문제된 법률에 대하여 위헌결정하기 이전에 행하여 진 것이어서 헌법재판소 결정의 기속력에 반한 것도 아니므로 이 사건 처분은 헌법소원심판의 대상이 될 수 없다.

*** 헌법불합치에 대한 법원의 입장 관련 참고판례 ***

1. 구 소득세법 60조 기준시가 결정에 관한 헌법불합치 (1995. 11. 30. 91헌바1. 등)

【판시사항】
1. 구(舊) 소득세법(所得稅法) 제23조 제4항, 제45조 제1항 제1호와 구(舊) 소득세법(所得稅法) 제23조 제4항 제1호, 제45조 제1항 제1호 가목이 조세평등주의(租稅平等主義) 및 실질적(實質的) 조세법률주의(租稅法律主義) 등에 반하는지 여부
2. 구(舊) 소득세법(所得稅法) 제60조가 조세법률주의(租稅法律主義) 및 위임입법(委任立法)의 한계를 규정한 헌법(憲法)의 취지에 반하는지 여부
3. 구(舊) 소득세법(所得稅法) 제60조에 대하여 헌법불합치결정(憲法不合致決定)을 함이 타당하다고 본 사례

【결정요지】
1. 이 사건 각 산정조항이 양도소득세(讓渡所得稅)의 과세표준 산정에 있어서 기준시가과세원칙(基準時價課稅原則)을 채택한 데에는 그렇게 할 만한 합리적인 이유가 있을 뿐만 아니라 납세의무자(納稅義務者)가 실지거래가액(實地去來價額)에 의하여 납세할 수 있는 길을 열어 놓고 있으므로 그것이 비록 다른 종목의 조세 등과 그 내용을 달리하여 국세기본법(國稅基本法)상의 실질과세원칙(實質課稅原則)과 근거과세원칙(根據課稅原則)이나 소득세법(所得稅法)상의 일반적인 체계에 비추어 예외적인 것이라 하더라도, 그러한 사유만으로 곧바로 이 사건 각 산정조항이 조세평등주의(租稅平等主義) 또는 실질적(實質的) 조세법률주의(租稅法律主義)에 위배된다거나 과잉제한금지원칙(過剩制限禁止原則)에 반하는 것이라고 할 수 없고, 또한 이 사건 각 산정조항의 위임에 따라 제정된 시행령(施行令) 조항이 헌법(憲法)에 위반된다고 하더라도 그러한 사유만으로 이 사건 각 산정조항 자체가 헌법(憲法)에 위반된다고 할

수도 없다.

2. 이 사건 위임조항은 기준시가(基準時價)의 내용 자체에 관한 기준이나 한계는 물론 내용 결정을 위한 절차조차도 규정함이 없이 기준시가(基準時價)의 내용 및 그 결정절차를 전적으로 대통령령이 정하는 바에 의하도록 하였다. 이는 어떤 사정을 고려하여, 어떤 내용으로, 어떤 절차를 거쳐 양도소득세(讓渡所得稅) 납세의무(納稅義務)의 중요한 사항 내지 본질적 내용인 기준시가(基準時價)를 결정할 것인가에 관하여 과세권자에게 지나치게 광범한 재량의 여지를 부여함으로써, 국민으로 하여금 소득세법(所得稅法)만 가지고서는 양도소득세(讓渡所得稅) 납세의무(納稅義務)의 존부 및 범위에 관하여 개략적으로나마 이를 예측하는 것조차 불가능하게 하고, 나아가 대통령을 포함한 행정권의 자의적인 행정입법권 및 과세처분권 행사에 의하여 국민의 재산권(財産權)이 침해될 여지를 남김으로써 국민의 경제생활에서의 법적(法的) 안정성(安定性)을 현저히 해친 입법으로서 조세법률주의(租稅法律主義) 및 위임입법(委任立法)의 한계를 규정한 헌법(憲法)의 취지에 반한다.

3. 다만, 이에 대하여 단순위헌결정(單純違憲決定)을 선고하여 당장 그 효력을 상실시킬 경우에는 기준시가(基準時價)에 의한 양도소득세(讓渡所得稅)를 부과할 수 없게 됨은 물론, 이 법률 조항의 위임에 근거한 소득세법시행령(所得稅法施行令) 제115조를 인용하고 있는 구(舊) 법인세법시행령(法人稅法施行令) 제124조의2 제8항 등도 이를 시행할 수 없게 되는 등 법적 공백 상태를 야기하게 되고 이에 따라 조세수입을 감소시키고 국가재정에 상당한 영향을 줌과 아울러 이미 이 조항에 따른 양도소득세(讓渡所得稅)를 납부한 납세의무자(納稅義務者)들과 사이에 형평에 어긋나는 결과를 초래하는 데다가, 이 사건 위임조항의 위헌성은 국회에서 법률로 제정하지 아니한 단지 입법형식의 잘못에 기인하는 것으로서 이를 한시적으로 계속 적용한다고 하더라도 그것이 반드시 구체적 타당성을 크게 해쳐 정의와 형평 등 헌법적(憲法的) 이념에 심히 배치되는 것이라고는 생각되지 아니하고, 더욱이 이 사건의 경우에는 1994.12.22. 법률 제4803호로 헌법(憲法)에 합치하는 내용의 개정입법(法)이 이미 행하여져 위헌조항이 합헌적으로 개정되어 시행되고 있으므로 당재판소는 단순위헌결정(單純違憲決定)을 하지 아니하고 이 사건 위임조항을 적용하여 행한 양도소득세(讓渡所得稅) 부과처분(賦課處分) 중 확정되지 아니한 모든 사건과 앞으로 행할 양도소득세(讓渡所得稅) 부과처분(賦課處分) 에 대하여 위 개정법률(改正法律)을 적용할 것을 내용으로 하는 헌법불합치결정(憲法不合致決定)을 하기로 한다.

[심판대상조항]

구(舊) 소득세법(所得稅法)(1990.12.31. 법률 제4281호로 개정된 후 1993.12.31. 법률 제4661호로 개정되기 전의 것) 제23조 (양도소득(讓渡所得))

④ 양도가액(讓渡價額)은 다음 각호의 금액으로 한다.

1. 제23조 제1항 제1호·제2호 및 제5호의 규정(規定)에 의한 자산(資産)의 경우에는 당해 자산(資産)의 양도(讓渡)당시의 기준시가(基準時價). 다만, 대통령령(大統領令)이 정하는 경우에는 실지거래가액(實地去來價額)에 의한다.

구(舊) 소득세법(所得稅法)(1990.12.31. 법률 제4281호로 개정된 후 1993.12.31. 법률 제4661호로 개정되기 전의 것) 제45조 (양도소득(讓渡所得)의 필요경비계산(必要經費計算))
① 거주자(居住者)의 양도차익(讓渡差益)의 계산(計算)에 있어서 양도가액(讓渡價額)에서 공제(控除)할 필요경비(必要經費)는 다음 각호에 게기하는 것으로 한다.
1. 취득가액(取得價額)
가. 제23조 제1항 제1호 · 제2호 및 제5호의 규정(規定)에 의한 자산(資産)의 경우에는 당해 자산(資産)이 취득당시의 기준시가(基準時價), 다만, 대통령령(大統領令)이 정하는 경우에는 그 자산(資産)의 취득에 소요된 실지거래가액(實地去來價額)에 의한다.

구(舊) 소득세법(所得稅法)(1978.12.5. 법률 제3098호로 개정된 후 1994.12.22. 법률 제4803호로 개정되기 전의 것) 제60조 (기준시가(基準時價)의 결정(決定)) 제23조 제4항과 제45조 제1항 제1호에 규정하는 기준시가(基準時價)의 결정(決定)은 대통령령(大統領令)이 정하는 바에 의한다.

2. 구 소득세법 헌법불합치 결정에 대한 대법원의 입장(대법원 1997. 3. 28. 선고 95누17960)

【판시사항】
[1] 기준시가 결정에 관한 구 소득세법 제60조에 대한 헌법재판소의 헌법불합치결정의 취지 및 개정법률 시행 전까지의 구 규정의 잠정 적용 가부(적극)
[2] 동일한 기준시가조정기간 내의 부동산 거래시의 기준시가 산정에 관한 구 소득세법시행규칙 제56조의5 제2항 제1호가 위헌 · 무효의 규정인지 여부(소극)
[3] 기준시가에 의한 양도소득세액이 실지양도차익을 넘을 수 있는지 여부(소극)

【판결요지】
[1] 헌법재판소는 1995. 11. 30. 91헌바1 등 병합사건의 결정에서 구 소득세법(1994. 12. 22. 법률 제4803호로 전문 개정되기 전의 것) 제60조에 대하여 헌법불합치결정을 하였는바, 헌법재판소가 구 소득세법 제60조가 위헌임에도 불구하고 굳이 헌법불합치결정을 한 것은 단순위헌결정을 하는 경우 그 결정의 효력이 당해 사건 등에 광범위하게 미치는 결과 구 법령에 근거한 양도소득세부과처분이 모두 취소되어 법적 공백의 발생, 조세수입의 감소로 인한 국가재정의 차질, 기납세자와의 형평 위배 등의 불합리가 발생하므로 이러한 부작용을 회피하기 위하여 개정법령의 시행일 전에 종전의 법령을 적용하여 한 부과처분을 그대로 유지시키고 또 그 시행일 전에 과세할 소득세에 대하여도 종전의 법령을 적용함이 옳다는 판단에서 나온 것임이 분명하므로, 따라서 위의 헌법불합치결정은 그 위헌성이 제거된 개정법률이 시행되기 이전까지는 종전 구 소득세법 제60조를 그대로 잠정 적용하는 것을 허용하는 취지의 결정이라고 이해함이 상당하다.

[2] 구 소득세법시행규칙(1995. 5. 3. 총리령 제505호로 전문 개정되기 전의 것) 제56조의5 제2항 제1호는 동일한 기준시가조정기간 내의 부동산거래에 대하여도 양도소득이 있는 것으로 보아 양도소득세를 부과함으로써 부동산의 양도차익을 노린 투기행위를 규제하려는 데 그 취지가 있고, 납세의무자가 실지거래가액에 의하여 납세할 수 있는 길을 별도로 마련해두고 있으므로, 비록 국세기본법상의 실질과세원칙이나 소득세법상의 일반적인 체계에 비추어 예외적인 것이라 하더라도, 단순히 이러한 사유만으로는 기준시가 산정에 대한 위 시행규칙 조항이 헌법상의 재산권보장 및 조세평등의 원칙에 반한다거나 세법상의 실질과세원칙 등에 반하는 것이라 할 수 없다.

[3] 기준시가에 의하여 양도차익을 산정하는 경우에 있어서도 헌법상의 실질적 조세법률주의 또는 과잉금지의 원칙상 그 기준시가에 의하여 산출한 세액이 실지거래가액에 의한 양도차익의 범위를 넘을 수 없다.

3. 위헌결정을 내린 법률을 적용한 재판에 대한 취소 소원(헌재 1999. 10. 21. 97헌마301)

【판시사항】

1. 헌법불합치로 선고된 구 소득세법 제60조를 적용한 법원의 판결이 헌법소원의 대상이 되는지 여부 (소극)
2. 원처분을 심판대상으로 삼은 재판이 취소되지 아니하는 경우 원처분이 헌법소원의 대상이 되는지 여부 (소극)

【결정요지】

1. 법원이 공시지가제도가 시행된 1990. 9. 1. 전에 양도한 토지에 대한 양도소득세부과처분취소사건에서 구 소득세법 제60조를 적용하여 그 부과처분의 적법 여부를 판단한 것은 헌재 1995. 11. 30. 91헌바1등 헌법불합치결정의 기속력에 따른 것이고, 그 이후에 양도한 토지에 대한 양도소득세부과처분취소사건에서 구 소득세법 제60조를 적용하여 그 부과처분의 적법 여부를 판단한 것은 위 헌법불합치결정의 기속력에 어긋나기는 하나 그로 말미암아 기본권의 침해가 있다고 볼 수 없으므로, 그 어느 것이나 예외적으로 헌법소원의 대상이 되는 재판, 즉 '위헌으로 결정한 법령을 적용함으로써 국민의 기본권을 침해한 재판'에 해당하지 아니하여 헌법소원심판의 대상이 될 수 없다.
2. 원처분에 대하여 헌법소원심판청구를 받아들여 이를 취소하는 것은, 원처분을 심판의 대상으로 삼았던 법원의 재판이 예외적으로 헌법소원심판의 대상이 되어 그 재판 자체까지 취소되는 경우에 한하고, 이와는 달리 법원의 재판이 취소되지 아니하는 경우에는 확정판결의 기판력으로 인하여 원처분은 헌법소원심판의 대상이 되지 아니한다.

재판관 김용준, 재판관 신창언의 반대의견

구 소득세법 제60조에 관한 헌재 1995. 11. 30. 91헌바1등 결정은 구 소득세법 제60조를 적용하여 행한 양도소득세 부과처분 중 확정되지 아니한 모든 사건과 앞으로 행할 양도소득세 부과처분 모두에 대하여 개정된 소득세법을 적용하여야 할 것임을 분명히 밝히면서 헌법불합치결정을 한 것으로, 개정된 소득세법과 그 시행령에 의할 때 지가공시및토지등의평가에관한법률에 의한 개별공시지가가 고시되기 전에 양도한 토지의 경우 기준시가에 관한 규정이 없어 결국 양도소득세를 산출하여 부과할 방법이 마땅치 않다 하더라도 헌법불합치결정의 기속력에 따라 법원으로서는 위헌적 법률조항을 곧바로 적용할 것이 아니라, 이러한 입법적 흠결을 보완한 법률의 개정을 기다려 새로 개정된 법률에 따라 재판하든지 아니면 과세처분의 근거가 없다고 보아 과세처분을 취소하든지 하여야 할 것이다. 결론적으로 이 사건 판결들은 위헌결정의 하나인 헌법불합치결정의 기속력에 반하는 재판임이 분명하므로 이에 대한 헌법소원은 허용된다 할 것이고, 나아가 위헌적 법률을 적용한 이 사건 판결들로 말미암아 청구인들의 헌법상 보장된 기본권인 재산권이 침해되었으므로, 이 사건 판결들을 취소함이 마땅하고, 이 경우 원행정처분도 역시 취소함이 마땅하다.

재판관 조승형, 재판관 이영모의 반대의견

구 소득세법 제60조에 관하여 헌법불합치결정을 한 헌재 1995. 11. 30. 91헌바1등 사건의 청구인들이 이를 무시한 법원의 재판에 대하여 재차 이 사건 헌법소원심판청구를 한 경우 헌법불합치로 선언된 법률의 잠정적용은 허용될 수 없고, 그와 같은 경우가 아니라도 91헌바1등 결정에서 개정법률을 적용하라고 설시한 취지는 구 법의 헌법불합치성이 입법자에 의하여 합치적으로 개정된 것으로 보고 구 법이 적용되어야 할 사건 모두에 개정법률을 적용하게 하려는 데 있었고, 따라서 법원으로서는 기준시가에 따른 양도차익을 산정할 수 있는 1990. 9. 1. 이후에 양도한 재산에 대하여는 개정된 소득세법 제99조에 따라, 그 이전에 양도한 재산에 대하여는 입법자가 만든 위헌적 상태가 제거된 새로운 법률에 따라 각 재판을 하여야 할 의무가 있음에도 불구하고, 개정법률의 흠을 법률해석이라는 명목으로 위헌심판을 한 구 법을 다시 적용하여 청구인들에 대한 이 사건 부과처분의 당부를 판결한 것은 헌법불합치결정의 법리를 오해한 위법이 있는 것이므로, 이 사건 판결들과 부과처분들은 헌법불합치결정을 한 위헌인 법률을 적용하여 국민의 재산권을 침해한 것이므로 모두 취소하여야 한다.

1) 국회의 공권력작용

가) 법률

법 제68조 제1항 본문에 규정된 공권력 가운데는 입법권도 당연히 포함되므로 법률에 대한 헌법소원도 가능하다.

법률은 공포로써 성립하므로 헌법소원의 대상이 되는 법률은 공포된 대한민국 법률을 의미한다. 공포된 법률의 경우 효력을 발생하기 전이라도 그 시행이 확실시 되므로 청구인이 불이익을 입게 될 수 있음을 충분히 예측할 수 있는 경우에는 헌법소원을 제기할 수 있다(헌재 1994. 12. 29. 94헌마201). 다만 법률안에 대한 헌법소원이라도 심판청구 후에 이것이 유효하게 공포·시행되었다면 헌법소원의 대상성을 부인할 수 없다(헌재 2001. 11. 29. 99헌마494). 헌법재판소는 법률안에 대한 헌법소원심판청구 후 법률안이 공포되자 청구취지 및 청구원인 변경신청서를 제출하여 심판대상을 법률로 변경한 사안에서 이를 적법한 청구로 인정하였다(헌재 2008. 10. 30. 2005헌마222등).

한편, 폐지된 법률조항이라 하더라도 헌법에 위반되는지 여부에 대하여 헌법적 해명이 이루어진 바가 없고, 그 법률조항이 청구인의 기본권을 침해하는 것으로 판단된다면, 본안판단의 필요성이 인정되므로 헌법소원의 대상이 된다(헌재 1995. 5. 25. 91헌마67; 헌재 2012. 3. 29. 2010헌마693).

다만, 법률의 개폐는 입법기관의 소관사항이므로 법률의 개정을 요구하는 심판청구는 헌법소원의 대상이 될 수 없고(헌재 2001. 7. 19. 2000헌마703), 헌법재판소에서 이미 위헌결정이 선고된 법률조항에 대한 헌법소원심판청구도 부적법하다(헌재 1994. 4. 28. 92헌마280).

나) 조약·헌법의 개별조항

헌법 제6조 제1항에 의하여 국내법과 같은 효력을 가지는 조약 역시 고권적 행위로서 공권력의 행사에 해당하므로, 예컨대 우리 정부가 일본 정부와 어업에 관해 체결·공포한 조약인 '대한민국과 일본국 간의 어업에 관한 협정'(조약 제1447호)은 헌법소원심판의 대상이 된다(헌재 2001. 3. 21. 99헌마139등).

그러나 형식적 의미의 법률에 해당하지 아니하는 헌법의 개별조항은 위헌심사의 대상이 될 수 없으므로 이를 대상으로 한 헌법소원심판청구는 부적법하다(헌재 1998. 6. 25. 96헌마47; 헌재 2005. 8. 2. 2005헌마636; 헌재 2011. 9. 20. 2011헌마485; 헌재 2014. 3. 4. 2014헌마140).

다) 입법부작위

넓은 의미의 입법부작위에는 첫째, 입법자가 헌법상 입법의무가 있는 어떤 사항에 관하여 전혀 입법을 하지 아니함으로써 입법행위의 흠결이 있는 경우(즉, 입법권의 불행사)와 둘째, 입법자가 어떤 사항에 관하여 입법은 하였으나 그 입법의 내용·범위·절차 등이 당해 사항을 불완전·불충분 또는 불공정하게 규율함으로써 입법행위에 결함이 있는 경우(즉, 결함이 있는 입법권의 행사)가 있는데, 일반적으로 전자를 "진정입법부작위", 후자를 "부진정입법부작위"라고 부르고 있다(헌재 1996. 10. 31. 94헌마108; 헌재 2001. 6. 28. 2000헌마735).

헌법재판소는, 어떠한 사항을 법규로 규율할 것인가의 여부는 특단의 사정이 없는 한 입법자의 정치적·경제적·사회적 고려 하에서 정하여지는 입법정책의 문제이므로, 국민이 법률의 제정을 청구할 권리는 원칙적으로 인정될 수 없다고 하면서, 다만, 헌법에서 기본권보장을 위해 법령에 명시적인 입법위임을 하였음에도 입법자가 이를 방치하고 있거나 헌법해석상 특정인에게 구체적인 기본권이 생겨 이를 보장하기 위한 국가의 행위의무 내지 보호의무가 발생하였음이 명백함에도 입법자가 전혀 아무런 입법조치를 취하고 있지 않은 경우에는 헌법소원을 허용하고 있다(헌재 1989. 3. 17. 88헌마1; 헌재 2001. 6. 28. 2000헌마735).

① 입법의무가 인정된 사례

헌법재판소는 사설철도회사 재산이 수용되고 그 근거가 된 군정법령에 따른 보상절차가 이루어지지 않은 단계에서 '조선철도의 통일 폐지 법률'에 의하여 군정법령을 폐지한 후 상당 기간이 지나도록 그 보상에 관한 입법조치를 취하지 않은 것과 관련하여, 우리 헌법은 제헌헌법 이래 현재까지 재산의 수용 등의 경우 그 보상에 관한 입법의무를 부과하여 왔는바, 군정법령에 근거한 수용에 대하여 보상에 관한 법률을 제정하여야 하는 입법자의 헌법상 입법의무가 발생하였음에도 30년이 지나도록 입법자가 전혀 아무런 입법조치를 취하지 않고 있는 것은 입법재량의 한계를 넘는 입법의무 불이행으로서 보상청구권이 확정된 자의 헌법상 보장된 재산권을 침해하는 것이므로 위헌이라고 판단하였다(헌재 1994. 12. 29. 89헌마2).

② 입법의무가 부인된 사례

외국에서 침구사 자격을 얻은 사람들을 위하여 국내에서 그들의 침구사 자격을 인정하는 법률을 제정할 입법의무는 없다고 한 사례(헌재 1991. 11. 25. 90헌마19), 외국의 대사관저에 대하여 강제집행을 할 수 없다는 이유로 집행관이 강제집행신청의 접수를 거부하여 강제집행이 불가능하게 되었다고 하더라도 국가가 청구인들에게 손실을 보상하는 법률을 제정하여야 할 의무는 없다고 한 사례(헌재 1998. 5. 28. 96헌마44), 지방자치법에서 규정한 주민투표권은 헌법이 보장하는 참정권이라고 할 수는 없으므로, 주민투표에 대한 입법부작위의 위헌확인을 구하는 헌법소원심판은 허용되지 아니한다고 한 사례(헌재 2001. 6. 28. 2000헌마735), 경북 문경 및 전남 함평 민간인 학살사건에 대하여 국회가 진상조사, 피해배상 등을 위한 특별법을 제정해야 할 헌법상의 입법의무가 없다고 한 사례(헌재 2003. 6. 26. 2000헌마509등), 언론통폐합계획으로 인한 피해자들에게 국회가 원상회복 및 손해배상에 관한 법률을 제정할 입법 의무가 발생하지 않는다고 한 사례(헌재 2003. 3. 27. 2001헌마116), 교육공무원의 임용 시에 여성 또는 남성이 선발예정인원의 일정비율 이상이 될 수 있도록 하는 양성평등채용목표제를 실시하는 법률을 제정할 입법의무는 없다고 본 사례(헌재 2006. 5. 25. 2005헌마362), 죽음에 임박한 환자를 위하여 '연명치료의 중단에 관한 법률'을 제정하여야 입법의무는 없다고 본 사례(헌재 2009. 11. 26. 2008헌마385), 국회의원선거의 투표소 내에 수화통역인을 배치하도록 하는 법률을 만들 입법의무는 없다고 본 사례(헌재 2013. 8. 29. 2012헌마840), 지방자치단체장을 위한 퇴직급여제도를 마련하여야 할 입법의무는 존재하지 않는다고 본 사례(헌재 2014. 6. 26. 2012헌마459) 등이 있다.

③ 부진정입법부작위의 경우

'부진정입법부작위'를 대상으로, 즉 입법의 내용 · 범위 · 절차 등의 결함을 이유로 헌법소원을 제기하려면 결함이 있는 당해 입법규정 그 자체를 대상으로 하여 그것이 평등원칙에 위배된다는 등 헌법위반을 내세워 적극적인 헌법소원을 제기하여야 한다(헌재 1996. 10. 31. 94헌마108). 이 경우 입법부작위를 대상으로 헌법소원심판을 청구하게 되면 부적법한 청구가 된다.

헌법재판소가 이러한 부진정입법부작위에 해당한다고 본 사례는, 국회가 1980년해직공무원의보상등에관한특별조치법을 제정하면서 1980년 국가보위비상대책위원회의 정화계획에 의하여 강제해직된 정부산하기관 임직원을 수혜범위에 포함시키지 않은 것(헌재 1996. 11. 28. 93헌마258), 도시계획법에 의한 개발제한구역 지정으로 재산권이 제한된 자에 대하여 정당한 보상을 지급하는 법률을 제정하지 아니한 것(헌재 1999. 1. 28. 97헌마9), 국내에 주민등록이 되어 있지 아니한 재외국민에 대하여 국내에서 실시되는 선거에 참여할 수 있는 절차를 규정하지 않은 것(헌재 1999. 1. 28. 97헌마253등), 심신장애를 1-3등급으로 나누어 규정하면서 선천성 심장질환자가 합병증의 위험 때문에 정상적인 사회생활을 할 수 없는 경우를 심장장애 등급에 포함시켜 입법하지 않은 것(헌재 2000. 4. 11. 2000헌마206), 구 국외강제동원자지원법의 적용대상에 '국외' 강제동원자만 포함시키고 '국내' 강제동원자는 포함하지 않은 것(헌재 2011. 2. 24. 2009헌마94), 공직선거법이 계표방식에 관한 입법을 하면서 동시에 계표하는 투표함 수에 대한 제한 규정을 두지 않은 것(헌재 2013. 8. 29. 2012헌마326) 등이 있다.

라) 그밖에 국회의 공권력 작용

그 밖에 국회의장이 국회의원을 상임위원회의 위원으로 선임하는 행위는 국회 조직 구성에 관한 기관 내부의 행위에 불과하여 헌법소원의 대상이 되지 않고(헌재 1999. 6. 24. 98헌마472등), 국회의 예산안 의결은 국가기관만을 구속할 뿐 일반 국민을 구속하지 않는다는 점에서(헌재 2006. 4. 25. 2006헌마409), 법률안의 제출이나 의결 역시 국민에 대하여 직접적인 법률효과를 발생시키지 않는다는 점에서(헌재 1994. 8. 31. 92헌마174; 헌재 2003. 9. 16. 2003헌마566) 헌법소원심판의 대상이 될 수 없다.

그리고 국회의원 총선거를 앞두고 국회의장이 선거구획정위원회 위원을 선임·위촉하지 않은 부작위나 선거구획정위원회가 선거구획정안을 제출하지 않은 부작위도 국가기관의 내부적 의사결정행위에 불과하여 헌법소원의 대상이 되지 않고(헌재 2004. 2. 26. 2003헌마285), 헌법상 대통령에 대한 탄핵소추의결은 국회의 재량행위일 뿐만 아니라 국민이 국회에 대해 대통령의 탄핵소추의결을 청구할 권리도 없으므로 국회의 탄핵소추의결 부작위는 헌법소원의 대상이 되지 않는다(헌재 1996. 2. 29. 93헌마186).

그러나 국회는 청원에 대하여 심사할 의무를 지고 청원한 청구인에게는 심사를 요구할 수 있는 권리가 있으므로, 국회의장의 청원심사부작위는 헌법소원의 대상이 될 수 있고(헌재 2000. 6. 1. 2000헌마18), 국회의 위원회는 공개가 원칙이므로 국회예산결산특별위원회 계수조정소위원회에 대한 방청불허 행위도 헌법소원의 대상이 되며(헌재 2000. 6. 29. 98헌마443등), 국회의 선출로 임명된 헌법재판소 재판관 중 공석이 발생한 경우 국회는 공정한 헌법재판을 받을 권리의 보장을 위하여 공석인 재판관의 후임자를 선출하여야 할 구체적 작위의무를 부담하므로 국회가 그 후임자를 선출하지 않은 부작위는 헌법소원심판의 대상이 된다(헌재 2014. 4. 24. 2012헌마2).

2) 행정작용

행정작용에 대한 헌법소원에 있어 헌법소원의 대상은 후술하는 보충성요건 및 재판소원금지규정 때문에 검사의 불기소처분, 행정입법에 의한 직접적 기본권침해, 행정입법부작위, 권력적 사실행위 등 행정소송에 의하여 권리구제를 받을 수 없거나 행정소송을 거친다 하더라도 구제받을 가능성이 없는 경우로 제한된다.

가) 통치행위

통치행위를 포함하여 모든 국가작용은 국민의 기본권적 가치를 실현하기 위한 수단이라는 한계를 반드시 지켜야 하는 것이고, 헌법재판소는 헌법의 수호와 국민의 기본권 보장을 사명으로 하는 국가기관이므로 비록 고도의 정치적 결단에 의하여 행해지는 국가작용이라고 할지라도 그것이 국민의 기본권침해와 직접 관련되는 경우에는 당연히 헌법소원의 대상이 된다. 예컨대, 대통령 긴급재정경제명령은 국가긴급권의 일종으로서 고도의 정치적 결단에 의하여 발동되는 통치행위이나 마땅히 헌법에 기속되어야 할 것이므로 헌법소원의 대상이 되고(헌재 1996. 2. 29. 93헌마186), 신행정수도건설이나 수도이전의 문제 역시 정치적 성격을 가지고 있는 것은 인정할 수 있지만, 사법심사의 대상으로 하기에 부적절한 문제라고까지 할 수는 없다(헌재 2004. 10. 21. 2004헌마554등).

그러나 헌법재판소가 통치행위에 대해 사법판단을 자제하여야 한다고 한 사례도 있다. 외국에 대한 국군파병결정과 같이 국방 및 외교에 관련된 대통령과 국회의 고도의 정치적 결단이 요구되는 사안은 궁극적으로 선거를 통해 국민에 의한 평가와 심판을 받는 것이 바람직하고 사법적 기준만으로 이를 심판하는 것은 자제되어야 하므로 헌법소원의 대상이 되기에 부적합하다고 하였다(헌재 2004. 4. 29. 2003헌마814).

다만 한미연합 군사훈련에 대해서는, 이는 1978년 한미연합사령부의 창설 및 1979년 한미연합연습 양해각서 체결 이후 연례적으로 실시되어 왔으므로 2007년 한미연합 군사훈련의 일종인 전시증원연습에 관한 대통령의 결정이 새삼 국방에 관련되는 고도의 정치적 결단에 해당한다고 보기는 어렵고, 따라서 사법심사를 자제하여야 할 통치행위로 볼 수 없다고 하였다(헌재 2009. 5. 28. 2007헌마369).[68]

나) 행정입법 등

① 헌법 제107조 제2항과 행정입법의 심사

헌법 제107조 제2항은 "명령 · 규칙 또는 처분이 헌법이나 법률에 위반되는 여부가 재판의 전제가 된 경우에는 대법원은 이를 최종적으로 심사할 권한을 가진다."라고 규정하고 있다. 이 규정에 따르면 당사자는 구체적 사건의 심판을 위한 선결문제로서 행정입법의 위법성을 주장하여 법원에 대하여 당해사건에 대한 적용 여부의 판단을 구할 수 있을 뿐이다(대법원 1994. 4. 26.자 93부32 결정, 공1994상, 1705).

68) 이 사건에서 헌법재판소는 한미연합 군사훈련이 헌법소원의 대상이 된다는 점은 인정하였으나, 청구인들이 주장한 평화적 생존권이 헌법상 보장되는 기본권이 아니라는 이유를 들어 각하하였다(헌재 2009. 5. 28. 2007헌마369, 판례집 21-1하, 769, 777). 전술 참조.

따라서 일반법원의 재판에서는 구체적 사건을 매개하지 않고 행정입법 자체의 위헌성, 위법성을 다툴 수 없다.

② 법규명령의 헌법소원 대상성

법률의 하위 법규인 명령·규칙 등으로 인하여 직접 기본권을 침해당한 자는 헌법소원의 심판을 청구할 수 있다. 헌법 제111조 제1항 제1호에서 법률의 위헌여부심사권을 헌법재판소에 부여한 이상 통일적인 헌법해석과 규범통제를 위하여 공권력에 의한 기본권 침해를 이유로 하는 헌법소원심판 사건에 있어서 법률의 하위규범인 명령·규칙의 위헌여부심사권이 헌법재판소의 관할에 속함은 당연한 것이기 때문이다(헌재 1990. 10. 15. 89헌마178; 헌재 1997. 6. 26. 94헌마52; 헌재 2007. 5. 31. 2003헌마579).

따라서 행정부에서 제정한 시행령이나 시행규칙 등은 그것이 별도의 집행행위를 기다리지 않고 직접 기본권을 침해하는 것일 때에는 모두 헌법소원심판의 대상이 될 수 있다(헌재 1997. 6. 26. 94헌마52).

③ 행정규칙의 경우

행정규칙은 일반적으로 행정조직 내부에서만 효력을 가지는 것이고 대외적인 구속력을 갖는 것이 아니어서 원칙적으로 헌법소원의 대상이 아니다.

그러나 법령에서 행정관청에 법령의 구체적 내용을 보충할 권한을 부여한 경우에는 그것이 상위법령의 위임한계를 벗어나지 아니하는 한, 상위법령과 결합하여 대외적인 구속력을 갖는 법규명령으로 기능하여 헌법소원의 대상이 될 수 있고(헌재 2002. 7. 18. 2001헌마605; 헌재 2007. 8. 30. 2004헌마670), 재량권 행사의 준칙인 행정규칙이 그 정한 바에 따라 되풀이 시행되어 행정관행이 생기면 행정기관은 그 상대방에 대한 관계에서 그 규칙에 따라야 할 자기구속을 당하게 되어 대외적 구속력을 가지게 되므로 이러한 경우에도 헌법소원의 대상이 될 수 있다(헌재 2005. 5. 26. 2004헌마49).

따라서 총무처예규인 '대우공무원 및 필수실무요원의 선발·지정 등 운영지침'은 공무원임용령의 위임에 따라 대우공무원 등의 선발에 관하여 필요한 사항을 정한 것으로서 상위법령과 결합하여(헌재 1992. 6. 26. 91헌마25), 무도장 영업시간을 낮 시간으로 제한한 '식품접객업소 영업행위 제한 기준'도 그 제정형식이 행정규칙이지만, 식품위생법의 위임에 따라 식품접객업소의 영업행위 제한대상 및 제한시간을 정한 것으로서 상위법령과 결합하여(헌재 2000. 7. 20. 99헌마455), 무가지와 경품류의 제공행위를 제한하는 '신문업에 있어서의 불공정거래행위 및 시장지배적 지위남용 행위의 유형 및 기준'인 신문고시는 공정거래법령 규정의 위임에 따라 공정거래위원회가 법령 내용을 보충한 것으로서 상위법령과 결합하여(헌재 2002. 7. 18. 2001헌마605), '외국인산업기술연수생의 보호 및 관리에 관한 지침'인 중소기업청고시 역시 출입국관리법령의 관련 규정에 의하여 외국인산업기술연수제도의 효율적인 운영에 필요한 사항을 정한 것으로 상위법령과 결합하여(헌재 2007. 8. 30. 2004헌마670) 대외적인 구속력을 가지므로 헌법소원의 대상이 된다.

또한 법무부 훈령인 계호근무준칙은 검사 조사실에서의 계구사용에 관한 재량권 행사의 준칙으로서 오랫동안 반복적으로 시행되어 그 내용이 관행으로 확립되었고(헌재 2005. 5. 26. 2004헌마49), 국토해양부장관의 '저소득가구 전세자금 지원기준'의 경우 국민주택기금의 기금수탁자인 은행으로 하여금 이 기준에 따라 전세자금 지원에 관한 사무를 처리할 수밖에 없도록 한다는 점에서(헌재 2011. 10. 25. 2009헌마588) 대외적 구속력이 있는 공권력 행사로서 헌법소원의 대상이 된다.

그러나 교육부장관이 발표한 '1996학년도 대학입시기본계획' 중 "전국의 대학에 대하여 대학별고사에서 국·영·수 위주의 필답고사 실시에 신중을 기하여 줄 것을 권고하고, 그 세부사항으로 계열별·학과별 특성에 따라 대학수학능력시험이나 고등학교 내신성적을 보완하는 선에서 교과목을 최소화하도록 권고"하는 내용은 법령의 위임을 받아 그 내용을 구체화하거나 법령의 구체적인 내용을 보충하는 것으로 볼 수 없어 헌법소원의 대상이 될 수 없고(헌재 1997. 7. 16. 97헌마70), '한약관련과목의 범위 및 이수인정기준'은 보건복지부장관이 한약사국가시험 응시자격과 관련한 개정 전 약사법시행령의 한약관련과목 규정을 구체적으로 해석하기 위한 기준으로서 행정관청 내부의 해석지침에 불과하므로 헌법소원의 대상이 될 수 없다(헌재 2001. 2. 22. 2000헌마29).

또한 '공직선거에 관한 사무처리예규'는 개표관리 및 투표용지의 유·무효를 가리는 업무에 종사하는 각급 선거관리위원회 직원 등에 대한 업무처리지침 내지 사무처리준칙에 불과하고(헌재 2000. 6. 29. 2000헌마325), 퇴직공무원 중 200만 원 이상의 벌금형을 받은 경우 포상추천을 제한한 '2007년 정부포상업무지침'은 행정안전부가 훈장수여대상자의 추천이라는 업무처리 지침으로서 마련한 행정기관 내부의 업무처리지침 내지 사무처리준칙에 불과하며(헌재 2009. 7. 30. 2008헌마367), 방위사업청물품적격심사기준은 국가가 사인과의 계약관계를 공정하고 합리적·효율적으로 처리할 수 있도록 관계 공무원이 지켜야 할 계약사무처리에 관한 사항을 규정한 것으로서 국가의 내부규정에 불과하므로(헌재 2013. 11. 28. 2012헌마763) 모두 대외적 구속력이 없어 헌법소원의 대상이 되지 않는다.

다) 부작위

① 행정부작위

행정권력의 부작위에 대한 헌법소원은 공권력의 주체에게 헌법에서 유래하는 작위의무가 특별히 구체적으로 규정되어 이에 의거하여 기본권의 주체가 행정행위 내지 공권력의 행사를 청구할 수 있음에도 공권력의 주체가 그 의무를 해태하는 경우에만 허용된다(헌재 2000. 3. 30. 98헌마206). '헌법에서 유래하는 작위의무'는, 첫째, 헌법상 명문으로 공권력 주체의 작위의무가 규정되어 있는 경우, 둘째, 헌법의 해석상 공권력 주체의 작위의무가 도출되는 경우, 셋째, 공권력 주체의 작위의무가 법령에 구체적으로 규정되어 있는 경우 등을 포괄한다(헌재 2004. 10. 28. 2003헌마898; 헌재 2011. 8. 30. 2006헌마788).

헌법재판소는 임야조사서 또는 토지조사부의 열람·복사신청에 불응한 부작위(헌재 1989. 9. 4. 88헌마22) 및 일본군위안부(헌재 2011. 8. 30. 2006헌마788)와 원폭피해자(헌재 2011. 8. 30. 2008헌마648)가 일본국에 대하여 가지는 배상청구권과 관련하여 분쟁해결 절차에 나아가지 아니한 외교통상부장관의 부작위에 대해 헌법소원 대상성을 인정한 바 있다. 그러나 기본권침해가 없는 행정청의 단순한 부작위는 헌법소원의 대상이 될 수 없다(헌재 1996. 11. 28. 92헌마237).

헌법재판소는 탈세사실을 고발, 제보한 자에 대하여 세무서장이 소송 계속 사실을 알리지 아니하고, 증인으로 신청하지 아니한 부작위(헌재 1993. 2. 2. 93헌마2), 서울특별시 지방경찰청장이 대통령으로부터 공훈훈장을 하사받은 사실이 있다고 주장하는 청구인에 대하여 공훈사실을 확인·등재하지 아니한 부작위(헌재 2000. 6. 29. 98헌마391), 국방부장관이 국가유공자의 유족이 보상금을 받도록 유가족등록을 지도하거나 직접 대리등록하지 아니한 부작위(헌재 1998. 2. 27. 97헌마354등), '도시저소득주민의 주거환경 개선을 위한 임시조치법'을 시행하면서 사인(私人)의 대지 일부가 사실상 도로로 사용되게 되었음에도 행정청이 보상하지 아니한 부작위(헌재 2001. 1. 18. 99헌마636), 군사법원 검찰관이 아닌 국방부 합동조사단장이 군인신분이 아닌 피고소인들에 대하여 관할권이 있는 검찰청에 사건을 송치하지 않은 부작위(헌재 2001. 2. 23. 2001헌마79), 법률상 요구되는 서훈추천이 거부됨에 따라 대통령이 영전수여 신청자에 대하여 영전을 수여하지 않은 부작위(헌재 2005. 6. 30. 2004헌마859), 국가 및 지방자치단체가 사립유치원에 대해 교사 인건비, 운영비 등을 예산으로 지원하지 않은 부작위(헌재 2006. 10. 26. 2004헌마13), 국방부장관이 군사상 필요가 소멸한 징발재산 토지에 대하여 피징발자의 상속인에게 매각처분하지 않는 부작위(헌재 2011. 12. 29. 2009헌마621) 등은 모두 그에 상응하는 작위의무가 인정되지 않으므로 헌법소원의 대상이 될 수 없다고 하였다.

② 행정입법부작위

행정입법인 명령 · 규칙 등이 공권력의 행사로서 헌법소원의 대상이 되는 것처럼 행정입법부작위도 공권력의 불행사로서 헌법소원의 대상이 될 수 있다. 삼권분립의 원칙, 법치행정의 원칙을 당연한 전제로 하고 있는 우리 헌법 하에서 행정권의 행정입법 등 법집행의무는 헌법적 의무라고 보아야 할 것이다(헌재 1998. 7. 16. 96헌마246; 헌재 2005. 12. 22. 2004헌마66).

행정입법의 지체가 위법으로 되어 그에 대한 법적 통제가 가능하기 위해서는 행정청에게 시행명령을 제정(개정)할 법적 의무가 있어야 하고, 상당한 기간이 지났음에도 불구하고, 명령제정(개정)권이 행사되지 않아야 한다(헌재 1998. 7. 16. 96헌마246).

행정입법부작위가 헌법소원의 대상이 됨을 인정한 사례는, 의료법 등의 위임에 따른 치과전문의자격시험 절차를 마련하지 아니한 부작위(헌재 1998. 7. 16. 96헌마246), 산업재해보상보험법 등의 위임에 따른 평균임금을 정하여 고시하지 아니한 부작위(헌재 2002. 7. 18. 2000헌마707), 구 군법무관임용법 등의 위임에 따라 군법무관의 봉급과 그 밖의 보수를 법관 및 검사의 예에 준하여 지급하도록 하는 대통령령을 제정하지 아니한 부작위(헌재 2004. 2. 26. 2001헌마718) 등이 있다.

그러나 행정입법부작위에 있어서도 그것이 부진정행정입법부작위에 해당하는 경우에는 불완전한 행정입법에 대하여 적극적으로 헌법소원을 제기하여야 한다. 따라서 건축사법시행령 제4조 제1항이 비록 새로이 건축사면허를 취득하고자 하는 사람들만을 대상으로 하고 건축사면허를 취소당한 사람들에 대하여는 적용이 없다고 하더라도 이는 불완전, 불충분하게 규율한 경우에 불과하므로, (위 시행령 조항을 다투지 않고) 면허를 취소당한 자의 면허 신청과 관련된 절차규정을 두지 아니한 행정입법부작위를 다투는 것은 부적법하다(헌재 1998. 11. 26. 97헌마310).

한편, 상위 법령에서 하위 행정입법의 제정을 예정하고 있더라도 하위 행정입법의 제정 없이 상위 법령의 규정만으로도 집행이 이루어질 수 있는 경우라면 하위 행정입법을 하여야 할 헌법적 작위의무는 인정되지 아니한다(헌재 2005. 12. 22. 2004헌마66; 헌재 2013. 5. 30. 2011헌마198).

헌법재판소는 사법시험법과 같은 법 시행령이 '성적의 세부산출방법 그 밖에 합격결정에 필요한 사항'에 대하여 법무부령에 의한 규율을 예정하고 있지만, 사법시험법과 같은 법 시행령이 사법시험의 성적을 산출하여 합격자를 결정하는 데 지장이 없을 정도로 충분한 규정을 두고 있기 때문에, 법무부장관에게 이에 관한 법무부령을 제정하여야 할 헌법적 작위의무가 있다고 보기 어렵고(헌재 2005. 12. 22. 2004헌마66). 구 소득세법과 같은 법 시행령이 비사업용 토지에서 제외되는 일정 토지를 시행규칙에서 정하도록 하고 있지만, 구 소득세법과 같은 법 시행령이 이미 그 내용들 규정하고 있기 때문에 소득세법 시행규칙의 제정이 구 소득세법의 집행에 필수불가결하다고 할 수 없다고 하여 작위의무를 부정하였다(헌재 2013. 5. 30. 2011헌마198).

라) 조례

조례는 지방자치단체가 그 자치입법권에 근거하여 자주적으로 지방의회의 의결을 거쳐 제정한 법규이기 때문에 조례 자체로 인하여 직접 그리고 현재 자기의 기본권을 침해받은 자는 그 권리구제의 수단으로서 조례에 대한 헌법소원을 제기할 수 있다(헌재 1995. 4. 20. 92헌마264등; 헌재 2008. 12. 26. 2007헌마1387; 헌재 2009. 10. 29. 2008헌마454). 다만, 이에 대하여 대법원은 조례가 집행행위의 개입없이 그 자체로서 직접 국민의 구체적인 권리의무나 법적 이익에 영향을 미치는 등의 법률상 효과를 발생하는 경우 그 조례는 항고소송의 대상이 되는 행정처분에 해당한다고 보고 있다(대법원 1996. 9. 20. 선고 95누8003 판결).

한편, 상위 법령에서 일정한 사항을 조례에 위임한 경우 지방자치단체는 해당 조례를 제정할 헌법상 의무를 부담하므로 지방공무원법이 '사실상 노무에 종사하는 공무원의 범위'를 조례에 위임하고 있음에도 불구하고 지방자치단체가 그러한 공무원의 구체적인 범위를 조례로 제정하지 않은 부작위에 대해서는 헌법소원을 청구할 수 있다(헌재 2009. 7. 30. 2006헌마358).

마) 행정계획, 공고 등

① 행정계획

행정계획이란 행정에 관한 전문적 · 기술적 판단을 기초로 하여 특정한 행정목표를 달성하기 위하여 서로 관련되는 행정수단을 종합 · 조정함으로써 장래의 일정한 시점에 있어서 일정한 질서를 실현하기 위한 활동기준으로 설정된 것을 말한다(대법원 1996. 11. 29. 선고 96누8567 판결).

이러한 행정계획이 헌법소원의 대상이 되는 공권력의 행사에 해당하는지 여부는 일률적으로 말할 수 없는데, 대외적 구속력을 갖는 행정계획은 공권력의 행사로 볼 수 있지만, 구속력을 갖지 않고 사실상의 준비행위나 사전안내 또는 행정기관 내부의 지침에 지나지 않는 행정계획은 원칙적으로 헌법소원의 대상이 되는 공권력의 행사라 할 수 없다. 다만 비구속적 행정행위라도 국민의 기본권에 직접적으로 영향을 끼치고, 앞으로 법령의 뒷받침에 의하여 그대로 실시될 것이 틀림없을 것으로 예상될 때에는, 공권력의 행사로서 헌법소원의 대상이 된다(헌재 2000. 6. 1. 99헌마538등; 헌재 2011. 12. 29. 2009헌마330등).

헌법재판소는, “서울대학교의 ‘1994학년도 대학입학고사 주요요강’에 대해, 이는 교육부가 마련한 입시제도개선안에 따라 마련된 것으로 대학입학방법을 규정한 교육법시행령 제71조의2가 그것을 뒷받침할 수 있도록 개정될 것을 전제로 한 것이므로 현 시점에서는 사실상의 준비행위 또는 사전안내에 불과할지라도 그 내용이 국민의 기본권에 직접 영향을 미치는 내용이고 앞으로 그대로 실시될 것으로 예상되는바, 헌법소원의 대상이 되는 공권력의 행사에 해당한다고 하였다(헌재 1992. 10. 1. 92헌마68등).

또한 헌법재판소는 고양시 일산지구 내 다가구주택의 가구수를 3가구 이하로 제한한 고양일산지구단독, 상업등단지(단독, 근린생활, 상업, 업무, 공공건축물)도시설계시행지침 제33조 제3항에 대해서도, 도시설계는 도시계획의 한 종류로서 도시설계지구 내의 모든 건축물에 대하여 구속력을 가지는 구속적 행정계획의 법적 성격을 갖는다(헌재 2003. 6. 26. 2002헌마402)고 하여 헌법소원 대상성을 인정하였다.

그러나 헌법재판소는 개발제한구역의 해제 또는 조정의 내용을 담고 있는 건설교통부장관의 ‘개발제한구역 제도개선방안’에 대해, 이는 개발제한구역의 운용에 대한 국가의 기본방침을 천명하는 정책계획안이며, 장차 이루어질 개발제한구역의 해제 내지 조정에 대한 정보를 국민들에게 사전에 제공하는 행정계획안으로서 사실상의 준비행위 내지 대외적 효력이 없는 비구속적 행정계획안에 불과하므로 헌법소원의 대상이 되는 공권력의 행사에 해당되지 않는다(헌재 2000. 6. 1. 99헌마538등)고 하였고, 기획재정부장관이 확정 · 공표한 공공기관의 선진화 계획에 대해서도, 이는 공공기관의 운용에 대한 국가의 기본방침을 천명한 정책계획안으로 그 자체로 국민의 기본권에 직접적인 영향을 미친다고 볼 수 없으므로 헌법소원의 대상이 되지 않는다(헌재 2011. 12. 29. 2009헌마330등)고 하였다.

② 행정지도

행정지도는 일반적으로 ‘행정주체가 소관사무에 관하여 행정객체의 임의적 의사에 따른 협력을 기대하고 행정목적 달성을 위해 행하는 비권력적인 사실행위’를 말하는데(헌재 2008. 10. 30. 2006헌마1401등), 행정지도라 하더라도 그에 따르지 않을 경우 일정한 불이익조치를 예정하고 있는 등 단순한 행정지도로서의 한계를 넘어 규제적 · 구속적 성격을 가지는 경우에는 헌법소원의 대상이 되는 공권력의 행사에 해당한다(헌재 2003. 6. 26. 2002헌마337등).

따라서 교육인적자원부장관의 대학총장들에 대한 학칙시정요구는 대학총장의 임의적인 협력을 통하여 사실상의 효과를 발생시키는 행정지도의 일종이지만, 그에 따르지 않을 경우 일정한 불이익조치를 예정하고 있어 사실상 상대방에게 그에 따를 의무를 부과하는 것과 다를 바 없으므로 헌법소원의 대상이 되고(헌재 2003. 6. 26. 2002헌마337등), 방송사업자 등에 대한 방송위원회의 경고 역시 방송평가에서 감점을 초래하고, 방송에 대한 재허가 추천 여부에 영향을 미친다는 점에서 헌법소원의 대상이 된다(헌재 2007. 11. 29. 2004헌마290). 방송통신심의위원회의 인터넷포털서비스 운영자에 대한 게시글 삭제 시정요구 역시 서비스제공자 등이 이에 따르지 않을 경우 해당 정보의 취급거부·정지 또는 제한이라는 법적 조치를 받을 수 있다는 점에서 헌법소원 등의 대상이 되는 공권력의 행사에 해당한다(헌재 2012. 2. 23. 2008헌마500).

그러나 노동부장관이 노동부 산하 7개 공공기관의 단체협약 내용을 분석하여 불합리한 요소를 개선하라고 요구한 행위는 이에 따르지 않는다 하더라도 불이익을 예정하고 있다고 보기 어렵고, 단체교섭에 직접 개입하거나 이를 강제하는 내용도 없다는 점에서 헌법소원의 대상이 된다고 할 수 없고(헌재 2011. 12. 29. 2009헌마330등), 법무부장관이 제3회 변호사시험 합격기준을 '입학정원 대비 75% (1,500명) 이상'이라고 한 변호사시험 합격기준 공표는 최소한의 합격자수 기준이라는 행정관청 내부의 지침을 대외적으로 공표하는 것에 불과하므로 공권력 행사성을 인정할 수 없다(헌재 2014. 3. 27. 2013헌마523).

③ 공고 등

공고는 일반적으로 특정의 사실을 불특정 다수에게 알리는 행위로서 그것이 어떠한 법률효과를 가지는지에 대해서는 일률적으로 말할 수 없고 개별 공고의 내용과 관련 법령의 규정에 따라 구체적으로 판단하여야 한다. 헌법재판소는 해당 공고가 기존 법령의 내용을 단순히 알리는 것에 지나지 않는 경우에는 공권력 행사성을 부정하여 헌법소원 대상성을 부정하고, 공고를 통해 세부 내용들이 비로소 확정되는 경우에는 헌법소원의 대상이 된다고 보고 있다(헌재 2000. 1. 27. 99헌마123; 헌재 2004. 3. 25. 2001헌마882; 헌재 2007. 5. 31. 2004헌마243).

헌법재판소는 1999년도 공무원채용시험시행계획 공고 중 1999년도 제5회 지방고등고시의 시험일정·시험과목·응시연령 등은 지방공무원임용령과 지방공무원인사규칙 등에 확정적으로 규정되어 있는 것을 단순히 알린 것에 지나지 않으나, 직렬 및 지역별 모집인원과 응시연령의 기준일 등은 이 공고에 따라 비로소 세부적인 범위 등이 확정되고, 응시자의 자격을 제한하는 등의 구체적 효과가 발생하였다고 하여 헌법소원 대상성을 인정하였고(헌재 2000. 1. 27. 99헌마123), 2000년도 공무원 임용시험 시행계획에서 제42회 사법시험 제1차시험일자를 일요일로 정하여 공고한 것에 대해서도, 구체적인 시험일정과 장소는 위 공고에 따라 비로소 확정되는 것이므로 위 공고는 헌법소원의 대상이 되는 공권력의 행사에 해당한다고 보았다(헌재 2001. 9. 27. 2000헌마159).

또한 2002학년도 대전광역시 공립중등학교 교사임용후보자 선정경쟁시험 시행요강 중 사범대 가산점과 복수·부전공 가산점에 대해서도, 교육공무원임용후보자선정경쟁시험 규칙에 따르면 가산점의 부여 여부와 그 대상자 및 배점에 관한 세부적 내용을 시험실시 기관으로 하여금 정하도록 하고 있기 때문에 가산점 항목의 공고는 세부적 내용을 구체적으로 확정하는 효과가 있으므로 공권력의 행사로서 헌법소원의 대상이 된다고 보았고(헌재 2004. 3. 25. 2001헌마882), 육군참모총장으로부터 학군사관후보생 선발의 실시를 위임받은 학생중앙군사학교장이 '05 학군사관후보생모집' 공고 중 배점기준에 수능성적을 반영하도록 한 부분은 법령에 근거하여 학군사관후보생의 선발기준에 관한 세부적인 사항을 확정하는 것으로서 헌법소원의 대상이 된다고 하였으며(헌재 2007. 5. 31. 2004헌마243), 국가정보원의 2005년도 7급 제한경쟁시험 채용공고 중 '남자는 병역을 필한 자' 부분은 법령의 내용을 바탕으로 응시자격을 구체적으로 결정하여 알린 것이므로 헌법소원의 대상이 되는 공권력의 행사에 해당한다고 하였고(헌재 2007. 5. 31. 2006헌마627), '고입검정고시'에 합격했던 자는 해당 검정고시에 다시 응시할 수 없도록 응시자격을 제한한 전라남도 교육청 공고에 대해서도, 2010년도 고졸검정고시의 구체적인 시행은 이 공고에 따라 비로소 확정되므로 헌법소원의 대상이 된다(헌재 2012. 5. 31. 2010헌마139등)고 하였다.

그 밖에 제49회 사법시험 제2차 시험 실시계획 중 시험과목별 시험시간을 정한 부분(헌재 2008. 6. 26. 2007헌마917), 서울대학교 총장의 2009학년도 대학 신입학생입학전형 안내 중 농·어촌학생특별전형에 있어서 2008년도 제2기 '신활력지역'으로 선정된 시 지역을 2009학년도부터 2011학년도 지원자에 한하여 농·어촌지역으로 인정한 부분(헌재 2008. 9. 25 2008헌마456), 법학전문대학원협의회의 법학적성시험 시행공고(헌재 2010. 4. 29. 2009헌마399)가 헌법소원의 대상이 된다고 하였다.

그러나 해당 공고 등이 확인적 의미만 가지고 있을 뿐, 청구인의 법적 지위에 아무런 영향을 미치지 않는 경우에는 헌법소원의 대상성이 부정된다.

교육부장관이 각 대학에 시달한 '98학년도 대입전형시 예술고등학교 학생에 대한 학교생활기록부성적반영'지침은 기존의 대학입학전형 기본계획과 동일한 내용이라는 점에서

(헌재 1997. 12. 19. 97헌마317), 2000년도 공무원 임용시험 시행계획에서 제36회 기술고등고시 및 제6회 지방고등고시에 관하여 "응시연령을 20세 이상 32세 이하, 해당생년월일을 1967. 1. 1.부터 1980. 12. 31.까지"로 공고한 것 역시 '공무원임용 및 시험시행 규칙과 대전광역시 지방공무원 인사 규칙'의 응시연령에 관한 규정들과 실질적으로 동일하다는 점에서(헌재 2001. 9. 27. 2000헌마173등). 「2004년도 사법시험 실시계획 공고」 중 '영어대체시험' 부분도 사법시험법령에 이미 규정되어 있는 사항과 실질적으로 동일하다는 점에서(헌재 2007. 4. 26. 2003헌마947등), '상시 · 지속적 업무 담당자의 무기계약직 전환기준 등 공공부문 비정규직 고용개선 추진지침'이 영어회화 전문강사를 무기계약직 전환 대상에서 제외하고 있는 부분 역시 기간제 및 단시간 근로자의 보호 등에 관한 법령 및 구 초 · 중등교육법령의 내용과 동일하다는 점에서(헌재 2014. 4. 24. 2012헌마380) 모두 확인적 의미만을 가지고 있을 뿐, 규율 내용을 변경하거나 청구인의 법적 지위에 영향을 미친다고 볼 수 없으므로 헌법소원의 대상이 되는 공권력 행사에 해당하지 않는다.

바) 행정청의 행위

① 권력적 사실행위

행정상의 사실행위는 경고(警告), 권고(勸告), 시사(示唆)와 같은 정보제공행위나 단순한 지식표시행위인 행정지도와 같이 대외적 구속력이 없는 '비권력적 사실행위'와 행정청이 우월적 지위에서 일방적으로 강제하는 '권력적 사실행위'로 나눌 수 있고, 이 중에서 권력적 사실행위는 헌법소원의 대상이 되는 공권력의 행사에 해당한다(헌재 1994. 5. 6. 89헌마35; 헌재 2003. 12. 18. 2001헌마754; 헌재 2005. 3. 31. 2003헌마87; 헌재 2014. 5. 29. 2013헌마280). 일반적으로 어떤 행정행위가 헌법소원의 대상이 되는 권력적 사실행위에 해당하는지의 여부는 당해 행정주체와 상대방과의 관계, 그 사실행위에 대한 상대방의 의사 · 관여정도 · 태도, 그 사실행위의 목적 · 경위, 법령에 의한 명령 · 강제수단의 발동 가부 등 그 행위가 행하여질 당시의 구체적 사정을 종합적으로 고려하여 개별적으로 판단하여야 한다(헌재 1994. 5. 6. 89헌마35; 헌재 2014. 5. 29. 2013헌마280).

헌법재판소는 소위 '국제그룹 해체사건'에서, 재무부장관이 제일은행장에 대하여 한 국제그룹 해체준비 착수지시와 언론발표지시는 형식적으로는 사법적인 주거래은행의 행위였던 점에서 행정행위는 될 수 없더라도 그 실질이 공권력의 힘으로 재벌기업의 해체라는 사태변동을 일으킨다는 점에서 일종의 권력적 사실행위로 헌법소원의 대상이 된다고 하였다(헌재 1993. 7. 29. 89헌마31).

그리고 헌법재판소는 교도소장의 미결수용자의 서신에 대한 검열·지연발송·지연교부행위(헌재 1995. 7. 21. 92헌마144), 교도소 내 접견실의 칸막이 설치행위(헌재 1997. 3. 27. 92헌마273), 구치소장이 미결수용자로 하여금 수사 및 재판을 받을 때 재소자용 의류를 입게 한 행위(헌재 1999. 5. 27. 97헌마137등), 유치장관리자가 현행범으로 체포된 피의자에게 차폐시설이 불충분한 화장실을 사용하도록 한 행위(헌재 2001. 7. 19. 2000헌마546), 경찰서장이 피의자들을 유치장에 수용하는 과정에서 실시한 정밀신체수색 행위(헌재 2002. 7. 18. 2000헌마327), 구치소장이 구치소에 수용되는 마약류사범에 대하여 하는 정밀신체검사(헌재 2006. 6. 29. 2004헌마826), 교도소장이 교도소 수형자에게 소변을 받아 제출하게 하는 행위(헌재 2007. 7. 27. 2005헌마277), 수용자가 자신의 행정소송 출정비용을 출정예정일 전일까지 납부하지 아니하였다는 등의 이유로 출정을 하지 못하게 한 출정제한행위(헌재 2012. 3. 29. 2010헌마475) 등도 이른바 권력적 사실행위로서 헌법소원의 대상이 된다고 하였으며, 그 밖에 2년 10개월 동안 56차례에 걸쳐 행하여진 군수의 감사(헌재 2003. 12. 18. 2001헌마754), 경찰청장이 경찰버스들로 서울광장을 둘러싸 통행을 제지한 행위(헌재 2011. 6. 30. 2009헌마406), 경찰청장이 경찰버스들로 서울광장을 둘러싸 통행을 제지한 행위(헌재 2011. 6. 30. 2009헌마406) 역시 권력적 사실행위로서 헌법소원의 대상이 된다고 보았다.

그러나 소위 '대한선주 정리사건'에서는 부실기업의 주거래은행이 정상화 여부와 그 방안 및 실현방법에 관하여 적법한 권한 내에서 기본적 의사결정을 하고, 정부의 의사가 이에 부합되어 비권력적으로 지원 독려하여 기업의 정리가 관철된 경우라면, 주거래은행의 정상화 방안을 실현시키기 위해 정부가 한 지시 등의 행위는 비권력적 사실행위로서 헌법소원의 대상이 되지 않는다고 하였으며(헌재 1994. 5. 6. 89헌마35), 그 밖에 질병관리본부장이 위촉한 위원으로 구성된 혈액제제 에이즈감염 조사위원회가 염기서열조사분석을 실시하지 않고 역학조사를 실행한 행위(헌재 2004. 8. 26. 2003헌마505), 구치소의 미결수용자가 구치소장에 대하여 우표를 제공할 것을 요구하였으나 이를 거부한 행위(헌재 2009. 12. 29. 2008헌마617), 교도소장이 사동 순시 중 수형자들을 정렬시킨 후 거실 내 봉사원의 구호에 따라 "안녕하십니까"라고 인사하도록 한 행위(헌재 2012. 7. 26. 2011헌마332), 경기지방경찰청장이 전기통신사업자에게 이용자의 주소, 전화번호 등 통신자료의 제공을 요청하여 취득한 임의수사 행위(헌재 2012. 8. 23. 2010헌마439), 교도관들이 외부병원 진료 후 구치소로 환소과정에 있는 수형자에게 환소차량 탑승을 위하여 병원 밖 주차장 의자에 앉아 있을 것을 지시한 행위(헌재 2012. 10. 25. 2011헌마429), 현행범으로 체포되면서 경찰관의 압수의사에 기해서가 아니라 단지 경찰관의 권유에 의해 제출된 임치물을 보관 중 폐기한 행위

(헌재 2012. 12. 27. 2011헌마351) 등도 단순한 비권력적 사실행위에 불과하여 헌법소원의 대상이 되지 않는다고 하였다.

② 행정기관 내부의 의사결정과 감독작용

행정기관의 내부적 의사결정에 불과하여 직접 국민의 권리의무에 영향을 미치지 않는 행위는 헌법소원의 대상이 되지 아니한다. 따라서 행정자치부 자치행정과장이 지방자치단체 담당과장에게 '전공노 대책 관련 긴급지시'라는 제하에 "사태종료 시까지 전공노 조합원의 병·연가 불허" 등을 내용으로 하는 업무연락공문을 발송한 행위는 상호 협조 차원에서 업무연락을 한 것으로 행정기관 내부의 행위일 뿐이므로 헌법소원의 대상이 되는 공권력 행사에 해당하지 아니하고(헌재 2005. 5. 26. 2005헌마22), 정부의 법률안 제출 역시 법률로서 확정되기 위하여서는 국회의 의결과 대통령의 공포절차를 거쳐야 하므로 국가기관 간의 내부적 행위에 불과하여 공권력의 행사에 해당하지 아니한다(헌재 1994. 8. 31. 92헌마174). 근로시간면제심의위원회가 노조전임자의 근로시간 면제 한도를 정하는 심의·의결을 한 것 역시 행정기관 내부 절차에 불과하므로, 헌법소원의 대상이 되는 공권력 행사라고 보기 어렵다(헌재 2014. 5. 29. 2010헌마606).

한편, 정부의 정부투자기관에 대한 감독행위는 국민에 대하여 직접적으로 권리를 설정하거나 의무를 부과하는 작용이 아니므로 원칙적으로 헌법소원의 대상이 될 수 없다.

경제기획원장관의 1993년도 정부투자기관예산편성공통지침 통보행위는 성질상 정부의 그 투자기관에 대한 내부적 감독작용에 해당할 뿐이므로 헌법소원의 대상이 되는 공권력의 행사라 볼 수 없고(헌재 1993. 11. 25. 92헌마293), 같은 맥락에서 기획예산처장관의 정부투자기관에 대한 예산편성지침 통보행위 및 예산배정유보방침 통보행위 역시 헌법소원의 대상이 되는 공권력의 행사라고 볼 수 없다(헌재 2002. 1. 31. 2001헌마228).

③ 행정청의 거부행위

국민의 신청에 대한 행정청의 거부행위가 헌법소원의 대상인 공권력의 행사가 되기 위해서는 국민이 행정청에 대하여 신청에 따른 행위를 해 줄 것을 요구할 수 있는 권리가 있어야 한다(헌재 1999. 6. 24. 97헌마315; 헌재 2000. 2. 24. 97헌마13등).

헌법재판소는, 지적법에 따르면 토지소유자는 지적공부의 등록사항에 오류가 있을 경우 그 정정을 신청할 수 있으므로 토지지목을 "전"에서 "대"로 환원하여 줄 것을 신청하였음에도 그 신청을 반려한 행위는 공권력의 행사에 해당한다(헌재 1999. 6. 24. 97헌마315)고 하였다.

한편, 집회신고서를 반려한 행위와 관련하여서는, 집시법상 국민은 사전신고만으로 옥외집회를 할 수 있으므로 옥외집회신고서를 반려한 주무 행정청의 행위는 공권력의 행사에 해당한다(헌재 2008. 5. 29. 2007헌마712)고 하였다.

그러나 자신의 토지를 도시계획도로의 부지로 편입당한 자라 할지라도 행정청에 대하여 도시계획의 폐지를 신청하거나 도시계획결정으로 인한 보상을 청구할 수 있는 권리는 헌법이나 도시계획법 어디에도 없으므로 행정청이 보상을 거부한 행위는 공권력행사에 해당한다고 볼 수 없고(헌재 1999. 10. 21. 98헌마407), 국립대학 인근 주민이라 하더라도 그 운동장의 사용을 요구할 수 있는 법규상 또는 조리상의 신청권이 있다고 할 수 없으므로 국립대학교총장의 운동장사용신청에 대한 거부 역시 헌법소원의 대상이 되는 공권력의 행사에 해당하지 아니하며(헌재 2001. 9. 27. 2000헌마260), 구 '국가유공자 등 예우 및 지원에 관한 법률'(2004. 1. 20. 법률 제7106호로 개정되기 전의 것)과 같은 법 시행령은 기능직공무원 정원의 20퍼센트를 취업보호대상자로 우선 채용하도록 하고 있을 뿐, 구체적인 신청절차나 채용기준 및 방법 등에 관한 구체적인 내용을 규정하고 있지 아니하므로 청구인이 채용시험 없이 자신을 임용해 줄 것을 요구할 수 있는 구체적인 신청권이 없어 이러한 신청에 대한 거부 회신은 헌법소원의 대상이 되는 공권력의 행사 또는 불행사라고 할 수 없다(헌재 2004. 10. 28. 2003헌마898).

한편, 행정청의 거부행위가 처분에 해당하는 경우에는 헌법소원의 보충성 요건으로 인하여 이에 대한 헌법소원심판청구는 부적법한 청구가 된다.

④ 사법상(私法上)의 행위

행정기관의 행위라도 사법상의 행위는 헌법소원의 대상이 되지 아니한다. 따라서 사업시행자가 공공사업에 필요한 토지 등을 협의취득하고 그 협의취득에 따른 보상금을 지급하는 행위는 사경제 주체로서 행하는 사법상의 법률행위에 불과하므로 헌법소원의 대상이 되는 공권력의 행사로 볼 수 없고(헌재 1992. 11. 12. 90헌마160; 헌재 1992. 12. 24. 90헌마182; 헌재 1994. 2. 24. 93헌마213등), 한국방송공사의 직원 채용관계 역시 사법적인 관계에 해당하고 그러한 채용에 필수적으로 따르는 사전절차로서 채용시험의 응시자격을 정한 공고 또한 사법적인 성격을 지닌다고 할 것이므로 공권력의 행사에 해당하지 않으며(헌재 2006. 11. 30. 2005헌마855), 민사소송에서 대한민국의 소송수행자로 나선 교도소 교도관의 자료제출 등 소송행위는 사적 주체로서 행한 행위에 불과하여 공권력의 행사라고 볼 수 없고(헌재 2011. 2. 24. 2009헌마209), 우편법상 우편역무 제공자와 이용자 간의 법률관계 역시 원칙적으로는 사법관계에 해당하므로 반송료 미납을 이유로 반송우편물을 환부하지 않은 우체국장의 행위도 헌법소원의 대상이 되는 공권력의 행사라고 볼 수 없다(헌재 2014. 6. 3. 2014헌마415).

⑤ 단순한 사실(事實)의 고지(告知)

행정청에 의해 이루어진 행위라 하더라도 그것이 단순한 사실의 고지에 불과한 경우에는 공권력의 행사에 해당하지 않는다.

따라서 행정자치부장관이 사법시험 제1차시험의 불합격처분을 직권으로 취소하면서 추가합격된 자에게 그가 부여받게 되는 사법시험 제2차 시험의 응시자격범위를 통보하여 준 것은, 대법원판결에 따라 관련규정을 해석하고 이를 근거로 청구인들에게 위 1차시험의 불합격처분을 취소하고 추가 합격조치를 하였음과 추후 치루어질 제2차시험에 응시할 자격이 부여되었음을 알려준 단순한 사실의 고지에 불과하여 기본권을 침해하는 공권력의 행사로는 볼 수 없다(헌재 1999. 11. 30. 99헌마625). 마찬가지로 청구인이 검찰청에 한 형사보상지급청구에 대하여, 검찰청이 보상지급의 청구는 보상결정이 송달된 후 1년 이내에 하여야 한다는 형사보상법 제20조 제3항을 이유로 형사보상금을 지급할 수 없다고 통지한 것은 관련법령을 해석·적용한 결과를 알려준 것에 불과하여 공권력의 행사로 볼 수 없다(헌재 2010. 5. 27. 2009헌마421). 검찰 및 방송통신심의위원회가 김정일 서거 추모행위에 대하여 국가보안법 위반행위라고 발표한 행위 역시 법률 내용의 확인 내지 단순한 사실의 고지에 불과하므로 헌법소원의 대상이 되지 않는다(헌재 2012. 1. 31. 2011헌마849).

⑥ 위원회의 결정 등

각종 위원회의 행위는 그것이 법상 부여받은 권한에 기하여 공권력 행사로서 행해진 경우라면 행정소송으로 다툴 수 있고, 다만 그 여부가 불분명하거나 다툴 수 없는 경우에는 헌법소원을 청구할 수 있다.

예컨대 대통령선거방송위원회는 공직선거법 규정에 의해 설립되고 같은 법에 따른 법적 업무를 수행하는 공권력의 주체이므로, 대통령선거 방송토론위원회가 공영방송과 일체가 되어 대통령후보자를 초청하여 합동방송토론회를 개최하기로 정한 결정 및 그 공표행위는 헌법소원의 대상이 되는 공권력의 행사이다(헌재 1998. 8. 27. 97헌마372등). 공정거래위원회의 결정도 마찬가지이다. 공정거래위원회의 심사불개시결정은 공권력의 행사에 해당되므로 헌법소원의 대상이 되고(헌재 2004. 3. 25. 2003헌마404), 무혐의처분도 헌법소원의 대상이 되며(헌재 2002. 6. 27. 2001헌마381; 헌재 2004. 8. 26. 2004헌마80), 심의절차종료결정도 헌법소원의 대상이 된다(헌재 2011. 9. 29. 2010헌마539).

또한, 부패방지법(제40조)상의 국민감사청구제도 역시 일정한 요건을 갖춘 국민들이 감사청구를 한 경우에 감사원장으로 하여금 감사실시 여부를 결정하고 그 결과를 감사청구인에게 통보하도록 의무를 지운 것이므로 이러한 국민감사청구에 대한 기각결정은 헌법소원의 대상이 될 수 있는 공권력행사라고 보아야 할 것이다(헌재 2006. 2. 23. 2004헌마414).

나아가 대통령선거 예비주자가 인터넷 언론매체와 장래에 예정하고 있는 인터뷰에 대해 서울특별시 선거관리위원회 위원장이 공직선거법 위반을 이유로 그 중지를 촉구한 행위와 인터뷰를 저지한 행위는 국민에 대하여 직접적인 법률효과를 발생시키지 않는 단순한 권고적·비권력적 행위로서 헌법소원의 대상이 되지 않으나(헌재 2003. 2. 27. 2002헌마106), 중앙선거관리위원회 위원장이 과거에 이루어진 대통령의 선거중립위반행위에 대해 한 '대통령의 선거중립의무 준수요청' 등 조치는 중앙선거관리위원회 전체회의 심의를 거쳐 대통령의 위법사실을 확인한 후 그 재발방지를 촉구하는 내용으로서 피경고자가 경고를 불이행하는 경우 관할수사기관에 수사의뢰 또는 고발되어 피의자 또는 피고발인의 지위에 서게 되어 청구인의 법적 지위에 영향을 주지 않는다고 할 수 없으므로 헌법소원의 대상이 되는 공권력 행사에 해당한다(헌재 2008. 1. 17. 2007헌마700).

그러나 독립된 행정관청이 아닌 방송위원회 소속의 제1심의위원회는 내부 의사결정과정에 참여하는 기관에 불과하므로 여기에서 한 방송프로그램 편성·방송과 관련한 민원에 대한 의결은 헌법소원의 대상이 될 수 없고(헌재 2001. 2. 22. 2000헌마729), 청구인의 법적 지위에 영향을 미치지 않는 국민고충처리위원회의 고충민원처리결과 회신 역시 공권력의 행사에 해당하지 아니하여 헌법소원의 대상이 될 수 없으며(헌재 2008. 7. 1. 2008헌마449), 변호사시험관리위원회의 의사 표명도 법무부장관의 자문위원회로서 하는 단순한 권고에 불과하여 법적 구속력이나 외부효과가 발생하지 않으므로 헌법소원의 대상이 되는 공권력 행사로 볼 수 없다(헌재 2012. 3. 29. 2009헌마754).

사) 법원의 재판을 거친 행정처분(원행정처분)

법원의 재판을 거쳐 확정된 행정처분을 원행정처분이라 한다. 헌법재판소는, 법 제68조 제1항에 따른 헌법소원은 행정처분을 그 대상으로 할 수 있지만, 그것이 법원의 재판을 거쳐 확정된 행정처분인 경우에는 해당 행정처분을 심판대상으로 삼았던 법원의 재판이 헌법재판소가 위헌으로 결정한 법령을 적용하여 국민의 기본권을 침해한 결과 헌법소원심판을 통해 그 재판 자체가 취소되는 경우에 한하여 해당 행정처분에 대한 심판청구가 가능한 것이고, 이와 달리 법원의 재판이 취소될 수 없는 경우에는 해당 행정처분에 대한 헌법소원심판청구도 허용되지 아니한다(헌재 1997. 12. 24. 96헌마172등; 헌재 1998. 5. 28. 91헌마98등; 헌재 2002. 5. 30. 2001헌마781; 헌재 2007. 5. 31. 2006헌마1351; 헌재 2009. 12. 29. 2008헌마421; 헌재 2010. 4. 29. 2003헌마283)고 하여 원칙적으로 원행정처분에 대한 헌법소원심판청구를 인정하지 않고 있다.

이와 같은 법리는 법원의 재판이 소를 각하하는 판결이거나(헌재 1998. 8. 27. 97헌마150; 헌재 2010. 4. 29. 2003헌마283), 검사의 불기소처분에 대하여 법원의 재정신청절차를 거친 경우(헌재 1998. 8. 27. 97헌마79; 헌재 2008. 4. 29. 2008헌마313; 헌재 2012. 7. 26. 2011헌마154 등)에도 동일하게 적용된다.

다만, 법원의 재판을 거친 행정처분의 헌법소원 대상성에 대해, 행정재판은 행정처분의 위헌·위법 여부를 판단하는 것이고, 헌법소원심판은 공권력의 행사 또는 불행사가 기본권을 침해하였는지 여부이므로 양자는 심판대상과 효력이 다르고, 헌법이 행정재판과 헌법소원심판을 병존시키고 있는 것은 행정처분에 의한 기본권 침해가 법원의 행정재판에 의하여 구제되지 아니하는 경우에 헌법소원심판에 의하여 구제될 수 있도록 중첩적인 구제절차를 마련한 것이므로 법원의 재판을 거친 행정처분도 헌법소원의 대상이 된다는 견해가 있다(헌재 2010. 4. 29. 2003헌마283, 재판관 조대현의 반대의견).

아) 검사의 처분

헌법재판소는 종래 검사의 불기소처분을 헌법소원의 대상으로 인정하여 왔다. 형사소송법상의 재정신청이 지극히 제한적으로 규정되어 있어 검찰의 기소독점주의 및 기소편의주의를 채택하고 있는 우리의 법제에서 형사피해자진술권을 보장하고, 고소인의 권리를 보호하기 위하여 검찰의 기소권행사에 대한 유효한 견제수단이 필요하였기 때문이다(헌재 1999. 1. 28. 98헌마85).

그런데 2008. 1. 1.부터 시행된 형사소송법의 개정(법률 제8496호)으로 재정신청의 대상범죄가 모든 범죄로 확대됨에 따라, 피의자가 청구하는 헌법소원을 제외한 대부분의 불기소처분이 헌법소원의 대상에서 제외되게 되었다.

즉, 모든 범죄에 대하여 고소권자로서 고소를 한 자와, 형법상 공무원의 직무에 관한 죄 중 직권남용(형법 제123조), 불법체포·감금(형법 제124조), 폭행·가혹행위(형법 제125조), 피의사실공표(형법 제126조)에 대하여 고발을 한 자는 불기소처분을 한 검사 소속의 지방검찰청 소재지를 관할하는 고등법원에 불기소처분의 당부에 관한 재정을 신청할 수 있으므로(형사소송법 제260조 제1항), 이에 해당하는 불기소처분은 헌법소원의 대상에서 제외된 것이다.

다만, 위와 같은 형사소송법 개정에도 불구하고 재정신청을 통해 구제될 수 없는 검사의 처분에 대해서는 여전히 헌법소원심판을 청구할 수 있다.

① 범죄피해자인 고소인이 청구하는 헌법소원

고소인은 불기소처분의 대상이 된 범죄에 대해 재정신청을 할 수 있으므로 이를 거치지 않은 헌법소원심판 청구는 법 제68조 제1항 단서 위반으로 부적법하다(헌재 2008. 8. 12. 2008헌마508). 또한 재정신청을 거쳐 기각결정을 받은 후 헌법소원을 청구하더라도 법원의 재판을 거친 행정처분으로서 역시 부적법하다. 범죄피해자인 고소인의 불기소처분에 대한 헌법소원심판청구의 가능성은 사라졌다.

고소인의 재정신청은 검사로부터 공소를 제기하지 아니한다는 통지를 받은 때에 할 수 있으므로 검찰사건사무규칙상의 협의의 불기소처분뿐만 아니라 검사의 공소제기가 없는 기소중지, 참고인중지, 공소보류, 공람종결 처분의 경우에도 재정신청이 가능할 것이고, 헌법소원심판청구는 인정되지 않을 것이다.

다만 범죄피해자가 구체적으로 범죄사실을 적시하여 고소하였고, 그 고소가 부적법하다고 볼 만한 특별한 사정이 없음에도 불구하고 적법한 절차에 따라 고소사건으로 처리하지 아니하고 진정사건으로 공람종결처분을 한 경우 헌법소원심판을 청구할 수 있다(헌재 1999. 1. 28. 98헌마85; 헌재 2000. 11. 30. 2000헌마356).

② 고소하지 않은 범죄피해자가 청구하는 헌법소원

범죄피해자는 그가 고소를 제기한 바 없어도 헌법상 재판절차진술권과 평등권의 주체로서 검사의 불기소처분에 대하여 헌법소원심판을 청구할 수 있는 자격이 있고, 고소인이 아니어서 불기소처분에 대한 검찰청법상의 항고, 재항고 또는 형사소송법상의 재정신청 절차에 의한 구제를 받을 방법이 없으므로 헌법소원심판을 청구할 수 있다(헌재 1992. 1. 28. 90헌마227; 헌재 1992. 7. 23. 91헌마142; 헌재 1998. 10. 29. 98헌마292; 헌재 2008. 11. 27. 2008헌마399 등; 헌재 2008. 12. 26. 2008헌마387). 형사소송법 개정으로 재정신청대상이 확대되었지만, 그러한 절차로 보호되지 않는 경우에는 헌법소원심판청구가 제한되지 않는다.

③ 피의자가 청구하는 헌법소원

피의자는 재정신청을 할 수 없으므로 여전히 기소유예처분이나 기소중지처분 등에 대해 헌법소원을 청구할 수 있다.

기소유예처분이란 공소를 제기함에 충분한 혐의가 있고 소송조건도 구비되었음에도 불구하고 검찰관이나 검사가 제반사항을 고려하여 공소를 제기하지 않는다는 내용의 처분을 한 것으로, 범죄혐의가 없음이 명백한 사안을 놓고 자의적이고 타협적으로 기소유예처분을 했다면 헌법이 금하고 있는 차별적인 공권력의 행사가 되어 그 처분을 받은 자는 평등권의 침해를 이유로 헌법소원심판을 청구할 수 있다(헌재 1989. 10. 27. 89헌마56; 헌재 2001. 4. 26. 2001헌마15). 검사의 재량권 행사에는 스스로 합리적인 한계가 있어야 하므로 기소하여 법원의 심판을 받도록 함이 마땅한 사안을 자의적으로 기소유예처분하는 것은 형사피해자의 재판절차진술권과 평등권을 침해한다고 볼 수 있다(헌재 1999. 3. 25. 98헌마303).

기소중지처분은 검사가 피의자의 소재불명 등을 이유로 수사를 종결할 수 없는 경우 그 사유가 해소될 때까지 수사를 일시 중지하는 처분으로 이 처분 역시 재정신청의 대상이 되지 아니하고 다른 법률에 그 구제절차가 마련되어 있지 않으므로 피의자는 헌법소원심판을 청구할 수 있다(헌재 1997. 2. 20. 95헌마362; 헌재 2009. 9. 24. 2008헌마210).

그러나 '공소권 없음' 처분과 '죄가 안됨' 처분은 피의자에게 범죄혐의가 있음을 확정하는 것이 아니어서 검사가 청구인(피의자)에게 '공소권 없음' 혹은 '죄가 안 됨' 처분을 하였다 하더라도 이를 가리켜 피의자인 청구인의 헌법상 기본권을 침해하는 공권력의 행사라고 할 수 없으므로 이러한 처분을 대상으로 한 헌법소원심판청구는 부적법하다(헌재 1996. 11. 28. 93헌마229; 헌재 2003. 1. 30. 2002헌마323; 헌재 2003. 2. 27. 2002헌마309).

④ 고발인이 청구하는 헌법소원

고발인은 불기소처분에 대해 검찰청법 제10조에 따른 항고·재항고가 가능하나 재정신청을 할 수는 없으므로 고발인이 항고·재항고를 거쳐 헌법소원심판을 청구하였다면 이는 적법하고(헌재 2011. 12. 29. 2011헌마2; 헌재 2013. 8. 29. 2011헌마613 등 참조), 고소인의 지위에 있지 아니한 자, 즉 형사피해자가 아닌 자의 고소는 고발과 다르지 않으므로 이러한 경우에는 고소인에 대한 불기소처분이라 하더라도 항고, 재항고를 거쳐 헌법소원심판을 청구하는 것이 가능하다(헌재 2014. 3. 27. 2013헌마750; 헌재 2014. 6. 26. 2014헌마14 등 참조).

⑤ 기소처분

검사의 공소제기가 청구인(피고인)의 기본권을 침해하였는지의 여부는 당해 형사재판절차에 의하여 권리구제가 가능하므로 형사재판을 위한 사전준비행위로서의 기소처분은 독립하여 헌법소원심판의 대상이 될 수 없다(헌재 1992. 12. 24. 90헌마158; 헌재 1996. 11. 28. 96헌마256; 헌재 2012. 7. 26. 2011헌바268).

검사의 약식명령청구도 공소제기의 일종이므로 검사의 약식명령청구에 대한 헌법소원 심판청구 역시 부적법하다(헌재 1993. 6. 2. 93헌마104; 헌재 1998. 6. 25. 97헌마271).

3) 사법작용

가) 재판

① 재판소원의 원칙적 금지

법 제68조 제1항은 "공권력의 행사 또는 불행사로 인하여 헌법상 보장된 기본권을 침해받은 자는 법원의 재판을 제외하고는 헌법재판소에 헌법소원심판을 청구할 수 있다."고 규정하여 법원의 재판을 헌법소원의 대상에서 제외하였다. 따라서 현행법상 법원의 재판인 판결 · 결정 · 명령 자체를 대상으로 하여 헌법소원을 제기한다면 이는 부적법하다(법 제72조 제3항 제1호).

한편, 법률조항을 심판대상으로 삼아 이것의 위헌확인을 구하는 헌법소원심판을 청구하더라도, 해당 법률조항의 위헌성에 대하여는 아무런 주장을 하지 아니한 채 단지 법원에 의한 사실관계의 판단과 법률의 해석 · 적용의 부당함을 주장함에 그치고 있다면, 이는 헌법소원의 대상이 되지 않는 법원의 재판을 심판대상으로 삼고 있는 것이어서 부적법하다(헌재 2002. 3. 28. 2001헌마271; 헌재 2010. 4. 6. 2010헌마116).

② '법원의 재판'의 의미

법 제68조 제1항에서 규정하고 있는 '법원의 재판'이라 함은 소송사건을 해결하기 위하여 법원이 행하는 종국적 판단의 표시인 종국결정과 같은 의미로 사용되기도 하나 소송법상으로는 법원이 행하는 공권적 법률판단 또는 의사의 표현을 지칭하는 것이며, 이러한 의미에서는 사건을 종국적으로 해결하기 위한 종국판결 외에 본안전 종국판결 및 중간판결이 모두 포함되고 기타 소송절차의 파생적 · 부수적인 사항에 대한 공권적 판단도 포함된다(헌재 1992. 12. 24. 90헌마158; 헌재 2004. 9. 23. 2003헌마19). 일반법원의 재판뿐만 아니라 군사법원의 재판도 포함됨은 물론이다(헌재 2008. 4. 15. 2008헌마267).

③ 재판에 대한 헌법소원의 예외적 허용 문제

㉮ 헌법재판소는, 헌법 제111조 제1항 제5호가 '법률이 정하는 헌법소원에 관한 심판'이라고 규정한 뜻은 공권력작용으로 인하여 헌법상의 권리를 침해받은 자가 그 권리를 구제받을 수 있도록 주관적 권리구제절차를 헌법의 이념과 현실에 맞게 구체적인 입법을 통하여 구현하게끔 헌법이 입법자에게 위임한 것이므로, 법 제68조 제1항이 법원의 재판을 헌

법소원의 대상에서 제외한 것은 원칙적으로 헌법에 위반되지 아니하나, 법원이 헌법재판소가 위헌으로 결정하여 그 효력을 전부 또는 일부 상실하거나 위헌으로 확인된 법률을 적용함으로써 국민의 기본권을 침해한 경우에도 법원의 재판에 대한 헌법소원이 허용되지 않는 것으로 해석한다면, 위 법률조항은 그러한 한도 내에서 헌법에 위반된다고 하였다(헌재 1997. 12. 24. 96헌마172등). 이러한 입장에서 헌법재판소는, 헌법재판소의 구 소득세법 규정에 대한 한정위헌결정이 있은 후에도 해당 법률에 의한 과세처분이 정당하다고 판단한 대법원 판결은 헌법재판소가 한정위헌결정을 선고함으로써 이미 부분적으로 그 효력이 상실된 법률조항을 적용한 것으로서 위헌결정의 기속력에 반하는 재판임이 분명하므로 이에 대한 헌법소원은 허용되고, 또한 위 판결로 말미암아 청구인의 헌법상 보장된 기본권인 재산권이 침해되었다 하여 판결을 취소하였다(헌재 1997. 12. 24. 96헌마172등). 그리고 이와 같이 법원의 판결에 대한 헌법소원이 예외적으로 허용되는 경우에는 그 판결의 대상이 된 행정처분에 대한 헌법소원 역시 허용되지 않는다고 할 이유가 없으므로 원행정처분인 과세처분도 함께 취소하였다(헌재 1997. 12. 24. 96헌마172등).

㈏ 한편, 헌법재판소의 법률에 대한 위헌결정(한정위헌 · 한정합헌, 헌법불합치결정 포함)에 반하는 법원의 재판에 대하여는 헌법소원심판을 청구할 수 있다고 하겠으나, 위헌으로 결정된 법률조항은 그 결정이 있는 날부터 효력을 상실하므로(법 제47조 제2항), 원칙적으로 위헌결정일 이후의 재판이 헌법소원의 대상이 되는 재판에 해당할 것이다(헌재 1998. 4. 30. 92헌마239).

즉, 헌법재판소가 어떤 법령에 대해 위헌결정을 하였으나 청구인이 다투는 재판이 그 법령에 대한 위헌결정이 내려지기 이전에 선고되어 확정되었다면 그 재판은 헌법재판소가 위헌으로 결정한 법령을 적용하여 국민의 기본권을 침해한 경우에 해당한다고 볼 수 없으므로 헌법소원심판의 대상이 되지 아니한다(헌재 1998. 7. 16. 95헌마77). 비록 나중에 해당 법률이 헌법재판소에 의하여 위헌으로 판명된 경우라고 하더라도 헌법재판소의 위헌결정이 있기 전의 단계에서 판사가 법률을 적용하는 것은 제도적으로 정당성이 보장된 것이기 때문이다(헌재 2001. 2. 22. 99헌마461).

㈐ 나아가 위헌 · 무효인 법령에 근거한 행정처분이 항상 무효인 것은 아니므로 법령에 대한 헌법재판소의 위헌결정 후에 해당 법령에 근거한 이전의 행정처분의 무효를 다투더라도 그 행정처분이 무효인지 여부는 법원이 판단하여야 할 사항이어서 해당 처분이 취소할 수 있는 행정행위에 불과하다고 판단한 법원의 판결은 헌법소원심판의 대상이 되는 예외적인 재판에 해당된다고 볼 수 없다(헌재 1998. 4. 30. 95헌마93등).

㉱ 그 밖에 법 제47조 제2항에 따라 위헌결정은 장래효를 가지지만, 당해사건, 동종사건, 병행사건에 대해서는 예외적으로 소급효가 인정되고, 이에 해당하는지 여부에 대하여 헌법재판소가 직접 밝힌 바 없다면, 이는 구체적 사실관계를 기초로 법원이 판단할 사항이므로 구 공무원연금법 규정에 대한 2차 위헌결정 이후 제소된 퇴직연금지급소송에서 법원이 병행사건에 해당하지 않는다고 판단한 재판은 헌법소원심판의 대상이 되는 예외적인 재판에 해당한다고 볼 수 없다(헌재 2013. 6. 27. 2010헌마535).

나) 사법부의 입법

사법부의 자율적 입법권에 기해 제정되는 대법원규칙이나 대법원규칙 제정 부작위에 대해서도 헌법소원요건을 갖추는 한 다른 공권력에 의한 입법행위 또는 입법부작위와 마찬가지로 헌법소원의 대상이 된다. 그리하여 헌법재판소는 법원행정처장이 그 재량에 따라 법무사시험을 실시하지 아니할 수 있도록 한 구 법무사법시행규칙 제3조 제1항에 대해 헌법소원 대상성을 인정한 바 있고(헌재 1990. 10. 15. 89헌마178), 변호사보수를 일정액까지만 소송비용에 산입하여 패소한 당사자로부터 상환 받을 수 있도록 한 변호사보수의 소송비용 산입에 관한 대법원규칙에 대해서도 헌법소원의 대상성을 인정한 바 있다(헌재 2008. 12. 26. 2006헌마384).

다) 재판장의 소송지휘 또는 재판진행

재판장의 소송지휘권의 행사에 관한 사항은, 그 자체가 재판장의 명령으로서 법원의 재판에 해당하거나 재판의 형식이 아니라고 하더라도 종국판결이 선고된 이후에는 종국판결에 흡수 · 포함되어 그 불복방법은 그 판결에 대한 상소에 의해서만 가능하므로, 재판장의 변론지휘권의 부당한 행사를 그 대상으로 하는 헌법소원심판청구는 결국 법원의 재판을 직접 그 대상으로 하여 청구한 경우에 해당하여 부적법하다(헌재 1992. 6. 26. 89헌마271).

또한 법원의 소액사건 담당판사가 판결 선고 당시 판결이유의 요지를 구술로 설명하지 아니한 부작위는 그 자체로 독자적인 의미와 기능을 가지고 있다기보다 판결의 선고행위를 구성하는 행위에 불과하여 별도로 헌법소원의 대상이 되는 공권력의 행사 또는 불행사로 취급하기 곤란하고, 이는 결국 '법원의 재판'에 해당하는 것이어서 재판소원 금지규정이 적용된다(헌재 2004. 9. 23. 2003헌마19).

라) 사법행정 등

법관의 판단작용이라 하더라도 그것이 재판이 아닌 사법행정인 경우 헌법소원의 대상이 되는지 문제될 수 있다.

그런데 법관의 인사와 관련한 사법행정의 경우 국가공무원법 제9조에 따라 법원행정처 소청심사위원회에 그 구제를 청구할 수 있고, 그 절차에서 구제 받지 못한 때에는 다시 행정소송을 제기하여 그 구제를 청구할 수 있으며(헌재 1993. 12. 23. 92헌마247), 법원조직법에 근거한 녹화·녹음 등에 대한 '재판장의 허가'는 재판장이 법정의 권위를 지키고 법정 내 질서를 유지하며 심리 방해를 저지하기 위하여 법정 내 모든 사람들에 대하여 행하는 사법행정행위로서 그 불허가에 대한 불복은 행정소송 등에 의하여야 하므로(헌재 2011. 6. 30. 2008헌바81), 헌법소원의 대상에서 제외된다. 법원행정처장의 민원인에 대한 법령질의회신은 법규나 행정처분과 같은 법적 구속력을 갖는 것이 아니므로 이에 대한 헌법소원심판청구는 부적법하다(헌재 1992. 6. 26. 89헌마132).

마) 재판부작위(재판의 지연)

법원은 국민의 재판청구권에 근거하여 법령에 정한 국민의 정당한 재판청구행위에 대하여만 재판을 할 의무를 부담하고 법령이 규정하지 아니한 재판청구행위에 대하여는 그 의무가 없다. 따라서 종국판결이 상소기간 경과로 확정된 후 그 판결선고 전에 청구의 인낙이 있었다는 것을 이유로 하는 기일지정신청은 법령에 규정한 바 없고 그 기일지정신청을 인정하는 법리도 없으므로 위 기일지정신청에 대하여 법원이 아무런 재판을 하고 있지 않은 데 대한 헌법소원은 작위의무가 없는 공권력의 불행사에 대한 헌법소원이어서 부적법하다(헌재 1994. 6. 30. 93헌마161).

또한 법원은 법이 정한 판결선고기간 내에 판결을 선고하도록 노력해야 하겠지만, 이 기간 내에 반드시 판결을 선고해야 할 법률상 의무가 발생한다고 볼 수 없으며, 헌법 제27조 제3항 제1문에 의거한 신속한 재판을 받을 권리의 실현을 위해서는 구체적인 입법형성이 필요하고 신속한 재판을 위한 어떤 직접적이고 구체적인 청구권이 이 헌법규정으로부터 직접 발생하지 아니하므로, 보안관찰처분들의 취소청구에 대해서 법원이 그 처분들의 효력이 만료되기 전까지 신속하게 판결을 선고해야 할 헌법이나 법률상의 작위의무가 존재하지 않아, 결국 헌법소원의 대상이 되는 공권력의 불행사가 존재한다고 볼 수 없다(헌재 1999. 9. 16. 98헌마75).

4) 그 밖에 공권력의 행사 또는 불행사가 아닌 것

한국방송공사가 1980년에 해직된 자들에 대하여 보상금지급을 거절하는 내용의 결정통지를 발송한 것과 관련하여 변호사가 제출한 탄원서에 대하여 다시 한국방송공사가 보낸 단순한 해명내용이 기재된 '회신문' 제목의 통지는 공권력의 행사로 볼 수 없고(헌재 1993. 12. 23. 89헌마281), 보상금을 지급하여 달라는 단순한 호소 내지 요청에 대하여 국가보훈처장이 한 현행 법률상 불가능하다는 내용의 민원회신도 헌법소원의 대상이 되는 공권력의 행사라고 할 수 없다(헌재 1998. 2. 27. 97헌가10등).

또한 서울특별시장이 청구인들에게 환매권의 발생을 부인하는 취지로 민원에 대한 회신문서를 발송하고 민사소송절차에서 응소함으로써 청구인들의 환매권행사를 부인하는 의사표시를 한 행위는, 사법관계의 다툼을 둘러싸고 사전에 피청구인의 의견을 밝히고 그 다툼의 연장인 민사소송절차에서 상대방의 주장을 부인한 것에 불과하므로, 그것을 가리켜 헌법소원의 대상이 되는 공권력의 행사라고 볼 수는 없으며(헌재 1994. 2. 24. 92헌마283; 같은 취지로 헌재 1995. 3. 23. 91헌마143), 공보처장관이 정치 관련 기사와 관련하여 지역신문 발행인에게 보낸 '특수주간신문의 경우에는 정치기사의 게재가 법으로 금지되어 있다.'는 통보는 단순한 회신으로서 법률적 문제를 안내한 것에 불과하므로 헌법소원의 대상이 될 수 없고(헌재 1997. 10. 30. 95헌마124), 가석방 심사대상자 선정 여부는 교도소장의 재량적 판단에 달려 있고, 수형자에게 그 심사를 청구할 권리가 있는 것이 아니므로, 교도소장이 청구인을 가석방 심사대상에 포함시키지 아니한 행위는 헌법소원의 대상이 될 수 없다(헌재 2007. 7. 26. 2006헌마298).

국무총리의 새만금간척사업에 대한 정부조치계획 · 지시사항시달, 농림부장관의 그 후속 세부실천계획 및 새만금간척사업 공사재개행위 역시 당초 새만금간척사업시행계획에 따라 진행되다 중단된 공사를 재개하는 것에 불과하여 헌법소원의 대상이 될 수 없고(헌재 2003. 1. 30. 2001헌마579), 대통령이 국회 본회의의 시정연설에서 자신에 대한 신임국민투표를 실시하고자 한다고 밝혔다 하더라도, 그것이 단순한 정치적 제안에 불과하다고 인정되는 이상 헌법소원의 대상이 되는 공권력의 행사라고 할 수 없다(헌재 2003. 11. 27. 2003헌마694등).

한편, 유가증권의 상장은 한국증권거래소와 상장신청 법인 사이의 '상장계약'이라는 사법상의 계약에 의하여 이루어지고, 상장폐지 결정 또한 그러한 사법상의 계약관계를 해소하려는 한국증권거래소의 일방적인 의사표시라고 봄이 상당하므로 한국증권거래소의 상장폐지 결정이 헌법소원의 대상이 되는 공권력의 행사에 해당한다고 볼 수 없고(헌재 2005. 2. 24. 2004헌마442), 한국감정평가협회는 감정평가업자와 감정평가법인 또는 감정평가사사무소의 소속 감정평가사들이 설립한 사적 임의단체로 공권력행사의 주체가 아니므로 한

국감정평가협회가 제정한 토지보상평가지침 역시 헌법소원의 대상이 되는 공권력의 행사에 해당한다고 볼 수 없다(헌재 2006. 7. 27. 2005헌마307).

그 밖에, 검사가 검사 및 사법경찰관 작성의 피의자신문조서의 내용 중 일부를 삭제한 복사문서(피의자신문조서초본)를 증거로 제출한 행위 및 검사의 구형은 재판절차를 통하여 충분한 사법적 심사를 받게 되므로 독립하여 헌법소원의 청구대상이 될 수 없고(헌재 2004. 9. 23. 2000헌마453), 외국인의 체류기간연장 허가와 관련하여 신체검사서를 제출하지 않은 자에 대한 출입국관리사무소장의 출석요구는 그 자체로 신체검사서의 제출의무를 부과하는 효과를 가지지 않으므로 헌법소원의 대상이 되는 공권력의 행사에 해당한다고 볼 수 없으며(헌재 2011. 9. 29. 2009헌마358), 법무부의 「변호사시험 합격자 법률사무종사·연수 관련 Q&A」 역시 변호사시험 합격자들의 문의사항에 대해 관련 법률에 대한 법률적 해석과 안내를 회신한 것에 불과하여 헌법소원의 대상이 되는 공권력의 행사로 볼 수 없다(헌재 2014. 9. 25. 2013헌마424).

나. 헌법소원의 적법요건

청구인이 제기한 헌법소원이 본안에 대한 판단을 받으려면 법에서 정하는 요건을 충족하여야 하는바, 헌법재판소 판례를 통해 이를 살펴보기로 한다.

1) 청구권자

헌법소원심판은 헌법상 보장된 기본권을 '침해받은 자'가 청구할 수 있으므로 기본권의 주체가 될 수 있는 자가 헌법소원심판의 청구인이 될 수 있다. 즉 기본권능력을 가진 자만이 헌법소원심판을 청구할 수 있다.

→ 기본권의 주체성에서 확인(전술)

2) 공권력의 행사 또는 불행사의 존재

→ '공권력의 행사' 또는 '공권력의 불행사'에 대한 자세한 설명은 전술.

3) 기본권 침해

헌법소원은 '헌법상 보장된 기본권을 침해 받은 자'가 그 침해를 구제받기 위해 헌법재판소에 심판을 청구하는 제도이다.

가) 헌법상 보장된 기본권

* 이에 관해서는 전술하였으나 판례를 바탕으로 다시 살펴보기로 한다.

(1) 의의

현행헌법은 명시적으로 기본권의 개념을 규정하거나 범위를 한정하고 있지 않지만, 헌법상 보장된 기본권이란 '헌법이 직접 국민에게 부여한 주관적 공권, 즉 국민의 국가에 대한 헌법적 권리'라고 일반적으로 해석되고 있다. 이와 같은 기본권은 주로 국민의 권리와 의무에 관한 제2장에 포함되어 있지만, 거기에만 국한된 것은 아니다. 헌법 제8조의 정당조항(헌재 2014. 4. 24. 2012헌마287), 제116조의 평등한 선거운동, 공영선거의 원칙(헌재 2001. 10. 25. 2000헌마193)도 개인의 기본권의 '근거'가 될 수 있다. 그리고 헌법 제3조의 영토조항은 우리나라의 공간적인 존립기반을 선언하는 규정으로서 필연적으로 국민의 주관적 기본권에 영향을 미치므로 이를 영토권으로 구성하여 기본권의 하나로 간주할 수 있다(헌재 2001. 3. 21. 99헌마139등; 헌재 2008. 11. 27. 2008헌마517).

물론, 국민의 권리와 의무에 관해 정하고 있는 헌법 제2장에서 보다 구체적이고 개별적인 기본권들을 도출해 낼 수도 있다. 예컨대 교육의 자주성이나 대학의 자율성을 규정하고 있는 헌법 제31조 제4항에서 교수나 교수회가 국립대학의 장 후보자 선정에 참여할 권리를 기본권으로 도출할 수 있고(헌재 2006. 4. 27. 2005헌마1047등), 헌법 제10조에서 부모의 분묘를 가꾸고 봉제사를 할 권리(헌재 2009. 9. 24. 2007헌마872)와 연명치료 중단에 관한 자기결정권을 기본권으로 도출해 낼 수 있다(헌재 2009. 11. 26. 2008헌마385).

결국 어떤 헌법규범이 개인의 기본권을 보장하고 있는지는 개별 헌법규정의 해석을 통해 밝혀져야 할 것이다(헌재 2001. 3. 21. 99헌마139등).

다만, 헌법재판소는 평화적 생존권과 관련하여, 우리 헌법은 총강에서 평화통일. 침략전쟁부인, 국제법규존중과 같은 규정을 두고 있지만, 제2장 국민의 권리와 의무에서 '평화적 생존권'을 따로 규정하고 있지 않으며, 평화란 헌법의 이념 내지 목적으로서 추상적인 개념에 지나지 아니하므로 개인의 구체적 권리로서 국가에 대하여 평화적 생존을 요청할 수 있는 권리는 없다(헌재 2009. 5. 28. 2007헌마369)고 하여, 평화적 생존권이 헌법 제10조와 제37조 제1항에서 나오는 기본권이라고 선언하였던 선례를(헌재 2006. 2. 23. 2005헌마268) 변경한 바 있다.

한편, 기본권과 구별되는 것으로 제도적 보장이 있는데, 제도적 보장은 헌법제정권자가 특히 중요하고도 가치가 있다고 인정되고 헌법적으로도 보장할 필요가 있다고 생각하는 국가제도를 헌법에 규정한 것으로, 주관적 권리가 아닌 객관적 법규범이라는 점에서 기본권과 구별된다(헌재 1997. 4. 24. 95헌바48). 따라서 제도적 보장에 내재되어 보호되는 주관적 공권으로서의 기본권 침해 주장은 별론으로 하고, 제도적 보장 그 자체의 침해를 주장하는 헌법소원심판청구는 인정되지 않는다.

(2) 기본권성이 부인된 사례

입법권은 국회의 권한이지 헌법상 보장된 국민의 기본권이라고 할 수 없고(헌재 1998. 8. 27. 97헌마8등), '국회구성권' 역시 기본권으로 인정할 수 없으며(헌재 1998. 10. 29. 96헌마186), 국회의원이 국회의 상임위원회에 소속하여 활동할 권리, 무소속 국회의원으로서 교섭단체소속 국회의원과 동등하게 대우받을 권리 등도 법 제68조 제1항에서 말하는 기본권에 해당하지 않으므로(헌재 2000. 8. 31. 2000헌마156) 이들에 대한 침해를 이유로 헌법소원심판을 청구할 수는 없다.

한편, 3·1정신과 같은 헌법전문, 통일정신, 국민주권원리 등과 같은 헌법정신은 헌법이나 법률해석에 있어 해석기준으로 작용할 수 있지만, 그에 기하여 곧바로 국민의 개별적 기본권을 도출해 내기는 어렵고(헌재 2001. 3. 21. 99헌마139등; 헌재 2008. 11. 27. 2008헌마517), 그 밖에 지방자치법 제13조의2에서 규정한 주민투표권이나(헌재 2001. 6. 28. 2000헌마735), '주민소환에 관한 법률'상의 주민소환 청구권(헌재 2011. 12. 29. 2010헌바368), 군인사법상의 육아휴직신청권(헌재 2008. 10. 30. 2005헌마1156), '국민의 형사재판 참여에 관한 법률'상의 국민참여재판을 받을 권리(헌재 2009. 11. 26. 2008헌바12), 형사소송법 제194조의4 제1항에 의한 소송비용 보상청구권(헌재 2012. 3. 29. 2011헌바19), 지방자치법상의 조례제정·개폐청구권(헌재 2014. 4. 24. 2012헌마287)도 법률상 인정되는 권리에 불과하므로 이를 주장하는 헌법소원심판청구는 부적법하다.

다만, 헌법상의 기본권성이 부정되는 경우라도 비교집단 상호간에 차별이 존재할 경우에는 평등권 심사를 배제하지 않는다. 헌법재판소는, 주민투표권이 헌법상 보장된 기본권이 아닌 법률상의 권리에 불과하지만 당해 지방자치단체의 관할구역에 주민등록이 되어 있는 자에 한해 주민투표권을 인정함으로써, 결과적으로 '주민등록을 할 수 없는 재외국민인 주민'을 다르게 취급하는 경우 헌법상 평등권 심사를 배제하지 않는다(헌재 2007. 6. 28. 2004헌마643)고 한 바 있다.

나) 기본권의 침해가능성

(1) 의의

기본권의 침해란 공권력주체가 기본권규범에 의해서 보장된 기본권의 내용 내지 보호영역에 대해 간섭, 방해, 제약, 삭감, 박탈 등과 같은 제한을 가하는 것을 말한다. 그러므로 기본권규범의 수범자가 아닌 사인(私人), 즉 기본권의 구속을 받지 아니하는 사인은 원칙적으로 기본권적 보호법익에 대해서 사실상의 제약을 가할 수는 있으나, '침해'할 수는 없다.

여기서 유의할 것은 적법요건으로서 법 제68조 제1항의 '헌법상 보장된 기본권을 침해받은 자'는 '헌법상 보장된 기본권을 침해받았다고 주장하는 자'로 해석하여야 하며, 헌법소원심판 청구인은 자신의 기본권에 대한 공권력주체의 제한행위가 위헌적인 것임을 어느 정도 구체적으로 주장하여야 한다. 그러므로 헌법소원심판 청구인이 기본권 침해의 가능성을 확인할 수 있을 정도의 구체적 주장을 하지 않고, 막연한 주장만을 하는 경우에는 그 헌법소원심판청구는 부적법한 것이 될 것이다(헌재 2005. 2. 3. 2003헌마544; 헌재 2011. 11. 24. 2008헌마578등).

헌법소원심판이 청구되면 헌법재판소는 청구인의 주장에만 얽매여 판단하지 않고, 가능한 한 모든 범위에서 헌법상 기본권 침해의 유무를 직권으로 심사한다(헌재 1989. 9. 4. 88헌마22; 헌재 1993. 5. 13. 92헌마80; 헌재 2012. 3. 29. 2010헌마599).

그리고 법 제68조 제1항 본문은 "공권력의 행사 또는 불행사로 인하여 헌법상 보장된 기본권을 침해받은 자는 …… 헌법재판소에 헌법소원심판을 청구할 수 있다."고 규정하고 있는바, 공권력의 행사가 헌법소원심판을 청구하고자 하는 자의 법적 지위에 아무런 영향이 미치지 않는다면 애당초 기본권 침해의 가능성이나 위험성이 없으므로 그 공권력의 행사를 대상으로 헌법소원심판을 청구하는 것은 허용되지 아니한다(헌재 1999. 5. 27. 97헌마368; 헌재 1999. 6. 24. 97헌마315; 헌재 2008. 2. 28. 2006헌마582; 헌재 2013. 11. 28. 2012헌마166).

헌법재판소는 '대한민국과 일본국간의 어업에 관한 협정'에서 독도와 그 주변 영해를 공동관리수역 안에 포함시켜 우리나라의 배타적 지배권을 배제한 것은 우리나라의 공간적 존립기반에 변동을 가져오고, 국가 법질서에도 변화를 가져와 필연적으로 국민의 주관적 기본권에도 영향을 미치므로 기본권 침해 가능성이 있다고 하였고(헌재 2001. 3. 21. 99헌마139등), 중앙선거관리위원회 위원장이 대통령에 대하여 한 선거중립의무 준수요청 등은 선거관리위원회법에 의한 경고로서 그 불이행시 고발을 당하거나 탄핵의 사유가 될 수 있는 등 그 법적 지위에 영향을 미치므로 기본권 침해의 가능성이 있다고 하였다(헌재 2008. 1. 17. 2007헌마700).

(2) 기본권의 침해가능성이 부인된 사례

어떤 법률의 입법절차가 헌법이나 국회법에 위반된다고 하더라도, 단순히 입법절차의 하자로 기본권을 침해받았다고 주장하여 헌법소원심판을 청구할 수는 없다(헌재 1998. 8. 27. 97헌마8등).

법률안 날치기 통과 등과 같은 입법절차상의 하자를 둘러싼 분쟁은, 본질적으로 국회의장이 국회의원의 권한을 침해한 것인가에 관한 다툼으로서 권한쟁의심판을 통해 해결하여야 할 사항이고(헌재 1998. 8. 27. 97헌마8등), 지방의회 의장이 개정조례안에 대해 절차를 위반한 채 상정하여 가결·선포하였다는 입법절차상의 하자를 둘러싼 분쟁 역시 본질적으로 시의회의장이 시의회의원의 권한을 침해한 것인가에 관한 다툼이므로, 이는 헌법소원심판을 통해서가 아니라 권한쟁의심판을 통해 해결하여야 할 사항이다(헌재 2009. 3. 26. 2006헌마188).[69]

공권력의 행사 또는 불행사로 헌법의 기본원리 혹은 헌법상 보장된 제도의 본질이 훼손되었다고 하여 그 점만으로 바로 국민의 기본권이 현실적으로 침해된 것이라고 할 수는 없다(헌재 1995. 2. 23. 90헌마125; 헌재 1998. 10. 29. 96헌마186). 따라서 기본권 침해에 대한 구체적인 주장 없이 적법절차원칙이나 권력분립원칙(헌재 2004. 12. 16. 2002헌마579), 포괄위임금지원칙(헌재 2006. 8. 31. 2006헌마266), 신뢰보호원칙(헌재 2007. 6. 28. 2005헌마1179), 경제질서에 관한 헌법상 원리나 제도(헌재 2008. 7. 31. 2006헌마400) 등의 위반을 주장하는 헌법소원에 대해서는 기본권 침해가능성을 인정할 수 없다.

한편, 국민보건 또는 기타 공익을 위한 법령상의 규제 때문에 종전에 사실상 독점하고 있던 영업행위를 관계법의 개정에 따라 다른 사람들도 할 수 있게 됨으로써 종전에 누리고 있던 독점적 영업이익이 상실된다고 하여도, 이는 사실상 기대되던 반사적 이익이 실현되지 않게 된 것에 불과한 것이지 어떠한 헌법상 기본권의 제한 또는 침해의 문제가 생기는 것은 아니고(헌재 2000. 1. 27. 99헌마660). '외국인근로자의 고용 등에 관한 법률'이 사용자로 하여금 외국인근로자에 대해 부당한 차별적 처우를 하여서는 안 된다고 규정하고 있더라도 실제 이 조항 위반에 대해서는 제재규정이 없으므로 기본권 침해가능성이 인정되지 않는다(헌재 2009. 9. 24. 2006헌마1264).

또한, 대한민국정부와 중화인민공화국정부 간 합의된 중국산 마늘에 대한 수입제한조

69) 그러나 헌법재판소는 2009헌라11 사건에서, 법상 지방자치단체 상호간의 권한쟁의는 서로 상이한 권리주체간을 의미하므로 지방자치단체의 의결기관을 구성하는 지방의회 의원과 그 기관의 대표자인 지방의회 의장 사이의 권한쟁의는 지방자치단체 상호간의 권한쟁의에 속하지 아니한다(헌재 2010. 4. 29. 2009헌라11)고 하여 권한쟁의심판의 가능성을 명시적으로 부정하고 있다.

치는 농가를 한시적으로 보호하여 대응조치를 할 시간적 여유를 주기 위한 것일 뿐이므로 국가가 이러한 제한조치를 연장하지 않아 경영상황의 악화로 마늘재배를 중단해야 하더라도 이로써 직업선택의 자유가 어떠한 영향을 받는다고 볼 수 없어 기본권 침해가능성을 인정할 수 없고(헌재 2004. 12. 16. 2002헌마579), 헌법 제72조의 국민투표권은 대통령이 어떠한 정책을 국민투표에 부의한 경우에 비로소 행사가 가능한 기본권이므로 한미무역협정에 대한 대통령의 국민투표 부의가 행해지지 않은 이상 한미무역협정체결이 헌법 제72조의 국민투표권을 침해할 가능성은 없다(헌재 2013. 11. 28. 2012헌마166).

4) 법적 관련성

헌법재판소는 확립된 판례를 통해, 헌법소원심판 청구인은 원칙적으로 자신의 기본권이, 현재 그리고 직접 침해당한 경우라야 헌법소원을 제기할 수 있다고 하고 있다. 이와 같은 법적 관련성을 자기관련성, 현재성, 직접성으로 나누어 설명한다.

가) 자기관련성(自己關聯性)

법 제68조 제1항의 '기본권을 침해받은 자'는 '기본권을 침해받은 자 자신'을 말하고, 자신의 기본권을 침해받은 자만이 헌법소원을 적법하게 청구할 수 있다는 의미에서 기본권 침해의 자기관련성이라 한다.

헌법소원심판에 있어서는 원칙적으로 공권력의 행사 또는 불행사의 직접적인 상대방만이 자기관련성이 인정되고, 공권력 작용에 단지 간접적, 사실적 또는 경제적인 이해관계가 있을 뿐이거나 반사적 불이익을 받고 있는 것에 불과한 제3자의 경우에는 자기관련성이 인정되지 않는다. 자기관련성은 공권력 작용의 상대방 또는 수신자에게만 인정되는 것이 원칙이다.

다만, 공권력 작용의 직접적인 상대방이 아닌 제3자라고 하더라도 공권력 작용이 그 제3자의 기본권을 직접적이고 법적으로 침해하고 있는 경우에는 예외적으로 그 제3자에게 자기관련성이 인정될 수 있다(헌재 1993. 3. 11. 91헌마233; 헌재 1997. 3. 27. 94헌마277; 헌재 2008. 11. 27. 2006헌마352; 헌재 2014. 3. 27. 2012헌마404). 이때 제3자인 청구인의 자기관련성 인정 여부는 문제된 법률의 입법 목적, 실질적인 규율대상, 법규정에서의 제한이나 금지가 제3자에게 미치는 효과나 진지성의 정도, 규범 수규자에 의한 헌법소원의 제기가능성 등을 종합적으로 고려하여 판단하여야 한다(헌재 1997. 9. 25. 96헌마133; 헌재 2008. 11. 27. 2006헌마352; 헌재 2011. 10. 25. 2010헌마661; 헌재 2014. 3. 27. 2012헌마404).

한편, 기본권침해의 자기관련성이란, 심판대상규정에 의하여 청구인의 기본권이 '침해될 가능성'이 있는가에 관한 것이고, 헌법소원은 주관적 기본권 보장과 헌법질서의 수호·유지 기능을 함께 가지고 있으므로 권리귀속에 대한 소명만으로 자기관련성 구비 여부를 판단할 수 있다(헌재 1994. 12. 29. 89헌마2; 헌재 2001. 11. 29. 99헌마494).

나) 현재성(現在性)

청구인은 공권력작용과 현재 관련이 있어야 헌법소원심판을 청구할 수 있다. 따라서 장차 언젠가 권리(기본권) 침해를 받을 우려가 있다 하더라도 그러한 우려는 단순히 장래 잠재적으로 나타날 수 있는 것에 불과하여 권리(기본권) 침해의 현재성을 구비하였다고 볼 수 없다(헌재 1989. 7. 21. 89헌마12; 헌재 2009. 11. 26. 2008헌마691).

다만, 기본권 침해 자체는 장래에 발생하더라도 그 침해의 발생이 현재 확실히 예측된다면 기본권구제의 실효성을 위하여 침해의 현재성을 인정할 수 있다(헌재 2002. 7. 18. 2001헌마605; 헌재 2003. 11. 27. 2003헌마694등).

일본어를 선택과목에서 제외하고 있는 서울대학교 입시요강은 그 시행이 비록 장래로 예정되어 있다고 하더라도 앞으로 그대로 실시될 것이 예상되므로 기본권침해의 현재성이 인정되고(헌재 1992. 10. 1. 92헌마68등), 혼인을 앞둔 예비신랑은 가정의례에 관한 법률의 관련규정으로 인하여 결혼식 때에는 하객들에게 주류 및 음식물을 접대할 수 없는 불이익을 받게 될 것이므로 현재성이 인정된다(헌재 1998. 10. 15. 98헌마168).

주기적으로 반복되는 선거의 경우 매번 새로운 후보자들이 입후보하고 매번 새로운 범위의 선거권자들에 의해 투표가 행해질 뿐만 아니라, 선거의 효과도 차기 선거에 의한 효과가 발생할 때까지로 한정되므로 선거가 끝난 후 대한민국에 주민등록이 되어 있지 아니한 국외거주자에게 부재자 투표권을 인정하지 아니한 공직선거법 규정에 대해 헌법소원심판을 청구하였다고 하더라도 이는 향후 실시될 각종 선거에서 입게 될 기본권침해, 즉 장래 그 도래가 확실히 예측되는 기본권 침해를 미리 앞당겨 다투는 것으로서 현재성 요건을 갖춘 것으로 볼 수 있다(헌재 2007. 6. 28. 2004헌마644등). 지방자치단체의 장으로 하여금 그 임기중 대통령, 국회의원선거 등에 입후보할 수 없도록 하는 '공직선거 및 선거부정방지법' 규정은 기본권의 침해가 구체화·현실화되는 후보자등록개시일 시점에서는 적시에 권리구제를 기대하는 것이 거의 불가능하므로, 그 이전이라도 기본권 침해의 현재성을 충족시킨 것으로 보아야 한다(헌재 1999. 5. 27. 98헌마214).

법률이 일반적 효력을 발생하기 전이라도 공포되어 있고, 그로 인하여 사실상의 위험성이 이미 발생한 경우에는, 예외적으로 침해의 현재성을 인정하여 이에 대하여 헌법소원을 제기할 수 있다(헌재 1994. 12. 29. 94헌마201; 헌재 2000. 6. 29. 99헌마289).

심판청구 당시 7급 국가공무원 공채시험에 응시하기 위하여 준비 중에 있던 자에게는 국가공무원 공채시험에 응시할 경우 장차 그 합격 여부를 가리는 데 있어 국가유공자에 대한 10% 가산점제도가 적용될 것임이 확실히 예측되므로, 국가유공자 가산점 조항에 대해 기본권 침해의 현재성이 인정된다(헌재 2001. 2. 22. 2000헌마25; 헌재 1999. 12. 23. 98헌마363; 헌재 2007. 5. 31. 2006헌마646). 또한 계자를 계모의 상속인으로 규정하고 있지 아니한 민법 조항에 의한 청구인(계자)의 기본권 침해는 장래 계모가 사망하는 경우 발생할 것이 확실히 예상되므로 기본권 침해의 현재성을 인정할 수 있다(헌재 2009. 11. 26. 2007헌마1424).

그러나 지역구국회의원에 결원이 생긴 때 차순위 득표자에게 의원직을 승계시키지 않고 보궐선거를 실시하도록 규정하고 있는 공직선거법 규정과 관련하여 청구인이 3순위 득표자에 불과하고 해당 지역구에 국회의원 결원이 생기지도 않았다면, 청구인에게는 기본권 침해의 현재성이 인정되지 않는다(헌재 2010. 5. 27. 2008헌마491). 그 밖에 장래 개인택시면허를 취득하려는 자들이 개인택시면허의 양도 및 상속 금지 규정을 다투는 경우에도(헌재 2012. 3. 29. 2010헌마443등) 기본권 침해의 현재성은 인정되지 않는다.

다) 직접성(直接性)

(1) 의의

법 제68조 제1항에 따른 헌법소원은 공권력작용으로 인하여 직접적으로 기본권을 침해받은 자만이 청구할 수 있다. 이를 기본권침해의 직접성 요건이라 한다. 직접성 요건은 법령에 대한 헌법소원에서 특히 중요한 의미를 가진다. 즉, 법령 자체가 헌법소원의 대상이 될 수 있으려면 집행행위에 의하지 아니하고 법령 그 자체에 의하여 자유의 제한, 의무의 부과, 권리 또는 법적 지위의 박탈이 생겨야 한다(헌재 1992. 11. 12. 91헌마192; 헌재 2005. 5. 26. 2004헌마671).

법령에 대한 헌법소원에 있어서 '기본권침해의 직접성'을 요구하는 이유는, 법령은 일반적으로 구체적인 집행행위를 매개로 하여 비로소 기본권을 침해하게 되므로 예외적이고 보충적인 특별권리구제수단이라는 헌법소원의 본질상 기본권의 침해를 받은 개인은 먼저 일반 쟁송의 방법으로 집행행위를 대상으로 하여 기본권 침해에 대한 구제절차를 밟는 것이 요청되기 때문이다(헌재 1998. 4. 30. 97헌마141; 헌재 2005. 5. 26. 2004헌마671).

헌법소원심판청구와 관련하여 직접성이 요구되는 법령에는 형식적인 의미의 법률뿐만 아니라 조약, 명령 · 규칙, 헌법소원의 대상성이 인정되는 행정규칙, 조례 등이 모두 포함된다.

헌법재판소는 지방의회에 청원할 때에는 필요적 요건으로 지방의회의원의 소개를 얻도록 규정하고 있는 지방자치법 조항(헌재 1999. 11. 25. 97헌마54), 지방공사 직원의 지방의회의원 겸직을 금지하는 지방자치법 조항(헌재 2004. 12. 16. 2002헌마333등), 지방자치단체 장의 계속 재임을 3기로 제한한 지방자치법 조항(헌재 2006. 2. 23. 2005헌마403), 사용자로 하여금 2년을 초과하여 기간제근로자를 사용할 수 없도록 한 '기간제 및 단시간근로자 보호 등에 관한 법률' 조항(헌재 2013. 10. 24. 2010헌마219등) 등에 대해 집행행위의 매개 없이 기본권을 제한한다는 이유로 직접성을 인정하였다.

한편, 헌법소원심판청구에 있어서 직접성 요건의 불비는 사후에 치유될 수 없다(헌재 2009. 9. 24. 2006헌마1298).

(2) 직접성의 예외

구체적 집행행위가 존재하는 경우라도 예외적으로 직접성이 인정되는 경우가 있다. 즉, ① 집행행위가 존재하는 경우라도 그 집행행위를 대상으로 하는 구제절차가 없거나, 구제절차가 있다고 하더라도 권리구제의 기대가능성이 없고 다만 기본권침해를 당한 청구인에게 불필요한 우회절차를 강요하는 것밖에 되지 않는 경우(헌재 1997. 8. 21. 96헌마48), ② 법규범이 집행행위를 예정하고 있더라도 법규범의 내용이 집행행위 이전에 이미 국민의 권리관계를 직접 변동시키거나 국민의 법적 지위를 결정적으로 정하는 것이어서 국민의 권리관계가 집행행위의 유무나 내용에 의하여 좌우될 수 없을 정도로 확정된 상태(헌재 1997. 7. 16. 97헌마38; 헌재 2003헌마337)인 경우에는 그 법규범의 권리(기본권) 침해의 직접성이 인정된다.

(가) 구제절차가 없거나 권리구제의 기대가능성이 없다고 인정한 사례

헌법재판소는 변호인 등의 공판정에서의 녹취허가신청에 대한 법원의 불허결정에 대하여는 직접적인 구제절차가 없다고 보아 그 근거규정인 형사소송규칙의 직접성을 인정하였고(헌재 1995. 12. 28. 91헌마114), '한나라당 대통령후보 이명박의 주가조작 등 범죄혐의의 진상규명을 위한 특별검사의 임명 등에 관한 법률'에 규정된 동행명령 조항에 의한 기본권 침해는 동행명령장의 발부라는 집행행위를 통해 구체적으로 현실화되나, 동행명령에 대하여는 구제절차가 없거나 권리구제의 기대가능성이 없다는 이유로 직접성을 인정하였다(헌재 2008. 1. 10. 2007헌마1468).

(나) 국민의 권리관계가 집행행위 이전에 이미 확정된 것으로 본 사례

청력장애에 의한 상이등급 판정과 관련하여 이명 기준을 정하고 있는 '국가유공자 등 예우 및 지원에 관한 법률 시행규칙 별표' 규정에 대해서도, 이 규정은 '국가보훈처장에 의한 상이등급 판정'이라는 별도의 구체적인 집행행위를 예정하고 있지만, 국가보훈처장은 이명 환자인 국가유공자등록 신청자가 일정 기준 이상의 난청 증상을 가지고 있는 경우에 한해 상이등급 7급으로 결정할 뿐, 이러한 요건을 갖추지 못한 경우에는 곧바로 상이등급 미달 판정을 할 수밖에 없으므로 국가보훈처장의 집행행위 이전에 이미 국가유공자등록을 하려는 국민의 법적 지위를 결정한다는 이유로(헌재 2012. 5. 31. 2011헌마241) 기본권침해의 직접성을 인정하였다.

그러나 헌법재판소 결정 중에는 집행행위가 재량의 여지없이 필요적으로 예정되어 있는 경우에도 구체적 처분을 필요로 한다는 이유로 기본권 침해의 직접성을 부인한 것들이 있다.

예컨대 의료인 면허의 필요적 취소사유와 면허취소 후 재교부 금지기간을 규정하고 있는 의료법 조항에 대해, 기본권침해는 이 조항에 따른 면허취소 또는 면허재교부 거부라는 구체적인 집행행위가 있을 때 현실적으로 나타난다고 하여 직접성을 부인하였고(헌재 2013. 7. 25. 2012헌마934), 금고 이상의 실형을 선고받고 그 집행이 종료된 날부터 3년이 지나지 아니한 경우 전자충격기의 소지허가를 필요적으로 취소하도록 규정한 '총포·도검·화약류 등 단속법' 조항에 대해서도 그 기본권침해는 경찰서장의 소지허가취소라는 집행행위가 있을 때 현실적으로 나타난다고 하여 직접성을 인정하지 않았다(헌재 2014. 2. 27. 2012헌마904). 구체적인 처분을 다투더라도 권리구제에 지장이 없다고 본 때문으로 보인다.

(3) 법령의 유형과 직접성 인정 여부

(가) 행정처분의 근거법령과 직접성

가장 전형적인 집행행위인 행정처분의 경우 헌법재판소는 집행기관에게 재량의 여지가 있는지 여부를 그 근거규정에 대한 직접성 판단의 주요한 척도로 보고 있다. 즉 법령에 근거한 구체적인 집행행위가 재량행위인 경우 기본권 침해는 집행기관의 의사에 따른 집행행위, 즉 재량권의 행사에 의하여 비로소 현실화되므로 이러한 경우에는 법령에 대해 기본권침해의 직접성이 인정되지 않는다(헌재 1998. 4. 30. 97헌마141; 헌재 2009. 3. 26. 2007헌마988등).

헌법재판소는 해당 근거 규정에 의한 건설부장관의 개발제한구역 지정・고시(헌재 1991. 6. 3. 89헌마46), 건설부장관 등의 용도지구의 결정・고시(헌재 1991. 9. 16. 89헌마151), 국세청장의 납세병마개 제조자 지정행위(헌재 1998. 4. 30. 97헌마141), 행정자치부장관의 사법시험 선발예정인원의 결정과 공고 및 합격자 결정(헌재 2002. 2. 28. 99헌마693), 2005학년도 교육청 교육장의 중학교 배정처분(헌재 2006. 1. 26. 2005헌마98), 지방자치단체장의 영업시간 제한 및 의무휴업일 지정(헌재 2013. 12. 26. 2013헌마269등) 등의 행정처분과 관련하여 그 근거규정의 직접성을 부정하였다.

(나) 권력적 사실행위의 근거법령과 직접성

헌법재판소는 권력적 사실행위는 헌법소원의 대상으로 받아들이면서 그 근거법령에 대해서는 직접성을 부정하고 있다.

예컨대 수용자의 서신검열에 관한 행형법 조항에 대해서는 교도관의 서신검열이나 발송거부라는 구체적인 집행행위가 있을 때 비로소 기본권침해의 법률효과가 발생한다는 이유로(헌재 1998. 8. 27. 96헌마398), 계구의 종류와 사용요건을 정하고 있는 '계구의 제식과 사용절차에 관한 규칙' 조항에 대해서는 교도소장과 교도관들의 구체적인 계구의 사용행위가 필요하다는 이유로(헌재 2003. 12. 18. 2001헌마163), 수용자 이송에 사용할 수 있는 보호장비의 종류 및 사용 요건 등에 관해 정하고 있는 '형의 집행 및 수용자의 처우에 관한 법률' 조항에 대해서는 교도관의 구체적인 보호 장비 사용 행위라는 집행행위가 필요하다는 이유로(헌재 2012. 7. 26. 2011헌마426), 일정한 경우 수용자의 접견 내용을 청취・기록・녹음 또는 녹화할 수 있도록 하고 있는 '형의 집행 및 수용자의 처우에 관한 법률' 조항들에 대해서는 구체적인 집행행위를 예정하고 있다는 이유로(헌재 2013. 8. 29. 2011헌마122) 기본권침해의 직접성을 인정하지 않았다.

(다) 과세처분의 근거법령과 직접성

과세관청의 부과처분에 의하여 조세채무가 확정되는 부과과세방식이나 납세의무자 스스로 조세채무 성립요건의 충족을 확인하여 세액을 신고함으로써 조세채무가 확정되는 신고납세방식의 조세에 있어서 조세법령으로 인한 기본권 침해는 과세처분 또는 경정청구거부처분 등의 구체적인 집행행위를 통하여 비로소 현실화된다(헌재 2001. 1. 18. 2000헌마80; 헌재 2009. 4. 30. 2006헌마1261; 헌재 2011. 12. 29. 2011헌마149).

헌법재판소는 양도소득세액 산정의 근거인 구 소득세법 규정(헌재 1999. 9. 16. 97헌마160, 판례집 11-2, 356, 359), 미용목적의 성형수술을 부가가치세 부과대상으로 하는 구 부가가치세법 시행령 조항(헌재 2014. 3. 27. 2011헌마577)은 과세처분이라는 집행행위를 매개하며, 취득 당시 9억 원 이하인 주택의 취득세 경감을 규정한 구 지방세특례제한법 조항(헌재 2011. 12. 29. 2011헌마149), 배우자 등이 있는 자에 대해서만 일정한 월세액을 과세기간 근로소득금액에서 공제하도록 정한 구 소득세법 조항(헌재 2013. 5. 30. 2011헌마718), 2010년부터 장기주택마련저축 납입액을 과세연도 근로소득금액에서 공제되지 않도록 한 조세특례제한법 조항(헌재 2013. 5. 30. 2011헌마309) 등은 종국적으로 경정청구에 대한 거부처분 또는 과세처분이라는 집행행위를 매개한다는 이유로 직접성을 부정하였다.

이에 반하여 자동확정방식의 조세의 경우에는 과세관청의 부과처분 없이 법령이 정하는 사유가 발생하면 법령이 정하는 바에 따라 그 세액이 자동적으로 확정되므로, 그 근거가 되는 조세법령에 대해 기본권 침해의 직접성을 인정한다. 헌법재판소는 이자소득 및 배당소득에 대하여 분리과세를 도입하고 20%의 세율로 원천징수하도록 규정하고 있는 '금융실명거래 및 비밀보장에 관한 법률' 부칙 조항에 대해서는 원천징수행위를 구체적인 집행행위로 볼 수 없으므로 직접성이 인정된다고 하였다(헌재 1999. 11. 25. 98헌마55).

(라) 보험료 부과의 근거법령과 직접성

보험료액의 산정기준 내지 방법에 관해 규정하고 있는 의료보험법령의 경우 그 기본권 침해는 보험자의 보험료 부과처분이라는 집행행위를 통하여 현실화되므로 기본권침해의 직접성이 없다(헌재 1998. 2. 27. 96헌마134). 따라서 대통령령이 정하는 기간 이상 보험료를 체납한 지역가입자에 대하여 보험료를 완납할 때까지 보험급여를 실시하지 아니할 수 있다고 규정하고 있는 국민건강보험법 규정의 기본권침해는 국민건강보험공단의 보험급여 거부처분이라는 집행행위를 통하여 이루어진다는 점에서 기본권침해의 직접성이 없다(헌재 2001. 8. 30. 2000헌마668).

다만, 헌법재판소는 법령에 의해 설계된 보험제도 자체나 보험료 부과 그 자체의 위헌성을 주장하는 경우에는 해당 법령에 대해 직접성을 인정하고 있다.

예컨대 국민건강보험에의 가입을 의무화하거나 보험공단에 보험료 징수권한을 부여하거나 또는 직장가입자와 지역가입자의 보험료 산정을 달리 정하고 있는 국민건강보험법 조항들에 대해서는 구체적인 보험료 부과처분 이전에 이미 추상적 보험료 납부의무를 부과하거나 그 조항 자체만으로 직장가입자와 지역가입자의 보험료에 차등을 불러온다는 등의 이유로(헌재 2003. 10. 30. 2000헌마801), 직장가입자와 지역가입자의 재정통합을 정하고 있는 국민건강법 조항에 대해서는 규정 자체에서 재정통합을 명하고 있다는 이유로(헌재 2000. 6. 29. 99헌마289; 헌재 2012. 5. 31. 2009헌마299) 기본권침해의 직접성을 인정하였다.

(마) 형벌 및 행정제재 규정과 직접성

국민에게 일정한 행위의무 또는 행위금지의무를 부과하고 이에 위반할 경우 제재수단으로서 형벌 또는 행정벌 등을 부과할 것을 정한 경우, 그 형벌이나 행정벌의 부과를 직접성 요건에서 말하는 집행행위라 볼 수는 없다. 국민은 별도의 집행행위를 기다릴 필요 없이 제재의 근거가 되는 법률의 시행 자체로 행위의무 또는 행위금지의무를 직접 부담하는 것이기 때문이다(헌재 1996. 2. 29. 94헌마213; 헌재 1998. 3. 26. 97헌마194; 헌재 2007. 7. 26. 2003헌마377).

다만, 벌칙 · 과태료 조항의 전제가 되는 구성요건 조항이 벌칙 · 과태료 조항과 별도로 규정되어 있는 경우, 벌칙 · 과태료 조항에 대하여 그 법정형이나 액수가 과다하다는 등 그 조항 자체의 위헌성을 주장하지 않는 한 직접성을 인정할 수 없다(헌재 2008. 11. 27. 2007헌마860,; 헌재 2013. 6. 27. 2011헌마315등).

한편, 청구인이 행위금지규정과 제재규정의 위헌성을 함께 주장하는 경우 금지규정과 제재규정 모두에 대해 직접성이 인정된다. 헌법재판소는 법무사 아닌 자가 등기신청대행 등의 법무행위를 업으로 하는 것을 금지하고 이를 위반하는 경우 처벌하는 법무사법 조항(헌재 2003. 9. 25. 2001헌마156), 부동산중개업자로 하여금 법령이 정하고 있는 한도를 넘는 수수료를 받을 수 없도록 하고, 이를 위반한 경우 행정상 제재나 형사처벌을 할 수 있도록 하는 부동산중개업법 조항(헌재 2002. 6. 27. 2000헌마642등)에 대해 모두 적법성을 인정하고 본안판단을 하였다.

(바) 정의규정, 선언규정, 조직 · 직무규정 등과 직접성

일반적으로 '정의규정' 내지 '선언규정'은 그 자체로 청구인에 대한 자유의 제한, 의무의 부과, 권리 또는 법적 지위의 박탈을 가져오지 않으므로 기본권 침해의 직접성 요건을 충족하지 못한다.

그러나 헌법재판소는 정의규정이 기본권제한과 밀접하게 연관되어 있거나(헌재 1997. 10. 30. 96헌마109; 헌재 2001. 11. 29. 99헌마494; 헌재 2006. 5. 25. 2005헌마715) 형벌조항의 중요한 구성요건을 이루고 있는 경우(헌재 2006. 6. 29. 2005헌마1167) 등에는 예외적으로 직접성을 인정하고 있다.

(사) 위임규정과 직접성

법령이 법 제68조 제1항에 따른 헌법소원의 대상이 되려면 구체적인 집행행위 없이 직접 기본권을 침해해야 하고, 여기의 집행행위에는 입법행위도 포함되므로 법령이 그 규정의 구체화를 위하여 하위규범의 시행을 예정하고 있는 경우에는 당해 법령의 직접성은 부인된다(헌재 1996. 2. 29. 94헌마213; 헌재 2008. 5. 29. 2007헌마1105; 헌재 2013. 6. 27. 2011헌마475).

헌법재판소는 부설주차장의 설치기준을 일정 범위 안에서 조례에 위임하고 있는 주차장법 시행령 조항(헌재 2001. 1. 18. 2000헌마66), 의료수가기준과 그 계산방법 등에 관하여 보건복지가족부장관이 정하도록 하고 있는 구 의료급여법 조항(헌재 2011. 11. 24. 2009헌마415), 국외여행허가의 범위 및 기간의 구체적인 내용을 병무청장이 정하도록 위임하고 있는 병역법 시행령 조항(헌재 2013. 6. 27. 2011헌마475), 주택관리사보 자격시험의 응시자격 등을 대통령령에 위임하고 있는 주택법 조항(헌재 2014. 4. 24. 2012헌마928) 등에 대해 직접성 요건 결여를 이유로 각하하였다.

다만 군법무관수당의 지급대상 및 지급액을 국방부령에 위임하고 있는 공무원수당 등에 관한 규정에 대해서는 이 수당규정이 '월봉급액의 40퍼센트'를 군법무관 수당의 상한으로 정하고 있고, 이와 같이 상한을 설정한 것 자체는 재산권을 침해할 가능성이 있다는 이유로(헌재 2008. 5. 29. 2006헌마170), 초·중등교육법이 고등학교의 입학방법 및 절차 전부를 대통령령에 위임하고 있는 것에 대해서는 청구인들이 이 위임 조항에 대해 다투는 것은 의회유보원칙 위반 또는 포괄위임금지원칙 위반이고, 이러한 문제는 이 조항에 의하여 시원적으로 발생한다는 이유로(헌재 2012. 11. 29. 2011헌마827) 기본권침해의 직접성을 인정하였다.

한편, 헌법재판소는 위임법령과 위임을 받은 하위규범이 함께 헌법소원의 대상이 된 경우, ① 위임법령에서 직접 의무를 부과하고 하위규범에는 구체적인 방법 등을 위임하거나, ② 위임법령과 하위규범이 불가분의 일체를 이루고 있는 경우에는 위임법령에 대해서도 직접성을 인정한다.

① 위임법령이 직접 의무를 부과한 경우

'정보통신망이용촉진 및 정보보호 등에 관한 법률'은 청소년유해매체물을 제공하고자 하는 자는 대통령령이 정하는 표시방법에 따라 당해 정보가 청소년유해매체물임을 표시하여야 한다고 하여 청소년유해매체물 표시방법을 대통령령에 위임하고 있으나 청소년유해매체물 표시의무 자체는 법률에서 직접 부과하고 있으므로 시행령 조항과 함께 기본권 침해의 직접성이 인정되고(헌재 2004. 1. 29. 2001헌마894, 판례집 16-1, 114, 126), 시·도 조례로 정하는 지역의 후기학교 주간부 신입생을 고등학교 학교군별로 추첨에 의하여 교육감이 각 고등학교에 배정하도록 한 초·중등교육법 시행령 조항은 교육감의 추첨에 의한 고등학교 배정 제도를 직접 설정하면서 그 시행 지역만을 조례에 위임하고 있으므로 조례와 함께 기본권침해의 직접성이 인정된다(헌재 2012. 11. 29. 2011헌마827, 판례집 24-2하, 250, 257).

② 위임법령과 하위규범이 불가분의 일체를 이루는 경우

전기통신사업법과 그 시행령 조항은 서로 불가분의 관계를 가지면서 전기통신을 이용하는 자들에게 공공의 안녕질서 또는 미풍양속을 해하는 내용의 통신을 하지 말 것을 명하고 있으므로 기본권침해의 직접성이 인정되고(헌재 2002. 6. 27. 99헌마480, 판례집 14-1, 616, 625), 방송법과 방송법시행령 조항은 서로 불가분적으로 결합하여 그 자체에서 텔레비전 방송광고의 사전심의라는 의무를 부과하고 있으므로 그 권리(기본권)침해의 직접성이 인정되며(헌재 2008. 6. 26. 2005헌마506, 판례집 20-1하, 397, 407-408), 공무원연금법은 보충역소집에 의한 군 복무기간에 대하여 대통령령으로 정하는 기간을 공무원 재직기간에 산입할 수 있도록 하고 있지만, 그 시행령 조항은 산업기능요원의 복무기간을 공무원 재직기간 산입에서 제외함으로써 서로 불가분적으로 결합하여 전체적으로 하나의 규율 내용을 형성하고 있으므로 기본권침해의 직접성이 인정된다(헌재 2012. 8. 23. 2010헌마328, 판례집 24-2상, 624, 633).

(아) 법원의 명령, 허가 등을 규정한 재판규범과 직접성

법규범이 구체적인 소송사건에서 법원에 의하여 해석·적용되는 재판규범으로서, 법원의 구체적인 집행행위를 거쳐 비로소 특정인의 기본권에 영향을 미치게 되는 경우, 법원에 의한 해석·적용을 기다리지 아니하고 바로 그 규정만에 의하여 기본권이 침해된다고 볼 수 없다(헌재 2006. 6. 29. 2005헌마165 등).

헌법재판소는 재판장의 인지보정명령이 있음에도 이를 보정하지 아니한 경우 재판장의 명령으로 소장을 각하하도록 한 민사소송법 조항(헌재 1997. 9. 25. 96헌마41), 기존에 구 '청소년의 성보호에 관한 법률'에 의한 열람명령을 받은 자에 대하여 검사의 청구에 의한 법원의 공개명령을 받아 여성가족부장관이 정보통신망을 이용한 신상정보 공개명령을 집행할 수 있도록 한 '아동·청소년의 성보호에 관한 법률' 부칙 조항(헌재 2012. 4. 24. 2010헌마493등), 채무자에 대한 면책허가결정의 근거조항인 '채무자 회생 및 파산에 관한 법률' 조항

(헌재 2013. 3. 21. 2012헌마569)에 대하여 모두 구체적인 집행행위가 매개되어 있다는 이유로 직접성을 부정하였다.

다만, 헌법재판소는 집행행위가 매개되어 있다고 하더라도 별도의 구제절차가 없는 경우에는 예외적으로 직접성을 인정하고 있다. 예컨대 피고인이나 변호인이 공판정에서 녹취를 하고자 할 경우 법원의 허가를 받도록 하고 있는 형사소송규칙에 대해서는, 녹취허가신청에 대한 법원의 녹취불허결정은 판결전의 소송절차에 관한 결정으로서 즉시항고를 인정하는 명문의 규정이 없어 항고를 제기할 수 없다는 이유로(헌재 1995. 12. 28. 91헌마114), 특별검사의 참고인 또는 피의자 지정과 동행명령을 규정한 법률조항에 대해서는, 그 불복수단을 규정하고 있지 않을 뿐만 아니라, 항고소송의 대상이 되는 처분인지 불분명하여 권리구제의 기대가능성 등이 없다는 이유로(헌재 2008. 1. 10. 2007헌마1468) 기본권침해의 직접성을 인정하였다.

(자) 사인에게 의무를 부과하는 법령의 직접성

법규범이 구체적인 집행행위를 기다리지 아니하고 직접 기본권을 침해한다고 할 때의 집행행위란 공권력행사로서의 집행행위를 의미하는 것이므로, 법규범이 예정하고 있는 행위가 공권력의 주체가 아닌 사인의 행위인 경우에는 법규범의 직접성을 부인할 수 없다.

따라서 법무사의 사무원 총수를 5인으로 제한하고 있는 법무사법 시행규칙 조항은 사무원 해고 효과를 직접 발생시키지는 않으나 법무사에게 5인을 초과하는 사무원을 해고해야 할 의무를 직접 부담시키므로 기본권침해의 직접성이 인정되고(헌재 1996. 4. 25. 95헌마331), 정보통신망을 통해 일반에게 공개된 정보로 말미암아 권리침해를 받은 자가 해당 정보의 삭제를 요청하면 일정한 경우 정보통신서비스제공자는 해당 정보에 대한 접근을 임시적으로 차단하는 조치를 하도록 한 '정보통신망 이용촉진 및 정보보호 등에 관한 법률' 조항은 정보통신서비스제공자에게 임시조치 등 필요한 조치를 하도록 의무를 지우고 있다는 점에서 기본권침해의 직접성이 인정된다(헌재 2012. 5. 31. 2010헌마88).

5) 보충성

가) 의의

헌법소원은 다른 법률에 구제절차가 있는 경우에는 그 절차를 모두 거친 후에 심판청구를 하여야 한다(법 제68조 제1항 단서). 이를 헌법소원의 보충성이라고 한다.

법 제68조 제1항 단서의 뜻은 헌법소원이 그 본질상 헌법상 보장된 기본권침해에 대한 예비적이고 보충적인 최후의 구제수단이므로, 다른 법률이 정한 절차에 따라 침해된 기본권의 구제를 받기 위한 모든 수단을 다하였음에도 불구하고 그 구제를 받지 못한 경우에 비로소 헌법소원심판을 청구할 수 있다는 것을 밝힌 것이다(헌재 1993. 12. 23. 92헌마247). 다만, 먼저 헌법소원을 제기하고 나서 뒤에 종국결정 전에 권리구제절차를 거쳤을 때에는 사전에 구제절차를 거치지 않은 하자가 치유될 수 있다(헌재 1996. 3. 28. 95헌마211).

여기서 말하는 권리구제절차는 공권력의 행사 또는 불행사를 직접 대상으로 하여 그 효력을 다툴 수 있는 권리구제절차를 의미하는 것이므로 사후적・보충적 구제수단인 손해배상청구나 손실보상청구(헌재 1989. 4. 17. 88헌마3), 피청구인의 직권발동을 촉구하는 의사표시에 불과한 진정(헌재 1997. 9. 25. 96헌마159; 헌재 2013. 8. 29. 2013헌마125), 행형법상 청원제도(헌재 1998. 10. 29. 98헌마4), 형사피의자로 입건되었던 자의 진정서 또는 탄원서의 제출 및 수사재기 신청(헌재 1992. 11. 12. 91헌마146) 등은 법 제68조 제1항 단서에 규정된 '다른 법률에서 정한 구제절차'에 해당하지 아니한다.

또한 '다른 법률에 의한 구제절차를 거친 후'란 다른 법률에 의한 구제절차를 '적법하게' 거친 경우를 말하므로(헌재 1994. 6. 30. 90헌마107; 헌재 1998. 2. 5. 97헌마324), 과세처분의 취소를 구하는 행정소송을 제기하였다가 그 소송을 취하하였거나 취하간주된 경우에 그 과세처분의 취소를 구하는 헌법소원심판청구는 다른 법률에 의한 적법한 구제절차를 거쳤다고 볼 수 없어 부적법하다(헌재 1999. 9. 16. 98헌마265).

나) 보충성과 법령에 대한 헌법소원

법령 자체에 의하여 직접 기본권을 침해받은 경우는 그 법령 자체의 효력을 직접 다투는 소송을 일반법원에 제기하는 길이 없어 구제절차가 있는 경우가 아니므로 바로 헌법소원심판을 청구할 수 있다(헌재 1989. 3. 17. 88헌마1; 헌재 2012. 5. 31. 2011헌마241).

헌법재판소는, 일반택시 운송사업자는 운수종사자로부터 운송수입금 전액을 납부 받고 운수종사자는 운송수입금 전액을 운송사업자에게 납부하도록 규정한 자동차운수사업법 조항(헌재 1998. 10. 29. 97헌마345), 소송기록접수통지를 받은 후 일정한 기간 내 상고이유서를 제출하지 않은 경우 상고기각결정을 하도록 규정하고 있는 형사소송법 조항(헌재 2004. 11. 25. 2003헌마439), 금치처분을 받은 자에 대하여 금치기간 중에는 집필을 금지하고 있는 행형법 시행령 조항(헌재 2005. 2. 24. 2003헌마289), 이명에 관한 상이등급 판정기준을 정하고 있는 구 '국가유공자 등 예우 및 지원에 관한 법률 시행규칙' 조항(헌재 2012. 5. 31. 2011헌마

241) 등에 대해 다른 구제절차 없이 바로 헌법소원심판을 청구할 수 있다고 하였다.

다만 행정관청의 고시나 지방자치단체의 조례 등은 해당 규정의 내용이 어떤 성질을 가지는지에 따라 보충성 요건을 요구하는지 여부가 달라진다. 고시가 일반·추상적 성격을 가질 때에는 법규명령 또는 행정규칙에 해당하지만, 구체적인 규율의 성격을 갖는다면 행정처분에 해당한다. 따라서 고시가 일반적·추상적인 규정의 성격을 지닌 경우에는 다른 구제절차를 거칠 것 없이 바로 헌법소원심판을 청구할 수 있다(헌재 1998. 4. 30. 97헌마141; 헌재 2008. 11. 27. 2005헌마161등).

헌법재판소는 보건복지부장관이 법령의 위임에 따라 정한 최저생계비 고시에 대해, 행정소송법상 이를 다툴 방법이 없다거나(헌재 1997. 5. 29. 94헌마33), 다른 권리구제절차가 있는지 객관적으로 불확실하다는 이유로(헌재 2004. 10. 28. 2002헌마328) 보충성 요건을 요구하지 않았고, 게임제공업자가 게임이용자에게 제공할 수 있는 경품의 종류와 지급방법 등을 정한 '게임제공업소의 경품취급기준' 고시에 대해서는, 게임제공업소의 경품제공 일반에 관한 일반적·추상적 성격을 지닌 법규로서 일반법원에 소송을 제기하여 구제될 수 없다는 이유로 보충성 요건을 요구하지 않았다(헌재 2009. 4. 30. 2007헌마106).

반면에 신도시 주변지역에 대하여 개발행위허가를 제한하는 건설교통부고시는 특정 개인의 구체적인 권리·의무나 법률관계를 직접적으로 규율하는 성격을 갖는 행정처분에 해당하므로 행정심판 또는 행정소송법에 의한 항고소송 절차를 거쳤어야 한다고 하였다(헌재 2008. 12. 26. 2007헌마862).

한편, 조례가 집행행위의 개입 없이 그 자체로서 직접 국민의 구체적인 권리의무나 법적 이익에 영향을 미치는 등의 법률상 효과를 발생하는 경우 그 조례는 항고소송의 대상이 되는 행정처분에 해당(대법원 1996. 9. 20. 선고 95누8003 판결)하므로 곧바로 헌법소원심판을 청구할 수 없으나, 일반적 추상적 성격을 가지거나 항고소송의 대상이 되는 행정처분인지 여부가 불분명한 경우에는 바로 헌법소원심판을 청구할 수 있다.

헌법재판소는 '부산광역시 학원의 설립·운영 및 과외교습에 관한 조례'와 '서울특별시 학원의 설립·운영 및 과외교습에 관한 조례'가 학교교과교습학원 및 교습소의 교습시간을 제한하고 있는 것과 관련하여, 이것이 항고소송의 대상이 되는 행정처분에 해당하는지 여부는 불확실하므로 항고소송에 의한 권리구제절차를 거치도록 요구하거나 기대할 수 없다고 하였다(헌재 2009. 10. 29. 2008헌마454; 헌재 2009. 10. 29. 2008헌마635).

나아가 법령의 직접적인 위임에 따라 수임행정기관이 그 법령을 시행하는 데 필요한 구체적 사항을 정한 것이면, 그 제정형식이 고시, 훈령, 예규 등과 같은 행정규칙이더라도 상위법령과 결합하여 대외적인 구속력을 갖는 법규명령으로 기능하게 되므로 이를 대상으로 하여 곧바로 헌법소원을 청구하는 것이 가능하다(헌재 1992. 6. 26. 91헌마25; 헌재 2003. 12. 18. 2001헌마543; 헌재 2010. 9. 30. 2008헌마758). 헌법재판소는 청소년유해매체물의 표시방법에 관한 정보통신부고시(헌재 2004. 1. 29. 2001헌마894), 문화부장관이 공고한 외국인전용 카지노업 신규허가계획(헌재 2006. 7. 27. 2004헌마924), 의약품 중복처방시 요양급여의 인정기준을 정하고 있는 보건복지가족부고시(헌재 2010. 9. 30. 2008헌마758)에 대해 상위법령과 결합된 법규명령적 성격의 행정규칙으로서 항고소송의 대상이 되기 어렵다는 등의 이유로 보충성 요건의 충족을 요구하지 않았다.

다) 보충성과 재판소원금지

보충성 요건은 재판에 대한 헌법소원을 금지하는 법 제68조 제1항의 규정과 함께 행정작용에 대한 헌법소원을 크게 제한하고 있다. 행정소송의 대상에 관하여 개괄주의를 취하는 현행 행정소송법 체제에 의하면 행정처분에 대하여 이의가 있는 경우 행정소송을 제기할 수 있으므로 바로 헌법소원을 제기할 수 없고, 만일 행정소송을 제기하였다면 재판소원금지규정(법 제68조 제1항) 때문에 헌법소원이 허용되지 않기 때문이다.

따라서 행정작용에 의한 기본권 침해를 이유로 헌법소원이 허용되는 경우는 검사의 불기소처분 중 재정신청의 대상이 되지 않는 경우, 행정입법이 구체적 집행행위를 거치지 않고 기본권을 직접 침해하는 경우, 헌법상 유래하는 작위의무위반의 행정(입법)부작위, 권력적 사실행위 등 원칙적으로 행정소송의 제기가 불가능하거나 판례상 행정소송의 대상이 되지 아니한다고 하여 구제수단이 없는 경우로 사실상 국한된다.

라) 보충성과 구제절차

(1) 불기소처분에 대한 헌법소원의 경우

2008년 시행된 개정 형사소송법 제260조 제1항, 제2항에 의하면, 고소권자로서 고소를 한 자는 검사로부터 공소를 제기하지 아니한다는 통지를 받은 때 검찰청법에 따른 항고를 거친 후 그 검사 소속의 지방검찰청 소재지를 관할하는 고등법원에 그 당부에 관한 재정을 신청할 수 있다. 따라서 이러한 절차를 거치지 않은 채 곧바로 헌법소원을 청구하는 것은 법 제68조 제1항 단서의 보충성 요건 결여로 부적법하다(헌재 2010. 5. 27. 2010헌마71; 헌재 2014. 3. 27. 2012헌마652). 또한 재정신청을 거쳐 기각결정을 받은 후 헌법소원을 청구하는 것은 재판소원금지에 의해 부적법한 청구가 된다.

다만 고발인은 검찰청법 제10조에 따른 항고, 재항고를 할 수 있으나 재정신청을 할 수 있는 자에 해당하지 않으므로 항고, 재항고를 거쳐 헌법소원심판을 청구할 수 있고(헌재 2011. 12. 29. 2011헌마2; 헌재 2013. 8. 29. 2011헌마613 등 참조), 고소인의 지위에 있지 아니한 자의 고소에 대한 불기소처분 역시 검찰청법에 따른 항고, 재항고를 거쳐 헌법소원심판을 청구하는 것이 가능하다(헌재 2014. 3. 27. 2013헌마750; 헌재 2014. 6. 26. 2014헌마14 등 참조).

한편, 고소하지 않은 범죄피해자는 불기소처분에 대한 검찰청법상의 항고, 재항고 또는 형사소송법상의 재정신청 절차에 의한 구제를 받을 방법이 없으므로 곧바로 헌법소원심판을 청구할 수 있고(헌재 1992. 1. 28. 90헌마227; 헌재 2008. 11. 27. 2008헌마399등; 헌재 2008. 12. 26. 2008헌마387), 적법하게 고소를 하였으나 검찰이 이를 단순한 진정사건으로 보아 공람종결처분을 한 경우에는 고소인이라 하더라도 다른 구제절차 없이 헌법소원심판을 청구할 수 있다(헌재 1999. 1. 28. 98헌마85; 헌재 2000. 11. 30. 2000헌마356).

나아가 피의자는 항고나 재정신청을 할 수 있는 지위에 있지 않으므로 기소유예처분 등에 대해 다른 구제절차를 거치지 않고도 헌법소원심판을 청구할 수 있다. 형사피의자로 입건되었던 자가 기소유예처분을 받았을 때 스스로 무고함을 주장하여 헌법소원심판을 청구할 수 있음은 이미 확립된 판례이다(헌재 1992. 11. 12. 91헌마146; 헌재 1995. 3. 23. 94헌마254).

한편, 군검찰관의 불기소처분에 대하여는 검찰항고제도가 없고, 불복이 있는 고소인·고발인에게 모든 범죄에 대하여 고등군사법원에 당해 불기소처분의 당부에 대한 재정신청을 허용하는 한편(군사법원법 제301조 이하), 고등군사법원의 결정에 대하여는 재판에 영향을 미친 헌법·법률·명령 또는 규칙의 위반이 있음을 이유로 하는 때에 대법원에 즉시항고를 할 수 있도록 하고 있으므로(군사법원법 제464조), 군검찰관의 불기소처분에 대하여 재정신청 및 즉시항고절차를 경유하지 아니하고 제기한 헌법소원은 부적법하다(헌재 1991. 1. 25. 90헌마222; 헌재 1990. 10. 8. 89헌마278; 헌재 2002. 2. 19. 2002헌마66). 이러한 절차를 거친 후 헌법소원심판을 청구한 경우에도 재판소원금지가 적용되어 부적법한 청구가 된다.

다만, 군검찰관의 기소유예처분은 공권력의 행사로서 헌법소원심판의 대상이 될 수 있고(헌재 1989. 10. 27. 89헌마56), 다른 구제절차가 마련되어 있지 않으므로 곧바로 헌법소원심판을 청구하는 것이 가능하다.

(2) 행정권의 작용에 대한 헌법소원의 경우

행정작용은 일반적으로 행정소송을 통해 구제될 수 있으므로 그러한 절차를 거치지 않고 바로 헌법소원을 청구할 수 없다.

헌법재판소는 건설부장관의 개발제한구역 지정행위(헌재 1991. 6. 3. 89헌마46), 교도소장의 이송처분(헌재 1992. 6. 19. 92헌마110), 구청장의 택지초과소유부담금 부과처분(헌재 1995. 1. 20. 94헌마27), 서울특별시장의 과징금 부과처분(헌재 1995. 2. 23. 92헌마282), 수형자가 발송의뢰한 서신을 교도소장이 발송거부한 행위(헌재 1995. 7. 21. 92헌마144; 헌재 1998. 8. 27. 96헌마398), 인증등본송부신청에 대한 검사의 거부처분(헌재 1998. 2. 27. 94헌마77; 헌재 2000. 2. 24. 99헌마96). '인권하루소식'의 구독을 거부한 교도소장의 처분(헌재 1998. 10. 29. 98헌마4), 교육과학기술부장관의 법학전문대학원 설치 예비인가 거부결정(헌재 2009. 2. 26. 2008헌마370등), 교도소장의 수형자에 대한 엄중격리대상자지정 및 영치품사용불허행위(헌재 2011. 2. 24. 2009헌마209), 방송통신위원회의 시정요구(헌재 2012. 2. 23. 2008헌마500) 등에 대하여 행정소송 등의 구제절차를 거치지 않았다는 이유로 부적법하다고 하였다.

또한 수사기관의 체포에 대하여는 체포적부심사라는 구제절차를 거쳐야 하고(헌재 2010. 9. 30. 2008헌마628), 수사기관의 보도자료 배포행위가 피의사실공표죄에 해당하는 범죄라면, 수사기관을 상대로 고소하여 행위자를 처벌받게 하거나 처리결과에 따라 검찰청법에 따른 항고를 거쳐 재정신청을 할 수 있으므로(헌재 2014. 3. 27. 2012헌마652) 이러한 권리구제절차를 거치지 아니한 채 제기한 헌법소원심판청구는 부적법하다.

그러나 공정거래위원회 심사불개시결정(헌재 2004. 3. 25. 2003헌마404)이나 무혐의처분(헌재 2002. 6. 27. 2001헌마381; 헌재 2004. 8. 26. 2004헌마80; 헌재 2011. 11. 24. 2010헌마83)은 항고소송의 대상이 되는 행정처분에 해당한다고 볼 수 없으므로 이들에 대하여 곧바로 헌법소원심판을 청구하는 것은 보충성원칙에 위배되지 않는다.

또한 공정거래위원회가 특정 회사의 '독점규제 및 공정거래에 관한 법률' 위반행위에 대하여 고발을 하지 아니한 행정부작위는 행정쟁송의 대상이 되는 '부작위'로서의 요건을 갖추지 못하였으므로 행정쟁송절차의 경유 없이 곧바로 헌법소원심판청구를 할 수 있고(헌재 1995. 7. 21. 94헌마136), 추상적인 법령의 제정 여부 등은 그 자체로서 국민의 구체적인 권리의무에 직접적 변동을 초래하는 것이 아니어서 부작위위법확인소송의 대상이 될 수 없으므로 다른 구제절차 없이 행정입법부작위에 대해 헌법소원심판을 청구하는 것은 적법하다(헌재 1998. 7. 16. 96헌마246).

나아가 세무대학장의 '재임용추천거부행위'와 같은 총 · 학장의 임용제청이나 그 철회는 행정기관 상호간의 내부적인 의사결정과정일 뿐 행정소송의 대상이 되는 행정처분으로 보지 않는 것이 법원의 판례이고(헌재 1993. 5. 13. 91헌마190), 개별세법에 근거하지 아니한 납세의무자의 경정청구에 대한 거부 역시 항고소송의 대상이 되지 않는다는 것이 법원의 판례이므로(헌재 2000. 2. 24. 97헌마13등) 다른 절차 없이 곧바로 헌법소원심판을 청구하였다고 하여 보충성 요건에 반한다고 할 수 없다.

그리고 고졸검정고시 또는 고입검정고시에 합격했던 자는 해당 검정고시에 다시 응시할 수 없도록 응시자격을 제한한 전라남도 교육청 공고는 그 자체의 효력을 직접 다투는 것을 소송물로 하여 일반법원에 소송을 제기하는 길이 없으므로 보충성 요건을 필요로 하지 않는다(헌재 2012. 5. 31. 2010헌마139등).

한편, 과거에는 법원이 지적공부에 일정한 등록사항을 직권으로 정정하거나 등록사항에 대한 변경신청을 거부(반려)하는 소관청의 행위가 행정소송의 대상이 되는 행정처분이 아니라고 보았기 때문에 지목변경신청 반려행위에 대해 바로 헌법소원심판을 청구할 수 있었으나, 법원이 종전의 판례를 변경하여 항고소송의 대상이 되는 행정처분에 해당한다고 판시(대법원 2004. 4. 22. 선고 2003두9015 판결)한 이후에는 이에 대한 헌법소원심판청구의 경우 보충성 요건의 흠결을 이유로 각하하고 있다(헌재 2005. 7. 19. 2005헌마623; 헌재 2005. 9. 13. 2005헌마829; 헌재 2009. 12. 22. 2009헌마693 등). 다만, 판례가 변경되는 과도기에 청구된 헌법소원심판의 경우에는 그 권리구제의 실효성을 위하여 보충성 요건을 요구하지 않는다(헌재 2004. 6. 24. 2003헌마723).

한편, 국가인권위원회의 진정각하결정이나 진정기각결정에 대해 종래에는 별도의 불복수단이 마련되어 있다거나 확립된 판례로 행정처분성이 인정된다고 보기 어렵다는 이유로 보충성 요건을 요구하지 않았으나, 이후 선례를 변경하여 국가인권위원회의 위와 같은 결정은 항고소송의 대상이 되는 행정처분에 해당하므로, 그에 대한 다툼은 우선 행정심판이나 행정소송에 의하여야 한다고 하여 보충성 요건을 요구하게 되었다(헌재 2015. 3. 26. 2013헌마214등).

(3) 사법행정작용에 대한 헌법소원의 경우

사법부의 행정작용에 대해 헌법소원심판을 청구하는 경우에도 보충성 요건을 충족하여야 한다.

집행관의 강제집행방법이나 집행절차에 관하여 이의가 있는 경우 민사집행법 제16조 소정의 집행에 관한 이의신청을 한 후 집행법원의 재판을 거쳐야 하는바, 이를 거치지 아니한 채 제기한 헌법소원심판청구는 부적법하고(헌재 1989. 10. 7. 89헌마203), 민소 제223

조에 의하면 법원사무관 등의 처분에 대한 이의는 그 법원사무관 등의 소속법원이 결정으로 재판한다고 규정하고 있으므로, 접수담당자의 소속법원에 접수처분에 대한 이의신청의 구제절차를 거치지 아니한 채 제기한 헌법소원심판청구는 부적법하다(헌재 1991. 11. 25. 89헌마235).

또한 대법원장의 법관에 대한 인사처분에 대하여는 국가공무원법 소정의 절차를 따라 위 인사처분에 대하여 법원행정처 소청심사위원회에 그 구제를 청구할 수 있고, 그 절차에서 구제를 받지 못한 때에는 국가공무원법 제16조, 법원조직법 제70조, 행소 제1조의 규정에 비추어 다시 행정소송을 제기하여 그 구제를 청구할 수 있으므로 그와 같은 구제절차를 거치지 아니한 채 제기한 헌법소원심판청구는 부적법하고(헌재 1993. 12. 23. 92헌마247), 법원장의 판결이유에 관한 정보공개거부처분에 대하여는 '공공기관의 정보공개에 관한 법률' 제17조, 제18조에 따른 행정심판 및 행정소송이라는 구제절차가 마련되어 있으므로 이러한 사전구제절차를 모두 거치지 아니한 헌법소원심판청구는 부적법하다(헌재 2000. 12. 29. 2000헌마797).

마) 보충성의 예외

헌법소원심판은 다른 구제수단이 있는 경우 그 절차를 모두 거친 후가 아니면 청구할 수 없다. 다만 청구인이 그의 불이익으로 돌릴 수 없는 정당한 이유가 있는 착오로 전심절차를 밟지 않은 경우, 또는 전심절차로 권리가 구제될 가능성이 거의 없거나 권리구제절차가 허용되는지 여부가 객관적으로 불확실하여 전심절차 이행의 기대가능성이 없을 때에는 보충성의 예외로서 적법한 청구로 받아들여진다(헌재 1989. 9. 4. 88헌마22; 헌재 1995. 12. 28. 91헌마80; 헌재 2008. 5. 29. 2007헌마712).

예컨대 감사원장의 국민감사청구기각결정에 대해서는 아직 처분성 인정 여부에 대한 법원의 판단이 없고, 법률상 구제절차도 마련되어 있지 않으므로 보충성의 예외가 인정되고(헌재 2006. 2. 23. 2004헌마414), 경찰서장의 옥외집회신고서 반려행위에 대하여 그 처분무효취소소송과 함께 집행정지신청을 하였으나 법원이 행정처분이 아니라는 이유로 집행정지신청을 각하하였다면, 법원에서 권리구제절차가 허용되는지 여부가 객관적으로 불확실하므로 보충성의 예외가 인정되며(헌재 2008. 5. 29. 2007헌마712), 국가안전기획부장의 접견거부처분에 대해 법원에 준항고 절차까지 밟아 이를 취소하는 결정이 있었음에도, 이를 무시한 채 재차 접견거부처분에 이르렀다면 이제 준항고 절차에 의거하여서는 권리구제의 기대가능성이 없으므로 보충성의 예외가 인정된다(헌재 1991. 7. 8. 89헌마181).

또한 교도소장의 미결수용자의 서신에 대한 검열 · 지연발송 · 지연교부행위는 이른바 권력적 사실행위로서 행정심판이나 행정소송의 대상이 된다고 단정하기도 어려울 뿐 아니라 이미 종료된 행위로서 소의 이익이 부정될 가능성이 많아 헌법소원심판을 청구하는 외에 달리 효과적인 구제방법이 있다고 보기 어려우므로 보충성의 예외에 해당한다(헌재 1995. 7. 21. 92헌마144; 헌재 2005. 5. 26. 2001헌마728).

뿐만 아니라 교도소장의 화상접견시간 단축 행위(헌재 2009. 9. 24. 2007헌마738), 외부 재판 출정시 운동화 착용을 불허한 행위(헌재 2011. 2. 24. 2009헌마209), 미결수용자에 대한 종교행사 참석 불허 행위(헌재 2011. 12. 29. 2009헌마527), 경찰청장이 서울광장을 경찰버스들로 둘러싸 시민들의 서울광장 통행을 제지한 행위(헌재 2011. 6. 30. 2009헌마406) 역시 동일한 성격의 권력적 사실행위로서 보충성 원칙의 예외가 인정된다.

한편, 공소제기 후 공판 전의 단계에서 변호인의 수사기록 열람 · 등사신청에 대하여 피청구인 검사가 한 거부행위에 대해서는 구제절차가 없거나 구제절차가 있다고 하더라도 권리가 구제될 가능성이 없고 (헌재 1997. 11. 27. 94헌마60), 고소장과 피의자신문조서에 대한 열람은 기소 전의 절차인 구속적부심사에서 피구속자를 변호하기 위하여 필요한 것으로 행정소송으로는 그 구제가 기소 전에 이루어질 가능성이 거의 없고, 오히려 기소된 후에 이르러 권리보호이익의 흠결을 이유로 각하될 것이 분명하므로(헌재 2003. 3. 27. 2000헌마474) 이러한 경우에도 구제절차의 선이행을 요구하는 것은 불필요한 우회절차를 강요하는 것이어서 보충성의 예외가 인정된다.

그러나 조세법령의 해석과 적용에 관한 대법원의 확립된 판례에 비추어 패소할 것이 예견된다는 것(헌재 1998. 10. 29. 97헌마285)이나 대법원이 청구인의 청구를 인용한 원심판결을 파기환송하였다는 사정(헌재 1999. 12. 23. 97헌마136)만으로는 전심절차이행의 기대가능성이 없다고 볼 수 없어 보충성의 예외에 해당한다고 보기 어렵다.

6) 청구기간

헌법재판소법 제69조 제1항은, "제68조 제1항에 따른 헌법소원의 심판은 그 사유가 있음을 안 날부터 90일 이내에, 그 사유가 있는 날부터 1년 이내에 청구하여야 한다. 다만, 다른 법률에 따른 구제절차를 거친 헌법소원의 심판은 그 최종결정을 통지받은 날부터 30일 이내에 청구하여야 한다."라고 규정하고 있다. 이처럼 공권력의 행사에 대하여 헌법소원심판을 청구할 수 있는 기간을 제한하는 이유는 소정의 청구기간 이후에는 문제의 공권력작용을 더 이상 다툴 수 없도록 함으로써 권리관계를 신속히 확정하여 법적 안정성을 확보하기 위해서이다(헌재 2001. 9. 27. 2001헌마152).

- 청구인이 심판청구서를 발송한 시점을 기준으로 청구기간 내라 하더라도 심판청구서가 헌법재판소에 도달한 시점에 청구기간이 경과하였다면 이는 부적법한 청구가 된다.
- 헌법소원심판청구에 대한 청구취지의 변경(추가적 또는 교환적 변경 모두 포함)이 이루어진 경우 청구기간의 준수 여부는 법 제40조 제1항 및 민소 제265조에 의하여 추가 또는 변경된 청구서 등이 제출된 시점을 기준으로 판단한다. 다만 청구취지 변경 등 청구서의 내용이 기존 청구를 유지하면서 내용을 보충하는 것이면 기존 청구시가 청구기간 기산점이 된다.
- 헌법소원심판을 청구하고자 하는 자가 변호사를 대리인으로 선임할 자력이 없어 헌법재판소에 국선대리인을 선임하여 줄 것을 신청하는 경우 법 제69조에 따른 청구기간은 국선대리인의 선임신청이 있는 날을 기준으로 정한다.

7) 권리보호이익

가) 의의 및 근거

헌법소원제도는 국민의 기본권침해를 구제해 주는 제도이므로 그 제도의 목적상 권리보호의 이익이 있는 경우에 비로소 이를 제기할 수 있다. 즉 권리보호의 이익이 없는 헌법소원심판청구는 부적법하여 각하를 면할 수 없다(헌재 1997. 1. 16. 90헌마110등).

권리보호이익 내지 소의 이익은, 국가적·공익적 입장에서는 무익한 소송제도의 이용을 통제하는 원리이고, 당사자의 입장에서는 소송제도를 이용할 정당한 이익 또는 필요성을 말하는 것으로서 소송제도에 필연적으로 내재하는 요청이다. 이에 의하여 법원은 본안판단을 필요로 하는 사건에만 그 노력을 집중할 수 있게 되고, 또 불필요한 소송에 응소하지 않으면 안 되는 상대방의 불이익을 배제할 수 있게 된다. 따라서 권리보호이익이라는 헌법소원심판의 적법요건은 법 제40조 제1항에 의하여 준용되는 민소 내지 행소 규정들의 해석상 인정되는 일반적인 소송원리이지, 법 제68조 제1항 소정의 '기본권을 침해받은'이라는 부분의 해석에서 직접 도출되는 것은 아니다. 다만 권리보호이익을 지나치게 좁게 인정하면 헌법재판소의 본안판단의 부담을 절감할 수 있지만, 반면에 재판을 받을 권리를 부당하게 박탈하는 결과에 이르게 되므로, 권리보호이익은 다른 분쟁해결수단, 행정적 또는 입법적 구제의 유무 등을 종합적으로 고려하여 신중히 판단하여야 한다(헌재 2001. 9. 27. 2001헌마152).

나) 헌법소원심판청구 당시 권리보호이익이 없는 경우

심판청구 당시 권리보호이익이 없는 헌법소원은 부적법하다. 따라서 법무부장관의 출국금지조치가 심판청구 이전에 해제되었다면 권리보호이익이 없고(헌재 1990. 1. 6. 89헌마269), 검사의 공소취소처분에 따라 법원이 공소기각결정을 하여 확정된 경우 원래의 공소제기로 인한 소송계속 상태가 회복될 가능성은 없으므로, 법원의 공소기각결정이 확정된 이후 공소취소처분의 취소를 구하는 헌법소원은 권리보호이익이 없으며(헌재 1997. 3. 27. 96헌마219), 친고죄에 대하여는 범인을 알게 된 날로부터 6월을 경과하면 고소하지 못하는데(형소 제230조 제1항), 법률이 정한 고소기간을 경과한 후 피고소인을 고소한 경우에는 검사가 피고소인을 기소할 수 없으므로 검사의 불기소처분에 대한 헌법소원심판청구는 권리보호이익이 없다(헌재 1998. 5. 28. 98헌마62).

다) 심판청구 후 사정변경으로 권리보호이익이 없어진 경우

헌법소원이 비록 적법하게 제기되었더라도 권리보호이익은 헌법재판소의 결정 당시에도 존재해야 한다. 그러므로 헌법소원심판청구 당시에는 권리보호이익이 인정되었으나 심판계속 중에 사실관계 또는 법률관계의 변동으로 말미암아 기본권의 침해가 종료된 경우에는, 원칙적으로 권리보호이익이 없어 부적법한 헌법소원이 된다(헌재 1997. 3. 27. 93헌마251; 헌재 2007. 5. 31, 2003헌마579).

(1) 법령의 개정 · 제정 및 폐지

헌법소원심판청구 후 심판대상이 되었던 법령조항이 개정되어 더 이상 청구인에게 적용될 여지가 없게 된 경우에는, 특별한 사정이 없는 한 심판대상인 구 법 조항에 대하여 위헌결정을 받을 주관적 권리보호이익이 소멸되므로 그러한 헌법소원심판청구는 부적법하다(헌재 2009. 4. 30. 2007헌마103).

교원에 대하여 복수노조설립을 금지하던 교육법시행령 조항이 심판청구 후 폐지되고 '교원의 노동조합 설립 및 운영 등에 관한 법률'이 제정되어 교원의 복수노조를 허용하게 된 경우(헌재 1999. 7. 22. 96헌마141), 노동조합의 정치활동을 금지하던 구 노동조합법 제12조가 심판청구 후 '노동조합 및 노동관계조정법'의 시행으로 폐지됨에 따라 노동조합이 공명선거추진활동과 후보자 등 초청 대담 · 토론회의 개최에 제한을 받지 아니하게 된 경우(헌재 1999. 11. 25. 95헌마154), 제16대 선거제도와 관련하여 울산광역시 북구에 대한 선거구를 확정하지 않은 입법부작위에 대하여 국회가 '공직선거 및 선거부정방지법'을 개정하여 해당 선거구를 확정한 경우(헌재 2000. 3. 30. 99헌마594), 건축허가신청서 및 건축신고서 반려처분의 근거인 구 창원시건축조례가 심판청구 후 개정되어 구 조례규정으로 인한 기본권침해를 받을 여지가 없게 된 경우(헌재 2000. 11. 30. 99헌마542), 대법원호적예규 중 한자 성의 한글표기에 관하여 두음법칙을 예외 없이 일률적·획일적으로 적용하도록 규정하던 부분이 심판청구 후 합리적 사유가 있는 경우에는 두음법칙에 따르지 않을 수 있도록 개정된 경우(헌재 2007. 10. 25. 2003헌마95), 18세 이상의 자로 국립중앙도서관 입관범위를 제한하던 국립중앙도서관 이용규칙 시행세칙이 심판청구 후 개정되어 18세 미만의 자도 입관 및 이용이 가능하게 된 경우(헌재 2009. 6. 25. 2007헌마178), 징벌수용거실에 수용된 자에게 도서목록의 비치와 도서열람을 제한하던 구 '수용자 교육교화 운영지침'이 심판청구 후 법무부예규로 개정되면서 그 제한이 삭제된 경우(헌재 2009. 10. 29. 2009헌마99), 예비후보자의 선거운동에서 명함을 직접 주며 지지를 호소할 수 있는 주체를 예비후보자의 배우자 또는 직계존·비속 중에서 신고한 1인으로 제한하던 공직선거법 조항이 심판청구 후 개정되어 더 이상 적용되지 않게 된 경우(헌재 2011. 8. 30. 2008헌마302), 구 'G20 정상회의 경호안전을 위한 특별법'이 부칙에서 정한 유효기간의 종기가 도과하여 실효된 경우(헌재 2012. 2. 23. 2010헌마660등), 전주시장으로 하여금 전주시 내 대규모점포 등에 대하여 매월 두 번째, 네 번째 일요일에 의무휴업을 명하도록 한 구 '전주시 대규모점포 등의 등록 및 조정 조례'가 심판청구 후 개정되어 전주시장에게 재량을 인정하게 된 경우(헌재 2013. 12. 26. 2012헌마196; 헌재 2013. 12. 26. 2012헌마308) 등은 권리보호이익이 없다.

다만, 법령이 개정·제정·폐지되었더라도 기본권 제한이 일부만 해결된 경우 해결되지 않은 나머지 부분에 대해서는 여전히 권리보호이익이 있다. 헌법재판소는 20세 미만 미성년자의 단란주점 출입을 금지하고 이들에게 주류를 판매하지 못하도록 하던 식품위생법 시행규칙이 심판청구 후 개정되어 출입제한 연령이 19세 미만으로 된 경우 19세 이상 20세 미만인 미성년자 부분은 권리보호이익이 소멸되었으나 18세 이상 19세 미만인 미성년자에 관한 부분은 여전히 권리보호이익이 있다고 하였다(헌재 1999. 9. 16. 96헌마39).

(2) 위헌결정으로 인한 법령의 효력 상실

위헌결정이 선고된 법률에 대한 헌법소원심판청구는, 비록 위헌결정이 선고되기 전에 청구된 것일지라도 부적법하다(헌재 1994. 4. 28. 92헌마280). 위헌결정으로 당해 법령의 효력이 상실되므로 이에 대해 다시 심판할 이익이 소멸되기 때문이다. 이는 별건의 사건에서 동일한 법률조항에 대해 단순위헌결정이 아닌 헌법불합치결정이 내려진 경우라도 마찬가지이다. 헌법불합치결정 역시 위헌결정의 일종이므로 해당 법률조항에 대한 심판청구는 권리보호이익이 없다(헌재 2006. 5. 25. 2005헌마11등; 헌재 2006. 6. 29. 2005헌마44; 헌재 2013. 9. 26. 2011헌마398).

위헌결정으로 권리보호이익이 소멸되는 것은 형벌조항의 경우에도 동일하다. 형벌조항의 경우 해당 조항이 위헌으로 결정되면 소급하여 그 효력을 상실하므로 해당 심판청구의 결과에 상관없이 법 제47조 제3항(현행법 제4항)에 따라 재심을 청구할 수 있어 더 이상 권리보호이익이 없다(헌재 2007. 8. 30. 2005헌마1191; 헌재 2010. 11. 25. 2010헌마16).

(3) 청구인의 사망 등 법적 지위의 변화

청구인이 사망한 경우에는 청구인의 기본권능력이 소멸되므로 원칙적으로 헌법재판소에 계속된 헌법소원은 종료된다. 다만, 형사사건의 경우에는 청구인이 비록 심판절차 계속 중에 사망하였다고 하더라도 헌법소원심판청구가 인용된다면 형사소송법상 그 배우자나 직계친족 등은 확정된 유죄판결에 대하여 재심을 청구할 수 있으므로 권리보호이익이 있다(헌재 1997. 1. 16. 89헌마240).

한편, 조직변경이나 합병, 해산 등으로 조직이 소멸하게 된 경우 과거 조직 대표로서의 자격은 더 이상 유지될 수 없으므로 새롭게 변경된 조직과 관련한 법령에 대해 권리보호이익이 인정되지 않는다. 헌법재판소는 '농업기반공사 및 농지관리기금법' 위헌확인 사건에서 청구인들의 농지개량조합연합회 노동조합 대표로서의 자격 또는 농지개량조합 노동조합 대표로서의 자격은 새로운 조직법인 '농업기반공사 및 농지관리기금법'의 시행에 앞서 이미 조직·명칭 변경, 합병 및 해산으로 소멸되거나 변경되어 더 이상 유지될 수 없게 되었으므로 '농업기반공사 및 농지관리기금법'에 대한 헌법소원은 그 권리보호이익이 없다(헌재 2000. 11. 30. 99헌마190)고 하였다.

(4) 그 밖에 심판청구를 통해 달성하려던 목적을 달성한 경우

초등학교 국어교과서 한글전용의 근거가 되는 문교부지침의 위헌확인을 구하는 헌법소원에서 심판청구 후 집필지침 중 "문장은 한글로 쓰되"라는 부분을 삭제한 경우(헌재 1996. 12. 26. 92헌마26), 교도소의 변호인접견실에 변호인석과 재소자석을 차단하는 칸막이를 설치한 권력적 사실행위에 대한 심판청구 후 칸막이가 철거된 경우(헌재 1997. 3. 27. 92헌마273), 국가보훈처 공적심사위원회의 서훈심사기준의 공개거부에 대한 헌법소원심판청구 후에 구두설명과 민원회신을 통하여 독립유공자에 대한 공적심사의 구체적 기준을 청구인에게 모두 알려준 경우(헌재 1997. 4. 24. 92헌마47), 청구인의 헌법소원심판청구

후 대법원에서 파기환송된 부분이 원심 계속 취하간주됨으로써 실효된 경우(헌재 1999. 9. 16. 98헌마265), 국정홍보처가 발표한 취재지원시스템 선진화방안에 대한 헌법소원심판청구 후 이 방안에 따른 정책을 모두 폐지하고, 종전의 상태로 환원시킨 경우(헌재 2008. 12. 26. 2007헌마775), 국회가 공석인 재판관 후보자에 대한 선출안을 가결하여 9인의 재판관으로 구성된 전원재판부에서 판단을 받을 수 있게 된 경우(헌재 2014. 4. 24. 2012헌마2) 등에도 권리보호이익이 인정되지 않는다.

라) 공소시효와 권리보호이익

일반적으로 공소시효가 만료되면 권리보호이익은 인정되지 않는다.

예컨대, '독점규제 및 공정거래에 관한 법률' 위반행위에 대한 공정거래위원회의 시정조치나 과징금 등 부과의 시효(위반하는 행위가 종료된 날부터 5년)가 경과하고 공정거래위원회의 고발의 대상이 되는 범죄의 공소시효도 이미 경과되었다면 그 부분에 대한 심사불개시 결정의 취소를 구할 권리보호의 이익이 없다(헌재 2004. 3. 25. 2003헌마404).

그러나 기소유예처분을 받은 피의자가 검사의 피의사실의 인정에 불복하고 자기의 무고함을 주장하여 헌법소원을 제기한 경우, 그 피의사실에 대한 공소시효가 완성되면 헌법재판소가 그 처분을 취소하더라도 검사로서는 '공소권없음'의 처분을 할 것으로 보이나, '공소권없음'의 처분은 범죄혐의의 유무에 관한 실체적 판단을 하는 것이 아니고 단지 공소권이 없다는 형식적 판단을 하는 것으로서 기소유예처분보다는 피의자에게 유리한 처분이므로, 비록 그 범행에 관한 공소시효가 이미 완성되었다고 하더라도 그 사실만으로 피의자가 제기한 헌법소원이 권리보호이익이 없다고 할 수 없다(헌재 1997. 5. 29. 95헌마188; 헌재 2003. 2. 27. 2002헌마309; 헌재 2012. 7. 26. 2011헌마214).

마) 예외적으로 심판의 이익이 인정된 경우

헌법소원의 본질은 개인의 권리구제뿐만 아니라 헌법질서의 수호·유지도 겸하고 있으므로, 기본권침해가 종료되어 주관적 권리구제에는 별 도움이 되지 않는다 하더라도 그러한 침해행위가 앞으로도 반복될 위험이 있거나 당해 분쟁의 해결이 헌법질서의 수호·유지를 위하여 긴요한 사항이어서 헌법적으로 그 해명이 중대한 의미를 지니고 있는 경우에는 심판청구의 이익을 인정할 수 있다(헌재 1997. 11. 27. 94헌마60; 헌재 2001. 7. 19. 2000헌마546; 헌재 2002. 7. 18. 2000헌마327; 헌재 2004. 12. 16. 2002헌마478).

위 판시에 의하면 기본권침해 행위가 반복될 위험이 있는 경우와 헌법적 해명이 필요한 두 가지 경우에 권리보호이익의 예외를 인정하게 된다. 그런데 헌법재판소는 이 두 가지를 명확히 구분하여 판단하지 않고, 대부분의 경우 두 가지 모두를 권리보호이익의 예외적 인정 근거로 들고 있다. 구체적인 내용은 아래와 같다.

(1) 권력적 사실행위로 인한 기본권침해 행위가 종료된 경우

권력적 사실행위는 그 속성상 침해행위가 심판당시까지 계속되는 경우가 거의 없다. 따라서 침해행위가 종료되었다는 이유로 심판의 이익을 인정하지 않으면 권력적 사실행위로 인한 침해행위를 다툴 방법이 사실상 존재하지 않게 된다.

헌법재판소는 미결수용자가 변호인과 접견할 때 수사관이 참여하여 대화내용을 듣거나 기록한 행위(헌재 1992. 1. 28. 91헌마111), 제1회 공판기일 개시 전 검사의 수사기록에 대한 열람·등사거부행위(헌재 1997. 11. 27. 94헌마60), 수형자의 서신에 대한 검열행위(헌재 1998. 8. 27. 96헌마398), 수용자가 구독하는 신문기사 일부를 삭제한 행위(헌재 1998. 10. 29. 98헌마4), 미결수용자에게 재소자용 수의를 입게 한 행위(헌재 1999. 5. 27. 97헌마137등), 차폐시설이 불충분한 유치장내 화장실을 사용하도록 강제한 행위(헌재 2001. 7. 19. 2000헌마546), 검사가 법원의 증인으로 채택된 수감자를 그 증언에 이르기까지 거의 매일 검사실로 소환하여 피고인측 변호인이 접근하는 것을 차단하고 검찰에서의 진술을 번복하는 증언을 하지 않도록 회유·압박한 행위(헌재 2001. 8. 30. 99헌마496), 현행범으로 체포된 청구인들을 경찰서 유치장에 수용하는 과정에서 반입금지물품 등의 소지·은닉 여부를 확인하기 위하여 실시한 정밀신체수색 행위(헌재 2002. 7. 18. 2000헌마327), 경찰서장이 옥외집회신고서를 반려한 행위(헌재 2008. 5. 29. 2007헌마712), 법정 옆 구속피고인 대기실에서 피고인의 변호인접견신청을 불허한 행위(헌재 2009. 10. 29. 2007헌마992), 경찰청장이 경찰버스들로 서울광장을 둘러싸고 통행을 제지한 행위(헌재 2011. 6. 30. 2009헌마406), 구치소 내에서 실시하는 종교의식 또는 행사에 미결수용자의 참석을 금지한 행위(헌재 2011. 12. 29. 2009헌마527), 출입국관리사무소장의 불법체류 외국인에 대한 강제퇴거명령 등의 집행행위(헌재 2012. 8. 23. 2008헌마430), 사법경찰관이 위험발생의 염려가 없음에도 불구하고 사건종결 전에 압수물을 폐기한 행위(헌재 2012. 12. 27. 2011헌마351), 사법경찰관이 피의자가 조사받는 모습 등을 촬영하도록 허용한 행위(헌재 2014. 3. 27. 2012헌마652) 등과 같은 권력적 사실행위와 관련하여 주관적 권리보호이익은 소멸되었지만 기본권 침해행위가 반복적으로 행하여질 것이 예상되고, 이에 대한 헌법적 해명이 필요하다는 등의 이유로 권리보호이익의 예외를 인정하였다.

(2) 법령의 개폐에도 불구하고 동일 · 유사한 법령이 존재하는 경우

법령이 개정되거나 폐지되는 등으로 내용이 달라진 경우, 과거의 법령에 대해 위헌결정을 선고하더라도 청구인의 권리구제에는 도움이 되지 않으므로 심판의 이익은 소멸되는 것이 원칙이다. 그런데 헌법재판소는 당해 법조항이 개정되었으나 그 조항의 위헌 여부에 관하여는 아직 해명이 이루어진 바 없고, 개정된 조항에도 유사한 내용이 규정되어 있어 동종의 기본권침해가 계속될 위험이 있는 경우에는 그 조항의 위헌 여부가 궁극적으로 개정된 조항의 재개정 여부에 영향을 미칠 수 있다는 이유로 권리보호이익을 인정하고 있다(헌재 1995. 5. 25. 91헌마44; 헌재 1995. 5. 25. 91헌마67; 헌재 2003. 5. 15. 2001헌마565).

헌법재판소는, 기초의회의원선거에서 후보등록신청 시 기탁금 200만 원을 기탁하도록 하는 구 지방의회의원선거법 조항이 심판청구 후 폐지되었으나, 신법인 공직선거법에서 동일한 액수의 기탁금을 기탁하도록 규정하고 있는 경우(헌재 1995. 5. 25. 91헌마44), 정부투자기관의 집행간부가 아닌 직원에 대하여도 지방의회의원직에 입후보하지 못하도록 규정한 구 지방의회의원선거법 조항이 폐지되었으나, 신법인 공직선거법에서 이와 유사한 내용을 규정하고 있는 경우(헌재 1995. 5. 25. 91헌마67), 대통령선거에서 기탁금 3억 원의 기탁과 득표율에 따른 기탁금의 반환 또는 국고귀속 등을 규정한 구 대통령선거법 조항이 폐지되었으나, 신법인 공직선거법에서 같은 액수의 기탁금과 득표율에 따른 기탁금의 반환 또는 국고귀속 등을 규정하고 있는 경우(헌재 1995. 5. 25. 92헌마269등), 여론조사결과의 공표를 금지한 구 대통령선거법 조항이 폐지되어 효력을 상실하였으나, 새로 제정된 공직선거법이 그와 유사한 내용을 규정하고 있는 경우(헌재 1995. 7. 21. 92헌마177등), 정당의 보조금 배분비율에 관한 '정치자금에 관한 법률' 조항이 개정되었으나, 개정된 정치자금법이 동일한 내용을 규정하고 있는 경우(헌재 2006. 7. 27. 2004헌마655), 상조업자가 표시 · 광고하여야 할 중요정보 항목 및 표시장소 등에 대해 정하고 있는 공정거래위원회 고시가 개정되었으나, 새로운 고시에도 유사한 내용이 규정되어 있는 경우(헌재 2012. 2. 23. 2009헌마318), 재외선거인 등록신청시 여권을 제시하도록 한 공직선거법 조항이 개정되었으나, 개정된 조항에도 동일한 내용이 규정되어 있는 경우(헌재 2014. 4. 24. 2011헌마567) 등에 대하여 동종의 기본권침해 위험이 있다는 이유로 심판이익을 인정하였다.

(3) 기본권 침해가 주기적으로 반복될 우려가 있는 경우

공직선거나 국가시험 등은 주기적으로 반복되는 속성을 가지므로, 해당 선거나 시험이 종료되어 기본권침해 상황이 종료되었다고 하더라도 장래 일정 시점에서 그러한 침해가

되풀이될 가능성이 있다.

헌법재판소는 공직선거와 관련하여 선거권연령을 20세 이상의 국민으로 정한 구 공직선거법 조항(헌재 1997. 6. 26. 96헌마89; 헌재 2001. 6. 28. 2000헌마111), 선거기간에 여론조사의 경위와 결과를 공표할 수 없게 한 구 공직선거법 조항(헌재 1998. 5. 28. 97헌마362등), 교육공무원의 정당가입 및 선거운동을 금지하는 정당법과 공직선거법 조항(헌재 2004. 3. 25. 2001헌마710), 금고 이상의 형의 선고를 받고 그 집행이 종료되지 아니한 자의 선거권을 부정하는 공직선거법 조항(헌재 2004. 3. 25. 2002헌마411; 헌재 2009. 10. 29. 2007헌마1462), 국회의원의 피선거권 행사연령을 '25세 이상'으로 정한 공직선거법 조항(헌재 2005. 4. 28. 2004헌마219), 선거구별 의원정수를 규정한 공직선거법 조항(헌재 2009. 3. 26. 2006헌마14), 선거방송 대담·토론회의 참가기준으로 여론조사 평균지지율 100분의 5를 요구하고 있는 공직선거법 조항(헌재 2009. 3. 26. 2007헌마1327등), 선전벽보 등에 비정규학력의 게재를 금지하는 공직선거법 조항(헌재 2009. 11. 26. 2008헌마114), 임기만료일 전 180일 이내에 비례대표국회의원에 궐원이 생긴 때를 비례대표국회의원 의석승계 제한 사유로 규정한 공직선거법 조항(헌재 2009. 6. 25. 2008헌마413), 선거권 행사 연령을 19세 이상으로 정하고 있는 공직선거법 조항(헌재 2013. 7. 25. 2012헌마174), 비례대표국회의원후보자의 연설·대담을 제한하는 공직선거법 조항(헌재 2013. 10. 24. 2012헌마311), 예비후보자의 배우자가 함께 다니는 사람 중에 지정한 자도 선거운동을 위하여 명함교부 및 지지호소를 할 수 있도록 한 공직선거법 조항(헌재 2013. 11. 28. 2011헌마267), 예비후보자의 기탁금 반환 사유를 예비후보자의 사망, 당내경선 탈락으로 한정하고 있는 공직선거법 조항(헌재 2013. 11. 28. 2012헌마568) 등에 대한 헌법소원심판청구에서 권리보호이익의 예외를 인정하였다.

또한 행정자치부장관이 사법시험 제1차 시험을 일요일로 정하여 공고한 행위(헌재 2001. 9. 27. 2000헌마159; 헌재 2010. 4. 29. 2009헌마399, 법학적성시험의 경우), 고입검정고시에 합격했던 자는 해당 검정고시에 다시 응시할 수 없도록 응시자격을 제한한 전라남도 교육청의 공고(헌재 2012. 5. 31. 2010헌마139등), 변호사시험에 관한 법무부장관의 시험장 선정행위(헌재 2013. 9. 26. 2011헌마782등), 사법시험 제1차 시험실 입실제한시간을 시험시작 5분 전으로 한 법무부장관의 사법시험 제1차 시험 실시계획 공고(헌재 2014. 4. 24. 2013헌마341) 등에 대하여도 심판이익을 인정하였다.

최저생계비를 매년 보건복지부장관이 고시하도록 하고 있는 것과 관련하여 2002년도 최저생계비 고시(헌재 2004. 10. 28. 2002헌마328)에 대해서도 동일한 맥락에서 권리보호이익의 예외를 인정하였다.

(4) 기타

위에서 살펴본 것 이외에도 헌법재판소는 자동차보험에 가입한 교통사고운전자에 대해 기소할 수 없도록 한 교통사고처리특례법 조항을 교통사고 피해자가 다툰 경우(헌재 1997. 1. 16. 90헌마110등; 헌재 2009. 2. 26. 2005헌마764등), 검사 또는 피고인에게만 상소권을 부여한 형소 제338조 제1항에 대해 형사피해자가 다툰 경우(헌재 1998. 10. 29. 97헌마17), 지방자치단체의 장이 '공소제기된 후 구금상태'이면 부단체장이 그 권한을 대행하도록 규정한 지방자치법 조항(헌재 2011. 4. 28. 2010헌마474), 소년심판절차에서 검사에게 상소권을 인정하지 아니한 소년법 조항(헌재 2012. 7. 26. 2011헌마232), 면책을 받은 채무자에 대하여, 파산절차에 의한 배당을 제외하고는 파산채권자에 대한 채무의 전부를 면제하는 '채무자 회생 및 파산에 관한 법률' 조항(헌재 2013. 3. 21. 2012헌마569), 자유형 형기의 '연월'을 역수에 따라 계산하도록 한 형법 조항(헌재 2013. 5. 30. 2011헌마861), 농협·축협 조합장이 금고 이상의 형을 선고받고 그 형이 확정되지 아니한 경우에도 이사가 그 직무를 대행하도록 한 농업협동조합법 조항(헌재 2013. 8. 29. 2010헌마562등) 등에 대해 주관적 권리보호이익이 소멸되었음에도 심판이익을 인정하였다.

한편, 기본권침해행위가 과거의 행위로서 배제시킬 방도가 없다거나 이미 종료 또는 실효되어 취소할 필요가 없어졌다거나 장차 반복될 가능성이 없다고 하더라도, 손해배상청구의 바탕을 확보하거나 정당한 법률상 지위나 권리의무관계를 확인하기 위하여 헌법재판소의 심판을 받아야 할 필요와 이익이 있다면 헌법소원의 적법성을 인정하여야 한다는 견해도 있다(헌재 2007. 5. 31. 2004헌마243 반대의견).

8) 일사부재리

가) 의의 및 제도의 취지

헌법재판소는 이미 심판을 거친 동일한 사건에 대하여 다시 심판할 수 없다(법 제39조). 따라서 헌법재판소의 종국 결정에 대해서는 재심이든 헌법소원이든 그 형식을 불문하고 원칙적으로 불복할 수 없고, 헌법재판소도 헌법재판소가 내린 결정을 더 이상 취소하거나 변경할 수 없다. 헌법재판소가 심판한 사건에 대해서 다시 헌법소송을 제기하거나 헌법재판소 결정에 대해 불복을 하는 헌법소송을 제기하게 되면, 이는 헌법소송의 요건을 갖추지 못한 것으로서 부적법하여 각하된다(헌재 2005. 12. 22. 2005헌마330 참조).

헌법재판에 이러한 일사부재리 규정을 두고 있는 이유는 법적 분쟁을 조기에 종결시켜

법적 안정 상태를 조속히 회복하고, 동일 분쟁에 대해 반복적으로 소송이 제기되는 것을 미연에 방지하여 소송경제를 이루기 위함이다. 헌법재판은 헌법의 해석을 주된 임무로 하고, 그 결정의 효력은 당사자만이 아니라 국가기관은 물론, 일반 국민들에 대해서도 미치기 때문에, 헌법재판소의 결정에 대해 후에 불복할 수 있도록 하여 확정적인 효력을 가지지 못하게 한다면, 문제가 된 법령 등은 계속적인 동일 소송의 반복 제기로 그 시행 여부가 불투명해질 것이고, 당사자가 소송을 멈추지 않는 한 법적 불안정 상태는 지속될 것이다(헌재 2007. 6. 28. 2006헌마1482).

나) 동일한 사건

일사부재리에 해당하여 부적법한 청구가 되기 위해서는 이미 심판을 거친 사건과 계속 중인 사건의 헌법소원을 제기하게 된 기초사실관계와 당사자, 심판대상, 쟁점 등이 모두 동일해야 한다(헌재 2001. 6. 28. 98헌마485; 헌재 2002. 12. 18. 2002헌마279, 공보 76, 94, 99 등 참조). 다만 이와 관련하여 법령의 위헌여부가 심판대상인 경우에는 당사자나 사실관계가 다르더라도 심판대상인 법규와 헌법적 쟁점이 동일하다면 '동일한 사건'에 해당한다고 보아야 한다는 견해가 있다(헌재 2006. 6. 29. 2005헌마44; 헌재 2007. 7. 26. 2006헌마551등 각하의견 참조).

헌법재판소는 이미 심판을 거친 사건과 계속 중인 사건의 청구원인이 기본적으로 동일하더라도, 심판을 거친 사건은 법 제68조 제2항에 따른 헌법소원이고, 계속 중인 사건은 제68조 제1항에 따른 헌법소원이라면 동일한 사건이라고 볼 수 없고(헌재 1994. 4. 28. 89헌마221), 두 사건의 심판대상이 중복되더라도 종전 사건에서 판단한 바 없고, 청구인들이 동일하지 않다면 동일한 사건이라고 볼 수 없다(헌재 1997. 8. 21. 96헌마48)고 판시한 바 있다.

다) 각하결정과 일사부재리

헌법소원심판청구가 부적법하다고 하여 헌법재판소가 각하결정을 하였을 경우에는, 그 각하결정에서 판시한 요건의 흠결을 보정할 수 있는 때에 한하여 그 요건의 흠결을 보정하여 다시 심판청구를 하는 것은 모르되, 그러한 요건의 흠결을 보완하지 아니한 채로 동일한 내용의 심판청구를 되풀이하는 것은 허용될 수 없다(헌재 1993. 6. 29. 93헌마123; 헌재 1995. 2. 23. 94헌마105; 헌재 2002. 12. 18. 2002헌마279).

변호사인 대리인의 선임이 없어 각하된 경우 또는 다른 법률에 의한 구제절차를 거치지 아니하여 각하된 경우에, 대리인의 선임 또는 구제절차의 경료 등 그 흠결을 보정하여 다시 청구한 경우에는 일사부재리가 적용되지 않는다.

청구인이 어떠한 공권력의 행사에 대한 헌법소원심판을 청구하였다가 청구기간 도과를 이유로 각하되었다고 하더라도, 헌법소원의 청구기간을 제한하고 있는 조항에 대하여 헌법소원을 제기한 경우, 이 조항이 위헌이라고 결정되면 헌법소원에 대한 청구기간의 제한이 해소되므로 이러한 청구가 법 제39조의 일사부재리에 저촉된다고 볼 수 없다(헌재 2007. 10. 25. 2006헌마904).

한편, 동일한 청구인들이 동일한 내용으로 동일한 심판대상에 대해 위헌확인을 구하는 헌법소원심판을 청구하였으나, 종전 결정에서의 각하 사유가 보정할 수 있는 것이 아니었다면, 후에 제기된 헌법소원심판청구는 이미 심판을 거친 동일한 사건에 대하여 다시 한 것으로서 부적법하다(헌재 2001. 6. 28. 98헌마485).

라) 재심청구와 일사부재리

헌법재판소는 청구인이 재심의 형식으로 종전과 동일한 심판청구를 하는 경우, 이는 실질적으로 종전 결정을 취소하고 다시 심리하여 달라는 단순한 불복소원에 불과하므로 부적법하다고 보고 있다.

즉, 청구인이 재심이라는 형식을 취하여 심판청구를 하고 있더라도 그 주장 내용이 종전 결정에 대한 단순한 불복에 불과하다면, 헌법재판소의 결정에 대하여는 원칙적으로 불복신청이 허용될 수 없으며, 헌법재판소는 이미 심판을 거친 동일한 사건에 대하여는 다시 심판할 수 없으므로 부적법하다는 것이다(헌재 2009. 7. 28. 2009헌아87; 헌재 2010. 11. 16. 2010헌아290; 헌재 2014. 9. 2. 2014헌아203).

3. 종국결정

가. 종국결정의 정족수와 유형

1) 의의 및 정족수

재판부가 심리를 마친 때에는 종국결정을 한다. 종국결정에는 종국심리에 관여한 재판관 과반수의 찬성이 필요한데, 다만 헌법소원에 관한 인용결정을 하는 경우와 종전에 헌법재판소가 판시한 헌법 또는 법률의 해석 적용에 관한 의견을 변경하는 경우에는 재판관 6명 이상의 찬성이 필요하다(법 제23조 제2항).

따라서 헌법재판소는 재판관 5인이 인용(위헌)의견인 경우라 하더라도 나머지 재판관

이 기각(합헌) 또는 각하의견을 낸 경우에는 '기각(합헌)' 주문을 내어야 한다.

법 제68조 제1항에 따른 헌법소원의 경우에 인용의견 5명, 기각의견 4명인 경우에 기각주문을 낸 것과 인용의견이 5명이고 각하의견이 4명인 경우에 기각주문을 낸 것이 있다(헌재 2000. 2. 24. 97헌마13등).

한편, 법 제68조 제2항에 따른 헌법소원의 경우에는 위헌의견 5명, 합헌의견 4명(또는 3명)인 경우에 합헌주문을 낸 것이 있고, 위헌의견이 5명, 각하의견이 4명인 경우 합헌주문을 낸 것이 있다.

2) 유형

헌법소원의 종국결정에는 ① 심판청구가 부적법한 경우에 하는 각하결정, ② 심판청구가 이유 없는 경우에 하는 기각 또는 합헌결정, ③ 심판청구가 이유 있는 경우에 하는 인용 또는 위헌결정, 그리고 ④ 심판절차종료선언의 4가지가 있다.

다만, 헌법재판소는 법 제68조 제1항에 따른 법령소원이 이유 없는 경우에는 '심판청구를 기각한다.'는 주문을 내고 있는데 비하여, 법 제68조 제2항에 따른 헌법소원이 이유 없는 경우에는 해당 법률(조항)에 대하여 합헌임을 선언하는 주문을 내고 있다.

이에 대하여는 법 제68조 제2항에 따른 헌법소원에 있어서도 "국민(청구인)이 위헌이라고 주장하여 심판을 청구한 데 대하여 그 뜻을 받아들일 수 없는 결론, 즉 합헌이라는 결론에 이르렀다면 법 제75조 제7항, 제47조 소정의 기속력이 인정되지 아니하고 국민이 청구한 바도 없는 '합헌'을 주문에 표시할 필요가 없으며, 주문은 '심판청구를 기각한다.'로 함이 상당하다."는 별개의견이 있다(헌재 1995. 10. 26. 92헌바45; 헌재 1997. 12. 24. 95헌바29등).

나. 인용결정

1) 개요

헌법재판소가 법 제68조 제1항에 따른 헌법소원을 인용할 때에는 인용결정의 주문에서 침해된 기본권과 침해의 원인이 된 공권력의 행사 또는 불행사를 특정하여야 한다(법 제75조 제2항).

공권력 행사에 대한 헌법소원을 인용하여 취소결정을 하는 경우에는 주문에서 "피청구인이 0000. 00. 00. 공정거래위원회 □□ 사건에서 OO주식회사에 대하여 한 무혐의결정은 청구인의 평등권과 재판절차에서의 진술권을 침해한 것이므로 이를 취소한다."(헌재 2004.

6. 24. 2002헌마496)라고 기재하고, 위헌확인결정을 하는 경우에는 주문에서 "…… 피청구인의 행위는 헌법 제10조에 의하여 보장되는 청구인들의 인격권을 침해한 것으로 위헌임을 확인한다."(헌재 2001. 7. 19. 2000헌마546)라고 기재한다.

그러나 법 제68조 제1항에 따른 헌법소원 중 법령소원을 인용하는 경우에는 주문에서 침해된 기본권을 특정하여 기재한 사례도 발견되나(헌재 1990. 10. 15. 89헌마178; 헌재 1993. 5. 13. 92헌마80; 헌재 2000. 3. 30. 99헌마143), 침해된 기본권을 표시하지 않는 것이 일반적이다(헌재 1999. 12. 23. 98헌마363; 헌재 2006. 5. 25. 2003헌마715등). 주문에 침해된 기본권을 표시하지 않는 이유는 법령에 대한 헌법소원에 있어서는 청구인의 침해된 기본권을 구제한다는 측면도 있으나 헌법질서의 확립이라는 성질이 더 부각되어야 할 것이고, 법 제75조 제6항이 헌법소원을 인용하여 법률의 위헌을 선고할 경우에는 법 제45조, 제47조의 규정을 준용하도록 하고 있어서 구태여 주문에 침해된 기본권을 표시할 필요까지는 없다고 해석되기 때문이다(헌재 1991. 3. 11. 91헌마21).

이에 대하여 기본권을 침해하는 법령이 합헌 부분과 위헌 부분을 포함하고 있어 헌법불합치결정을 하는 경우에는 그 주문으로써 해당 법령조항이 기본권을 침해하였는지 여부가 표시되었다고 보기 어려우므로 주문에서 침해된 기본권의 표시를 생략할 수 없다는 반대의견이 있다(헌재 2010. 9. 2. 2010헌마418).

한편, 공권력의 불행사에 대한 헌법소원을 인용하는 경우에는 주문에 침해된 기본권을 특정하지 않는 것이 일반적이다.

공권력의 불행사가 입법부작위(행정입법부작위 포함)에 관한 경우 침해된 기본권을 특정하여 기재하지 않았으며[89헌마2(조선철도주식회사 사건), 96헌마246(전문의 자격시험 사건), 2000헌마707(노동부장관 평균임금 고시 사건), 2001헌마718(군법무관 보수 사건), 2006헌마358(사실상 노무에 종사하는 공무원의 범위에 관한 조례 사건)], 행정부작위인 경우에도 침해된 기본권을 특정한 경우가 있기는 하지만[88헌마22(임야조사서 열람 등 불응 사건)] 기재하지 않는 것이 일반적이다[2006헌마788(일본군 위안부 사건), 2008헌마648(일본국 원폭피해자 사건) 등].

2) 인용결정의 효력

헌법소원의 인용결정은 모든 국가기관과 지방자치단체를 기속한다(법 제75조 제1항). 헌법재판소가 공권력의 불행사에 대한 헌법소원을 인용하는 결정을 한 때에는 피청구인은 결정취지에 따라 새로운 처분을 하여야 한다(법 제75조 제4항).

법 제68조 제2항에 따른 헌법소원 및 법 제68조 제1항에 따른 법령소원을 인용하는 경우(법률뿐만 아니라 그 하위규범의 경우도 포함), 그리고 법 제75조 제5항에 따른 부수적 규범통제의 경우에는 단순위헌결정, 헌법불합치결정, 한정위헌 · 한정합헌결정 등을 한다.

법 제68조 제2항에 따른 헌법소원이 인용된 경우와 법 제75조 제5항에 따른 부수적 규범통제의 경우 법 제45조와 제47조가 준용된다(법 제75조 제6항). 법 제68조 제1항에 따른 법령소원의 인용결정에도 법 제45조, 제47조가 준용될 수 있는지에 관해서는 명문의 규정이 없지만, 이 역시 규범통제로서의 성질을 가진다는 점에서 위 규정들의 적용이 배제될 이유가 없다.

한편, 법 제68조 제2항에 따른 헌법소원이 인용된 경우에는 해당 헌법소원과 관련된 소송사건이 이미 확정되었다고 하더라도 당사자는 재심을 청구할 수 있고(법 제75조 제7항), 특히 형벌규정에 대해 위헌결정이 선고되면 그것이 법 제68조 제1항에 따른 것이든, 제2항에 따른 것이든 그 법령에 근거한 유죄의 판결이 확정된 경우라도 재심을 청구할 수 있는데(법 제75조 제6항, 제7항, 제8항, 제47조 제3항, 제4항, 제5항), 위와 같은 재심사유는 민소 제451조 제1항, 형소 제420조의 재심이유와는 구별되는 독립된 재심사유이다.

3) 인용결정의 유형

논의의 편의상 법령에 대한 헌법소원의 경우와 기타 공권력에 대한 헌법소원의 경우로 나누어 살펴본다.

가) 법령에 대한 헌법소원의 경우

법 제68조에 따른 법령에 대한 헌법소원을 인용하는 경우 그 유형과 주문례 등은 위헌법률심판의 경우와 다르지 않다.

나) 기타 공권력에 대한 헌법소원의 경우

(1) 공권력행사 취소결정

취소결정은 기본권 침해의 원인이 된 공권력행사를 직접 제거함으로써 청구인의 기본권 침해를 구제하는 결정유형이다.

헌법재판소가 공권력행사를 취소한 예로는 검사의 기소유예처분(불기소처분이 재정신청대상이 되기 전까지는 무혐의 등 불기소처분이 상당수 취소됨)이 다수이고, 형사소송기록 복사신청 거부처분(헌재 1991. 5. 13. 90헌마133)과 지적공부상의 지목변경신청 반려처분(헌재 1999. 6. 24. 97헌마315) 등의 사례가 있다.

이 밖에 주식회사 문화방송에 대한 방송위원회의 경고 및 관계자 경고(헌재 2007. 11. 29. 2004헌마290), 공정거래위원회의 무혐의처분(헌재 2012. 2. 23. 2010헌마750), 예외적으로 헌법소원의 대상이 되는 법원의 재판(헌재 1997. 12. 24. 96헌마172등) 등에 대한 헌법소원 사건에서도 심판대상인 공권력행사를 취소하였다.

헌법재판소가 공권력행사 취소결정을 하는 경우 피청구인 등이 공권력행사의 효력을 소멸시키기 위한 별도의 행위를 할 필요는 없고, 그 자체로써 공권력행사의 효력을 소멸시킨다.

(2) 공권력행사 위헌확인 결정

공권력행사에 의한 기본권 침해행위가 이미 종료되어 취소할 대상이 사라진 경우에도, 헌법재판소는 그러한 침해행위가 앞으로 반복될 위험이 있거나 헌법적으로 그 해명이 중대한 의미를 지니고 있는 경우에는 해당 공권력행사가 위헌임을 확인할 수 있다.

헌법재판소는 미결수용자가 변호인과 접견할 때 수사관이 참여하여 대화내용을 듣거나 기록한 행위(헌재 1992. 1. 28. 91헌마111), 재무부장관이 국제그룹 해체를 위하여 한 일련의 공권력행사(헌재 1993. 7. 29. 89헌마31), 교도소장이 미결수용자와 변호인 사이의 서신을 검열한 행위(헌재 1995. 7. 21. 92헌마144), 미결수용자가 수사 또는 재판을 받을 때 재소자용 의류를 입게 한 행위(헌재 1999. 5. 27. 97헌마137등), 피의자에게 차폐시설이 불충분한 유치장화장실을 사용하도록 한 행위(헌재 2001. 7. 19. 2000헌마546), 포승으로 팔과 상반신을 묶고 양손에 수갑을 채운 상태에서 피의자조사를 받게 한 행위(헌재 2005. 5. 26. 2001헌마728), 법원의 수사서류 열람·등사 허용결정에 따르지 아니한 검사의 거부행위(헌재 2010. 6. 24. 2009헌마257), 경찰청장이 서울광장을 경찰버스들로 둘러싸 통행을 제지한 행위(헌재 2011. 6. 30. 2009헌마406), 법정 출정비용납부거부 등을 이유로 행정소송 변론기일에 청구인의 출정을 제한한 행위(헌재 2012. 3. 29. 2010헌마475) 등의 권력적 사실행위가 문제된 사건에서 해당 행위가 위헌임을 확인하는 결정을 하였다.

(3) 공권력불행사 위헌확인 결정

헌법재판소는 공권력의 불행사에 대한 헌법소원의 경우 취소의 객체가 되는 공권력행사가 없기 때문에 위헌확인결정을 한다. 이 경우 피청구인은 결정의 취지에 따라 새로운 처분을 하여야 하고(법 제75조 제4항), 새로운 처분에는 입법행위(행정입법, 자치입법 포함)도 포함된다.

(가) 공권력의 불행사가 위헌임을 확인한 사례

헌법재판소는 임야조사서 또는 토지조사부의 열람·복사신청에 불응한 부작위(헌재 1989. 9. 4. 88헌마22)와 일본군위안부(헌재 2011. 8. 30. 2006헌마788) 및 원폭피해자(헌재 2011. 8. 30. 2008헌마648)가 일본국에 대하여 가지는 배상청구권과 관련하여 외교통상부장관이 분쟁해결절차에 나아가지 않은 부작위에 대해 각 위헌임을 확인한 바 있다.

(나) 입법부작위에 대하여 위헌임을 확인한 사례

사설철도회사 재산이 수용되고 그 근거가 된 군정법령에 따른 보상절차가 이루어지지 않은 단계에서, '조선철도의 통일 폐지 법률'에 의하여 군정법령을 폐지하고 그 보상에 관하여 아무런 입법조치를 취하지 않은 입법부작위가 위헌임을 확인한 결정이 있다(헌재 1994. 12. 29. 89헌마2).

(다) 행정입법부작위에 대하여 위헌임을 확인한 사례

의료법 등의 위임에 따른 치과전문의자격시험절차를 마련하지 아니하는 행정입법부작위(헌재 1998. 7. 16. 96헌마246), 산업재해보상보험법 조항의 위임에 따라 평균임금을 정하여 고시하지 아니하는 행정입법부작위(헌재 2002. 7. 18. 2000헌마707), 구 군법무관임용법 조항 등에서 군법무관의 봉급 등을 법관 및 검사의 예에 준하여 대통령령에서 정하도록 하고 있음에도 이를 제정하지 아니하는 행정입법부작위(헌재 2004. 2. 26. 2001헌마718) 등에 대해 위헌임을 확인하는 결정을 하였다.

(라) 조례를 제정하지 않은 부작위가 위헌임을 확인한 사례

지방공무원법 제58조 제2항의 위임에 따라 '사실상 노무에 종사하는 공무원'의 범위를 정하는 조례를 제정하지 아니한 부작위가 위헌임을 확인하였다(헌재 2009. 7. 30. 2006헌마358).

(4) 부수적 규범통제

법 제68조 제1항에 따른 헌법소원을 인용하는 경우에 공권력의 행사 또는 불행사가 위헌인 법률(조항)에 기인한 것이라고 인정될 때에는 인용결정에서 해당 법률(조항)이 위헌임을 선고할 수 있는데(법 제75조 제5항), 이와 같은 경우를 '부수적 규범통제'라 부른다. 국회가 제정한 법률뿐만 아니라 행정입법에 대해서도 부수적 규범통제를 할 수 있다.

헌법재판소는, 미결수용자가 그의 변호인과 접견할 때 수사관이 참여하여 대화내용을 듣거나 기록한 행위가 위헌임을 확인하면서 이러한 공권력행사의 근거규정인 '행형법 제

62조의 준용규정 중 같은 법 제18조 제3항을 미결수용자의 변호인접견에도 준용하도록 한 부분'이 헌법에 위반된다고 선언하였고(헌재 1992. 1. 28. 91헌마111), 미결수용자와 그 변호인 사이의 서신을 교도소장이 검열한 행위가 위헌임을 확인하면서 행형법 제62조의 준용규정 중 같은 법 제18조 제3항 및 같은 법 시행령 제62조를 미결수용자와 그 변호인 또는 변호인이 되려는 자 사이의 서신에 소지금지품이 포함되어 있거나 그 내용에 도주·증거인멸·수용시설의 규율과 질서의 파괴 기타 형벌법령에 저촉되는 내용이 기재되어 있다고 의심할 만한 합리적인 이유가 없는 경우에도 준용하는 것은 헌법에 위반된다고 선언하였다(헌재 1995. 7. 21. 92헌마144).

다. 심판절차종료선언

헌법소원심판청구에 대한 결정 유형에는 각하결정, 기각 또는 합헌결정, 인용 또는 위헌결정 이외에 특별한 결정유형으로 심판절차종료선언이 있다. 본안판단에 들어가지 않는 점에서는 각하결정과 같지만 심판절차종료선언은 청구인의 사망 또는 심판청구의 취하 등으로 심판절차의 종료 여부가 불분명하게 된 경우에 절차관계의 종료를 명백히 확인하는 의미에서 하는 결정이다.

기본적인 주문의 형식은 청구인이 사망한 경우에는 "이 사건 헌법소원심판절차는 0000. 00. 00. 청구인의 사망으로 종료되었다."이며, 심판청구를 취하한 경우에는 "이 사건 헌법소원심판절차는 청구인의 심판청구 취하로 0000. 00. 00. 종료되었다."이다.

1) 청구인의 사망

청구인이 사망한 경우에는 청구인의 기본권능력이 소멸하는 것이 원칙이므로 일반적으로 헌법재판소에 계속된 헌법소원은 종료된다고 보아야 할 것이지만, 일신전속성이 비교적 약한 기본권의 경우에는 청구인의 사망 이후에도 그 상속인에 의한 헌법소원절차의 수계가 가능하다. Ⅲ. 5. 헌법소원의 적법요건 참조.

청구인의 사망으로 인한 심판절차종료선언의 예로는, 고용계약상의 노무공급의무는 일신전속적인 것으로서 노무자인 청구인의 사망과 동시에 심판절차가 종료되었다고 본 사례(헌재 1992. 11. 12. 90헌마33), 강도살인죄 등으로 사형선고를 받은 자가 강도살인죄의 법정형인 사형에 대해 헌법소원심판을 청구하였으나 심판절차 계속 중 사형집행으로 사망함으로써 소송절차가 종료되었다고 본 사례(헌재 1994. 12. 29. 90헌바13), 무고죄는 국가의 심판기능 또는 국가의 수사권·징계조사권의 적정행사를 주된 보호법익으로 삼는 범죄로서 상속인이라 하더라도 무고의 고소사실과는 법적 관련성이 없으므로 피무고자의 사망에 의해 절차가 종료되었다고 본 사례(헌재 1999. 11. 25. 99헌마431), 사기 및 허위공문서작성으로 피고소인을 고소한 청구인이 사망한 경우 망인의 재산상속인이 아닌 자는 자기관련성이 인정되지 않으므로 수계신청을 할 수 없다고 하여 심판절차가 종료되었다고 본 사례(헌재 2010. 6. 24. 2007헌마1256) 등이 있다.

2) 심판청구의 취하

헌법소원심판청구의 취하와 이에 대한 피청구인의 동의 및 그 효력에 관하여는 특별한 규정이 없으므로 법 제40조에 따라 소의 취하에 관한 민소 제266조가 준용되고(헌재 1995. 12. 14. 95헌마221등; 헌재 2003. 2. 11. 2001헌마386), 헌법소원심판청구의 취하는 청구인이 제기한 심판청구를 철회하여 심판절차의 계속을 소멸시키는 청구인의 헌법재판소에 대한 소송행위이므로 일반 사법상의 행위와는 달리 내심의 의사보다 그 표시를 기준으로 하여 그 효력 유무를 판정할 수밖에 없다(헌재 2005. 2. 15. 2004헌마911).

헌법재판소는 청구인이 종교집회 참석신청에 대한 교도소장의 불허행위에 대해 헌법소원심판을 청구하였다가 취하한 사건에서, 헌법소원심판청구 취하의 서면이 피청구인에게 송달되고, 피청구인이 그 날부터 2주일 내에 이의를 하지 아니하면 민소 제266조에 따라 심판청구 취하에 동의한 것으로 보아 심판절차를 종료하여야 하고, 설령 청구인의 취하가 피청구인의 기망에 의한 것이라 하더라도 이를 무효로 하거나 임의로 취소할 수 없다(헌재 2005. 2. 15. 2004헌마911)고 하였다.

또한 한정위헌결정이 선고되었음에도 법원이 재심청구를 기각하여 재판소원이 청구되었으나 그 심리가 사실상 종결된 상태에서 심판청구가 취하된 경우, 취하의 서면이 피청구인에 송달된 날부터 2주일이 경과하고 그 기간 내에 피청구인의 이의제기가 없었다면 민소 제266조에 따라 심판청구의 취하에 동의한 것으로 보아야 한다고 하여(헌재 2003. 2. 11. 2001헌마386) 소송종료를 선언하였다.

그러나 이에 대하여는 '헌법소원제도는 본질상 청구인 개인의 권리구제뿐만 아니라 헌법질서를 수호·유지하는 기능도 함께 가지고 있으므로, 헌법질서의 수호·유지를 위하여 그 해명이 헌법적으로 특히 중요한 의미가 있는 경우에는 예외적으로 청구인이 심판청구를 취하하여도 심판절차는 종료되지 않으며, 특히 사건에 대한 실체적 심리가 이미 종결되어 더 이상의 심리가 필요하지 아니한 단계에 이르렀고, 그 때까지 심리한 내용을 토대로 헌법질서의 수호·유지를 위하여 그 해명이 헌법적으로 특히 중대한 의미를 가진다고 판단되는 경우라면, 심판청구의 취하에도 불구하고 심판절차가 종료되지 않는다고 하는 반대의견이 있다(헌재 2003. 2. 11. 2001헌마386).

제4장 기본권 각론

제4장 기본권 각론

제1절 인간의 존엄과 가치, 행복추구권

Ⅰ. 인간의 존엄과 가치

1. 헌법질서가 예정하는 인간상

인간의 존엄과 가치에서 '인간'이란 "자신이 스스로 선택한 인생관 · 사회관을 바탕으로 사회공동체 안에서 각자의 생활을 자신의 책임 아래 스스로 결정하고 형성하는 성숙한 민주시민인바, 이는 사회와 고립된 주관적 개인이나 공동체의 단순한 구성분자가 아니라, 공동체에 관련되고 공동체에 구속되어 있기는 하지만 그로 인하여 자신의 고유가치를 훼손당하지 아니하고 개인과 공동체의 상호연관 속에서 균형을 잡고 있는 인격체"로 설명된다.[70]

2. 인간의 존엄과 가치의 권리성

헌법재판소는 인간으로서의 존엄과 가치를 헌법원리의 하나이고 기본권의 이념적 기초로서의 성격을 가지고 있다고 하면서도 개별적 기본권으로서의 성격도 동시에 인정하고 있다.[71] 예컨대, 음주운전 단속을 위해 주취여부의 측정 의무를 부과하는 규정은 인간의 존엄과 가치를 침해하는 것이 아니라고 판시한 바 있다.[72] 그러나 많은 경우 인간의 존엄

70) 헌재 2000. 4. 27. 98헌가16 등; 헌재 2003. 10. 30. 2002헌마518.

71) 헌법재판소의 유권해석에 따라 인간의 존엄과 가치가 개별적 기본권성이 부여되고 있는 헌법재판 현실과는 별개로 인간의 존엄과 가치가 개별적 기본권으로 인정될 만큼 구체적인 권리적 요소를 가지고 있는 것인가에 대한 회의적인 견해가 많다. 이러한 비판적 견해는 행복추구권의 해석에 있어서도 문제되고 있고 이는 헌재 1997. 7. 16. 95헌가6 등에서 적나라하게 드러나고 있다. 아래에서 살펴보기로 한다.

과 가치 그 자체보다는 인간의 존엄과 가치에서 유래(도출)되는 '인격권' 내지 '자기결정권' 등에 대한 침해여부를 판단하는 경향이 있다.

3. 주요 판례

1) 인격권 침해 여부(피의사실 언론공표 등 위헌확인 – 헌재 2014.3.27. 2012헌마652)

【판시사항】
1. 피청구인이 청구인에 관한 보도자료를 기자들에게 배포한 행위(이하 '보도자료 배포행위'라 한다)에 대한 헌법소원심판청구가 적법한지 여부(소극)
2. 피청구인이 보도자료 배포 직후 기자들의 취재 요청에 응하여 청구인이 경찰서 조사실에서 양손에 수갑을 찬 채 조사받는 모습을 촬영할 수 있도록 허용한 행위(이하 '촬영허용행위'라 한다)가 청구인의 인격권을 침해하는지 여부(적극)

【결정요지】
1. 보도자료 배포행위는 수사기관이 공소제기 이전에 피의사실을 대외적으로 알리는 것으로서, 이것이 형법 제126조의 피의사실공표죄에 해당하는 범죄행위라면 청구인은 이를 수사기관에 고소하고 그 처리결과에 따라 검찰청법에 따른 항고를 거쳐 재정신청을 할 수 있으므로, 위와 같은 권리구제절차를 거치지 아니한 채 제기한 보도자료 배포행위에 대한 심판청구는 보충성 요건을 갖추지 못하여 부적법하다.

2. 사람은 자신의 의사에 반하여 얼굴을 비롯하여 일반적으로 특정인임을 식별할 수 있는 신체적 특징에 관하여 함부로 촬영당하지 아니할 권리를 가지고 있으므로, 촬영허용행위는 헌법 제10조로부터 도출되는 초상권을 포함한 일반적 인격권을 제한한다고 할 것이다. 원칙적으로 '범죄사실' 자체가 아닌 그 범죄를 저지른 자에 관한 부분은 일반 국민에게 널리 알려야 할 공공성을 지닌다고 할 수 없고, 이에 대한 예외는 공개수배의 필요성이 있는 경우 등에 극히 제한적으로 인정될 수 있을 뿐이다. 피청구인은 기자들에게 청구인이 경찰서 내에서 수갑을 차고 얼굴을 드러낸 상태에서 조사받는 모습을 촬영할 수 있도록 허용하였는데, 청구인에 대한 이러한 수사 장면을 공개 및 촬영하게 할 어떠한 공익 목적도 인정하기 어려우므로 촬영허용행위는 목적의 정당성이 인정되지 아니한다. 피의자의 얼굴을 공개하더라도 그로 인한 피해의 심각성을 고려하여 모자, 마스크 등으로 피의자의 얼굴을 가리는 등 피의자의 신원이 노출되지 않도록 침해를 최소화하기 위한 조치를 취하여야 하는데, 피청구인은 그러한 조치를 전혀 취하지 아니하였으므로 침해의 최소성 원칙도 충족하였다고 볼 수 없다. 또한 촬영허용행위는 언론 보도를 보다 실감나게

72) 헌재 1997. 3. 27. 96헌가11.

하기 위한 목적 외에 어떠한 공익도 인정할 수 없는 반면, 청구인은 피의자로서 얼굴이 공개되어 초상권을 비롯한 인격권에 대한 중대한 제한을 받았고, 촬영한 것이 언론에 보도될 경우 범인으로서의 낙인 효과와 그 파급효는 매우 가혹하여 법익균형성도 인정되지 아니하므로, 촬영허용행위는 과잉금지원칙에 위반되어 청구인의 인격권을 침해하였다. 73)

2) 인격권 침해 여부(영치품반입제한 위헌확인 등 – 헌재 2014.5.29. 2013헌마280)

【판시사항】
청구인에게 상체승의 포승과 수갑을 채우고 별도의 포승으로 다른 수용자와 연승한 행위(이하 '이 사건 호송행위'라 한다)가 청구인의 인격권 내지 신체의 자유를 침해하는지 여부(소극)

【결정요지】
이 사건 호송행위는 교정시설 안에서보다 높은 수준의 계호가 요구되는 호송과정에서 교정사고와 타인에 대한 위해를 예방하기 위한 것이다. 교도인력만으로 수형자를 호송한다면 많은 인력을 필요로 하고, 그것이 교정사고 예방에 효과적이라 단정할 수도 없으며, 이 사건에서 보호장비가 사용된 시간과 일반에 공개된 시간이 최소한도로 제한되었으며, 최근 그 동선이 일반에의 공개를 최소화하는 구조로 설계되는 추세에 있다. 교정사고의 예방 등을 통한 공익이 수형자가 입게 되는 자유 제한보다 훨씬 크므로, 이 사건 호송행위는 청구인의 인격권 내지 신체의 자유를 침해하지 아니한다.

---

73) 재판관 김창종, 재판관 강일원의 촬영허용행위 부분에 대한 반대의견
"보도자료 배포행위와 촬영허용행위는 동일한 목적 아래 시간적 · 장소적으로 밀접하게 이루어진 것이므로, 전체적으로 볼 때 피청구인이 언론기관에 청구인의 피의사실을 알리는 일련의 행위로서 하나의 공권력행사라고 보아야 한다. 피청구인의 보도자료 배포 및 촬영허용행위가 포괄하여 형법 제126조의 피의사실공표죄에 해당하는 범죄행위라면, 보충성 요건을 갖추지 못하여 부적법하다. 다수의견과 같이 피청구인의 행위 중 촬영허용행위를 분리하여 보더라도, 청구인의 동의 없이 촬영을 허용한 행위가 위법하다는 것은 관련 규정의 해석상 명백하고, 피청구인 스스로도 청구인의 의사에 관계없이 수갑을 차고 얼굴을 드러낸 상태에서 조사받는 장면을 촬영할 수 있도록 허용하는 것이 위법하다는 점을 충분히 인식하고 있었으므로 '침해행위가 반복될 위험성'이 없다. 또한 촬영허용행위는 위법하게 법령을 해석 · 적용한 것으로서 개별적, 예외적이라고 할 것이고, 당해 사건을 떠나 일반적이고 중요한 의미를 지니고 있어 헌법질서의 수호 · 유지를 위하여 그 해명이 긴요한 경우라 할 수 없다. 따라서 촬영허용행위에 대한 심판청구는 주관적 권리보호이익뿐만 아니라 예외적인 심판청구이익도 없어 부적법하다."

Ⅱ. 행복추구권

1. 행복추구권이란...

행복추구권이란 행복을 추구하는 권리라고 할 수 있고, 이는 곧 '행복'의 의미가 무엇인지를 탐구함으로서만 규명할 수 있을 것이다. 국어사전에서는 "복된 좋은 운수" 혹은 "생활에서 충분한 만족과 기쁨을 느끼어 흐뭇함. 또는 그러한 상태" 정도로 정의하고 있다. 그러나 '좋은 운수'나 '생활에서'라는 수식어를 한정할 정도로 행복을 좁은 개념으로 보는 것이 적절한 것인지는 의문이며, 행복을 바라보는 다양한 시각을 고려한다면, 행복 그 자체를 무엇인가로 정의하는 것 보다는 규범적으로는 열려있는 개념(불확정 개념)으로 둘 것이 필요하다. 이러한 접근방법의 결론은 첫째, 규범적으로 행복추구권을 개별적인 기본권으로 인정하기에 그 구체적인 모습이 先在하는 것으로 보기 힘들다는 것이고, 둘째, 첫째와 같은 논지에서 행복추구권이란 보충적 기본권으로서의 성격이 두드러지게 된다는 점, 셋째, 따라서 결국 행복추구권에 대한 해석 역시 개별적으로 판단할 수밖에 없다는 것이다.

헌법재판소는 '행복추구권을 다른 기본권에 대한 보충적 기본권으로서 그리고 개별적 기본권- 헌법소원을 제기할 수 있는 헌법재판소법 제68조 제1항의 헌법상 보장된 기본권-으로 여겨오고 있으며, "행복추구권이란 소극적으로는 고통과 불쾌감이 없는 상태를 추구할 권리, 적극적으로는 만족감을 느끼는 상태를 추구할 수 있는 권리"[74]로 설명하고 있다. 아래의 판례를 통해 행복추구권에 관한 시각의 차이를 살펴보기로 한다.

2. 주요 판례

1) 동성동본 금혼에 관한 民法 제809조 제1항의 위헌 여부 – 헌재 1997. 7. 16. 95헌가6 등[헌법불합치]

[주안점] - 동성동본 금혼에 대한 재판관의 시각차이 - 위헌의견이 5인 이하인 경우 주문의 결정방법 - 행복추구권의 헌법규범적 개념의 인식 차이

74) 헌재 1997. 7. 16. 95헌가6. 반대의견의 글 중에서 일반론 추출.

[판단]

가. 재판관 5인의 단순위헌의견(김용준, 김문희, 황도연, 시창언, 이영모)

중국의 同姓禁婚 사상에서 유래하여 조선시대를 거치면서 法制化되고 確立된 同姓同本禁婚制는 그 制度 生成 당시의 國家政策, 國民意識이나 倫理觀 및 經濟構造와 家族制度 등이 婚姻制度에 반영된 것으로서, 忠孝精神을 基盤으로 한 農耕中心의 家父長的, 身分的 階級社會에서 社會秩序를 유지하기 위한 수단의 하나로서의 기능을 하였다. 그러나 自由와 平等을 根本理念으로 하고 男女平等의 觀念이 정착되었으며 經濟的으로 고도로 발달한 産業社會인 현대의 自由民主主義社會에서 同姓同本禁婚을 규정한 民法 제809조 제1항은 이제 社會的 妥當性 내지 合理性을 상실하고 있음과 아울러 "人間으로서의 尊嚴과 價値 및 幸福追求權"을 규정한 憲法理念 및 "個人의 尊嚴과 兩性의 平等"에 기초한 婚姻과 家族生活의 성립 · 유지라는 憲法規定에 정면으로 배치될 뿐 아니라 男系血族에만 한정하여 性別에 의한 차별을 함으로써 憲法上의 平等의 원칙에도 위반되며, 또한 그 立法目的이 이제는 婚姻에 관한 國民의 自由와 權利를 제한할 "社會秩序"나 "公共福利"에 해당될 수 없다는 점에서 憲法 제37조 제2항에도 위반된다 할 것이다.

나. 재판관 2인의 헌법불합치의견(정경식, 고중석)

民法 제809조 제1항이 憲法에 위반된다는 결론에는 多數意見과 견해를 같이 한다. 그러나 同姓同本制度는 수백년간 이어져 내려오면서 우리 민족의 婚姻風俗이 되었을 뿐만 아니라 倫理規範으로 터잡게 되었고 婚姻制度는 立法府인 國會가 우리민족의 傳統, 慣習, 倫理意識 등 여러가지 사정을 고려하여 立法政策的으로 결정하여야 할 立法裁量事項이므로, 비록 위 條項에 違憲性이 있다고 하여도 憲法裁判所가 곧바로 違憲決定을 할 것이 아니라 立法形成權을 가지고 있는 國會가 우리민족의 婚姻風俗, 倫理意識, 親族觀念 및 그 변화 여부, 同姓同本禁婚制度가 과연 社會的 妥當性이나 合理性을 완전히 상실하였는지 여부, 그 制度의 改善方法, 그리고 同姓同本禁婚制度를 폐지함에 있어 現行 近親婚禁止規定이나 婚姻無效 및 取消에 관한 규정을 새로 정비할 필요는 없는지 등을 충분히 고려하여 새로이 婚姻制度를 결정할 수 있도록 憲法不合致決定을 하여야 한다.

다. 재판관 2인의 반대의견(이재화, 조승형)

" 동성동본인 혈족을 사랑하여 혼인을 원하는 자의 입장에서 볼 때에는 그의 배우자 선택권의 본질이 침해된다고 할지 모르나 그와 같은 논리라면 근친간에도 같은 문제가 생길 수 있다. 따라서, 이 사건 법률조항의 입법목적의 정당성을 긍정하는 한 이 사건 법률조항이 배우자 선택권을 지나치게 제한하여 그 본질을 침해한다고 할 수는 없다. … 또한 행복추구권은 전통문화의 계승이라는 한계내에서만 보장되고 있음이 헌법규정상 분명하다. 헌법은 국민의 기본권을 규정하기에 앞서 헌법 제9조를 두어 전통문화의 계승에 관한 국가의무를 규정하고 있다. 즉 헌법 제9조는「국가는 전통문화의 계승 ……에 노력하여야 한다」라고 규정하여 국민의 모든 기본권은 위 제9조 소정의 국가의무와의 상관관계하에서 보장됨을 분명히 하였다. 따라서 비록 이 사건 법률조항이 행복추구권을 제한하였다고 하더라도 행복추구권 규정의 바로 앞에 규정하고 있는 위

제9조의 이상을 이루기 위한 국가의 노력을 배제할만한 정도로 행복추구권을 제한한 것인지에 대하여는 좀 더 살펴볼 필요가 있다고 할 것이다.
살피면, 행복추구권이란 소극적으로는 고통과 불쾌감이 없는 상태를 추구할 권리, 적극적으로는 만족감을 느끼는 상태를 추구할 수 있는 권리라고 일반적으로 해석되고 있으나, 행복이라는 개념 자체가 역사적 조건이나 때와 장소에 따라 그 개념이 달라질 수 있으며, 행복을 느끼는 정신적 상태는 생활환경이나 생활조건, 인생관, 가치관에 따라 각기 다른 것이므로 일률적으로 정의하기가 어려운 개념일 수 밖에 없고, 이와 같이 불확실한 개념을 헌법상의 기본권으로 규정한 데 대한 비판적 논의도 없지 아니하며 우리 헌법은 인간의 기본권리로서 인간의 존엄과 가치의 존중, 사생활의 비밀의 자유, 환경권 등 구체적 기본권을 따로 규정해 놓고 있으면서 또 다시 그 개념이나 법적성격, 내용 등에 있어서 불명확한 행복추구권을 규정한 것은 추상적 권리를 중복하여 규정한 것이고 법해석의 혼란만 초래할 우려가 있다는 비난도 나오고 있다. 어떻든 이 행복추구권의 법적 성격에 관하여 자연권적 권리이고 인간으로서의 존엄과 가치의 존중 규정과 밀접 불가분의 관계가 있고, 헌법에 규정하고 있는 모든 개별적, 구체적 기본권은 물론 그 이외에 헌법에 열거되지 아니하는 모든 자유와 권리까지도 그 내용으로 하는 포괄적 기본권으로 해석되고 있다. 그러나 이와 같은 성격을 지닌 행복추구권이라 할지라도 반사회적 내지 반자연적 행위를 금지하는 규범이나 전통문화로 인식되어 온 국민의 법감정에 반하여 이를 남용할 수 없음은 물론 타인의 행복추구권을 침해하거나 방해할 수 없음은 너무나 당연하다고 할 것이며 적어도 국민의 의사에 정면으로 반하지 아니하는 한 전통 · 관습에 반한 행복추구권을 추구할 수는 없다고 할 것이다.
따라서 이 사건 법률조항은 앞서 본 바와 같은 전통문화라는 역사적 사실과 전통문화의 계승이라는 헌법적 이상에 부응하며 아직도 우리 사회의 유지수단의 정신적 지주역할을 하고 있을 뿐, 다수의견이 주장하고 있는 바와 같이 사회유지수단으로서의 기능을 상실하였다고는 보기 어렵다.

제2절 평등권, 평등원칙

Ⅰ. 평등권, 평등원칙에 관한 일반론

1. 평등 이론의 배경

모든 국민이 '평등'[75]하다는 명제는 근대 입헌주의 이래로 헌법상 최고의 원리로 선언되어 오고 있고, 대한민국 헌법도 이에 관한 규정을 두고 있다. 일반적으로 헌법 제10조의 인간의 존엄과 가치가 기본권 보장의 이념적 기초라고 한다면, 헌법 제11조의 평등은 기본권 보장의 방법적 기초라고 설명된다.

근대 – 형식적 평등 or 기회의 평등 – 애초에 평등하지 않은 것 → 불평등 야기
현대 – 실질적 평등 or 결과의 평등 – 실질적 평등이 목적인가? 수단인가?
→ 결과의 평등을 통하여 기회의 평등(실질적 자유)을 추구하는 것으로 해석 여지
... 자유와 평등이 충돌? 자유 우선?

2. 헌법규정

가. 일반적 평등 규정

헌법 전문 "정치 · 경제 · 사회 · 문화의 모든 영역에 있어서 각인의 기회를 균등히 하고" 헌법 제11조 ①모든 국민은 법 앞에 평등하다. 누구든지 성별 · 종교 또는 사회적 신분에 의하여 정치적 · 경제적 · 사회적 · 문화적 생활의 모든 영역에 있어서 차별을 받지 아니한다. ②사회적 특수계급의 제도는 인정되지 아니하며, 어떠한 형태로도 이를 창설할 수 없다. ③훈장등의 영전은 이를 받은 자에게만 효력이 있고, 어떠한 특권도 이에 따르지 아니한다.

1) 법 앞에 평등: 법 적용의 평등(입법자 비구속설)+법 내용의 평등(입법자 구속설)

75) 권리, 의무, 자격 등이 차별 없이 고르고 한결같음(표준국어대사전).

2) 절대적 평등과 상대적 평등

절대적 평등 - 일체의 차별적 대우를 부정

상대적 평등 - 적용 및 내용에 있어서 <u>합리적</u>인 근거가 없는 차별만 금지 → 차별의 존재를 인정 → 헌법상 허용되는 것인지는 별개의 문제 → 평등심사 기준
ex〉 중학교 의무 교육의 단계적 실시가 위헌인지 여부

나. 개별적 평등 규정

> 헌법 제31조 ①모든 국민은 능력에 따라 균등하게 교육을 받을 권리를 가진다.
> 헌법 제32조 ④여자의 근로는 특별한 보호를 받으며, 고용 · 임금 및 근로조건에 있어서 부당한 차별을 받지 아니한다.
> 헌법 제36조 ①혼인과 가족생활은 개인의 존엄과 양성의 평등을 기초로 성립되고 유지되어야 하며, 국가는 이를 보장한다.
> 헌법 제119조 ②국가는 균형있는 국민경제의 성장 및 안정과 적정한 소득의 분배를 유지하고, 시장의 지배와 경제력의 남용을 방지하며, 경제주체간의 조화를 통한 경제의 민주화를 위하여 경제에 관한 규제와 조정을 할 수 있다.

3. 평등권, 평등 원칙: 원칙이면서 권리이다.[76)]

"평등의 원칙은 국민의 기본권 보장에 관한 우리 헌법의 최고원리로서 국가가 입법을 하거나 법 해석 및 집행에 있어서 따라야 할 기준인 동시에, 국가에 대하여 합리적 이유 없이 불평등한 대우를 하지 말 것과 평등한 대우를 요구할 수 있는 모든 국민의 권리로써 국민의 기본권 중의 기본권인 것이다." 헌재 2011. 10. 25. 2010헌마661

"평등의 원칙은 입법자에게 본질적으로 같은 것을 자의적으로 다르게, 본질적으로 다른 것을 자의적으로 같게 취급하는 것을 금하고 있다. 그러므로 비교의 대상을 이루는 두개의 사실관계 사이에 서로 상이한 취급을 정당화할 수 있을 정도의 차이가 없음에도 불구하고 두 사실관계를 서로 다르게 취급한다면, 입법자는 이로써 평등권을 침해하게 된다. 그러나 서로 비교될 수 있는 두 사실관계가 모든 관점에서 완전히 동일한 것이 아니라 단지 일정 요소에 있어서만 동일인 경우에 비교되는 두 사실관계를 법적으로 동일한 것으로 볼 것인지 아니면 다른 것으로 볼 것인지를 판단하기 위하여는 어떠한 요소가 결정적인

---

76) 한편, 헌법 제11조의 해석과 관련하여 우리 헌법이 평등원칙을 규정한 것이고, 기본권으로서 평등권을 보장한 것으로는 보지 않는 견해가 있음. 김해원, '평등권'인가 '평등원칙'인가?, 헌법학연구 제19권 제1호, 한국헌법학회, 2013.

기준이 되는가가 문제된다. 두개의 사실관계가 본질적으로 동일한가의 판단은 일반적으로 당해 법률조항의 의미와 목적에 달려 있다." 헌재 1996. 3. 28. 96헌가18

4. 평등심사기준

가. 미국의 평등심사기준

1) 합리성 심사 – 경제 영역
2) 엄격한 심사 – 인종 차별 등 중요한 기본권 침해(표현의 자유, 정치적 기본권 등)
3) 중간 심사(실질적 심사) – 남녀 차별[과잉금지] 목적과 수단의 비례성
   목적 → 목적의 정당성
   수단, 피해, 법익 → 수단의 비례성

나. 우리의 차별심사기준(원칙)

1) 합리적 심사기준 – 자의금지원칙에 의한 심사 → 차별에 합리적 이유가 있는가?
2) 엄격한 심사기준 – 비례의 원칙: 헌법이 특별히 차별을 금지하고 있는 영역 or 관련 기본권에 중대한 제한이 가해지는 경우

3) 헌법재판소 결정의 요약(아래 주요 판례의 내용)

헌법재판소는 "헌법에서 특별히 평등을 요구하고 있는 경우와 차별적 취급으로 인하여 관련 기본권에 대한 중대한 제한을 초래하게 된다면 입법형성권은 축소되어 보다 엄격한 심사척도가 적용"되는 것이라고 할 수 있다고 하고 있다. 이에 따르면 상술한 개별적 평등원리에 해당하는 사항(교육을 받을 권리, 여자의 근로에 대한 부당한 차별금지 조항, 혼인과 가족생활에 있어서 양성 평등, 균형있는 국민경제의 성장)은 '헌법에서 특별히 평등을 요구하고 있는 경우'라고 할 수 있을 것이다. 반대로 헌법에서 특별히 우대할 것을 명하고 있는 경우(근로의 기회에 있어서 국가유공자 등의 우대)는 엄격한 심사척도(비례심사)를 전제로 하면서도 구체적인 과정에 있어서는 완화된 기준을 적용하여야 할 것으로 나타난다.

5. 주요 판례

1) 제대군인에 대한 가산점제도: 제대군인지원에관한법률 제8조 제1항 등 위헌확인 – 헌재 1999. 12. 23. 98헌마363

※ 청구인들의 주장과 관계기관의 의견

가. 청구인들의 주장

(1) 제대군인가산점제도의 입법취지는 병역의무를 자진하여 이행하는 풍토를 조성하는 한편 제대군인의 사회복귀를 도와 병역의무이행으로 인한 불이익을 보상함에 있다고 하는바, 자발적인 병역의무이행 풍토를 조성하는 것은 어디까지나 병역법의 엄격한 적용과 병역의무에 대한 건전한 의식의 형성 등에 의하여 달성하여야 하는 것이지, 공무원 및 공·사기업체의 채용시험에서 제대군인에게 각 과목별로 만점의 3퍼센트 또는 5퍼센트를 가산하도록 하는 제대군인가산점제도를 그 수단으로 사용하는 것은 방법에 있어 적절하지 않으며, 제대군인에 대한 보상은 금전적 또는 다른 합리적인 범위내의 처우이어야 하지 제대군인이라는 특수한 사회적 지위를 창설하여 이들에게 특혜를 부여함으로써 다른 기본권주체의 기본권을 침해하는 방법으로 하여서는 아니된다.

(2) 7·9급 공무원 채용시험의 경우 합격점이 평균 80점을 훨씬 상회하고 있고 불과 영점 몇점차로 합격여부가 좌우되는 상황에서 제대군인에 대하여 시험과목별로 3점 또는 5점을 가산하는 것은 당락에 결정적으로 영향을 미치는바, 가산점 혜택을 받지 못하는 자는 경우에 따라 만점을 받고도 불합격되는 모순이 있을 수 있으며 결국 이들의 응시기회를 사실상 박탈하는 것과 같은 가혹한 결과를 초래하므로 피해의 최소성의 원칙에 어긋난다.

(3) 여성과 장애인은 유형·무형의 성적 차별 내지 사회적 편견·냉대로 능력에 맞는 직업을 구하기가 지극히 어려운 것이 현실인데, 제대군인가산점제도는 군복무를 마친 신체적으로 건장한 남성에 비해 상대적으로 사회적 약자인 여성과 장애인을 그들이 이행할 수도 없는 병역의무를 이행하지 않았다는 이유로 직업의 세계에서 몰아냄으로써 그들의 생존을 어렵게 하고 있다.

(4) 헌법 제25조는 공무담임권을 보장하고 있는바, 그 취지는 능력주의에 합당한 선발기준을 마련함으로써 모든 국민에게 그 능력과 적성에 따라 공직에 취임할 수 있는 동등한 기회를 보장한다는 것이다. 제대군인가산점제도는 직무수행능력이 아니라 병역의무이행 여부를 공무원선발의 기준으로 삼고 있다는 점에서 국민의 공무담임권을 침해하고 있다.

(5) 헌법 제15조는 직업의 자유를 보장하고 있고, 직업선택의 자유는 직업행사의 자유에 비하여

상대적으로 그 제한폭이 좁다고 할 것인바, 제대군인가산점제도는 여성이나 장애인이 공·사기업체에 취업하는 것을 사실상 차단하고 있으므로 이들의 직업선택의 자유를 침해하는 것이다.

(6) 따라서 제대군인가산점제도는 과잉금지원칙에 반하여 청구인들의 헌법상 보장된 평등권, 공무담임권, 직업선택의 자유를 침해하고 있다.

나. 국가보훈처장의 의견

(1) 여성에 대하여는 공무원시험에서 이른바 "여성채용목표제"가 시행되고 있어 합격선에 미달하더라도 추가로 합격처리될 수 있는바, 이러한 특혜를 부여받는 여성이 제대군인가산점제도로 인한 피해자라고 할 수 없으므로 청구인들 중 여성들은 헌법소원청구의 적격이 없다.

(2) 이 법은 1997. 12. 31. 공포되고, 1998. 7. 1. 시행되었는바, 헌법소원 청구기간의 기산점은 그 공포일로 보아야 하고, 따라서 1998. 10. 19.에야 청구된 이 사건 헌법소원은 청구기간을 도과한 것이다.

(3) 제대군인가산점제도는 군복무로 인하여 제한된 개인의 권익을 보전해 주는 한편, 현역장병들의 사기가 저하되지 않도록 함으로써 안정된 국방력을 확보하기 위하여 시행되는 제도로서, 군복무 중에는 학업 또는 생업을 포기하여야 하고 취업할 기회와 취업을 준비하는 기회도 상실하게 되는 개인적 희생을 감수하여야 하므로 이러한 손실을 최소한도나마 보전해 줌으로써 전역 후 빠른 기간내에 일반사회로 복귀할 수 있도록 해 주는 것이 군복무를 하지 않고 일반 사회생활을 한 사람들과의 형평에 부합한다.

(4) 군복무자와 비복무자를 기계적으로 동등하게 취급하여 경쟁하도록 하는 것은 대부분의 군복무자들의 공무담임권과 직업선택의 자유를 원천적으로 제한하는 결과가 되고, 실질적 평등의 원칙에도 어긋난다.

【판시사항】

1. 제대군인이 공무원채용시험 등에 응시한 때에 과목별 득점에 과목별 만점의 5% 또는 3%를 가산하는 제대군인가산점제도(이하 "가산점제도")가 헌법에 근거를 둔 것인지 여부(소극)
2. 가산점제도로 인한 차별의 대상
3. 가산점제도의 평등위반여부를 심사함에 있어 적용되는 심사척도
4. 가산점제도로 여성, 신체장애자 등의 평등권이 침해되는지 여부(적극)
5. 가산점제도로 여성, 신체장애자 등의 공무담임권이 침해되는지 여부(적극)

【적법성 판단】

(1) 국가보훈처장은 이른바 여성채용목표제의 혜택을 받는 여성들은 가산점제도(이하 이 법 제8조 제1항, 제3항과 이 시행령 제9조에 의한 제대군인가산점제도를 "가산점제도"라 한다)의 피해자라 볼 수 없어 헌법소원청구의 적격이 없다고 주장하나, 여성채용목표제는 가산점제도와는 목적과 취지가 다른 별개의 제도이며, 가산점제도 자체로 인하여 뒤에서 보는 바와 같이 청구인들의 기본권적 지위에 영향을 받는 이상 자기관련성을 부인할 수 없다.

국가보훈처장은 또한 청구인 이유진이 1997년도 7급 국가공무원 채용시험에 응시하였다가 가산점제도와 관계없이 불합격할 수밖에 없는 성적으로 불합격한 바 있으므로 청구인적격이 없다고 하나, 동 청구인이 심판청구 당시 재차 국가공무원 시험을 준비하고 있지 않다고 볼 만한 사정이 없는 이상 청구인적격이 없다고 할 수 없다.

(2) 심판청구 당시 청구인들은 국가공무원 채용시험에 응시하기 위하여 준비하고 있는 단계에 있었으므로 이 사건 심판대상조항으로 인한 기본권침해를 현실적으로 받았던 것은 아니다. 그러나 청구인들은 심판청구 당시 국가공무원 채용시험에 응시하기 위한 준비를 하고 있었고, 이들이 응시할 경우 장차 그 합격여부를 가리는데 있어 가산점제도가 적용될 것임은 심판청구 당시에 이미 확실히 예측되는 것이었다. 따라서 기본권침해의 현재관련성이 인정된다(헌재 1992. 10. 1. 92헌마68등, 판례집 4, 659, 669 참조). 이와 같이 장래 확실히 기본권침해가 예측되어 현재관련성을 인정하는 이상 청구기간이 경과하였다고 할 수 없다. 청구기간을 준수하였는지 여부는 이미 기본권침해가 발생한 경우에 비로소 문제될 수 있는 것인데, 이 사건의 경우 아직 기본권침해는 없으나 장래 확실히 기본권침해가 예측되므로 미리 앞당겨 현재의 법적 관련성을 인정하는 것이기 때문이다. 따라서 청구기간이 지났다는 국가보훈처장의 주장은 이유없다.

(3) 그렇다면 달리 적법요건상의 흠결이 없으므로 이 사건 심판청구는 적법하다.

【결정요지】

1. 헌법 제39조 제1항에서 국방의 의무를 국민에게 부과하고 있는 이상 병역법에 따라 군복무를 하는 것은 국민이 마땅히 하여야 할 이른바 신성한 의무를 다 하는 것일 뿐, 그러한 의무를 이행하였다고 하여 이를 특별한 희생으로 보아 일일이 보상하여야 한다고 할 수는 없는 것이므로, 헌법 제39조 제2항은 병역의무를 이행한 사람에게 보상조치를 취하거나 특혜를 부여할 의무를 국가에게 지우는 것이 아니라, 법문 그대로 병역의무의 이행을 이유로 불이익한 처우를 하는 것을 금지하고 있을 뿐인데, 제대군인지원에관한법률 제8조 제1항 및 제3항, 동법시행령 제9조에 의한 가산점제도는 이러한 헌법 제39조 제2항의 범위를 넘어 제대군인에게 일종의 적극적 보상조치를 취하는 제도라고 할 것이므로 이를 헌법 제39조 제2항에 근거한 제도라고 할 수 없고, 제대군인은 헌법 제32조 제6항에 규정된 "국가유공자·상이군경 및 전몰군경의 유가족"에 해당하지 아니하므로 이 헌법조항도 가산점제도의 근거가 될 수 없으며, 달리 헌법상

의 근거를 찾아볼 수 없다.

2. 전체여성 중의 극히 일부분만이 제대군인에 해당될 수 있는 반면, 남자의 대부분은 제대군인에 해당하므로 가산점제도는 실질적으로 성별에 의한 차별이고, 가산점을 받을 수 있는 현역복무를 하게 되는지 여부는 병역의무자의 의사와 관계없이 징병검사의 판정결과, 학력, 병력수급의 사정에 따라 정해지는 것이므로 가산점제도는 현역복무나 상근예비역 소집근무를 할 수 있는 신체건장한 남자와 그렇지 못한 남자, 즉 병역면제자와 보충역복무를 하게 되는 자를 차별하는 제도이다.

3. 평등위반 여부를 심사함에 있어 엄격한 심사척도에 의할 것인지, 완화된 심사척도에 의할 것인지는 입법자에게 인정되는 입법형성권의 정도에 따라 달라지게 될 것이나, 헌법에서 특별히 평등을 요구하고 있는 경우와 차별적 취급으로 인하여 관련 기본권에 대한 중대한 제한을 초래하게 된다면 입법형성권은 축소되어 보다 엄격한 심사척도가 적용되어야 할 것인바, 가산점제도는 헌법 제32조 제4항이 특별히 남녀평등을 요구하고 있는 "근로" 내지 "고용"의 영역에서 남성과 여성을 달리 취급하는 제도이고, 또한 헌법 제25조에 의하여 보장된 공무담임권이라는 기본권의 행사에 중대한 제약을 초래하는 것이기 때문에 엄격한 심사척도가 적용된다.

4. 가. 제대군인에 대하여 여러 가지 사회정책적 지원을 강구하는 것이 필요하다 할지라도, 그것이 사회공동체의 다른 집단에게 동등하게 보장되어야 할 균등한 기회 자체를 박탈하는 것이어서는 아니되는데, 가산점제도는 아무런 재정적 뒷받침없이 제대군인을 지원하려 한 나머지 결과적으로 여성과 장애인 등 이른바 사회적 약자들의 희생을 초래하고 있으며, 각종 국제협약, 실질적 평등 및 사회적 법치국가를 표방하고 있는 우리 헌법과 이를 구체화하고 있는 전체 법체계 등에 비추어 우리 법체계내에 확고히 정립된 기본질서라고 할 '여성과 장애인에 대한 차별금지와 보호'에도 저촉되므로 정책수단으로서의 적합성과 합리성을 상실한 것이다.

나. 가산점제도는 수많은 여성들의 공직진출에의 희망에 걸림돌이 되고 있으며, 공무원채용시험의 경쟁률이 매우 치열하고 합격선도 평균 80점을 훨씬 상회하고 있으며 그 결과 불과 영점 몇 점 차이로 당락이 좌우되고 있는 현실에서 각 과목별 득점에 각 과목별 만점의 5퍼센트 또는 3퍼센트를 가산함으로써 합격여부에 결정적 영향을 미쳐 가산점을 받지 못하는 사람들을 6급이하의 공무원 채용에 있어서 실질적으로 거의 배제하는 것과 마찬가지의 결과를 초래하고 있고, 제대군인에 대한 이러한 혜택을 몇 번이고 아무런 제한없이 부여함으로써 한 사람의 제대군인을 위하여 몇 사람의 비(非)제대군인의 기회가 박탈당할 수 있게 하는 등 차별취급을 통하여 달성하려는 입법목적의 비중에 비하여 차별로 인한 불평등의 효과가 극심하므로 가산점제도는 차별취급의 비례성을 상실하고 있다.

다. 그렇다면 가산점제도는 제대군인에 비하여, 여성 및 제대군인이 아닌 남성을 부당한 방법으로 지나치게 차별하는 것으로서 헌법 제11조에 위배되며, 이로 인하여 청구인들의 평등권이 침해된다.

5. 헌법 제25조의 공무담임권 조항은 모든 국민이 누구나 그 능력과 적성에 따라 공직에 취임할 수 있는 균등한 기회를 보장함을 내용으로 하므로, 공직자선발에 관하여 능력주의에 바탕한 선발기준을 마련하지 아니하고 해당 공직이 요구하는 직무수행능력과 무관한 요소를 기준으로 삼는 것은 국민의 공직취임권을 침해하는 것이 되는바, 제대군인 지원이라는 입법목적은 예외적으로 능력주의를 제한할 수 있는 정당한 근거가 되지 못하는데도 불구하고 가산점제도는 능력주의에 기초하지 아니하고 성별, '현역복무를 감당할 수 있을 정도로 신체가 건강한가'와 같은 불합리한 기준으로 여성과 장애인 등의 공직취임권을 지나치게 제약하는 것으로서 헌법 제25조에 위배되고, 이로 인하여 청구인들의 공무담임권이 침해된다.

2) 국가유공자에 대한 가산점제도: 국가유공자등예우및지원에관한법률 제34조 제1항 위헌확인 - 헌재 2001.02.22. 2000헌마25

【판시사항】

1. 국가유공자와 그 유족 등 취업보호대상자가 국가기관이 실시하는 채용시험에 응시하는 경우에 10%의 가점을 주도록 한 이 사건 가산점제도가 평등권을 침해하는지 여부를 심사함에 있어 적용되는 심사의 기준
2. 이 사건 가산점제도가 평등권을 침해하는지 여부 (소극)
3. 이 사건 가산점제도가 공무담임권을 침해하는지 여부 (소극)

【결정요지】

1. 평등권의 침해 여부에 대한 심사는 그 심사기준에 따라 자의금지원칙에 의한 심사와 비례의 원칙에 의한 심사로 크게 나누어 볼 수 있는데, 국가유공자등예우및지원에관한법률 제34조 제1항 중 같은 법률 제30조 제1항 소정의 "국가기관"에 관한 부분의 규정에 따라 국가유공자와 그 유족 등 취업보호대상자가 국가기관이 실시하는 채용시험에 응시하는 경우에 10%의 가점을 주도록 하고 있는 이 사건의 경우는 비교집단이 일정한 생활영역에서 경쟁관계에 있는 경우로서 국가유공자와 그 유족 등에게 가산점의 혜택을 부여하는 것은 그 이외의 자들에게는 공무담임권 또는 직업선택의 자유에 대한 중대한 침해를 의미하게 되므로, 헌법재판소가 1999. 12. 23. 선고한 98헌마363 사건의 결정에서 비례의 원칙에 따른 심사를 하여야 할 경우의 하나로 들고 있는 차별적 취급으로 인하여 관련 기본권에 대한 중대한 제한을 초래하게 되는 경우에 해당하여 원칙적으로 비례심사를 하여야 할 것이나, 구체적인 비례심사의 과정에서는 헌법 제32조 제6항이 근로의 기회에 있어서 국가유공자 등을 우대할 것을 명령하고 있는 점을 고려하여 보다 완화된 기준을 적용하여야 할 것이다.

2. 가. 이 사건 가산점제도의 입법목적은 국가유공자와 그 유족 등에게 가산점의 부여를 통해 헌법 제32조 제6항이 규정하고 있는 우선적 근로의 기회를 제공함으로써 이들의 생활안정을 도모하고, 다시 한번 국가사회에 봉사할 수 있는 기회를 부여하기 위한 것으로서 그 목적의 정당성이 인정되고, 이 사건 가산점제도는 위와 같은 입법목적을 달성함에 있어 정책수단으로서의 적합성을 가지고 있으며, 헌법 제32조 제6항에서 국가유공자 등의 근로의 기회를 우선적으로 보호한다고 규정함으로써 그 이외의 자의 근로의 기회는 그러한 범위내에서 제한될 것이 헌법적으로 예정되어 있는 이상 차별대우의 필요성의 요건을 엄격하게 볼 것은 아니므로, 차별대우의 필요성의 요건도 충족되었다고 할 것이다.
나. 공무원 채용시험에 있어 전체 합격자 중 취업보호대상자가 차지하는 비율 등에 비추어 볼 때 전체적으로 입법목적의 비중과 차별대우의 정도가 균형을 이루고 있다고 할 것이므로, 개별적 시험에 있어서 일부 소수직렬의 경우 채용인원이나 시험의 난이도 등에 따라 취업보호대상자 이외의 자가 합격하기 매우 어렵게 되거나 합격 자체가 불가능하게 되는 일이 발생할 수 있다고 하여 이러한 점만으로 그 균형이 깨졌다고 볼 것은 못된다. 무엇보다도 헌법재판소가 위헌으로 선언한 제대군인가산점제도는 헌법이 특히 금지하고 있는 여성차별적인 성격을 띠고 있는데 반하여, 이 사건 가산점제도는 국가유공자 등에게 우선적으로 근로의 기회를 제공할 것을 규정하고 있는 헌법 제32조 제6항에 근거를 두고 있는 제도라는 점을 고려하면, 위와 같은 일부 문제점에도 불구하고 이 사건 가산점제도가 법익균형성을 상실한 제도라고는 볼 수 없다.
다. 따라서 이 사건 가산점제도는 국가유공자와 그 유족 등에 비하여 그 이외의 자를 비례의 원칙에 반하여 차별하는 것으로는 볼 수 없으므로, 청구인의 평등권을 침해하지 아니한다.

3. 헌법 제25조가 보장하고 있는 비선거직공직에 대한 공직취임권은 모든 국민에게 누구나 그 능력과 적성에 따라 공직에 취임할 수 있는 균등한 기회를 보장한다는 뜻으로 보아야 할 것이므로, 원칙적으로 공직자선발에 있어 해당 공직이 요구하는 직무수행능력과 무관한 요소인 성별 · 종교 · 사회적 신분 · 출신지역 등을 이유로 하는 어떠한 차별도 허용되지 않는다고 할 것이나, 헌법의 기본원리나 특정조항에 비추어 능력주의 원칙에 대한 예외를 인정할 수 있는 경우가 있고, 이러한 헌법적 요청이 있는 경우에는 합리적 범위 안에서 능력주의가 제한될 수 있다. 이 사건 가산점제도에 의한 공직취임권의 제한은 헌법 제32조 제6항에 헌법적 근거를 두고 있는 능력주의의 예외로서, 평등권 침해 여부와 관련하여 앞에서 이미 자세히 살펴 본 바와 같이 비례의 원칙 내지 과잉금지의 원칙에 위반된 것으로도 볼 수 없으므로, 이 사건 가산점제도는 청구인의 공무담임권을 침해하지 아니한다.

3) 국가유공자의 가족에 대한 가산점제도: 국가유공자등예우및지원에관한법률 제31조 제1항 등 위헌확인 – 헌재 2001.02.22. 2000헌마25

【판시사항】

1. 종전 합헌결정의 변경 필요성
2. 국·공립학교의 채용시험에 국가유공자와 그 가족이 응시하는 경우 만점의 10퍼센트를 가산하도록 규정하고 있는 국가유공자등예우및지원에관한법률 제31조 제1항·제2항, 독립유공자예우에관한법률 제16조 제3항 중 국가유공자등예우및지원에관한법률 제31조 제1항·제2항 준용부분, 5·18민주유공자예우에관한법률 제22조 제1항·제2항(이하 이들을 '이 사건 조항'이라 한다)이 기타 응시자들의 평등권과 공무담임권을 침해하는지 여부(적극)
3. 종전 결정의 변경범위를 판시한 예
4. 위헌인 법률조항에 대하여 헌법불합치결정 및 잠정적용 명령을 선고한 예

【결정요지】

1. 헌법재판소는 2001. 2. 22. 선고 2000헌마25 결정(이하 '종전 결정'이라 한다)에서, 이 사건 조항과 동일한 내용을 지닌 구 국가유공자등예우및지원에관한법률 규정(제34조 제1항 중 동법 제30조 제1호 소정의 '국가기관' 부분)이 일반 응시자의 평등권이나 공무담임권을 침해하지 않는다고 판단하였다. 이 사건에서는 다음과 같은 점에서 종전 결정과 달리 판단될 필요가 있다.

가. 가산점 수혜대상이 되는 취업보호대상자가 1984년 이후 대폭 증가하여 온 것에 더하여, 종전 결정 이후인 2002년에는 광주민주유공자예우에관한법률이, 2004년에는 특수임무수행자지원에관한 법률이, 해당자들과 그 유가족에게 가산점 혜택이 주어지고 있다. 또한 2000년부터 보훈대상자(가산점 수혜대상자)가 비약적으로 증가하고 있으며, 이는 보훈대상자가 되는 가족들이 늘어나기 때문이다.

나. 국가공무원직 7급의 경우, 국가유공자 가산점 수혜자의 합격률이 2002년도에는 전체 합격자의 30.3%(189명), 2003년도 25.1%(159명), 2004년도 34.2%(163명)에 이르고 있으며, 국가공무원직 9급의 경우, 2002년도에는 26.9%(784명), 2003년도 17.6%(331명), 2004년도 15.7% (282명)에 이르고 있다. 한편 2005. 6. 30. 현재 우선적 근로기회를 부여받은 취업보호대상자(가산점 수혜자)는 86,862명인데 이 중 7,013명(8%)만이 국가유공자(상이군경 등 포함) 본인이고, 79,849명(92%)이 그들의 유·가족이며, 그 중 국가유공자의 자녀가 차지하는 비율은 83.7% (72,777명)이다. 이러한 추세는 국가유공자 가산점제도가 오늘날 국가유공자 본인을 위한 것이라기보다는 그 가족을 위한 것으로 변질되고 있는 것을 보여준다.

다. 종전 결정에서 헌법재판소는 헌법 제32조 제6항의 "국가유공자·상이군경 및 전몰군경의 유가족은 법률이 정하는 바에 의하여 우선적으로 근로의 기회를 부여받는다."는 규정을 넓게 해석하여, 이 조항이 국가유공자 본인뿐만 아니라 가족들에 대한 취업보호제도(가산점)의 근거가 될

수 있다고 보았다. 그러나 오늘날 가산점의 대상이 되는 국가유공자와 그 가족의 수가 과거에 비하여 비약적으로 증가하고 있는 현실과, 취업보호대상자에서 가족이 차지하는 비율, 공무원시험의 경쟁이 갈수록 치열해지는 상황을 고려할 때, 위 조항의 폭넓은 해석은 필연적으로 일반 응시자의 공무담임의 기회를 제약하게 되는 결과가 될 수 있으므로 위 조항은 엄격하게 해석할 필요가 있다. 이러한 관점에서 위 조항의 대상자는 조문의 문리해석대로 "국가유공자", "상이군경", 그리고 "전몰군경의 유가족"이라고 봄이 상당하다.

2. 가. 이 사건 조항은 일반 응시자들의 공직취임의 기회를 차별하는 것이며, 이러한 기본권 행사에 있어서의 차별은 차별목적과 수단 간에 비례성을 갖추어야만 헌법적으로 정당화될 수 있다. '국가유공자의 가족'의 경우 가산점의 부여는 헌법이 직접 요청하고 있는 것이 아니고, 그러한 법률상의 입법정책은 능력주의 또는 성과주의를 바탕으로 하여야 하는 공직취임권의 규율에 있어서 중요한 예외를 구성한다. 헌법적 요청이 있는 경우에는 합리적 범위 안에서 능력주의가 제한될 수 있지만, 단지 법률적 차원의 정책적 관점에서 능력주의의 예외를 인정하려면 해당 공익과 일반응시자의 공무담임권의 차별 사이에 엄밀한 법익형량이 이루어져야 한다.

이 사건 조항으로 인한 공무담임권의 차별효과는 앞서 본 바와 같이 심각한 반면, 국가유공자 가족들에 대하여 아무런 인원제한도 없이 매 시험마다 10%의 높은 가산점을 부여해야만 할 필요성은 긴요한 것이라고 보기 어렵고, 입법목적을 감안하더라도 일반 응시자들의 공무담임권에 대한 차별효과가 지나친 것이다.

이 사건 조항의 경우 명시적인 헌법적 근거 없이 국가유공자의 가족들에게 만점의 10%라는 높은 가산점을 부여하고 있는바, 그러한 가산점 부여 대상자의 광범위성과 가산점 10%의 심각한 영향력과 차별효과를 고려할 때, 그러한 입법정책만으로 헌법상의 공정경쟁의 원리와 기회균등의 원칙을 훼손하는 것은 부적절하며, 국가유공자의 가족의 공직 취업기회를 위하여 매년 많은 일반 응시자들에게 불합격이라는 심각한 불이익을 입게 하는 것은 정당화될 수 없다. 이 사건 조항의 차별로 인한 불평등 효과는 입법목적과 그 달성수단 간의 비례성을 현저히 초과하는 것이므로, 이 사건 조항은 청구인들과 같은 일반 공직시험 응시자들의 평등권을 침해한다.

나. 이 사건 조항이 공무담임권의 행사에 있어서 일반 응시자들을 차별하는 것이 평등권을 침해하는 것이라면, 같은 이유에서 이 사건 조항은 그들의 공무담임권을 침해하는 것이다.[77)]

3. 이 사건 조항이 일반 응시자의 공무담임권과 평등권을 침해한다는 판단과는 달리, 국가기관이 채용시험에서 국가유공자의 가족에게 10%의 가산점을 부여하는 규정이 기본권을 침해하지 아니한다고 판시한 종전 결정(2001. 2. 22. 선고 2000헌마25 결정)은 이 결정의 견해와 저촉되는 한도 내에서 이를 변경한다.

4. 이 사건 조항의 위헌성은 국가유공자 등과 그 가족에 대한 가산점제도 자체가 입법정책상 전혀 허용될 수 없다는 것이 아니고, 그 차별의 효과가 지나치다는 것에 기인한다. 그렇다면 입법

자는 공무원시험에서 국가유공자의 가족에게 부여되는 가산점의 수치를, 그 차별효과가 일반 응시자의 공무담임권 행사를 지나치게 제약하지 않는 범위 내로 낮추고, 동시에 가산점 수혜 대상자의 범위를 재조정하는 등의 방법으로 그 위헌성을 치유하는 방법을 택할 수 있을 것이다. 따라서 이 사건 조항의 위헌성의 제거는 입법부가 행하여야 할 것이므로 이 사건 조항에 대하여는 헌법불합치결정을 하기로 한다. 한편 입법자가 이 사건 조항을 개정할 때까지 가산점 수혜대상자가 겪을 법적 혼란을 방지할 필요가 있으므로, 그 때까지 이 사건 조항의 잠정적용을 명한다.

입법자는 되도록 빠른 시일 내에, 늦어도 2007. 6. 30.까지 대체입법을 마련함으로써 이 사건 조항의 위헌적인 상태를 제거하여야 할 것이며, 그 때까지 대체입법이 마련되지 않는다면 2007. 7. 1.부터 이 사건 조항은 효력을 잃는다.

77) 재판관 윤영철, 재판관 권 성의 반대의견

국가유공자에 대한 예우는 유공자에 대한 현창(顯彰)과 포상(褒賞)을 그 본질로 한다. 국가의 통합 · 존속 · 발전을 지향하는 목표를 가진 우리 헌법이 국가유공자예우의 문제를 특별히 규정하고 있는 깊은 뜻은, 유공자예우의 문제가 국가의 통합 · 존속 · 발전에 얼마나 긴요한 것인가를 분명히 일깨우려 하는 데 있는 것이다.

부당한 예우로 인한 부담과 부작용을 고려하면서 가능한 한 최대의 성의로 현창과 포상을 하는 것이 국가유공자에 대한 예우의 원칙이다. 국가유공자 본인의 사망, 부상 등이 그 가족에게 불가피하게 정신적 · 경제적 고통을 주고, 그 자녀가 성장과 교육의 과정에서 큰 장애를 겪기 때문에 가산점부여의 방법으로 도와주지 않으면 유공자 본인에 대한 지원과 배려가 사실상 빛이 바래고 말 위험이 있다. 이 사건 조항이 국가유공자 본인뿐만 아니라 그 가족에게도 가산점 혜택을 주는 것은 기본적으로 헌법 제32조 제6항의 의미와 내용에 부합한다.

이 사건 조항에 의한 차별은 헌법 제32조 제6항으로부터 당연히 도출되는 결과이므로 차별 자체는 평등의 원칙에 위반되는 것이 아니다. 다만 구체적 수단이 현저하게 불합리하고 제도의 본질을 벗어난 무리한 것이라고 인정될 경우에만 평등의 원칙에 어긋나서 위헌이 된다.

국가유공자와 그 가족에게 채용시험에서 가산점을 주는 것은 그들의 생계와 사회적 지위를 안정시키고 금전적 지원이 일시적 효과로 그치고 말 위험이 있는 점, 가산점 없이는 국가유공자와 그 가족의 공직 취업률은 극히 저조하게 될 것인 점을 생각하면 그 적절성이 인정된다. 한편, 실제의 상황을 보면 현재의 공무원 인원 중 이 가산점으로 합격한 사람의 수는 약 3%에 불과할 뿐인 데다가, 2005. 7. 29. 개정된 법률이 선발예정인원의 30퍼센트를 초과할 수 없게 상한을 한정하고 있어, 이 가산점의 비율이 다른 국민이 수인할 수 없을 정도로 다른 국민의 권리나 기회를 제약한다거나 국가의 운영에 중대한 지장을 초래할 정도로 크다고 볼 수는 없다.

유공자에 대한 가산점 부여의 제도는 이를 현저히 불합리하고 제도의 본질을 벗어나는 무리한 것이라고 볼 자료가 없다. 유공자의 범위에 만일 문제가 있다면 그 범위를 입법으로 조정하면 될 것이다. 결론적으로 이 사건 조항에 의한 가산점 제도는 공무원시험에 응시하는 일반 국민의 공무담임권을 평등의 원칙에 위배하여 침해하는 것이 아니다.

제3절 생명권, 신체의 자유

Ⅰ. 생명권

1. 생명권의 의의

인간의 생명은 고귀하고, 이 세상에서 무엇과도 바꿀 수 없는 존엄한 인간존재의 근원이다. 이러한 생명에 대한 권리는 비록 헌법에 명문의 규정이 없다 하더라도 인간의 생존본능과 존재목적에 바탕을 둔 선험적이고 자연법적인 권리로서 헌법에 규정된 모든 기본권의 전제로서 기능하는 기본권 중의 기본권이라 할 것이다(1996. 11. 28. 95헌바1).

2. 주요 판례

1) 사형제도에 관한 형법 제41조 위헌제청 – 2010. 2. 25. 2008헌가23: 합헌(5):위헌(4)

【판시사항】

1. 재판의 전제성에 관한 제청법원의 법률적 견해가 명백히 유지될 수 없어 재판의 전제성이 부인된 사례
2. 사형제도에 대한 위헌심사의 범위
3. 사형제도의 헌법적 근거
4. 헌법 제37조 제2항에 의하여 생명권을 제한할 수 있는지 여부(적극) 및 생명권의 제한이 곧 생명권의 본질적 내용에 대한 침해인지 여부(소극)
5. 사형제도가 헌법 제37조 제2항에 위반하여 생명권을 침해하는지 여부(소극)
6. 사형제도가 인간의 존엄과 가치를 규정한 헌법 제10조에 위반되는지 여부(소극)
7. 가석방이 불가능한 이른바 '절대적 종신형'이 아니라 가석방이 가능한 이른바 '상대적 종신형'만을 규정한 현행 무기징역형제도가 평등원칙이나 책임원칙에 위반되는지 여부(소극)
8. 형법 제250조 제1항 중 '사형, 무기의 징역에 처한다'는 부분이 비례의 원칙이나 평등원칙에 위반되는지 여부(소극)
9. 구 '성폭력범죄의 처벌 및 피해자보호 등에 관한 법률'(1997. 8. 22. 법률 제5343호로 개정되고 2008. 6. 13. 법률 제9110호로 개정되기 전의 것) 제10조 제1항 중 "사형 또는 무기징역에 처한다."는 부분이 비례의 원칙이나 평등원칙에 위반되는지 여부(소극)

【결정요지】

1. 가석방의 요건에 관한 규정은 사법부에 의하여 형이 선고·확정된 이후의 집행에 관한 문제일 뿐 이 사건 당해 재판 단계에서 문제될 이유는 없고, 달리 위 규정이 당해 사건에 적용될 법률조항임을 인정할 자료를 찾아 볼 수 없으므로, 이 사건 위헌제청 중 형법 제72조 제1항 중 '무기징역' 부분은 재판의 전제성이 없어 부적법하다.

2. 사형제도가 위헌인지 여부의 문제는 성문 헌법을 비롯한 헌법의 법원을 토대로 헌법규범의 내용을 밝혀 사형제도가 그러한 헌법규범에 위반하는지 여부를 판단하는 것으로서 헌법재판소에 최종적인 결정권한이 있는 반면, 사형제도를 법률상 존치시킬 것인지 또는 폐지할 것인지의 문제는 사형제도의 존치가 필요하거나 유용한지 또는 바람직한지에 관한 평가를 통하여 민주적 정당성을 가진 입법부 가 결정할 입법정책적 문제이지 헌법재판소가 심사할 대상은 아니다.

그리고 극악한 범죄 중 극히 일부에 대하여서라도 헌법질서내에서 사형이 허용될 수 있다고 한다면 사형제도 자체를 위헌이라고 할 수는 없고, 사형제도 자체의 합헌성을 전제로 사형이 허용되는 범죄유형을 어느 범위까지 인정할 것인지가 문제될 뿐이며, 이는 개별 형벌조항의 위헌성 여부의 판단을 통하여 해결할 문제이다.

3. 헌법 제110조 제4항은 법률에 의하여 사형이 형벌로서 규정되고 그 형벌조항의 적용으로 사형이 선고될 수 있음을 전제로 하여, 사형을 선고한 경우에는 비상계엄하의 군사재판이라도 단심으로 할 수 없고 사법절차를 통한 불복이 보장되어야 한다는 취지의 규정으로, 우리 헌법은 문언의 해석상 사형제도를 간접적으로나마 인정하고 있다.

4. 헌법은 절대적 기본권을 명문으로 인정하고 있지 아니하며, 헌법 제37조 제2항에서는 국민의 모든 자유와 권리는 국가안전보장·질서유지 또는 공공복리를 위하여 필요한 경우에 한하여 법률로써 제한할 수 있도록 규정하고 있어, 비록 생명이 이념적으로 절대적 가치를 지닌 것이라 하더라도 생명에 대한 법적 평가가 예외적으로 허용될 수 있다고 할 것이므로, 생명권 역시 헌법 제37조 제2항에 의한 일반적 법률유보의 대상이 될 수밖에 없다. 나아가 생명권의 경우, 다른 일반적인 기본권 제한의 구조와는 달리, 생명의 일부 박탈이라는 것을 상정할 수 없기 때문에 생명권에 대한 제한은 필연적으로 생명권의 완전한 박탈을 의미하게 되는바, 위와 같이 생명권의 제한이 정당화될 수 있는 예외적인 경우에는 생명권의 박탈이 초래된다 하더라도 곧바로 기본권의 본질적인 내용을 침해하는 것이라 볼 수는 없다.

5. (가) 사형은 일반국민에 대한 심리적 위하를 통하여 범죄의 발생을 예방하며 극악한 범죄에 대한 정당한 응보를 통하여 정의를 실현하고, 당해 범죄인의 재범 가능성을 영구히 차단함으로써 사회를 방어하려는 것으로 그 입법목적은 정당하고, 가장 무거운 형벌인 사형은 입법목적의 달성을 위한 적합한 수단이다.

(나) 사형은 무기징역형이나 가석방이 불가능한 종신형보다도 범죄자에 대한 법익침해의 정도가 큰 형벌로서, 인간의 생존본능과 죽음에 대한 근원적인 공포까지 고려하면, 무기징역형 등 자유형보다 더 큰 위하력을 발휘함으로써 가장 강력한 범죄억지력을 가지고 있다고 보아야 하고, 극악한 범죄의 경우에는 무기징역형 등 자유형의 선고만으로는 범죄자의 책임에 미치지 못하게 될 뿐만 아니라 피해자들의 가족 및 일반국민의 정의관념에도 부합하지 못하며, 입법목적의 달성에 있어서 사형과 동일한 효과를 나타내면서도 사형보다 범죄자에 대한 법익침해 정도가 작은 다른 형벌이 명백히 존재한다고 보기 어려우므로 사형제도가 침해최소성원칙에 어긋난다고 할 수 없다. 한편, 오판가능성은 사법제도의 숙명적 한계이지 사형이라는 형벌제도 자체의 문제로 볼 수 없으며 심급제도, 재심제도 등의 제도적 장치 및 그에 대한 개선을 통하여 해결할 문제이지, 오판가능성을 이유로 사형이라는 형벌의 부과 자체가 위헌이라고 할 수는 없다.

(다) 사형제도에 의하여 달성되는 범죄예방을 통한 무고한 일반국민의 생명 보호 등 중대한 공익의 보호와 정의의 실현 및 사회방위라는 공익은 사형제도로 발생하는 극악한 범죄를 저지른 자의 생명권이라는 사익보다 결코 작다고 볼 수 없을 뿐만 아니라, 다수의 인명을 잔혹하게 살해하는 등의 극악한 범죄에 대하여 한정적으로 부과되는 사형이 그 범죄의 잔혹함에 비하여 과도한 형벌이라고 볼 수 없으므로, 사형제도는 법익균형성원칙에 위배되지 아니한다.

6. 사형제도는 우리 헌법이 적어도 간접적으로나마 인정하고 있는 형벌의 한 종류일 뿐만 아니라, 사형제도가 생명권 제한에 있어서 헌법 제37조 제2항에 의한 헌법적 한계를 일탈하였다고 볼 수 없는 이상, 범죄자의 생명권 박탈을 내용으로 한다는 이유만으로 곧바로 인간의 존엄과 가치를 규정한 헌법 제10조에 위배된다고 할 수 없으며, 사형제도는 형벌의 경고기능을 무시하고 극악한 범죄를 저지른 자에 대하여 그 중한 불법 정도와 책임에 상응하는 형벌을 부과하는 것으로서 범죄자가 스스로 선택한 잔악무도한 범죄행위의 결과인바, 범죄자를 오로지 사회방위라는 공익 추구를 위한 객체로만 취급함으로써 범죄자의 인간으로서의 존엄과 가치를 침해한 것으로 볼 수 없다. 한편 사형을 선고하거나 집행하는 법관 및 교도관 등이 인간적 자책감을 가질 수 있다는 이유만으로 사형제도가 법관 및 교도관 등의 인간으로서의 존엄과 가치를 침해하는 위헌적인 형벌제도라고 할 수는 없다.

7. 절대적 종신형제도는 사형제도와는 또 다른 위헌성 문제를 야기할 수 있고, 현행 형사법령 하에서도 가석방제도의 운영 여하에 따라 사회로부터의 영구적 격리가 가능한 절대적 종신형과 상대적 종신형의 각 취지를 살릴 수 있다는 점 등을 고려하면, 현행 무기징역형제도가 상대적 종신형 외에 절대적 종신형을 따로 두고 있지 않은 것이 형벌체계상 정당성과 균형을 상실하여 헌법 제11조의 평등원칙에 반한다거나 형벌이 죄질과 책임에 상응하도록 비례성을 갖추어야 한다는 책임원칙에 반한다고 단정하기 어렵다.

8. 형법 제250조 제1항이 규정하고 있는 살인의 죄는 인간 생명을 부정하는 범죄행위의 전형이고,

이러한 범죄에는 행위의 태양이나 결과의 중대성으로 보아 반인륜적 범죄라고 할 수 있는 극악한 유형의 것들도 포함되어 있을 수 있으므로, 타인의 생명을 부정하는 범죄행위에 대하여 5년 이상의 징역 외에 사형이나 무기징역을 규정한 것은 하나의 혹은 다수의 생명을 보호하기 위하여 필요한 수단의 선택이라고 볼 수밖에 없으므로 비례의 원칙이나 평등의 원칙에 반한다고 할 수 없다.

9. 구 '성폭력범죄의 처벌 및 피해자보호 등에 관한 법률'(1997. 8. 22. 법률 제5343호로 개정되고 2008. 6. 13. 법률 제9110호로 개정되기 전의 것) 제10조 제1항의 범죄구성요건은 살인과 성폭력범죄가 합쳐진 결합범인데, 성폭력범죄자가 타인의 생명까지 침해한 행위에 대하여 행위자의 사형이나 무기징역을 그 불법효과의 하나로서 규정한 것은 하나의 혹은 다수의 생명과 타인의 성적자기결정의 자유를 보호하기 위하여 필요한 수단의 선택이라고 볼 수 있고, 성폭력범죄로 인해 발생하는 개인의 성적자유침해라는 추가적 법익침해를 감안할 때 일반 살인죄의 법정형에서 5년 이상의 유기징역을 제외한 것을 가리켜 비례의 원칙이나 평등의 원칙에 반한다고 할 수 없다.

재판관 이강국의 보충의견

헌법 제10조에서 도출된 생명권과 헌법 제110조 제4항 단서와의 대립관계는 헌법의 통일성의 원칙이나 실제적 조화의 원칙에 따라 위 2개의 법익이 통일적으로, 그리고 실제적으로 가장 잘 조화되고 비례될 수 있도록 해석하여야 한다. 따라서 사형제는 헌법 자체가 긍정하고 있는 형(刑)이지만, 동시에 이와 충돌되는 생명권의 높은 이념적 가치때문에 그 규범영역은 상당부분 양보·축소되어야 할 것이므로 사형의 선고는 정의와 형평에 비추어 불가피한 경우에만, 그것도 비례의 원칙과 최소 침해의 원칙에 따라 행해져야 한다고 해석하는 것이 상당하고, 이러한 해석과는 달리, 생명권의 최상위 기본권성만을 내세워 실정 헌법에서 규정하고 있는 사형제를 가볍게 위헌이라고 부정하는 것은 헌법해석의 범위를 벗어나 헌법의 개정이나 헌법의 변질에 이르게 될 수 있다.

재판관 민형기의 보충의견

현행 헌법질서 내에서의 사형제 자체의 존재 이유 및 필요성은 인정될 수 있으나, 사형의 오·남용 소지와 그에 따른 폐해를 최대한 불식시키고, 잔혹하고도 비이성적이라거나 목적 달성에 필요한 정도를 넘는 과도한 형벌이라는 지적을 면할 수 있도록, 그 적용 대상과 범위를 최소화하는 것이 필요하며, 원칙적으로 사형 대상 범죄는 인간의 생명을 고의적으로 침해하는 범죄나 생명의 침해를 수반할 개연성이 매우 높거나 흉악한 범죄로 인해 치사의 결과에 이른 범죄, 전쟁의 승패나 국가안보와 직접 관련된 범죄 등으로 한정되어야 한다. 입법자는 외국의 입법례 등을 참고하여 국민적 합의를 바탕으로 사형제 전반에 걸친 문제점을 개선하고 필요한 경우 문제가 되는 법률이나 법률조항을 폐지하는 등의 노력을 게을리 하여서는 아니 될 것이다.

재판관 송두환의 보충의견

인간의 존엄성 및 인간 생명의 존엄한 가치를 선명하기 위하여, 역설적으로 그 파괴자인 인간의 생명을 박탈하는 것이 불가피한 예외적 상황도 있을 수 있으므로, 반인륜적인 범죄에 대비하여 사형을 규정한 것으로 한정적으로 이해하는 한 사형제도가 헌법 제10조에 반한다고 볼 수 없고, 반인륜적인 범죄에 대한 법정형 범위에 사형을 포함시킨 것 자체를 '생명권을 공동화한 것'이라고 평가하기 어려우므로 자유와 권리의 본질적인 내용을 침해한 것으로 볼 수 없다. 근본적인 문제는 사형제도 자체에 있는 것이 아니라 사형제도의 남용 및 오용에 있으므로, 형벌조항들을 전면적으로 재검토하여 사형이 선택될 수 있는 범죄의 종류를 반인륜적으로 타인의 생명을 해치는 극악범죄로 한정하고, 사회적, 국가적 법익에만 관련된 각종 범죄의 경우 등에는 법정형에서 사형을 삭제하며, 전체 사법절차가 엄격하고 신중한 적법절차에 의하여 진행되고 '잔혹하고 이상한 형벌' 또는 인간의 존엄성을 무시하거나 해하는 형벌이 되지 않도록 수사 및 재판, 형의 집행 등 모든 절차를 세심하게 다듬고 정비하여야 할 것이다.

재판관 조대현의 일부위헌의견

인간의 생명권은 지고(至高)의 가치를 가지는 것이므로 이를 제한하기 위한 사유도 역시 지고의 가치를 가지는 인간의 생명을 보호하거나 구원하기 위한 것이라야 하는데, 범죄에 대한 형벌로서 범죄자를 사형시키는 것은 이미 이루어진 법익침해에 대한 응보에 불과하고, 살인자를 사형시킨다고 하여 피살자의 생명이 보호되거나 구원되지 아니하므로, 사형제도는 인간의 생명을 박탈하기에 필요한 헌법 제37조 제2항의 요건을 갖추지 못하였으며, 생명권의 본질적인 내용을 침해하는 것이라고 보지 않을 수 없다. 다만, 헌법 제110조 제4항 단서가 비상계엄 하의 군사재판에서 사형을 선고하는 경우를 인정하고 있으므로, 비상계엄 하의 군사재판이라는 특수상황에서 사형을 선고하는 것은 헌법 스스로 예외적으로 허용하였다고 봄이 상당하다. 따라서 사형제도는 헌법 제110조 제4항 단서에 해당되는 경우에 적용하면 헌법에 위반된다고 할 수 없지만, 헌법 제110조 제4항 단서에 해당되지 않는 경우에 적용하면 생명권을 침해할 정당한 사유도 없이 생명권의 본질적인 내용을 침해하는 것으로서 헌법 제37조 제2항에 위반된다.

재판관 김희옥의 위헌의견

(1) 헌법 제110조 제4항 단서의 규정은 그 도입 배경이나 규정의 맥락을 고려할 때, 법률상 존재하는 사형의 선고를 억제하여 최소한의 인권을 존중하기 위하여 규정된 것이므로 간접적으로도 헌법상 사형제도를 인정하는 근거 규정이라고 보기 어렵다.

(2) 사형제도는 인간의 존엄과 가치를 천명하고 생명권을 보장하는 우리 헌법 체계에서는 입법목적 달성을 위한 적합한 수단으로 인정할 수 없고, 사형제도를 통하여 확보하고자 하는 형벌로서의 기능을 대체할 만한 가석방 없는 무기자유형 등의 수단을 고려할 수 있으므로 피해의 최소성 원칙에도 어긋나며, 사형 당시에는 사형을 통해 보호하려는 타인의 생명권이나 중대한 법익은 이미 그 침해가 종료되어 범죄인의 생명이나 신체를 박탈해야 할 긴급성이나 불가피성이 없고 사형을 통해 달성하려는 공익에 비하여 사형으로 인하여 침해되는 사익의 비중이 훨씬 크므로 법익의 균형성도 인정되지 아니한다. 또한 사형제도는 이미 중대 범죄가 종료되어 상당 기간이 지난 후 체포되어 수감 중인, 한 인간의 생명을 일정한 절차에 따라 빼앗는 것을 전제로 하므로, 생명에 대

한 법적 평가가 필요한 예외적인 경우라고 볼 수 없어 생명권의 본질적 내용을 침해하고, 신체의 자유의 본질적 내용까지도 침해한다.

(3) 사형제도는 범죄인을 사회전체의 이익 또는 다른 범죄의 예방을 위한 수단 또는 복수의 대상으로만 취급하고 한 인간으로서 자기의 책임 하에 반성과 개선을 할 최소한의 도덕적 자유조차 남겨주지 아니하는 제도이므로 헌법 제10조가 선언하는 인간의 존엄과 가치에 위배되며, 법관이나 교도관 등 직무상 사형제도의 운영에 관여하여야 하는 사람들로 하여금 인간의 생명을 계획적으로 빼앗는 과정에 참여하게 함으로써 그들을 인간으로서의 양심과 무관하게 국가목적을 위한 수단으로 전락시키고 있다는 점에서 그들의 인간으로서의 존엄과 가치 또한 침해한다.

재판관 김종대의 위헌의견

(1) 헌법 제37조 제2항 후단은 그 내용이 본질적인 부분과 그렇지 않은 부분의 중층적 구조로 구성된 기본권의 제한에 관한 규정이고, 성질상 본질적인 부분과 그렇지 않은 부분이 구별되지 않는 생명권과 같은 경우에는 그 적용이 없으므로, 생명권에 대해서도 헌법 제37조 제2항 전단에 따라 그 제한이 가능하고 그 제한의 정당화 여부는 비례의 원칙에 따른 심사를 통해 판단하여야 한다.

(2) 형벌로서 사형을 부과할 당시에는 국가의 존립이나 피해자의 생명이 범인의 생명과 충돌하는 상황은 이미 존재하지 않으며, 국가가 범인을 교도소에 계속해서 수용하고 있는 한 개인과 사회를 보호하는 목적은 범인을 사형시켰을 때와 똑같이 달성될 수 있다. 사형제도는 범죄억제라는 형사정책적 목적을 위해 사람의 생명을 빼앗는 것으로 그 자체로 인간으로서의 존엄과 가치에 반하고, 사형제도를 통해 일반예방의 목적이 달성되는지도 불확실하다. 다만, 지금의 무기징역형은 개인의 생명과 사회의 안전의 방어라는 점에서 사형의 효력을 대체할 수 없으므로, 가석방이나 사면 등의 가능성을 제한하는 최고의 자유형이 도입되는 것을 조건으로 사형제도는 폐지되어야 한다.

재판관 목영준의 위헌의견

(1) 생명권은 개념적으로나 실질적으로나 본질적인 부분을 그렇지 않은 부분과 구분하여 상정할 수 없어 헌법상 제한이 불가능한 절대적 기본권이라고 할 수 밖에 없고, 생명의 박탈은 곧 신체의 박탈도 되므로 사형제도는 생명권과 신체의 자유의 본질적 내용을 침해하는 것이다.

(2) 사형제도는 사회로부터 범죄인을 영원히 배제한다는 점 이외에는 형벌의 목적에 기여하는 바가 결코 명백하다고 볼 수 없고, 우리나라는 국제인권단체로부터 사실상의 사형폐지국으로 분류되고 있어 사형제도가 실효성을 상실하여 더 이상 입법목적 달성을 위한 적절한 수단이라고 할 수 없으며, 절대적 종신형제 또는 유기징역제도의 개선 등 사형제도를 대체할 만한 수단을 고려할 수 있음에도, 생명권을 박탈하는 것은 피해의 최소성 원칙에도 어긋나고, 사형을 통해 침해되는 사익은 범죄인에게는 절대적이고 근원적인 기본권인 반면, 이를 통해 달성하고자 하는 공익은 다른 형벌에 의하여 상당 수준 달성될 수 있어 공익과 사익 간에 법익의 균형성이 갖추어졌다고 볼 수 없다.

(3) 사형은 악성이 극대화된 흥분된 상태의 범죄인에 대하여 집행되는 것이 아니라 이성이 일부라도 회복된 안정된 상태의 범죄인에 대하여 생명을 박탈하는 것이므로 인간의 존엄과 가치에 위배되며, 직무상 사형제도의 운영에 관여하여야 하는 사람들로 하여금 그들의 양심과 무관하게 인간의 생명을 계획적으로 박탈하는 과정에 참여하게 함으로써, 그들의 인간으로서 가지는 존엄과 가치 또한 침해한다.

(4) 사형제도가 헌법에 위반되어 폐지되어야 한다고 하더라도 이를 대신하여 흉악범을 사회로부터 영구히 격리하는 실질적 방안이 강구되어야 하는바, 가석방이 불가능한 절대적 종신형제도를 사형제도를 도입하고, 엄중한 유기징역형을 선고할 수 있도록 경합범합산 규정을 수정하고 유기징역형의 상한을 대폭 상향조정해야 하므로, 형벌의 종류로서 사형을 열거하고 있는 형법 제41조 제1호를 위헌으로 선언함과 동시에, 무기징역형, 경합범 가중규정, 유기징역형 상한 및 가석방에 관한 현행 법규정들이 헌법에 합치되지 않음을 선언하여야 한다.

2) 종전결정- 형법 제250조 등 위헌소원 – 1996. 11. 28. 95헌바1-합헌(7):위헌(2)

【판시 사항】
1. 死刑制度가 憲法에 위반되는지 여부
2. 殺人罪에 대하여 死刑에 처할 수 있도록 규정한 刑法 제250조 제1항이 憲法에 위반되는지 여부

【결정 요지】
1. (가) 生命權 역시 憲法 제37조 제2항에 의한 일반적 법률유보의 대상이 될 수밖에 없는 것이나, 生命權에 대한 제한은 곧 生命權의 완전한 박탈을 의미한다 할 것이므로, 死刑이 比例의 원칙에 따라서 최소한 동등한 가치가 있는 다른 생명 또는 그에 못지 아니한 公共의 利益을 보호하기 위한 불가피성이 충족되는 예외적인 경우에만 적용되는 한, 그것이 비록 생명을 빼앗는 刑罰이라 하더라도 憲法 제37조 제2항 단서에 위반되는 것으로 볼 수는 없다.

(나) 모든 인간의 생명은 자연적 존재로서 동등한 가치를 갖는다고 할 것이나 그 동등한 가치가 서로 충돌하게 되거나 생명의 침해에 못지 아니한 중대한 공익을 침해하는 등의 경우에는 국민의 생명 · 재산 등을 보호할 책임이 있는 국가는 어떠한 생명 또는 법익이 보호되어야 할 것인지 그 규준을 제시할 수 있는 것이다. 인간의 생명을 부정하는 등의 범죄행위에 대한 불법적 효과로서 지극히 한정적인 경우에만 부과되는 사형은 죽음에 대한 인간의 본능적 공포심과 범죄에 대한 응보욕구가 서로 맞물려 고안된 "필요악"으로서 불가피하게 선택된 것이며 지금도 여전히 제 기능을 하고 있다는 점에서 정당화될 수 있다. 따라서 사형은 이러한 측면에서 헌법상의 비례의 원칙에 반하지 아니한다 할 것이고, 적어도 우리의 현행 헌법이 스스로 예상하고 있는 형벌의 한 종류이기도 하므로 아직은 우리의 헌법질서에 반하는 것으로 판단되지 아니한다.

2. 刑法 제250조 제1항이 규정하고 있는 殺人의 罪는 인간생명을 부정하는 犯罪행위의 전형이고, 이러한 犯罪에는 그 행위의 태양이나 결과의 중대성으로 미루어 보아 反人倫的 犯罪라고 규정지워질 수 있는 極惡한 유형의 것들도 포함되어 있을 수 있는 것이다. 따라서 死刑을 刑罰의 한 종류로서 合憲이라고 보는 한 그와 같이 他人의 生命을 부정하는 犯罪行爲에 대하여 행위자의 生命을 부정하는 死刑을 그 불법효과의 하나로서 규정한 것은 행위자의 生命과 그 가치가 동일한 하나의 혹은 다수의 生命을 보호하기 위한 불가피한 수단의 선택이라고 볼 수 밖에 없으므로 이를 가리켜 比例의 원칙에 반한다고 할 수 없어 憲法에 위반되는 것이 아니다.

재판관 김진우의 반대의견

1. 憲法 제10조에 규정된 인간의 尊嚴性에 대한 존중과 보호의 요청은 刑事立法, 刑事法의 적용과 집행의 모든 영역에서 지도적 원리로서 작용한다. 그러므로 刑事法의 영역에서 立法者가 인간의 尊嚴性을 유린하는 惡法의 제정을 통하여 국민의 生命과 自由를 박탈 내지 제한하는 것이나 잔인하고 비인간적인 刑罰제도를 채택하는 것은 憲法 제10조에 반한다. 死刑제도는 나아가 良心에 반하여 법규정에 의하여 死刑을 언도해야 하는 법관은 물론, 또 그 良心에 반하여 직무상 어쩔수 없이 死刑의 집행에 관여하는 자들의 良心의 自由와 인간으로서의 尊嚴과 가치를 침해하는 비인간적인 刑罰제도이기도 하다.

재판관 조승형의 반대의견

1. 死刑제도는 生命權의 본질적 내용을 침해하는 生命權의 제한이므로 憲法 제37조 제2항 단서에 위반된다. 가사 헌법 제37조 제2항 단서상의 生命權의 본질적 내용이 침해된 것으로 볼 수 없다고 가정하더라도, 刑罰의 목적은 應報·犯罪의 일반예방·犯罪人의 개선에 있음에도 불구하고 刑罰로서의 死刑은 이와 같은 목적달성에 필요한 정도를 넘어 生命權을 제한하는 것으로 目的의 正當性, 그 수단으로서의 適正性·피해의 最小性 등 제원칙에 반한다.

2. 헌재 2007. 11. 29. 2006헌가13 군형법 제53조 제1항 위헌제청 (2007. 11. 29. 2006헌가13 전원재판부)

【판시사항】

상관을 살해한 경우 사형만을 유일한 법정형으로 규정하고 있는 군형법(1962. 1. 20. 법률 제1003호로 제정된 것) 제53조 제1항(이하 '이 사건 법률조항'이라 한다)이 형벌과 책임 간의 비례원칙에 위배되는지 여부(적극)

【결정요지】

법정형의 종류와 범위를 정하는 것이 기본적으로 입법자의 권한에 속하는 것이라고 하더라도, 형벌은 죄질과 책임에 상응하도록 적절한 비례성이 지켜져야 하는바, 군대 내 명령체계유지 및 국가방위라는 이유만으로 가해자와 상관 사이에 명령복종관계가 있는지 여부를 불문하고 전시와 평시를 구분하지 아니한 채 다양한 동기와 행위태양의 범죄를 동일하게 평가하여 사형만을 유일한 법정형으로 규정하고 있는 이 사건 법률조항은, 범죄의 중대성 정도에 비하여 심각하게 불균형적인 과중한 형벌을 규정함으로써 죄질과 그에 따른 행위자의 책임 사이에 비례관계가 준수되지 않아 인간의 존엄과 가치를 존중하고 보호하려는 실질적 법치국가의 이념에 어긋나고, 형벌체계상 정당성을 상실한 것이다.

재판관 조대현의 헌법불합치의견

이 사건 법률조항은 군대의 지휘계통과 명령계통을 확립하여 국가방위라는 특수사명의 달성에 이바지하려는 것이므로 그 입법목적은 정당하다고 할 것이나, 피살자가 명령권을 가진 상관인 경우와 명령복종관계가 없는 상계급자나 상서열자인 경우를 구분하지 않고, 상관 살해가 적전에서 이루어진 경우와 그렇지 않은 경우를 구분하지도 아니한 채, 모두 "상관 살해"에 포괄시켜 사형으로 처벌하도록 규정하고 있는바, 이는 입법목적의 달성에 필요한 정도를 구분하지 않고 획일적으로 최고형으로 처벌하도록 하는 것이어서, 범죄의 책임과 형벌은 비례되어야 한다는 원칙에 맞지 아니하고, 기본권의 제한은 필요한 최소한도에 그쳐야 한다는 원칙에 어긋난다.

재판관 김종대의 각하의견

제청법원의 제청이유 요지는 상관살해죄 자체가 위헌이라는 것이 아니고 법정형이 사형밖에 없어 사형선고를 피할 수 없다는 데 있다. 그러나 제청법원이 원심법원의 사형선고가 정당하다고 판단한다면 위헌제청한 법률이 위헌으로 결정되더라도 적용될 법률조항만을 달리하여 여전히 사형선고를 유지할 것이고, 사형선고가 부당하다고 판단한다면 법률의 위헌제청 없이도 원심판결을 파기하고 사형이 선고되지 않도록 할 수 있으므로 이 사건 위헌제청은 심판의 이익이 없어 부적법하므로 각하하여야 할 것이다.

Ⅱ. 신체의 자유

1. 신체의 자유의 의의

신체의 자유는 정신적 자유와 더불어 헌법이념의 핵심인 인간의 존엄과 가치를 구현하기 위한 가장 기본적인 자유로서 모든 기본권 보장의 전제조건이다. 그러기에 헌법은 제12조에서 모든 국민의 신체자유보장을 선언하고 그 보장원리로서 적법절차 · 죄형법정주의 · 고문금지 · 사전영장의 원칙 · 변호인의 조력을 받을 권리 등을 규정하였고 제13조에서는 거듭처벌금지, 연좌제의 금지 등을 규정하였으며 나아가서 제27조에서는 신속한 재판을 받을 권리와 함께 무죄추정의 원칙(헌법은 형사피고인에 대하여서만 규정하였으나 공소가 제기된 형사피고인에게 무죄추정이 적용되는 이상 아직 공소제기조차 되지 아니한 형사피의자에게 무죄추정이 적용되는 것은 당연하다)을 규정함으로써 신체의 자유보장을 위하여 세심한 배려를 하고 있다(헌재 1992. 4. 14. 90헌마82).

2. 주요 판례

1) 구속기간 연장의 특례에 관한 국가보안법 제19조에 대한 헌법소원 – 1992. 4. 14. 90헌마82

【판시사항】

1. 법률에 대한 헌법소원의 직접성과 구체적 집행행위와의 관계
2. 헌법소원의 대상인 침해행위의 종료와 심판청구의 이익 유무
3. 법률에 대한 헌법소원의 청구기간과 "사유가 발생한 날"의 의미
4. 형사소송법상의 구속기간연장의 헌법상의 제약원리
5. 국가보안법 제19조의 위헌 여부

【결정요지】

1. 헌법소원심판의 대상이 될 수 있는 법률은 그 법률에 기한 다른 집행행위를 기다리지 않고 직접 국민의 기본권을 침해하는 법률이어야 하지만 구체적 집행행위가 존재한다고 하여 언제나 반드시 법률 자체에 대한 헌법소원심판청구의 적법성이 부정되는 것은 아니고, 예외적으로 집행행위가 존재하는 경우에도 그 집행행위를 대상으로 하는 구제절차가 없거나 구제절차가 있다고 하더라도 권리구제의 기대가능성이 없고 다만 기본권 침해를 당한 자에게 불필요한 우회절차를 강요하는 것밖에 되지 않는 경우로서 당해 법률에 대한 전제관련성이 확실하다고 인정되는 때에는 당해 법률을 헌법소원의 직접대상으로 삼을 수 있다.

2. 헌법소원의 본질은 주관적 권리구제 뿐만 아니라 객관적인 헌법질서의 보장도 겸하고 있으므로 침해행위가 이미 종료하여서 이를 취소할 여지가 없기 때문에 헌법소원이 주관적 권리구제에는 별 도움이 안되는 경우라도 그러한 침해행위가 앞으로도 반복될 위험이 있거나 당해 분쟁의 해결이 헌법질서의 수호 · 유지를 위하여 긴요한 사항이어서 그 해명이 헌법적으로 중대한 의미를 지니고 있는 경우에는 헌법소원의 이익을 인정하여야 한다.

3. 가. 법률에 대한 헌법소원은 법률의 공포시행과 동시에 기본권의 침해를 받은 자는 법률의 공포시행을 안 날로부터 60일 이내에, 법률의 공포시행일로부터 180일 이내에 청구하여야 하나, 법률의 공포시행 후 그 법률에 해당하는 사유가 발생하여 기본권침해를 받게 된 자는 그 사유발생을 안 날로부터 60일 이내에, 그 사유가 발생한 날부터 180일 이내에 청구하여야 한다.
나. 사유가 발생한 날은 당해 법률이 청구인의 기본권을 구체적으로 현실침해하였거나 그 침해가 확실히 예상되는 등 실체적 제요건이 성숙하여 헌법판단에 적합하게 된 때를 말한다.

4. 형사소송법상의 구속기간은 헌법상의 무죄추정의 원칙에서 파생되는 불구속수사원칙에 대한 예외로서 설정된 기간으로 이 구속기간을 더 연장하는 것은 예외에 대하여 또 다시 특례를 설정하는 것이 되므로 그 예외의 범위를 확장하는 데에는 국가안전보장과 질서유지라는 공익과 국민의 기본권보장이라는 상충되는 긴장관계의 비례성 형량에 있어서 더욱 엄격한 기준이 요구되며 따라서 그 예외의 확장은 극히 최소한에 그쳐야 한다.

5. 국가보안법 제7조(찬양 · 고무) 및 제10조(불고지)의 죄는 구성요건이 특별히 복잡한 것도 아니고 사건의 성질상 증거수집이 더욱 어려운 것도 아님에도 불구하고 국가보안법 제19조가 제7조 및 제10조의 범죄에 대하여서까지 형사소송법상의 수사기관에 의한 피의자구속기간 30일보다 20일이나 많은 50일을 인정한 것은 국가형벌권과 국민의 기본권과의 상충관계 형량을 잘못하여 불필요한 장기구속을 허용하는 것이어서 결국 헌법 제37조 제2항의 기본권 제한입법의 원리인 과잉금지의 원칙을 현저하게 위배하여 피의자의 신체의 자유, 무죄추정의 원칙 및 신속한 재판을 받을 권리를 침해한 것이다.

【심판대상조문】

국가보안법 제19조(구속기간의 연장) ① 지방법원판사는 제3조 내지 제10조의 죄로서 사법경찰관이 검사에게 신청하여 검사의 청구가 있는 경우에 수사를 계속함에 상당한 이유가 있다고 인정한 때에는 형사소송법 제202조의 구속기간의 연장을 1차에 한하여 허가할 수 있다.
② 지방법원판사는 제1항의 죄로서 검사의 청구에 의하여 수사를 계속함에 상당한 이유가 있다고 인정한 때에는 형사소송법 제203조의 구속기간의 연장을 2차에 한하여 허가할 수 있다.
③ 제1항 및 제2항의 기간의 연장은 각 10일 이내로 한다.

제4절 사생활의 비밀과 자유, 양심의 자유

Ⅰ. 사생활의 비밀과 자유

1. 일반론

사생활의 비밀은 국가가 사생활영역을 들여다보는 것에 대한 보호를 제공하는 기본권이며, 사생활의 자유는 국가가 사생활의 자유로운 형성을 방해하거나 금지하는 것에 대한 보호를 의미한다. 구체적으로 사생활의 비밀과 자유가 보호하는 것은 개인의 내밀한 내용의 비밀을 유지할 권리, 개인이 자신의 사생활의 불가침을 보장받을 수 있는 권리, 개인의 양심영역이나 성적 영역과 같은 내밀한 영역에 대한 보호, 인격적인 감정세계의 존중의 권리와 정신적인 내면생활이 침해받지 아니할 권리 등이다. '사생활의 자유'란 사회공동체의 일반적인 생활규범의 범위 내에서 사생활을 자유롭게 형성해 나가고 그 설계 및 내용에 대해서 외부로부터의 간섭을 받지 아니할 권리이며, 사생활과 관련된 사사로운 자신만의 영역이 본인의 의사에 반해서 타인에게 알려지지 않도록 할 수 있는 권리인 '사생활의 비밀'과 함께 헌법상 보장되고 있는 것이다(헌재 2001. 8. 30. 99헌바92 등). 즉, 헌법 제17조가 보호하고자 하는 기본권은 '사생활영역'의 자유로운 형성과 비밀유지라고 할 것이며, 공적인 영역의 활동은 다른 기본권에 의한 보호는 별론으로 하고 사생활의 비밀과 자유가 보호하는 것은 아니라고 할 것이다. 2003. 10. 30. 2002헌마518

2. 주요 판례

1) 좌석안전띠 강제착용을 규정한 도로교통법 제118조 위헌확인 – 2003. 10. 30. 2002헌마518[78)]

【판시사항】
1. 자동차 운전자에게 좌석안전띠를 매도록 하고, 이를 위반했을 때 범칙금을 납부하도록 통고하

78) 조영승, 좌석안전띠 착용 규제에 관한 공법적 검토 – 헌재 2003.10.30. 2002헌마518 결정과 관련하여 –, 공법학연구 제20권 제3호, 한국비교공법학회, 2019. 8. 참조.

는 것이 일반적 행동자유권을 침해하는지 여부(소극)
2. 자동차 운전자에게 좌석안전띠를 매도록 하고, 이를 위반했을 때 범칙금을 납부하도록 통고하는 것이 사생활의 비밀과 자유를 침해하는지 여부(소극)
3. 자동차 운전자에게 좌석안전띠를 매도록 하고, 이를 위반했을 때 범칙금을 납부하도록 통고하는 것이 양심의 자유를 침해하는지 여부(소극)

【결정요지】

1. 자동차 운전자에게 좌석안전띠를 매도록 하고 이를 위반했을 때 범칙금을 납부하도록 통고하는 것은, 교통사고로부터 국민의 생명 또는 신체에 대한 위험과 장애를 방지 · 제거하고 사회적 부담을 줄여 교통질서를 유지하고 사회공동체의 상호이익을 보호하는 공공복리를 위한 것으로 그 입법목적이 정당하고, 운전자의 불이익은 약간의 답답함이라는 경미한 부담이고 좌석안전띠 미착용으로 부담하는 범칙금이 소액인데 비하여 좌석안전띠 착용으로 달성하려는 공익은 동승자를 비롯한 국민의 생명과 신체를 보호하고 교통사고로 인한 사회적인 비용을 줄여 사회공동체의 이익을 증진하는 것이므로 달성하고자 하는 공익이 침해되는 청구인의 좌석안전띠를 매지 않을 자유라는 사익보다 크며, 제도의 연혁과 현황을 종합하여 볼 때 청구인의 일반적 행동자유권을 비례의 원칙에 위반되게 과도하게 침해하는 것이 아니다.

2. 일반 교통에 사용되고 있는 도로는 국가와 지방자치단체가 그 관리책임을 맡고 있는 영역이며, 수많은 다른 운전자 및 보행자 등의 법익 또는 공동체의 이익과 관련된 영역으로, 그 위에서 자동차를 운전하는 행위는 더 이상 개인적인 내밀한 영역에서의 행위가 아니며, 자동차를 도로에서 운전하는 중에 좌석안전띠를 착용할 것인가 여부의 생활관계가 개인의 전체적 인격과 생존에 관계되는 '사생활의 기본조건'이라거나 자기결정의 핵심적 영역 또는 인격적 핵심과 관련된다고 보기 어려워 더 이상 사생활영역의 문제가 아니므로, 운전할 때 운전자가 좌석안전띠를 착용할 의무는 청구인의 사생활의 비밀과 자유를 침해하는 것이라 할 수 없다.

3. 제재를 받지 않기 위하여 어쩔 수 없이 좌석안전띠를 매었다 하여 청구인이 내면적으로 구축한 인간양심이 왜곡 · 굴절되고 청구인의 인격적인 존재가치가 허물어진다고 할 수는 없어 양심의 자유의 보호영역에 속하지 아니하므로, 운전 중 운전자가 좌석안전띠를 착용할 의무는 청구인의 양심의 자유를 침해하는 것이라 할 수 없다.

【심판대상조문】

도로교통법(1999. 1. 29. 법률 제5712호로 개정된 것) 제48조의2 (운전자의 특별한 준수사항) ① 행정자치부령이 정하는 자동차의 운전자는 그 자동차를 운전할 때에는 좌석안전띠를 매어야 하며, 그 옆좌석의 승차자에게도 좌석안전띠(유아인 경우에는 유아보호용장구를 장착한 후의 좌석안전띠를 말한다. 이하 같다)를 매도록 하여야 한다. 다만, 질병등으로 인하여 좌석안전띠를 매는 것이 곤란하거나 행정자치부령이 정하는 사유가 있는 때에는 그러하지 아니하다.

②, ③ 생략
도로교통법(1999. 1. 29. 법률 제5712호로 개정된 것) 제118조 (통고처분) 경찰서장은 범칙자로 인정되는 사람에 대하여는 그 이유를 명시한 범칙금납부통고서로 범칙금을 납부할 것을 통고할 수 있다. 다만, 다음 각호의 1에 해당하는 사람에 대하여는 그러하지 아니하다.
1. 성명 또는 주소가 확실하지 아니한 사람
2. 달아날 염려가 있는 사람
3. 범칙금납부통고서를 받기를 거부한 사람

＊참고＊
도로교통법 제62조 (운전자 및 승차자의 특별한 준수사항) ① 고속도로 또는 자동차전용도로를 운행하는 자동차 중 행정자치부령이 정하는 자동차의 운전자는 제48조의2 제2항의 규정에 불구하고 모든 승차자에게 좌석안전띠를 매도록 하여야 한다. 다만, 질병등으로 인하여 좌석안전띠를 매는 것이 곤란하거나 행정자치부령이 정하는 사유가 있는 때에는 그러하지 아니하다.
도로교통법 제113조 (벌칙) 다음 각 호의 1에 해당하는 사람은 20만원 이하의 벌금이나 구류 또는 과료의 형으로 벌한다.
5. 제20조 내지 제20조의3 · 제25조 제4항 및 제5항 · 제48조의6 · 제56조 제1항 및 제2항 · 제59조 내지 제61조 또는 제62조 제1항의 규정을 위반한 사람

2) 지문날인제도를 규정하고 있는 주민등록법 제17조의8 등 위헌확인 - 2005. 5. 26. 99헌마513, 2004헌마190(병합)

【사건개요】 대표부분만 발췌
청구인들은 주민등록법시행령 제33조 제2항에 의한 별지 제30호서식 중 열 손가락의 회전지문과 평면지문을 날인하도록 한 부분과 주민등록법시행규칙 제9조 중 주민등록증발급신청서를 송부하도록 한 부분이 자신들의 인간의 존엄과 가치, 행복추구권, 인격권, 신체의 자유, 사생활의 비밀과 자유, 개인정보자기결정권, 양심의 자유 등을 침해한다고 주장하면서, 2004. 3. 11. 그 위헌확인을 구하는 이 사건 헌법소원심판을 청구하였다.

【판시사항】
1. 개인의 지문정보, 수집, 보관, 전산화 및 범죄수사 목적 이용의 지문날인제도와 개인정보자기결정권의 관련 여부(적극)
2. 개인의 지문정보, 수집, 보관, 전산화 및 범죄수사 목적 이용의 지문날인제도가 개인정보자기결정권을 과잉제한 하는 것인지 여부(소극)

【결정요지】

1. 이 사건 심판대상조항과 행위 중 본안판단의 대상이 되는 것은 주민등록법시행령 제33조 제2항에 의한 별지 제30호서식 중 열 손가락의 회전지문과 평면지문을 날인하도록 한 부분(이하 '이 사건 시행령조항'이라 한다)과 경찰청장이 청구인들의 주민등록증발급신청서에 날인되어 있는 지문정보를 보관·전산화하고 이를 범죄수사목적에 이용하는 행위(이하 '경찰청장의 보관 등 행위'라 한다)의 각 위헌 여부인데, 결국 이 사건 심판청구는 개인정보의 하나인 지문정보의 수집·보관·전산화·이용이라는 일련의 과정에서 적용되고 행해진 규범 및 행위가 헌법에 위반되는지 여부를 그 대상으로 하는 것이다.

개인정보자기결정권은 자신에 관한 정보가 언제 누구에게 어느 범위까지 알려지고 또 이용되도록 할 것인지를 그 정보주체가 스스로 결정할 수 있는 권리, 즉 정보주체가 개인정보의 공개와 이용에 관하여 스스로 결정할 권리를 말하는바, 개인의 고유성, 동일성을 나타내는 지문은 그 정보주체를 타인으로부터 식별가능하게 하는 개인정보이므로, 시장·군수 또는 구청장이 개인의 지문정보를 수집하고, 경찰청장이 이를 보관·전산화하여 범죄수사목적에 이용하는 것은 모두 개인정보자기결정권을 제한하는 것이다.

2. 가. 이 사건 시행령조항 및 경찰청장의 보관 등 행위는 불가분의 일체를 이루어 지문정보의 수집·보관·전산화·이용이라는 넓은 의미의 지문날인제도를 구성하고 있다고 할 수 있으므로, 지문정보의 수집·보관·전산화·이용을 포괄하는 의미의 지문날인제도(이하 '이 사건 지문날인제도'라 한다)가 과잉금지의 원칙을 위반하여 개인정보자기결정권을 침해하는지 여부가 문제된다.

나. 이 사건 지문날인제도가 범죄자 등 특정인만이 아닌 17세 이상 모든 국민의 열 손가락 지문정보를 수집하여 보관하도록 한 것은 신원확인기능의 효율적인 수행을 도모하고, 신원확인의 정확성 내지 완벽성을 제고하기 위한 것으로서, 그 목적의 정당성이 인정되고, 또한 이 사건 지문날인제도가 위와 같은 목적을 달성하기 위한 효과적이고 적절한 방법의 하나가 될 수 있다.

다. 범죄자 등 특정인의 지문정보만 보관해서는 17세 이상 모든 국민의 지문정보를 보관하는 경우와 같은 수준의 신원확인기능을 도저히 수행할 수 없는 점, 개인별로 한 손가락만의 지문정보를 수집하는 경우 그 손가락 자체 또는 지문의 손상 등으로 인하여 신원확인이 불가능하게 되는 경우가 발생할 수 있고, 그 정확성 면에 있어서도 열 손가락 모두의 지문을 대조하는 것과 비교하기 어려운 점, 다른 여러 신원확인수단 중에서 정확성·간편성·효율성 등의 종합적인 측면에서 현재까지 지문정보와 비견할만한 것은 찾아보기 어려운 점 등을 고려해 볼 때, 이 사건 지문날인제도는 피해 최소성의 원칙에 어긋나지 않는다.

라. 이 사건 지문날인제도로 인하여 정보주체가 현실적으로 입게 되는 불이익에 비하여 경찰청장이 보관·전산화하고 있는 지문정보를 범죄수사활동, 대형사건사고나 변사자가 발생한 경우

의 신원확인, 타인의 인적사항 도용 방지 등 각종 신원확인의 목적을 위하여 이용함으로써 달성할 수 있게 되는 공익이 더 크다고 보아야 할 것이므로, 이 사건 지문날인제도는 법익의 균형성의 원칙에 위배되지 아니한다.

마. 결국 이 사건 지문날인제도가 과잉금지의 원칙에 위배하여 청구인들의 개인정보자기결정권을 침해하였다고 볼 수 없다. [79)]

※ 참고: 개인정보자기결정권의 내용과 헌법상 근거 (위 판례)

개인정보자기결정권은 자신에 관한 정보가 언제 누구에게 어느 범위까지 알려지고 또 이용되도록 할 것인지를 그 정보주체가 스스로 결정할 수 있는 권리이다. 즉 정보주체가 개인정보의 공개와 이용에 관하여 스스로 결정할 권리를 말한다. 개인정보자기결정권의 보호대상이 되는 개인정보는 개인의 신체, 신념, 사회적 지위, 신분 등과 같이 개인의 인격주체성을 특징짓는 사항으로서 그 개인의 동일성을 식별할 수 있게 하는 일체의 정보라고 할 수 있고, 반드시 개인의 내밀한 영역이나 사사(私事)의 영역에 속하는 정보에 국한되지 않고 공적 생활에서 형성되었거나 이미 공개된 개인정보까지 포함한다. 또한 그러한 개인정보를 대상으로 한 조사 · 수집 · 보관 · 처리 · 이용 등의 행위는 모두 원칙적으로 개인정보자기결정권에 대한 제한에 해당한다.
새로운 독자적 기본권으로서의 개인정보자기결정권을 헌법적으로 승인할 필요성이 대두된 것은 다음과 같은 사회적 상황의 변동[80)]을 그 배경으로 한다고 할 수 있다.
......
이와 같은 사회적 상황 하에서 개인정보자기결정권을 헌법상 기본권으로 승인하는 것은 현대의 정보통신기술의 발달에 내재된 위험성으로부터 개인정보를 보호함으로써 궁극적으로는 개인의 결정의 자유를 보호하고, 나아가 자유민주체제의 근간이 총체적으로 훼손될 가능성을 차단하기 위하여 필요한 최소한의 헌법적 보장장치라고 할 수 있다.

---

79) 재판관 송인준, 재판관 주선회, 재판관 전효숙의 반대의견
주민의 거주관계 등 인구 동태를 파악하여 주민생활의 편익을 증진시키고 행정사무의 적정한 처리를 도모하고자 하는 주민등록법의 입법취지를 달성하기 위하여 반드시 하나가 아니라 열 손가락의 지문 모두를 수집하여야 할 필요성이 있다고 보기는 어렵다.
수사상의 목적을 위한 경우라도 범죄의 전력이 있는 자나 성향을 가진 자의 지문정보를 수집 · 보관하고 이를 후일 범죄수사에 활용할 수 있을 것임에도, 그런 전력이 없는 모든 일반 국민의 주민등록증발급신청의 기회에 열 손가락의 지문 일체를 보관 · 전산화하고 있다가 이를 그 범위, 대상, 기한 등 어떠한 제한도 없이 일반적인 범죄수사목적 등에 활용하는 것은 개인정보자기결정권에 대한 최소한의 침해라고 할 수 없다.
그리고 전 국민을 대상으로 하는 지문정보는 위와 같은 구체적인 범죄수사를 위해서 뿐 아니라 일반적인 범죄예방이나, 범죄정보수집 내지는 범죄예방을 빙자한 특정한 개인에 대한 행동의 감시에 남용될 수 있어 법익균형성도 상실될 우려가 있다.
그러므로 이 사건 심판대상조항과 행위는 법률상 근거가 없거나 과잉금지원칙에 위배되므로 그 위헌확인을 선언함이 마땅하다.

80) 인류사회는 20세기 후반에 접어들면서 컴퓨터와 통신기술의 비약적인 발전에 힘입어 종전의 산업사회에서 정보사회

개인정보자기결정권의 헌법상 근거로는 헌법 제17조의 사생활의 비밀과 자유, 헌법 제10조 제1문의 인간의 존엄과 가치 및 행복추구권에 근거를 둔 일반적 인격권 또는 위 조문들과 동시에 우리 헌법의 자유민주적 기본질서 규정 또는 국민주권원리와 민주주의원리 등을 고려할 수 있으나, 개인정보자기결정권으로 보호하려는 내용을 위 각 기본권들 및 헌법원리들 중 일부에 완전히 포섭시키는 것은 불가능하다고 할 것이므로, 그 헌법적 근거를 굳이 어느 한 두개에 국한시키는 것은 바람직하지 않은 것으로 보이고, 오히려 개인정보자기결정권은 이들을 이념적 기초로 하는 '독자적 기본권'[81]으로서 헌법에 명시되지 아니한 기본권이라고 보아야 할 것이다.

Ⅱ. 양심의 자유

1. 일반론

"헌법이 보호하려는 양심은 어떤 일의 옳고 그름을 판단함에 있어서 그렇게 행동하지 아니하고는 자신의 인격적인 존재가치가 허물어지고 말 것이라는 강력하고 진지한 마음

로 진입하게 되었고, 이에 따른 정보환경의 급격한 변화로 인하여 개인정보의 수집 · 처리와 관련한 사생활보호라는 새로운 차원의 헌법문제가 초미의 관심사로 제기되었다. 현대에 들어와 사회적 법치국가의 이념 하에 국가기능은 점차 확대되어 왔고, 이에 따라 국가의 급부에 대한 국민의 기대도 급격히 높아지고 있다. 국가가 국민의 기대에 부응하여 복리증진이라는 국가적 과제를 합리적이고 효과적으로 수행하기 위해서는 국가에 의한 개인정보의 수집 · 처리의 필요성이 증대된다. 오늘날 정보통신기술의 발달은 행정기관의 정보 수집 및 관리 역량을 획기적으로 향상시킴으로써 행정의 효율성과 공정성을 높이는 데 크게 기여하고 있다. 이와 같이 오늘날 국민이 급부행정의 영역에서 보다 안정적이고 공평한 대우를 받기 위해서는 정보기술의 뒷받침이 필연적이라고 할 수 있다. 한편, 현대의 정보통신기술의 발달은 그 그림자도 짙게 드리우고 있다. 특히 컴퓨터를 통한 개인정보의 데이터베이스화가 진행되면서 개인정보의 처리와 이용이 시공에 구애됨이 없이 간편하고 신속하게 이루어질 수 있게 되었고, 정보처리의 자동화와 정보파일의 결합을 통하여 여러 기관간의 정보교환이 쉬워짐에 따라 한 기관이 보유하고 있는 개인정보를 모든 기관이 동시에 활용하는 것이 가능하게 되었다. 오늘날 현대사회는 개인의 인적 사항이나 생활상의 각종 정보가 정보주체의 의사와는 전혀 무관하게 타인의 수중에서 무한대로 집적되고 이용 또는 공개될 수 있는 새로운 정보환경에 처하게 되었고, 개인정보의 수집 · 처리에 있어서의 국가적 역량의 강화로 국가의 개인에 대한 감시능력이 현격히 증대되어 국가가 개인의 일상사를 낱낱이 파악할 수 있게 되었다.

81) 이와는 달리, 개인정보자기결정권이 헌법 제17조의 사생활의 비밀과 자유에 의하여 보장되는 것으로 본 판례도 있다. "인간의 존엄과 가치, 행복추구권을 규정한 헌법 제10조 제1문에서 도출되는 일반적 인격권 및 헌법 제17조의 사생활의 비밀과 자유에 의하여 보장되는 개인정보자기결정권은 자신에 관한 정보가 언제 누구에게 어느 범위까지 알려지고 또 이용되도록 할 것인지를 그 정보주체가 스스로 결정할 수 있는 권리이다. 즉 정보주체가 개인정보의 공개와 이용에 관하여 스스로 결정할 권리를 말한다. 개인정보자기결정권의 보호대상이 되는 개인정보는 개인의 신체, 신념, 사회적 지위, 신분 등과 같이 개인의 인격주체성을 특징짓는 사항으로서 그 개인의 동일성을 식별할 수 있게 하는 일체의 정보라고 할 수 있고, 반드시 개인의 내밀한 영역이나 사사(私事)의 영역에 속하는 정보에 국한되지 않고 공적 생활에서 형성되었거나 이미 공개된 개인정보까지 포함한다. 또한 그러한 개인정보를 대상으로 한 조사 · 수집 · 보관 · 처리 · 이용 등의 행위는 모두 원칙적으로 개인정보자기결정권에 대한 제한에 해당한다." 헌재 2005. 7. 21. 2003헌마282 등.

의 소리이지, 막연하고 추상적인 개념으로서의 양심이 아니다." 1997. 3. 27. 96헌가11

"헌법 제19조에서 보호하는 양심은 옳고 그른 것에 대한 판단을 추구하는 가치적·도덕적 마음가짐으로, 개인의 소신에 따른 다양성이 보장되어야 하고 그 형성과 변경에 외부적 개입과 억압에 의한 강요가 있어서는 아니되는 인간의 윤리적 내심영역이다. 따라서 단순한 사실관계의 확인과 같이 가치적·윤리적 판단이 개입될 여지가 없는 경우는 물론, 법률해석에 관하여 여러 견해가 갈리는 경우처럼 다소의 가치관련성을 가진다고 하더라도 개인의 인격형성과는 관계가 없는 사사로운 사유나 의견 등은 그 보호대상이 아니다. 이 사건의 경우와 같이 경제규제법적 성격을 가진 공정거래법에 위반하였는지 여부에 있어서도 각 개인의 소신에 따라 어느 정도의 가치판단이 개입될 수 있는 소지가 있고 그 한도에서 다소의 윤리적 도덕적 관련성을 가질 수도 있겠으나, 이러한 법률판단의 문제는 개인의 인격형성과는 무관하며, 대화와 토론을 통하여 가장 합리적인 것으로 그 내용이 동화되거나 수렴될 수 있는 포용성을 가지는 분야에 속한다고 할 것이므로 헌법 제19조에 의하여 보장되는 양심의 영역에 포함되지 아니한다." 2002. 1. 31. 01헌바43

2. 주요판례

1) 대체복무제가 규정되지 않은 병역법 제88조 제1항 등 위헌소원 등 – 헌재 2018. 6. 28. 2011헌바379 등

【판시사항】

1. 병역의 종류를 규정한, 2006. 3. 24. 법률 제7897호로 개정되기 전의 구 병역법부터 현행 병역법까지의 병역법 제5조 제1항(이하 모두 합하여 '병역종류조항'이라 한다)이 양심적 병역거부자에 대한 대체복무제를 규정하고 있지 않음을 이유로 그 위헌확인을 구하는 헌법소원심판청구가 진정입법부작위를 다투는 청구인지 여부(소극)
2. 병역종류조항의 위헌여부가 양심적 병역거부자에 대한 형사 재판의 전제가 되는지 여부(적극)
3. 병역의 종류를 현역, 예비역, 보충역, 병역준비역, 전시근로역의 다섯 가지로 한정하여 규정하고 양심적 병역거부자에 대한 대체복무제를 규정하지 아니한 병역종류조항이 과잉금지원칙을 위반하여 양심적 병역거부자의 양심의 자유를 침해하는지 여부(적극)
4. 현역입영 또는 소집 통지서를 받은 사람이 정당한 사유 없이 입영일이나 소집일부터 3일이 지나도 입영하지 아니하거나 소집에 응하지 아니한 경우를 처벌하는, 2009. 6. 9. 법률 제9754호로 개정되기 전의 구 병역법부터 현행 병역법까지의 병역법 제88조 제1항 본문 제1호, 2009. 6. 9. 법률 제9754호로 개정되기 전의 구 병역법 및 2013. 6. 4. 법률 제11849호로 개정되기 전의 구 병역

법의 각 제88조 제1항 본문 제2호(이하 모두 합하여 '처벌조항'이라 한다)가 과잉금지원칙을 위반하여 양심적 병역거부자의 양심의 자유를 침해하는지 여부(소극)
5. 병역종류조항에 대하여 헌법불합치 결정을 하되 계속 적용을 명한 사례

【결정요지】
1. 비군사적 성격을 갖는 복무도 입법자의 형성에 따라 병역의무의 내용에 포함될 수 있고, 대체복무제는 그 개념상 병역종류조항과 밀접한 관련을 갖는다. 따라서 병역종류조항에 대한 이 사건 심판청구는 입법자가 아무런 입법을 하지 않은 진정입법부작위를 다투는 것이 아니라, 입법자가 병역의 종류에 관하여 입법은 하였으나 그 내용이 양심적 병역거부자를 위한 대체복무제를 포함하지 아니하여 불완전 · 불충분하다는 부진정입법부작위를 다투는 것이라고 봄이 상당하다.

2. 병역종류조항이 대체복무제를 포함하고 있지 않다는 이유로 위헌으로 결정된다면, 양심적 병역거부자가 현역입영 또는 소집 통지서를 받은 후 3일 내에 입영하지 아니하거나 소집에 불응하더라도 대체복무의 기회를 부여받지 않는 한 당해 형사사건을 담당하는 법원이 무죄를 선고할 가능성이 있으므로, 병역종류조항은 재판의 전제성이 인정된다.

3. 병역종류조항은, 병역부담의 형평을 기하고 병역자원을 효과적으로 확보하여 효율적으로 배분함으로써 국가안보를 실현하고자 하는 것이므로 정당한 입법목적을 달성하기 위한 적합한 수단이다.
병역종류조항이 규정하고 있는 병역들은 모두 군사훈련을 받는 것을 전제하고 있으므로, 양심적 병역거부자에게 그러한 병역을 부과할 경우 그들의 양심과 충돌을 일으키는데, 이에 대한 대안으로 대체복무제가 논의되어 왔다. 양심적 병역거부자의 수는 병역자원의 감소를 논할 정도가 아니고, 이들을 처벌한다고 하더라도 교도소에 수감할 수 있을 뿐 병역자원으로 활용할 수는 없으므로, 대체복무제를 도입하더라도 우리나라의 국방력에 의미 있는 수준의 영향을 미친다고 보기는 어렵다. 국가가 관리하는 객관적이고 공정한 사전심사절차와 엄격한 사후관리절차를 갖추고, 현역복무와 대체복무 사이에 복무의 난이도나 기간과 관련하여 형평성을 확보해 현역복무를 회피할 요인을 제거한다면, 심사의 곤란성과 양심을 빙자한 병역기피자의 증가 문제를 해결할 수 있으므로, 대체복무제를 도입하면서도 병역의무의 형평을 유지하는 것은 충분히 가능하다. 따라서 대체복무제라는 대안이 있음에도 불구하고 군사훈련을 수반하는 병역의무만을 규정한 병역종류조항은, 침해의 최소성 원칙에 어긋난다.
병역종류조항이 추구하는 '국가안보' 및 '병역의무의 공평한 부담'이라는 공익은 대단히 중요하나, 앞서 보았듯이 병역종류조항에 대체복무제를 도입한다고 하더라도 위와 같은 공익은 충분히 달성할 수 있다고 판단된다. 반면, 병역종류조항이 대체복무제를 규정하지 아니함으로 인하여 양심적 병역거부자들은 최소 1년 6월 이상의 징역형과 그에 따른 막대한 유 · 무형의 불이익을 감수하여야 한다. 양심적 병역거부자들에게 공익 관련 업무에 종사하도록 한다면, 이들을 처벌하여 교도소에 수용하고 있는 것보다는 넓은 의미의 안보와 공익실현에 더 유익한 효과를 거둘

수 있을 것이다. 따라서 병역종류조항은 법익의 균형성 요건을 충족하지 못하였다.
그렇다면 양심적 병역거부자에 대한 대체복무제를 규정하지 아니한 병역종류조항은 과잉금지원칙에 위배하여 양심적 병역거부자의 양심의 자유를 침해한다.
헌법재판소는 2004년 입법자에 대하여 국가안보라는 공익의 실현을 확보하면서도 병역거부자의 양심을 보호할 수 있는 대안이 있는지 검토할 것을 권고하였는데, 그로부터 14년이 경과하도록 이에 관한 입법적 진전이 이루어지지 못하였다. 그사이 여러 국가기관에서 대체복무제 도입을 검토하거나 그 도입을 권고하였으며, 법원에서도 양심적 병역거부에 대해 무죄판결을 선고하는 사례가 증가하고 있다. 이러한 사정을 감안할 때 국가는 이 문제의 해결을 더 이상 미룰 수 없으며, 대체복무제를 도입함으로써 기본권 침해 상황을 제거할 의무가 있다.

4. [재판관 강일원, 재판관 서기석의 합헌의견]
병역종류조항에 대체복무제가 규정되지 아니한 상황에서 현재의 대법원 판례에 따라 양심적 병역거부자를 처벌한다면, 이는 과잉금지원칙을 위반하여 양심적 병역거부자의 양심의 자유를 침해하는 것이다. 따라서 지금처럼 병역종류조항에 대체복무제가 규정되지 아니한 상황에서는 양심적 병역거부를 처벌하는 것은 헌법에 위반되므로, 양심적 병역거부는 처벌조항의 '정당한 사유'에 해당한다고 보아야 한다. 결국 양심적 병역거부자에 대한 처벌은 대체복무제를 규정하지 아니한 병역종류조항의 입법상 불비와 양심적 병역거부는 처벌조항의 '정당한 사유'에 해당하지 않는다는 법원의 해석이 결합되어 발생한 문제일 뿐, 처벌조항 자체에서 비롯된 문제가 아니다. 이는 병역종류조항에 대한 헌법불합치 결정과 그에 따른 입법부의 개선입법 및 법원의 후속 조치를 통하여 해결될 수 있는 문제이다.
이상을 종합하여 보면, 처벌조항은 정당한 사유 없이 병역의무를 거부하는 병역기피자를 처벌하는 조항으로서, 과잉금지원칙을 위반하여 양심적 병역거부자의 양심의 자유를 침해한다고 볼 수는 없다.

[재판관 안창호, 재판관 조용호의 합헌의견]
처벌조항은 병역자원의 확보와 병역부담의 형평을 기하고 국가의 안전보장과 국토방위를 통해 헌법상 인정되는 중대한 법익을 실현하고자 하는 것으로 입법목적이 정당하고, 입영기피자 등에 대한 형사처벌은 위 입법목적을 달성하기 위한 적절한 수단이다.
양심을 빙자한 병역기피자를 심사단계에서 가려내는 것은 지극히 개인적 · 주관적인 양심의 형성과정을 추적해야 하는 쉽지 않은 일이다. 나아가 생명과 신체에 대한 위험 속에서 이행하는 병역의무와 등가성이 확보된 대체복무를 설정하는 것은 사실상 불가능하거나 매우 까다로운 일이다. 대체복무제의 도입은 국가공동체가 양심적 병역거부에 대한 합법성과 정당성을 인정하는 문제이므로, 그 도입여부는 규범적 평가 이전에 국민적 합의가 선행되어야 하는데, 아직 이에 관한 국민적 합의가 이루어지지 못한 것으로 보인다. 이와 같은 상황에서 양심적 병역거부자에 대해 형벌을 부과한다고 하여 침해의 최소성 요건을 충족하지 못한다고 볼 수 없다.
병역거부는 양심의 자유를 제한하는 근거가 되는 다른 공익적 가치와 형량할 때 우선적으로 보호받아야 할 보편적 가치를 가진다고 할 수 없다. 반면 처벌조항에 의하여 달성되는 공익은 국가공동체의 안전보장과 국토방위를 수호함으로써, 헌법의 핵심적 가치와 질서를 확보하고 국민의 생명과 자유, 안전과 행복을 지키는 것이다. 따라서 처벌조항에 의하여 제한되는 사익이 달성하려는 공익에 비하여 우월하다고 할 수 없으므로, 처벌조항은 법익의 균형성 요건을 충족한다.
그렇다면 처벌조항은 과잉금지원칙을 위반하여 양심의 자유를 침해하지 아니한다.

[재판관 이진성, 재판관 김이수, 재판관 이선애, 재판관 유남석의 일부위헌의견]
병역종류조항은 처벌조항의 의미를 해석하는 근거가 되고, 처벌조항은 병역종류조항의 내용을 전제로 하므로, 병역종류조항의 위헌 여부는 처벌조항의 위헌 여부와 불가분적 관계에 있다. 따라서 병역종류조항에 대하여 헌법불합치 결정을 하는 이상, 처벌조항 중 양심적 병역거부자를 처벌하는 부분에 대하여도 위헌 결정을 하는 것이 자연스럽다.
처벌조항은 양심적 병역거부자에 대한 처벌의 예외를 인정하지 않고 일률적으로 형벌을 부과하고 있으나, 대체복무제의 도입은 병역자원을 확보하고 병역부담의 형평을 기하고자 하는 입법목적을 처벌조항과 같은 정도로 충분히 달성할 수 있다고 판단되므로, 처벌조항은 침해의 최소성 원칙에 어긋난다.
'국가안보' 및 '병역의무의 공평한 부담'이라는 공익은 중요하나, 양심적 병역거부자에 한정하여 볼 때 형사처벌이 특별예방효과나 일반예방효과를 가지지 못하는 것으로 보이므로, 처벌조항이 위 공익 달성에 기여하는 정도는 그다지 크다고 하기 어렵다. 반면, 형사처벌로 인한 불이익은 매우 크므로, 처벌조항은 법익의 균형성 요건을 충족하지 못한다.
따라서 처벌조항은 과잉금지원칙에 위배하여 양심적 병역거부자의 양심의 자유를 침해하므로, 처벌조항 중 '양심적 병역거부자를 처벌하는 부분'은 헌법에 위반된다.

[재판관 김창종의 각하의견]
청구인들의 주장은 양심상의 결정을 내세워 입영을 거부하였을 경우 '정당한 사유'에 해당하지 않는다고 보는 법원의 법령 해석 · 적용은 잘못된 것이고, 그렇게 해석하면 청구인들의 양심의 자유 등을 침해하여 헌법에 위반된다는 취지이다. 이는 처벌조항 자체의 위헌 여부를 다투는 것이 아니라, 법원의 처벌조항에 대한 해석 · 적용이나 재판결과를 다투는 것에 불과하므로 헌법재판소법 제68조 제2항의 헌법소원으로는 부적법하다.
제청법원들의 위헌제청 역시 대법원판결과 같이 양심적 입영거부를 처벌조항의 '정당한 사유'에 해당하지 않는 것으로 해석하는 한 처벌조항이 위헌이라는 취지로서, 처벌조항 중 '정당한 사유'의 포섭이나 해석 · 적용의 문제에 관하여 헌법재판소의 해명을 구하는 것에 불과하므로 부적법하다. 나아가 제정법원들은 처벌조항의 '정당한 사유'의 합헌적 해석을 통하여 양심적 병역거부자들에 대하여 무죄를 선고함으로써 그들의 기본권 침해를 방지할 수 있음에도, 자신의 합헌적 법률해석에 일반적 구속력을 얻기 위하여 헌법재판소에 위헌제청을 한 것에 불과하므로, 이러한 관점에서도 제청법원들의 위헌제청은 부적법하다.

5. 병역종류조항에 대해 단순위헌 결정을 할 경우 병역의 종류와 각 병역의 구체적인 범위에 관한 근거규정이 사라지게 되어 일체의 병역의무를 부과할 수 없게 되므로, 용인하기 어려운 법적 공백이 생기게 된다. 더욱이 입법자는 대체복무제를 형성함에 있어 그 신청절차, 심사주체 및 심사방법, 복무분야, 복무기간 등을 어떻게 설정할지 등에 관하여 광범위한 입법재량을 가진다. 따라서 병역종류조항에 대하여 헌법불합치 결정을 선고하되, 다만 입법자의 개선입법이 이루어질 때까지 계속적용을 명하기로 한다. 입법자는 늦어도 2019. 12. 31.까지는 대체복무제를 도입하는 내용의 개선입법을 이행하여야 하고, 그때까지 개선입법이 이루어지지 않으면 병역종류조항은 2020. 1. 1.부터 효력을 상실한다.

재판관 안창호, 재판관 조용호의 병역종류조항에 대한 반대의견

청구인 등이 주장하는 대체복무는 일체의 군 관련 복무를 배제하는 것이므로, 국방의무 및 병역의무의 범주에 포섭될 수 없다. 따라서 병역종류조항에 대체복무를 규정하라고 하는 것은 병역법 및 병역종류조항과 아무런 관련이 없는 조항을 신설하라는 주장이다. 헌법재판소법 제68조 제2항에 의한 헌법소원에서 위와 같은 진정입법부작위를 다투는 것은 그 자체로 허용되지 아니하므로, 병역종류조항에 대한 심판청구는 부적법하다.

재판관 김창종의 병역종류조항에 대한 반대의견

병역종류조항은 당해사건의 공소사실을 유죄로 판단할 때 적용된 법률조항이 아니고 법원이 이를 적용하지 않더라도 당해사건 해결을 위한 재판을 하는데 아무런 지장이 없으므로, 병역종류조항의 위헌 여부는 당해사건을 해결하기 위하여 필요한 선결문제가 아니다.

병역종류조항이 위헌으로 결정되면 그에 근거한 병역처분은 후발적으로 위법하게 되는 하자가 있게 되지만, 그러한 병역처분의 하자는 독립적인 후속처분인 입영처분에 승계된다고 볼 수 없으므로, 병역종류조항에 대한 위헌결정으로 인하여 입영처분까지 위법한 처분으로 된다고 볼 수 없다. 당해사건 법원은 입영처분이 적법, 유효한 이상, 그 입영처분에 따른 의무의 이행을 거부한 청구인들에게 '정당한 사유'가 없다면 처벌조항에 따라 유죄판결을 선고할 수밖에 없는 것이고, 병역종류조항에 대한 위헌결정이 있다는 이유만으로 청구인들에게 당연히 무죄판결을 선고하여야 하는 것은 아니다. 그러므로 청구인들의 병역종류조항에 대한 심판청구는 당해사건 재판의 전제성이 인정되지 아니하여 부적법하므로 각하하여야 한다.

재판관 이진성, 김이수, 이선애, 유남석의 병역종류조항 법정의견에 대한 보충의견

병역종류조항은 처벌조항의 의미를 해석하는 근거가 되고, 처벌조항은 병역종류조항의 내용을 전제로 한다. 만약 병역종류조항이 양심적 병역거부자에 대한 대체복무제를 포함하고 있지 않다는 이유로 위헌으로 결정된다면, 처벌조항이 이행을 강제하는 병역의무의 내용 역시 대체복무제를 포함하여야 하는 것으로 달라지게 되고, 그에 따라 처벌조항 중 대체복무의 기회를 부여하지 않고 양심적 병역거부자를 처벌하는 부분 역시 위헌으로 결정되어야 한다. 따라서 병역종류조항의 위헌 여부는 처벌조항의 위헌 여부와 불가분적 관계에 있다고 볼 수 있으므로, 병역종류조항은 당해 사건에 간접 적용되는 조항으로서 재판의 전제성이 인정된다.

재판관 서기석의 병역종류조항 법정의견에 대한 보충의견

처벌조항에 대한 합헌의견에서 본 바와 같이, 병역종류조항에 대체복무제가 규정되지 아니한 상황에서 현재의 대법원 판례에 따라 양심적 병역거부자를 처벌한다면, 이는 과잉금지원칙을 위반하여 양심적 병역거부자의 양심의 자유를 침해한다. 따라서 대체복무제를 규정하지 아니한 현행 병역종류조항에 대하여 헌법불합치 결정을 선고함으로써 대체복무제가 도입되도록 할 필요가 있다.

한편, 대체복무제가 도입되지 아니한 현 상황에서 법원이 현재의 견해를 변경하여 양심적 병역거부자에 대하여 무죄 판결을 선고한다면, 양심적 병역거부자는 결과적으로 병역의무도 면제받고 대체복무도 이행하지 않게 됨으로써, 군복무를 이행하는 사람과 비교하여 형평에 어긋나는 결과를 초래하게 된다. 따라서 이러한 위헌적인 결과가 발생하는 것을 막기 위해서도 대체복무제를 규정하지 아니한 현행 병역종류조항에 대하여 헌법불합치 결정을 선고하여야 하는 것이다.

이와 같이 양심적 병역거부자를 처벌조항에 의하여 처벌하든지, 처벌하지 않든지 간에 위헌적인 상황이 발생하는 것을 막기 위해서는 대체복무제가 도입되어야 하므로, 병력종류조항에 대하여는 헌법불합치 결정이 선고되어야 한다고 본다.

재판관 조용호의 병역종류조항 반대의견에 대한 보충의견

병역의 종류를 어떻게 형성할 것인지는 병력의 구체적 설계, 안보상황의 예측 및 이에 대한 대응 등에 있어서 매우 전문적이고 정치적인 사항에 관한 규율이므로, 입법자가 광범위한 입법형성의 재량 하에 결정할 사항이다.

입법자에게 법률의 제정 시 개인적인 양심상의 갈등의 여지가 발생할 수 있는 사안에 대하여 사전에 예방적으로 양심의 자유를 고려하는 일반조항을 둘 것을 요구할 수는 없다. 양심의 자유에서 파생하는 입법자의 의무는 단지 입법과정에서 양심의 자유를 고려할 것을 요구하는 '일반적 의무'이지 구체적 내용의 대안을 제시해야 할 헌법적 입법의무가 아니므로, 양심의 자유는 입법자가 구체적으로 형성한 병역의무의 이행을 양심상의 이유로 거부하거나 법적 의무를 대신하는 대체의무의 제공을 요구할 수 있는 권리가 아니다.

그렇다면 처벌조항과 달리 양심에 반하는 행위를 강제하는 효력이 없는 병역종류조항에 대하여 입법자가 대체복무제를 규정하지 않았음을 이유로 위헌확인을 할 수는 없다. 나아가 입법자가 국가안보를 위태롭게 하지 않고서는 양심의 자유를 실현할 수 없다는 판단에 이르렀기 때문에 대체복무의 가능성을 제공하지 않았다면, 이러한 결단은 국가안보라는 공익의 중대함에 비추어 정당화될 수 있는 것으로서 위헌이라고 할 수 없다.

재판관 안창호의 병역종류조항 반대의견 및 처벌조항 합헌의견에 대한 보충의견

처벌조항에 대한 합헌의견을 토대로, 국가공동체가 양심적 병역거부에 대해 합법성과 정당성을 인정하기 전에라도 다음과 같이 형사처벌 이외의 법적 제재를 완화함으로써 양심적 병역거부자의 기본권 제한을 경감하는 방안을 검토해 볼 수 있다.
예컨대 ① 학계 · 법조계 · 종교계 등으로 구성된 전문위원회가 형 집행 종료 즈음에 형 집행 과정에서 취득한 자료 등에 기초하여 진정한 양심에 따른 병역거부인지 여부를 판정하고, 양심적 병역거부자인 경우에는 사면을 하는 방법, ② 공직 임용, 기업의 임 · 직원 취임, 각종 관허업의 특허 등 취득 등과 관련하여 양심적 병역거부자에 대한 불이익의 예외를 인정하는 방법, ③ 양심적 병역거부자가 징역형을 선고받고 정역에 복무할 때, 그 정역을 대체복무에서 고려될 수 있는 내용으로 함으로써, 일정부분 대체복무제를 도입한 효과를 거둘 수 있게 하는 방법 등을 고려할 수 있다. 이런 불이익 완화 조치는 '평상시'에만 양심적 병역거부자에 대한 법적 제재를 완화하여 국가안보의 위험성을 최소화 할 수 있다. 나아가 위 조치는 양심적 병역거부에 대하여 합법성과 정당성을 인정하는 것은 아니므로 국민적 합의가 필요하다 하더라도 그 합의는 상대적으로 쉽게 이루어질 수 있을 것이다.
합헌의견은 민주주의의 포용성과 다양성을 포기하려는 것이 아니라, 민주주의의 가치와 질서를 수호하여 이를 바탕으로 그 포용성과 다양성을 확대하기 위한 것이며, 이를 통해 우리와 우리 자손들이 자유롭고 평등한 가운데 안전하고 행복하게 살 수 있는 터전을 마련하기 위한 것이다.

제5절 표현의 자유

"사상의 경쟁은 너무 중요하기 때문에 비록 우리가 몹시 혐오하거나 시민권이 상실(death)될 것으로 여겨지는 의견들조차도, 법의 목적에 당면한 침해를 매우 급박하게 위협하지 않는 이상 억압되어서는 안 된다"[82]

- Abrams 사건에서 홈즈(Oliver W. Holmese) 대법관의 반대의견

Ⅰ. 표현의 자유 일반론

1. 표현의 자유의 의의

표현의 자유는 다양한 방법으로 자유롭게 의사소통을 할 수 있는 권리이다. '다양한 방법'으로 의사소통을 할 수 있는 권리이기 때문에 말이나 구두나 문서에 의한 표현뿐만 아니라 음악이나 예술 혹은 집회나 결사와 같은 적극적인 방법은 물론이고 침묵이나 부작위 같은 소극적인 방법도 가능하다. 또한 생각이나 의견 및 정보 등의 '의사소통'을 할 수 있는 권리이기 때문에 타인의 의견을 경청하고 질의할 권리 및 필요한 정보에 접근할 권리 등도 포함하고 있다. 표현의 자유는 이와 같이 다양한 요소를 표현을 중심으로 확장해 나가는 개념이라고 할 수 있다.

표현의 자유는 이를 통해서 달성하고자 하는 기능이나 목적이 분명한 권리이기 때문에 주로 표현의 자유의 가치와 함께 설명된다. 또한 표현의 자유는 주로 민주주의의 필수불가결한 요소로 설명되고 있다. 그러나 표현의 자유의 가치가 민주주의의 구성요소로만 기능하거나 종속된 것만은 아니라고 할 수 있다. 이는 표현의 자유에서 '자유로운 표현' 그 자체도 순수하게 중요한 의미를 가지고 있을 수 있으며, 민주주의 이외의 다른 가치들도 또한 표현의 자유의 고유한 가치를 실현시키기 위해 중요하기 때문이다. 표현의 자유의 기능이나 목적으로 주장되는 가치는 대체로 진리의 발견, 자기지배, 그리고 자아실현의 가치를 들 수 있다.

첫째, 진리 발견의 가치는 사상의 자유로운 교환을 통해서 가능하다는 사상의 자유시장

82) Abrams v. U.S., 250 U.S. 616 (1919).

이론을 바탕으로 하고 있다. 그러나 사상의 자유로운 교환은 오늘날 현실적이지 않다는 측면에서 비판이 제기된다. 즉 정부는 실제로 표현의 자유에 영향을 미치고 있으며, 보유하고 있는 거대한 정보를 바탕으로 교묘하게 사상에 개입해왔다는 것이다. 둘째, 자기지배의 가치는 특히 정치적 표현을 통해 정치적 의사결정에 참여할 수 있다는 것에 의의가 있으며, 숙의 민주주의를 사상적 기초로 하고 있다고 설명된다. 그러나 정치적 표현과 사적표현에 대한 구별의 모호하고 국민의 정치참여가 낮은 경우 비현실적이라는 측면에서 비판이 제기되고 있다. 셋째, 자아실현의 가치는 표현의 자유의 행사를 통해서 개인적인 표현의 고유한 가치를 실현하는 것에 의의를 두고 있다. 그러나 자아실현과 관계된 모든 표현을 보호하는 것으로 잠정적으로 보호범위가 지나치게 넓다는 비판이 제기된다.[83)]

2. 표현의 자유의 제한

표현의 자유도 무제한으로 보장되는 것은 아니며 일정한 경우 규제될 수 있는데, 이러한 규제는 일정한 표현을 애초에 표현의 자유의 보호영역으로부터 제외시키는 방법과, 표현의 자유의 보호영역에는 포섭시키되 이에 대한 (합헌적) 제한을 통한 방법으로 나누어 생각해 볼 수 있다.

전자의 규제와 같이 애초에 표현의 자유의 보호영역에서 제외된 '일정한 표현'을 '보호되지 않는 표현'(vs '보호되는 표현')이라고 할 수 있다. 우리 헌법재판소는 과거 '음란한 표현'을 표현의 자유로 보호할 수 없다는 입장으로 보호되지 않는 표현을 인정하고 있었으나, 이후 태도를 변경하여 음란한 표현도 표현의 자유로 보호될 수 있다고 이야기 하고 있다.

후자의 규제방법은 표현의 자유로 보호되는 표현에 대하여 일정한 제한을 가하는 것인데, 여기에는 표현의 방법(헌법재판소의 표현으로는 시간, 장소, 방법에 대한 규제)에 대한 규제와 표현의 내용에 대한 규제로 나눌 수 있다. 이는 표현의 자유의 의미를 고려하였을 때 논리적으로 당연한 귀결이다. 즉, 표현의 자유는 "'다양한 방법'으로 '자유롭게 의사소통'을 할 수 있는 권리"라고 할 수 있다. 이와 같이 표현의 자유의 개념요소를 '다양한 방법'과 '자유로운 의사소통'으로 보는 경우 표현의 자유에 대한 제한은 화자가 선택한 '방법'에 대한 제한과 화자의 생각이나 의사, 즉 의사소통을 위한 '내용'에 대한 제

83) 자아실현 이론은 자기지배 이론과 달리 민주주의를 달성하기 위한 수단으로 파악되고 있지는 않다.

한으로 구분될 수 있기 때문이다.

이하에서는 ① 먼저 표현의 자유의 보호영역과 관련하여 '보호되지 않는 표현'이 문제되었던 이른바 '음란 결정'과 표현의 자유로 보호되는 표현 중에서도 더 높은 가치를 가진 표현과 낮은 가치를 가진 표현이 있을 수 있다는 것을 전제로 상업광고에 관한 판례를, ② 다음으로 언론·출판에 대한 허가와 검열에 관한 헌법재판소 결정을 통해 표현의 자유를 살펴보기로 한다.

Ⅱ. 주요 판례

1. 표현의 자유의 보호영역 관련 결정

1) '음란'한 표현에 관한 2개의 판결 – 헌재 1998. 4. 30. 95헌가16 ⇨ 판례변경 ⇨ 헌재 2009.05.28. 2006헌바109

[음란한 표현과 저속한 표현]
출판사및인쇄소의등록에관한법률 제5조의2 제5호 등 위헌제청 -헌재 1998. 4.30, 95헌가16

"음란"이란 인간존엄 내지 인간성을 왜곡하는 노골적이고 적나라한 성표현으로서 오로지 성적 흥미에만 호소할 뿐 전체적으로 보아 하등의 문학적, 예술적, 과학적 또는 정치적 가치를 지니지 않은 것으로서, 사회의 건전한 성도덕을 크게 해칠 뿐만 아니라 사상의 경쟁메커니즘에 의해서도 그 해악이 해소되기 어려워 언론·출판의 자유에 의한 보장을 받지 않는 반면, "저속"은 이러한 정도에 이르지 않는 성표현 등을 의미하는 것으로서 헌법적인 보호영역안에 있다.
헌재 1998.04.30, 95헌가16, 판례집 제10권 1집, 327, 327-327

⇨ 판례변경

정보통신망 이용촉진 및 정보보호 등에 관한 법률 제65조 제1항 제2호 위헌소원 - 헌재 2009.05.28, 2006헌바109

음란표현이 언론·출판의 자유의 보호영역에 해당하지 아니한다고 해석할 경우 음란표현에 대하여는 언론·출판의 자유의 제한에 대한 헌법상의 기본원칙, 예컨대 명확성의 원칙, 검열 금지의 원칙 등에 입각한 합헌성 심사를 하지 못하게 될 뿐만 아니라, 기본권 제한에 대한 헌법상의 기본원칙, 예컨대 법률에 의한 제한, 본질적 내용의 침해금지 원칙 등도 적용하기 어렵게 되는 결과, 모든 음란표현에 대하여 사전 검열을 받도록 하고 이를 받지 않은 경우 형사처벌을 하거나, 유통목적이 없는 음란물의 단순소지를 금지하거나, 법률에 의하지 아니하고 음란물출판에 대한 불이익을 부과하는 행위 등에 대한 합헌성 심사도 하지 못하게 됨으로써, 결국 음란표현에 대한 최소한의 헌법상 보호마저도 부인하게 될 위험성이 농후하게 된다는 점을 간과할 수 없다.
이 사건 법률조항의 음란표현은 헌법 제21조가 규정하는 언론 · 출판의 자유의 보호영역 내에 있다고 볼 것인바, 종전에 이와 견해를 달리하여 음란표현은 헌법 제21조가 규정하는 언론 · 출판의 자유의 보호영역에 해당하지 아니한다는 취지로 판시한 우리 재판소의 의견(헌재 1998. 4. 30. 95헌가16)을 변경한다.

[반대의견] 합헌 결정 부분에 대한 재판관 김희옥, 재판관 이동흡, 재판관 목영준의 별개의견(선례변경에 대한 반대)

헌법에 열거되어 있는 기본권의 고유한 보호영역을 확정하는 문제는 위헌성 심사의 첫 단계로서의 중요한 의미를 가지는 것으로서, 개개의 사건에서 문제된 모든 표현이 언론 · 출판의 자유의 보호영역에 포함될 수 없음은 자명한 것인바, 언론 · 출판의 자유의 보호영역에 관한 논의는 언론 · 출판의 자유에 관한 위헌성 심사를 위한 필수적인 전제가 된다.
한편, 우리 헌법 제21조 제4항은 언론 · 출판의 자유의 헌법적 한계를 명시하고 있으므로, 그 한계를 벗어난 표현은 헌법상 언론 · 출판의 자유의 보호영역에 속하지 아니한다고 할 것이고, 이른바 음란 표현이 언론 · 출판의 자유의 보호영역에 속하는지, 속하지 않는지는 규범적 개념인 음란의 판단기준을 어떻게 정립하느냐에 따라 달려있는 문제라고 할 수 있다.
그런데 이 사건 법률조항에서 정한 '음란' 개념은 이른바 엄격한 의미의 '음란', 즉 "인간존엄 내지 인간성을 왜곡하는 노골적이고 적나라한 성 표현으로서 오로지 성적 흥미에만 호소할 뿐 전체적으로 보아 하등의 문학적, 예술적, 과학적 또는 정치적 가치를 지니지 않은 것"을 뜻한다고 볼 것인바, 이에 의하면 예술의 자유나 학문의 자유 등 정신적 자유의 보호영역에 포함될 수 있는 진지한 문학적, 예술적 가치를 지닌 성적 표현은 '음란' 표현에 해당할 여지도 없는 것이 되고, 결국 이와 같은 '음란' 표현에는 미국 연방대법원이 수정헌법 제1조의 보호영역에 속하지 않는다고 보는 음란물(obscenity) 또는 독일 형법에 규정된 '하드코어 포르노그래피'와 유사하거나 그 이상의 해악을 지닌 성적 표현만이 해당될 수 있는 것이다. 따라서 이른바 엄격한 의미의 '음란' 표현은 헌법 제21조 제4항의 헌법적 한계를 벗어난 것이어서, 언론 · 출판의 자유에 의해서 보호되지 않는다.
한편, 이러한 엄격한 의미의 '음란' 표현은 헌법상 언론 · 출판의 자유에 의하여 보호되지 아니하므로, 이 사건 법률조항에서 '음란' 표현물을 정보통신망을 통하여 배포하는 행위 등을 처벌하고 있다고 하여도 언론 · 출판의 자유의 제한에 관한 과잉금지원칙 위반 여부의 심사는 불필요하다.

2) 의료광고(상업광고) 규제에 관한 의료법 제69조 등 위헌제청 - 2005. 10. 27. 2003헌가3

[미리보기]
광고가 단순히 상업적인 상품이나 서비스에 관한 사실을 알리는 경우에도 그 내용이 공익을 포함하는 때에는 헌법 제21조의 표현의 자유에 의하여 보호된다. 헌법은 제21조 제1항에서 "모든 국민은 언론 · 출판의 자유 …… 를 가진다"라고 규정하여 현대 자유민주주의의 존립과 발전에 필수불가결한 기본권으로 언론 · 출판의 자유를 강력하게 보장하고 있는바, 광고물도 사상 · 지식 · 정보 등을 불특정다수인에게 전파하는 것으로서 언론 · 출판의 자유에 의한 보호를 받는 대상이 됨은 물론이다(헌재 1998. 2. 27. 96헌바2). 뿐만 아니라 국민의 알권리는 국민 누구나가 일반적으로 접근할 수 있는 모든 정보원(情報原)으로부터 정보를 수집할 수 있는 권리로서 정보수집의 수단에는 제한이 없는 권리인 바, 알권리의 정보원으로서 광고를 배제시킬 합리적인 이유가 없음을 고려할 때, 광고는 이러한 관점에서도 표현의 자유에 속한다고 할 것이다(2002. 12. 18. 2000헌마764)

【판시사항】
1. 상업광고의 규제에 관한 위헌심사의 기준
2. "특정의료기관이나 특정의료인의 기능 · 진료방법"에 관한 광고를 금지하는 의료법(2002. 3. 30. 법률 제6686호로 개정되기 전의 것) 제46조 제3항 및 그 위반시 300만 원 이하의 벌금에 처하도록 하는 동법 제69조가 표현의 자유 내지 직업수행의 자유를 침해하는지 여부(적극)

【결정요지】
1. 상업광고에 대한 규제에 의한 표현의 자유 내지 직업수행의 자유의 제한은 헌법 제37조 제2항에서 도출되는 비례의 원칙(과잉금지원칙)을 준수하여야 하지만, 상업광고는 사상이나 지식에 관한 정치적, 시민적 표현행위와는 차이가 있고, 인격발현과 개성신장에 미치는 효과가 중대한 것은 아니므로, 비례의 원칙 심사에 있어서 '피해의 최소성' 원칙은 '입법목적을 달성하기 위하여 필요한 범위 내의 것인지'를 심사하는 정도로 완화되는 것이 상당하다.

2. 의료인의 기능이나 진료방법에 대한 광고가 소비자들을 기만하는 것이거나, 소비자들에게 정당화되지 않은 의학적 기대를 초래 또는 오인하게 할 우려가 있거나, 공정한 경쟁을 저해하는 것이라면, 국민의 보건과 건전한 의료경쟁 질서를 위하여 규제가 필요하다. 그러나 객관적인 사실에 기인한 것으로서 소비자에게 해당 의료인의 의료기술이나 진료방법을 과장함이 없이 알려주는 의료광고라면 이는 의료행위에 관한 중요한 정보에 관한 것으로서 소비자의 합리적 선택에 도움을 주고 의료인들 간에 공정한 경쟁을 촉진하므로 오히려 공익을 증진시킬 수 있다.

비록 의료광고가 전문적이고 기술적인 영역에 관한 것이고, 일반 국민들이 그 가치를 판단하기 어려운 측면이 있다 하더라도, 소비자로 하여금 과연 특정의료인이 어떤 기술이나 기량을 지니고 있는지, 어떻게 진단하고 치료하는지를 알 수 없게 한다면, 이는 소비자를 중요한 특정 의료정보로부터 차단시킴으로써 정보의 효율적 유통을 방해하는 것이며, 표현의 자유와 영업의 자유의 대상이 된 상업광고에 대한 규제가 입법목적의 달성에 필요한 한도 내에서 섬세하게 재단(裁斷)된 것이라 할 수 없다.

또한 의료법(2002. 3. 30. 법률 제6686호로 개정되기 전의 것) 제46조 제3항 중 "특정의료기관이나 특정의료인의 기능 · 진료방법"에 관한 광고금지 및 제69조 중 동 광고금지 위반 부분(이하 이들을 '이 사건 조항'이라 한다)이 아니더라도 의료법 제46조 제1항, 표시 · 광고 의공정화에관한법률, 소비자보호법, 독점규제및공정거래에관한법률, 옥외광고물등관리법 등에 의하여 "의료인의 기능이나 진료방법"에 관한 허위 · 기만 · 과장광고를 통제할 수 있다.

그러므로 이 사건 조항이 의료인의 기능과 진료방법에 대한 광고를 금지하고 이에 대하여 벌금형에 처하도록 한 것은 입법목적을 달성하기 위하여 필요한 범위를 넘어선 것이므로, '피해의 최소성' 원칙에 위반된다.

한편 이 사건 조항이 보호하고자 하는 공익의 달성 여부는 불분명한 것인 반면, 이 사건 조항은 의료인에게 자신의 기능과 진료방법에 관한 광고와 선전을 할 기회를 박탈함으로써 표현의 자유를 제한하고, 다른 의료인과의 영업상 경쟁을 효율적으로 수행하는 것을 방해함으로써 직업수행의 자유를 제한하고 있고, 소비자의 의료정보에 대한 알 권리를 제약하게 된다. 따라서 보호하고자 하는 공익보다 제한되는 사익이 더 중하다고 볼 것이므로 이 사건 조항은 '법익의 균형성' 원칙에도 위배된다.
결국 이 사건 조항은 헌법 제37조 제2항의 비례의 원칙에 위배하여 표현의 자유와 직업수행의 자유를 침해하는 것이다.

재판관 윤영철, 재판관 김효종, 재판관 주선회의 반대의견
종래부터 의술(醫術)은 인술(仁術)이라 불리듯이 의료인은 윤리의식과 사명감이 강하게 요청되는 직종이다. 의료행위는 사람의 신체를 치료하고 생명을 다루는 것이므로 일반 상행위와는 본질적으로 다르고, 따라서 의술에 대한 상업적 광고는 일반 상품이나 용역에 대한 것과는 차이가 있을 수밖에 없다. '의료인의 기능과 진료방법'은 의료인에 따라 매우 다양하며, 이에 대한 광고는 전문적이고 주관적인 내용으로 표현될 수 있는 것이고, 의료기술이나 진료방법에 대한 정보는 소비자가 이해하기 어렵거나, 소비자에게 잘못된 기대를 갖게 하거나, 현대의학상 검증되지 않은 것일 수도 있다. 그러므로 의료인의 기능과 진료방법에 관한 광고는 환자의 입장에서는 잠재적으로 기만적인 것이 되기 쉽다. 또한 의료인의 기능과 진료방법에 관한 광고가 무조건 허용될 경우 의료인들 간에 과당경쟁이 발생할 우려가 높아 의료제도의 안정성을 해치고, 국민들과 의료보험공단 등으로 하여금 불필요한 의료비를 지출하도록 하는 문제점도 발생할 수 있다.

다수의견은 객관적 사실에 근거한 것으로서 허위 · 과장 광고가 아닌 의료인의 기능 · 진료방법에 대한 광고는 허용되어야 한다는 것이나, 이를 구분하기는 곤란하고, 과당경쟁으로 인하여 의료인 간의 공정한 경쟁을 더 어렵게 만들 것이 분명하다. 또한 다수의견이 들고 있는 다른 법조항들만으로는 이 사건 조항을 대체할 수 있는 효과적인 수단이 될 수 없다. 따라서 이 사건 조항이 피해의 최소성원칙에 위배된다고 할 수 없다. 이 사건 조항이 아니더라도 현행법상 의료인의 면허의 종류와 전문과목, 진료과목, 응급의료시설에 관한 사항, 진료인력, 의료인의 경력에 관한 광고가 가능하며, 의료기관의 평가결과도 광고의 허용범위에 포함되므로, 이들을 통하여 의료소비자는 의료인과 시설에 관한 기본정보를 충분히 알 수 있다.

한편 의료인의 기능과 진료방법에 대한 의료광고는 의료인의 직업수행에 있어서 중요한 사항이 아니며, 그러한 광고표현을 하지 못하도록 한다고 해서 의료인의 표현의 자유가 심하게 제한되는 것도 아닌 반면, 의료소비자의 보호, 의료인 간의 공정한 경쟁, 건전한 의료제도의 확립은 중요한 공익에 해당된다. 그러므로 이 사건 조항이 법익의 균형성원칙에 위반한 것으로도 볼 수 없다.
달리 이 사건 조항이 헌법에 위배된다고 볼만한 사정이 없다.

2. 사전검열과 표현의 자유

1) 사전검열의 금지 일반론

"언론 · 출판에 대한 검열금지는 의사표현이 외부에 공개되기 이전에 국가기관이 그 내용을 심사하여 특정한 의사표현의 공개를 허가하거나 금지시키는 이른바 사전검열의 금지를 말한다. 이에 반하여 헌법상 보호되지 않는 의사표현에 대하여 그 공개 후에 국가기관이 간섭하는 것을 금지하고 있는 것은 아니다." 헌재 1992. 6. 26. 90헌바26

"비록 헌법 제37조 제2항이 국민의 자유와 권리를 국가안전보장 · 질서유지 또는 공공복리를 위하여 필요한 경우에 한하여 법률로써 제한할 수 있도록 규정하고 있다고 하여도 언론 · 출판의 자유에 대하여는 검열을 수단으로 한 제한만은 법률로써도 절대 허용되지 아니 한다고 할 것이다." 헌재 1996. 10. 31. 94헌가6

"헌법 제21조 제2항이 금지하는 검열은 사전검열만을 의미하므로 개인이 정보와 사상을 발표하기 이전에 국가기관이 미리 그 내용을 심사 · 선별하여 일정한 범위 내에서 발표를 저지하는 것만을 의미하고, 헌법상 보호되지 않는 의사표현에 대하여 공개한 뒤에 국가기관이 간섭하는 것을 금지하는 것은 아니다. 그러므로 사후심사나 앞에서 밝힌 검열의 성격을 띠지 아니한 그 외의 사전심사는 검열에 해당하지 아니한다. 다만, 이러한 검열의 성격을 띠지 아니한 심사절차의 허용 여부는 표현의 자유와 이와 충돌되는 다른 법익 사이의 조화의 문제이므로 헌법상의 기본권 제한의 일반적 원칙인 헌법 제37조 제2항에 의하여 상충하는 다른 법익과의 교량과정을 통하여 결정된다." 헌재 1996. 10. 4. 93헌가13등

"헌법 제21조 제2항은 언론·출판에 대한 허가나 검열은 인정되지 아니한다고 규정하고 있다. 여기서 말하는 검열은 그 명칭이나 형식과 관계없이 실질적으로 행정권이 주체가 되어 사상이나 의견 등이 발표되기 이전에 예방적 조치로서 그 내용을 심사, 선별하여 발표를 사전에 억제하는, 즉 허가받지 아니한 것의 발표를 금지하는 제도를 뜻하고, 이러한 사전검열은 법률로써도 불가능한 것으로서 절대적으로 금지된다. 언론 출판에 대하여 사전검열이 허용될 경우에는 국민의 예술활동의 독창성과 창의성을 침해하여 정신생활에 미치는 위험이 클 뿐만 아니라 행정기관이 집권자에게 불리한 내용의 표현을 사전에 억제함으로써 이른바 관제의견이나 지배자에게 무해한 여론만이 허용되는 결과를 초래할 염려가 있기 때문에 헌법이 절대적으로 금지하고 있는 것이다." …"검열금지의 원칙은 모든 형태의 사전적인 규제를 금지하는 것은 아니고, 의사표현의 발표여부가 오로지 행정권의 허가에 달려있는 사전심사만을 금지하는 것이다. 그리고 검열은 일반적으로 허가를 받기 위한 표현물의 제출의무, 행정권이 주체가 된 사전심사절차, 허가를 받지 아니한 의사표현의 금지 및 심사절차를 관철할 수 있는 강제수단 등의 요건을 갖춘 경우에만 이에 해당하는 것이다." 헌재 2001. 8. 30. 2000헌가9

2) 사안별 판단

〈정기간행물의 등록제도〉 헌재 1992. 6. 26. 90헌가23
"정기간행물등록에관한법률상의 등록제도는 정기간행물의 발행인들에 의한 무책임한 정기간행물의 난립을 방지함으로써 언론·출판의 공적 기능과 언론의 건전한 발전을 도모할 목적으로 제정된 법률규정으로서, 헌법상 금지된 허가제나 검열제와는 다른 차원의 규정이고 "단순히 정기간행물의 등록을 위하여 행정업무상 필요한 사항을 등록하게 하고 이를 규제하기 위하여 벌칙을 설정하고" 있는 것이며 언론·출판의 자유를 본질적으로 침해하는 것도 아니고, 헌법상 제37조 제2항에 반하는 입법권행사라고 한 것이라 단정할 수 없다."

재판관 변정수의 반대의견- 정기간행물의 등록제는 실질적으로 허가제와 다름없이 운영될 가능성이 있으므로 언론·출판의 자유를 침해하는 위헌적인 법률이다.

〈납본제도〉 헌재 1992. 6. 26. 90헌바26
"정간법 제10조 제1항이 "제7조 제1항의 규정에 의하여 등록한 자가 정기간행물을 발행하였을 때에는 대통령령이 정하는 바에 따라 그 정기간행물 2부를 즉시 공보처장관에게 납본하여야 한다."

라고 규정한 것은, 등록한 정간물은 자유로이 발행할 수 있으며 다만 발행한 후에 그 정간물 2부를 납본하도록 하고 있음에 불과하다. 즉 정간물이 외부에 공개 내지 배포되기 이전에 그 표현내용을 심사하여 그 발행금지 내지 어떤 제한이나 제재가 가해지는 것은 아니다. 결국 발행된 정간물을 공보처에 납본하는 것은 그 정간물의 내용을 심사하여 이를 공개 내지 배포하는데 대한 허가나 금지와는 전혀 관계없는 것으로서 사전검열이라고 볼 수 없다."

〈국정교과서제도〉 헌재 1992. 11. 12. 89헌마88
교과용도서의 적격여부를 검·인정제도의 방법으로 심사한다고 하더라도 개인은 자신이 연구한 결과를 얼마든지 책자로서 발표할 수 있는 것이므로 이를 검열에 해당한다고 할 수는 없다.

〈영화의 등급제도〉 헌재 1996. 10. 4. 93헌가13등
"심의기관에서 허가절차를 통하여 영화의 상영 여부를 종국적으로 결정할 수 있도록 하는 것은 검열에 해당하나, 예컨대, 영화의 상영으로 인한 실정법위반의 가능성을 사전에 막고, 청소년 등에 대한 상영이 부적절할 경우 이를 유통단계에서 효과적으로 관리할 수 있도록 미리 등급을 심사하는 것은 사전검열이 아니다. 설사 등급심사를 받지 아니한 영화의 상영을 금지하고 이에 위반할 때에 행정적 제재를 가하는 경우(예컨대 새 영화진흥법 시안 제11조의 등급심의)에도 검열에는 해당하지 아니한다. 여기서의 상영금지는 심의의 결과가 아니고 단지 일괄적인 등급심사를 관철하기 위한 조치에 지나지 아니하기 때문이다."

〈등급분류보류제도〉 헌재 2001. 8. 30. 2000헌가9; 헌재 2008.10.30. 2004헌가18)
"영화진흥법 제21조 제4항이 규정하고 있는 영상물등급위원회에 의한 등급분류보류제도는, 영상물등급위원회가 영화의 상영에 앞서 영화를 제출 받아 그 심의 및 상영등급분류를 하되, 등급분류를 받지 아니한 영화는 상영이 금지되고 만약 등급분류를 받지 않은 채 영화를 상영한 경우 과태료, 상영금지명령에 이어 형벌까지 부과할 수 있도록 하며, 등급분류보류의 횟수제한이 없어 실질적으로 영상물등급위원회의 허가를 받지 않는 한 영화를 통한 의사표현이 무한정 금지될 수 있다. 영상물등급위원회에 의한 등급분류보류제도는 '허가를 받지 아니한 의사표현의 금지' 및 '심사절차를 관철할 수 있는 강제수단'이라는 요건도 충족시켜, 우리 헌법이 절대적으로 금지하고 있는 사전검열에 해당한다."

재판관 송인준의 반대의견 - 헌법 제21조 제2항의 검열금지의 원칙은 헌법상 보호되지 않는 의사표현에 대하여는 엄격히 적용될 수 없으며 영상물등급위원회는 행정기관이 아닌 민간 자율기관이라고 할 것이므로, 이 사건 영상물등급위원회의 등급분류보류제도가 헌법상 허용될 수 없는 검열에 해당된다고 볼 수 없다. 나아가 표현의 자유에 대한 어느 정도의 제한이 있다 하더라도 등급분류보류제도는 중대한 공익에 봉사하는 것으로서 필요최소한의 제한이라고 보아야 하므로 비례의 원칙에 위반된다고 볼 수 없으며 명확성의 원칙에도 반하지 아니한다.

재판관 주선회의 반대의견 - 영상물등급위원회가 행정기관에 해당한다고 할 수 없으므로 영상물등급위원회에 의한 등급분류보류는 검열에 해당되지 아니한다. 나아가 등급분류보류가 비례의 원칙이나 명확성의 원칙 등 다른 헌법상의 원칙에도 위반되지 않는다.

〈공연윤리위원회의 성격과 심의의 검열성〉 헌재 1996. 10. 4. 93헌가13등
"공륜이 민간인으로 구성된 자율적인 기관이라고 할지라도 법에서 영화에 대한 사전허가제도를 채택하고, 공연법에 의하여 공륜을 설치토록 하여 행정권이 공륜의 구성에 지속적인 영향을 미칠 수 있게 하였으므로 공륜은 검열기관으로 볼 수밖에 없다. 영화에 대한 심의제의 내용은 심의기관인 공륜이 영화의 상영에 앞서 그 내용을 심사하여 심의기준에 적합하지 아니한 영화에 대하여는 상영을 금지할 수 있고, 심의를 받지 아니하고 영화를 상영할 경우에는 형사처벌까지 가능하도록 한 것이 그 핵심이므로 이는 명백히 헌법 제21조 제2항이 금지한 사전검열제도를 채택하고 있다고 볼 수밖에 없다."

〈영상물등급위원회의 성격〉 헌재 2001. 8. 30. 2000헌가9
"영상물등급위원회는 위원을 대통령이 위촉하고, 구성방법 및 절차에 관하여 필요한 사항을 대통령령으로 정하도록 하고 있으며, 국가예산으로 그 운영에 필요한 경비의 보조를 받을 수 있도록 하고 있는 점 등에 비추어 볼 때, 행정권이 심의기관의 구성에 지속적인 영향을 미칠 수 있고 행정권이 주체가 되어 검열절차를 형성하고 있다."

재판관 송인준의 반대의견 - 영상물등급위원회는 전문분야별 순수 민간인으로 구성된 단체에서 선정한 사람을 대한민국예술원회장이 추천하여 위원이 위촉되고, 행정부 공무원이 당연직 위원으로 위촉되지 아니하며, 문화관광부장관에 대한 심의결과 보고의무 및 문화관광부장관의 위원장 · 부위원장 승인제도를 두지 않을 뿐 아니라 국고 보조도 적은 액수에 불과하므로 독립된 민간 자율기관으로 보아야 한다.

재판관 주선회의 반대의견 - 영상물등급위원회는 과거의 공연윤리위원회와 한국공연예술진흥협의회와는 달리 행정권으로부터 형식적 · 실질적으로 독립된 민간 자율기관이라고 보아야 하는바, 행정권과 독립된 민간 자율기관에 의한 영화의 사전심의는 헌법이 금지하지 않을 뿐 아니라 오히려 필요하다.

〈음반에 대한 등급심사제도〉 헌재 1996. 10. 31. 94헌가6
"청소년 등에게 부적절한 내용의 음반에 대하여는 청소년에게 판매할 수 없도록 미리 등급을 심사하는 이른바 등급심사제도는 사전검열에 해당하지 아니한다(법 제17조 제2항에서도 연소자의 건전한 덕성함양을 해칠 우려가 있는 내용 등 연소자에게 부적절한 내용의 음반에 대하여는 공륜의 심의시 연소자가 시청할 수 없음을 결정하여야 한다고 규정하고 있다). 그러나 심의기관인

공륜이 음반의 제작판매에 앞서 그 내용을 심사하여 심의기준에 적합하지 아니한 음반에 대하여는 제작판매를 금지하고, 심의를 받지 아니한 음반을 제작판매할 경우에는 형사처벌까지 할 수 있도록 규정하고 있는 것으로서 명백히 헌법 제21조 제2항이 금지한 사전검열제도를 채택하고 있다고 볼 수 밖에 없다.(1995. 12. 6. 법률 제4351호로 개정된 음반및비디오등에관한법률 제17조 제2항에서는 음반에 관하여 필요적 사전심의제도를 폐지하고 임의로 공륜의 심의를 받을 수 있도록 규정하고 있다) 공륜의 심의는 헌법 제21조 제2항의 검열에 해당하므로 음반을 제작하기에 앞서 공륜의 심의를 받도록 하고, 공륜의 심의를 받지 아니한 음반의 판매를 금지하면서 이에 위반한 자를 처벌하는 내용의 음반및비디오에관한법률 제16조 제1항은 헌법 제21조 제2항에 위반된다고 할 것이다."

〈외국음반 국내제작 추천제도〉 2006. 10. 26. 2005헌가14

"음비게법(2001. 5. 24. 법률 제6473호로 전문 개정된 것) 제35조 제1항 중 외국음반의 국내제작에 관한 부분 및 제50조 제6호 중 외국음반의 국내제작에 관한 부분(이하 '이 사건 법률조항들'이라 한다)이 규정하고 있는 외국음반 국내제작 추천제도는 외국음반의 국내제작이라는 의사표현행위 이전에 그 표현물을 행정기관의 성격을 가진 영상물등급위원회에 제출토록 하여 당해 표현행위의 허용 여부가 행정기관의 결정에 좌우되도록 하고 있으며, 더 나아가 이를 준수하지 않는 자들에 대하여 형사처벌 등 강제수단까지 규정하고 있는바, 허가를 받기 위한 표현물의 제출의무, 행정권이 주체가 된 사전심사절차, 허가를 받지 아니한 의사표현의 금지, 심사절차를 관철할 수 있는 강제수단의 존재라는 제 요소를 모두 갖추고 있으므로, 이 사건 법률조항들은 우리 헌법 제21조 제2항이 절대적으로 금지하고 있는 사전검열에 해당하여 헌법에 위반된다."

3. 집회 · 시위의 자유

1) 야간옥외집회를 규제하는 집시법 위헌법률심판 -헌재 2014. 4. 24. 2011헌가29

【판시사항】

1. 일출시간 전, 일몰시간 후에는 옥외집회 또는 시위를 금지하고, 다만 옥외집회의 경우 예외적으로 관할 경찰관서장이 허용할 수 있도록 한 구 '집회 및 시위에 관한 법률'(1989. 3. 29. 법률 제4095호로 개정되고, 2007. 5. 11. 법률 제8424호로 개정되기 전의 것) 제10조(이하 '이 사건 법률조항'이라 한다)가 헌법 제21조 제2항이 규정하는 허가제 금지에 위반되는지 여부(소극)
2. 이 사건 법률조항 및 이에 위반하여 옥외집회 또는 시위에 참가한 자를 형사처벌하는 구 '집회 및 시위에 관한 법률'(2004. 1. 29. 법률 제7123호로 개정되고, 2007. 5. 11. 법률 제8424호로 개정되기 전의 것) 제20조 제3호 중 '제10조 본문'에 관한 부분(이 사건 법률조항과 통틀어 '심판대상조항들'이라 한다)이 집회의 자유를 침해하는지 여부(적극)

3. 규제가 불가피하다고 보기 어려움에도 옥외집회 또는 시위를 절대적으로 금지한 부분에 한하여 한정위헌결정을 한 사례

【결정요지】

1. 헌법 제21조 제2항에 의하여 금지되는 '허가'는 '행정청이 주체가 되어 집회의 허용 여부를 사전에 결정하는 것'으로, 법률적 제한이 실질적으로 행정청의 허가 없는 옥외집회를 불가능하게 하는 것이라면 헌법상 금지되는 사전허가제에 해당하지만, 그에 이르지 아니하는 한 헌법 제21조 제2항에 반하는 것은 아니다. 이 사건 법률조항의 단서 부분은 본문에 의한 제한을 완화시키려는 것이므로 헌법이 금지하고 있는 '옥외집회에 대한 일반적인 사전허가'라고 볼 수 없다. 한편, 이 사건 법률조항 중 단서 부분은 시위에 대하여 적용되지 않으므로 야간 시위의 금지와 관련하여 헌법상 '허가제 금지' 규정의 위반 여부는 문제되지 아니한다.

2. 이 사건 법률조항은 사회의 안녕질서를 유지하고 시민들의 주거 및 사생활의 평온을 보호하기 위한 것으로서 정당한 목적 달성을 위한 적합한 수단이 된다. 그러나 '일출시간 전, 일몰시간 후'라는 광범위하고 가변적인 시간대의 옥외집회 또는 시위를 금지하는 것은 오늘날 직장인이나 학생들의 근무 · 학업 시간, 도시화 · 산업화가 진행된 현대사회의 생활형태 등을 고려하지 아니하고 목적 달성을 위해 필요한 정도를 넘는 지나친 제한을 가하는 것이어서 최소침해성 및 법익균형성 원칙에 반한다.

3. 헌법재판소는, 2010헌가2 결정으로 '집회 및 시위에 관한 법률' 제10조 중 '시위' 부분 등에 대하여 한정위헌결정을 한 바 있고, 이 사건에 있어서 가능한 한 심판대상조항들 중 위헌인 부분을 가려내야 할 필요성은 2010헌가2 결정에서와 마찬가지로 인정되므로, 심판대상조항들은 '일몰시간 후부터 같은 날 24시까지의 옥외집회 또는 시위'에 적용되는 한 헌법에 위반된다.

재판관 김창종, 재판관 강일원, 재판관 서기석의 전부위헌의견

심판대상조항들이 과잉금지원칙에 위배되어 집회의 자유를 침해하는 것으로서 헌법에 위반된다는 점은 다수의견과 견해를 같이 한다. 그런데 심판대상조항들의 내용 중 일부만이 위헌이라고 하더라도, 위헌적인 부분을 명확하게 구분해 낼 수 없는 경우에는 원칙적으로 그 법률조항 전체가 헌법에 위반된다고 보아야 한다. 헌법재판소가 스스로 일정한 시간대를 기준으로 하여 심판대상조항들의 위헌적인 부분과 합헌적인 부분의 경계를 명확하게 정하는 것은 입법자의 일차적인 입법 권한과 책임에 대한 제약으로 작용하여 권력분립의 원칙을 침해할 가능성을 배제할 수 없으며, 심판대상조항들의 위헌적인 부분을 일정한 시간대를 기준으로 명확하게 구분하여 특정할 수는 없다고 할 것이므로, 심판대상법률조항들에 대하여 전부위헌결정을 하여야 한다.

2) 집회 · 시위의 장소에 관한 헌법재판소 판례의 경향

표현의 자유는 자신이 전달하고자 하는 생각이나 사상을 자유로운 방법으로 전달하는 것이고, 표현 방법의 선택은 자신의 표현을 가장 잘 전달할 수 있는 장소의 선택으로 여겨질 수 있다. 일반적인 표현에 있어서 표현하고자 하는 사상이나 관점이 그 중심을 이룰 수 있는 한편 집회·시위의 자유에 있어서의 장소 선택은 표현의 그만큼 중요한 의미를 가진다고 할 수 있기 때문이다. "집회의 자유는 집회의 시간, 장소, 방법과 목적을 스스로 결정할 권리를 보장한다. 집회의 자유에 의하여 구체적으로 보호되는 주요행위는 집회의 준비 및 조직, 지휘, 참가, 집회장소·시간의 선택이다. 따라서 집회의 자유는 개인이 집회에 참가하는 것을 방해하거나 집회에 참가할 것을 강요하는 국가행위를 금지할 뿐만 아니라, 예컨대 집회장소로 여행하는 것을 방해하거나, 집회장소로부터 귀가하는 것을 방해하거나, 집회 참가자에 대한 검문의 방법으로 시간을 지연시킴으로써 집회 장소에 접근하는 것을 방해하는 등 집회의 자유 행사에 영향을 미치는 모든 조치를 금지한다." 헌재 2016. 9. 29. 2014헌가3 등.

이와 같은 취지에서 헌법재판소는 집회의 자유는 "집회의 시간, 장소, 방법과 목적을 스스로 결정하는 것을 보장하는 것"[84)]이라는 것을 전제로 집회의 장소에 대한 선택은 집회의 성과를 결정짓는 주요 요인인 것이며, 집회의 목적·내용과 밀접한 내적 연관관계를 가지는 것으로 집회의 자유의 실질을 형성한다는 점을 선언한 이래 반복적으로 판시해오고 있다.[85)] 최근에는 국회의사당,[86)] 국무총리 공관,[87)] 각급법원[88)] 100미터 이내의 장소에서 옥외집회·시위에 대한 금지규정을 모두 헌법불합치로 판단한 바 있다.

---

84) 헌재 2016. 9. 29. 2014헌가3등 참조.

85) 헌재 2003. 10. 30. 2000헌바67등.

86) 헌재 2018. 5. 31. 2013헌바322.

87) 헌재 2018. 6. 28. 2015헌가28 등.

88) 헌재 2018. 7. 26. 2018헌바137.

제6절 직업(선택)의 자유와 재산권

Ⅰ. 직업(선택)의 자유

1. 일반론

1) 직업선택의 자유와 직업수행의 자유

"헌법 제15조는 직업선택의 자유를 규정하고 있는데 이는 자기가 선택한 직업에 종사하여 이를 영위하고 언제든지 임의로 그것을 전환할 수 있는 자유로서 민주주의 · 자본주의 사회에서는 매우 중요한 기본권의 하나로 인식되고 있는 것이다. 왜냐하면 직업선택의 자유는 근세 시민사회의 출범과 함께 비로소 쟁취된 기본권으로서 중세 봉건적 신분사회에서는 인정될 수 없었던 것이며 현대사회에서도 공산주의 국가에서는 원칙적으로 인정되지 않는 기본권이기 때문이다."

"여기서 직업이란 생활의 기본적 수요를 충족시키기 위한 계속적인 소득활동을 의미하며 그러한 내용의 활동인 한 그 종류나 성질을 불문하는데 헌법재판소는 직업선택의 자유를 비교적 폭넓게 인정하고 있으며, … 직업선택의 자유에는 직업결정의 자유, 직업종사(직업수행)의 자유, 전직의 자유 등이 포함되지만 직업결정의 자유나 전직의 자유에 비하여 직업종사(직업수행)의 자유에 대하여서는 상대적으로 더욱 넓은 법률상의 규제가 가능하다고 할 것이고 따라서 다른 기본권의 경우와 마찬가지로 국가안전보장 · 질서유지 또는 공공복리를 위하여 필요한 경우에는 제한이 가하여질 수 있는 것은 물론이지만 그 제한의 방법은 법률로써만 가능하고 제한의 정도도 필요한 최소한도에 그쳐야 하는 것 또한 의문의 여지가 없이 자명한 것이다(헌법 제37조 제2항)." 헌재 1993. 5. 13. 92헌마80.

2) 주관적 요건에 의한 제한과 객관적 요건에 의한 제한

"일반적으로 직업선택의 자유를 제한함에 있어, 어떤 직업의 수행을 위한 전제요건으로서 일정한 주관적 요건을 갖춘 자에게만 그 직업에 종사할 수 있도록 제한하는 경우에는, 이러한 주관적 요건을 갖추도록 요구하는 것이, 누구에게나 제한 없이 그 직업에 종사하도록 방임함으로써 발생할 우려가 있는 공공의 손실과 위험을 방지하기 위한 적절한 수단이고, 그 직업을 희망하는 모든 사람에게 동일하게 적용되어야 하며, 주관적 요건 자체가 그 제한목적과 합리적인 관계가 있어야 한다는 비례의 원칙이 적용되어야 할 것이다." 헌재 1995. 6. 29. 90헌바43. (→ 합리성 심사)

"당사자의 능력이나 자격과 상관없는 객관적 사유에 의한 제한은 월등하게 중요한 공익을 위하여 명백하고 확실한 위험을 방지하기 위한 경우에만 정당화될 수 있고, 따라서 헌법재판소가 이 사건을 심사함에 있어서는 헌법 제37조 제2항이 요구하는바 과잉금지의 원칙, 즉 엄격한 비례의 원칙이 그 심사척도가 된다." 헌재 2002. 4. 25. 2001헌마614

2. 주요 판례

1) 사법시험 합격자를 정원제로 결정하는 사법시험법 제4조 등 위헌소원 - 헌재 2002. 4. 25. 2001헌마614

【판시사항】

1. 헌법소원심판청구 후 당해 사건에서 소를 취하하여 재판의 전제성이 부인된 사례
2. 대 통령령이나 규칙의 헌법소원심판청구의 대상성을 부인한 사례
3. 정원제로 사법시험의 합격자를 결정하는 방법이 객관적인 사유에 의한 직업선택의 자유의 제한에 해당하는지 여부(소극)
4. 사법시험의 합격자를 정원제로 선발하도록 규정하고 있는 사법시험법(2001. 3. 28. 법률 제6436호로 제정된 것) 제4조(이하 '이 사건 법률조항'이라 한다)가 직업선택의 자유를 침해하는지 여부(소극)

【결정요지】

1. 헌법소원심판을 청구한 후 당해 사건의 항소심에서 소를 취하하여 당해 사건이 종결된 이상 이 사건 법률조항 등은 당해 사건에 적용될 여지가 없어 그 위헌 여부가 재판의 전제가 되지 않으므로 재판의 전제성을 갖추지 못하여 부적법하다.

2. 헌법재판소법 제68조 제2항에 의한 헌법소원심판청구는 법률의 위헌 여부가 재판의 전제가 된 때에 소송사건의 당사자가 같은 법 제41조 제1항에 의한 위헌여부심판의 제청신청을 하였음에도 불구하고 법원이 이를 배척한 경우 당사자가 직접 헌법재판소에 헌법소원의 형태로 그 법률의 위헌 여부의 심판을 구하는 것이므로, 그 심판의 대상은 재판의 전제가 되는 법률 이지 대통령령이나 규칙은 그 대상이 될 수 없다.

3. 시험제도란 본질적으로 응시자의 자질과 능력을 측정하는 것이며, 합격자의 결정을 상대평가(정원제)와 절대평가 중 어느 것에 의할 것인지는 측정방법의 선택의 문제일 뿐이고, 이 사건 법률조항이 사법시험의 합격자를 결정하는 방법으로 정원제를 취한 이유는 상대평가라는 방식을 통하여 응시자의 자질과 능력을 검정하려는 것이므로 이는 객관적 사유가 아닌 주관적 사유에 의한 직업선택의 자유의 제한이다.

4. 이 사건 법률조항에 의한 사법시험 정원제는 법조인이 국민의 신체와 재산에 미치는 영향의 중요성을 감안하여 법조 인력의 질적 수준을 유지하고, 국가 인력을 효율적으로 관리하며, 사회적 수요에 따른 적정한 법조인의 수를 유지하기 위한 것으로서 그 입법목적이 정당하고, 이를 달성할 수 있는 적절한 수단이다.
한편, 사법시험의 합격자를 선발하는 방법으로 절대평가제를 택한다고 하더라도 합격선 또는 난이도의 조정 여부에 따라 합격자 수가 제한되고 그 결과 법조직업에의 진입장벽이 높아질 수 있으므로 절대평가제가 이 사건 법률조항에 의한 정원제(상대평가제)보다 직업선택의 자유를 반드시 덜 침해한다고 보기 어렵고, 달리 정원제보다 직업선택의 자유를 적게 제한할 방법도 발견되지 않는다. 또한 이 사건 법률조항은 법무부장관이 합격선발예정인원을 정할 때 법조와 비법조를 망라하여 구성된 사법시험관리위원회의 심의의견을 듣도록 하여 전문성의 수준 및 사회적인 수요를 반영한 적정 합격자 수를 도출하도록 규정하고 있으므로 이 사건 법률조항은 기본권 제한에 관한 침해최소성 원칙에 부합하며, 나아가 청구인들의 직업선택의 자유가 제한되는 불이익이 위와 같은 공익에 비하여 결코 크다고 할 수 없어 법익의 균형성도 갖추었다.

2) 사법시험 폐지를 규정한 변호사시험법 부칙 제2조 등 위헌확인 – 헌재 2016. 9. 29. 2012헌마1002 등

【판시사항】
사법시험법을 폐지하도록 한 변호사시험법 부칙(2009. 5. 28. 법률 제8747호) 제2조가 청구인들의 직업선택의 자유를 침해하는지 여부(소극)

【결정요지】
심판대상조항의 입법목적은 법학교육을 정상화하고 전문성과 국제 경쟁력을 갖춘 법조인을 양성하여 보다 높은 수준의 법률서비스를 제공하고 국가인력을 적재적소에 효율적으로 배치한다는 데 있고, 이 목적의 정당성이 인정된다. 또한, 이러한 입법목적 달성을 위하여 법조인 양성을 '시험을 통한 선발'에서 '교육을 통한 양성'으로 전환하는 한편 사법시험제도는 기존에 이 제도에 따라 시험 준비를 하던 사람들에게 일정 기간 응시기회를 준 다음 단계적으로 폐지하도록 한 것은, 입법목적 달성에 적합한 수단이다.
헌법재판소는 2012. 4. 24. 2009헌마608등 결정에서 변호사시험과 병행하여 사법시험을 실시하는 제도로는 법학교육 정상화 등 입법목적을 달성하기 어렵고, 경제적 자력이 없는 사람들을 위한 제도도 법학전문대학원법에 마련되어 있다고 판단한 바 있다. 법학전문대학원제도와 함께 사법시험을 병행하면서 사법시험 합격자를 다수 배출하면 법학전문대학원제도를 도입한 취지가 크게 훼손되고, 합격자를 소수 배출하면 사법시험을 존치할 이유가 없어진다.
사법시험법을 폐지한다는 심판대상조항이 제정된 이후로는 사법시험을 준비하려고 한 사람들에게 사법시험이 존치할 것이라는 신뢰이익은 변경 또는 소멸되었고, 사법시험법을 폐지하고 법학전문대학원을 도입하는 과정에서 입법자는 사법시험 준비자들의 신뢰를 보호하기 위하여 8년간의 유예기간을 두었다. 오히려 사법시험이 존치하는 경우 사법시험의 폐지를 전제로 법학전문대학원에 입학하였거나 입학을 준비하고 있는 사람 또는 법학전문대학원을 인가받아 운영하고 있는 교육기관의 신뢰를 훼손하게 된다.
법학전문대학원을 설치한 대학 중 일부에서 입학전형의 불공정이나 교육과정의 부실 등이 지적된 바 있으나, 지금은 법학전문대학원제도가 도입 취지에 맞게 운영되고 정착될 수 있도록 힘을 모으는 것이 필요한 시점이고, 현 시점에서 법학전문대학원제도가 청구인들의 기본권을 침해하는 형태로 운영되고 있다고 단정할 수는 없다. 이와 같은 사정을 모두 종합하면 심판대상조항으로 인한 직업선택의 자유 제한이 침해의 최소성에 반한다고 볼 수 없다.
또한, 심판대상조항으로 인하여 청구인들이 받게 되는 불이익보다는, 사법시험법의 폐지와 법학전문대학원의 도입을 전제로 하여 교육을 통한 법조인을 양성하려는 심판대상조항이 추구하는 공익이 더 크므로 법익의 균형성도 갖추었다.
따라서 심판대상조항은 청구인들의 직업선택의 자유를 침해하지 아니한다.

재판관 조용호의 반대의견

가. 사법시험제도는 사법연수원과 연계하여 이론과 실무를 겸비한 최고 수준의 교육이 충실하게 이루어져 '교육을 통한 법조인 양성'이라는 목적에 적합한 제도이므로, 심판대상조항의 입법목적은 사법시험 폐지 또는 법학전문대학원도입을 위한 피상적인 명분에 지나지 않는다. 법학전문대학원제도를 통해 양성되는 법조인이 사법시험제도를 통해 선발된 법조인보다 경쟁력 있고 우수하다고 볼 아무런 근거가 없고, 출신 계층 또는 가치관의 다양성 등과 관련해서는 법학전문대학원제도가 사법시험제도를 따라오지 못하므로, 수단의 적절성 역시 인정되지 않는다.
법학전문대학원은 필연적으로 고비용 구조를 가질 수밖에 없어 특별전형제도, 장학금제도만으로는 고액의 등록금을 해결하기에 근본적으로 한계가 있고, 입학전형의 불공정, 학사관리의 부실 등으로 공정성에 대한 신뢰의 상실을 초래하였다. 과거 '사시낭인'의 문제는 '로스쿨낭인' 또는 '변시낭인'의 문제로 전환되었고, 이론과 실무를 겸비한 법조인을 양성하는 데 3년 동안의 교육과정은 턱없이 부족하여 경쟁력 있는 우수한 법조인을 양성해 내지 못하고 있는 현실이다.
사법시험 응시자격 및 응시횟수를 제한하거나 합격률을 높이는 등 사법시험제도를 폐지하지 않고도 문제점을 해결할 수 있는 완화된 수단이 존재하고, 사법시험을 존치하는 것이 법학전문대학원의 법조인 양성에 관한 독점적 지위에 따른 부작용을 효과적으로 해결함은 물론 선의의 경쟁을 유발하여 법률소비자인 국민의 입장에서도 바람직하다. 사법시험제도의 폐지는 단순히 법조인이 되고자 하는 사람의 직업선택의 자유를 침해하는 데 그치는 것이 아니라, 계층 간의 불신과 반목을 심화시키고 사회통합을 저해하는 등 공익도 중대하게 침해하므로 법익 균형성도 상실하였다. 따라서 심판대상조항은 청구인들의 직업선택의 자유를 침해한다.
나. 법원조직법과 검찰청법에 의하면 변호사 자격이 없는 사람은 판사나 검사로 임용될 수 없으므로, 법학전문대학원에 진학할 경제적 능력이 없는 사람은 변호사 자격을 얻을 수 없고, 판사, 검사로 임용될 수 있는 기회 또한 상실하게 되므로 공무담임권도 침해받는다.
다. 심판대상조항은 <u>직업선택의 자유에 대한 중대한 제한을 가져오므로 엄격한 심사기준에 따라 차별취급의 목적과 수단 사이에 엄격한 비례원칙이 적용되어야 한다</u>. 심판대상조항은 입법목적과 수단 사이에 비례성을 갖추지 못하였으므로, 법학전문대학원에 진학할 경제적 능력이 없는 청구인들의 평등권도 침해한다.

재판관 이진성, 김창종, 안창호의 반대의견
가. 사법시험제도와 법학전문대학원제도는 양립할 수 없는 제도가 아니고, 법조인 양성제도로서 각자의 장점과 단점을 지니고 있어 어느 하나의 제도가 다른 제도에 비하여 월등하게 우월한 제도라고 단정할 수 없다. 오히려 두 제도가 그 장점을 살려 서로 경쟁하고, 문제점을 보완하게 하는 것이 다양한 계층의 우수한 사람들이 법조 직역에 진출하는 것을 가능하게 하고, 국민의 권익을 신장하는 데 도움이 된다. 사법시험이 폐지된 이후 법학전문대학원에 진학하지 않으면 법조인이 될 수 없는 현재의 법학전문대학원제도 아래에서, 사법시험제도의 문제점을 해결할 수 있는 완화된 수단이 존재함에도 사법시험법을 폐지함으로써 사법시험제도가 가지는 많은 장점을 소멸시키는 것은 입법재량의 한도를 넘는다.
사법시험제도의 폐지로 인하여 법학전문대학원에 진학할 경제적 능력이 부족한 사람들이 입게 되는 불이익은 사법시험제도의 폐지를 통하여 달성하고자 하는 공익에 못지 않게 중대하다. 따라서 심판대상조항은 청구인들의 직업선택의 자유를 침해한다.
나. 법원조직법과 검찰청법이 판사, 검사의 임용조건으로 변호사 자격을 요구하고 있기는 하나, 판사, 검사의 임용은 위 법령들이 정한 요건과 절차에 따라 이루어지는 것이고, 사법시험제도와 판사, 검사의 임용과의 관련성은 간접적인 것에 불과하므로, 심판대상조항이 청구인들의 공무담임권을 침해한다고 할 수는 없다.
다. 심판대상조항에 의하여 사법시험제도가 폐지되고, 그 결과 법학전문대학원만이 법조인이 될 수 있는 유일한 통로가 됨으로써 법조인 자격의 취득에 있어서 경제력에 따른 차별이 발생한다. 이는 사법시험법의 폐지라는 규범적 상태의 변경으로 인하여 발생하는 차별이므로 단순히 사실상의 차별에 불과하다고 할 수 없다. 사법시험제도의 폐지는 경제적 약자의 출발선을 앞당기기는커녕 그들에게 존재하던 법조 직역 진출의 기회조차 차단함으로써 형식적 평등마저 무너뜨리는 것이므로, 청구인들의 평등권을 침해한다.

Ⅱ. 재산권

1. 일반론

재산권이란 경제적 가치를 가지는 이익을 향유할 수 있는 권리를 말한다. 즉, 재산권은 사적유용성 및 그에 대한 원칙적 처분권을 내포하는 재산가치 있는 구체적 권리라고 할 수 있다. 따라서 구체적 권리가 아닌 단순한 이익이나 재화의 획득에 관한 기회, 단순한 재산상 이익의 기대는 재산권으로 보호되지 않는다. 헌재 1996. 8. 29. 95헌바36

우리 헌법 제23조는 「① 모든 국민의 재산권은 보장된다. 그 내용과 한계는 법률로 정한다. ② 재산권의 행사는 공공복리에 적합하도록 하여야 한다. ③ 공공필요에 의하여 재산권을 수용·사용 또는 제한 및 그에 대한 보상은 법률로써 하되, 정당한 보상을 지급하여야 한다.」라고 규정하여 재산권의 보장과 그 행사의 사회적 의무성 및 법률에 의한 정당한 보상 없이는 공공필요에 의한 재산권의 수용·사용 또는 제한을 할 수 없음을 선언하였다. 재산권보장은 개인이 현재 누리고 있는 재산권을 개인의 기본권으로 보장한다는 의미와 개인이 재산권을 향유할 수 있는 법제도로서의 사유재산제도를 보장한다는 이중적 의미를 가지고 있다. 1993. 7. 29. 92헌바20

2. 주요 판례

1) 국립공원지정에 따른 토지재산권의 보상적 조치 등에 관한 자연공원법 제4조 등 위헌소원 - 헌재 2003. 4. 24. 99헌바110

【판시사항】

1. 국립공원지정에 따른 토지재산권의 제한에 대하여 손실보상규정을 두지 않은 구 자연공원법 제4조(이하 "이 사건 법률조항"이라 한다)에 대한 위헌소원청구 후 법률이 개정되어 여러 가지 '보상적 조치'를 규정하였고 이들 조항이 손실보상 또는 손해배상 청구소송인 당해사건에 적용되는 경우에도 이 사건 법률조항에 대하여 재판의 전제성을 인정할 수 있는지 여부(적극)
2. 이 사건 법률조항이 비례의 원칙에 어긋나게 토지소유자의 재산권을 과도하게 침해하는지 여부
3. 위헌결정의 정족수가 모자라 합헌결정을 선고한 사례

【결정요지】

1. 이 사건 각 헌법소원의 당해사건들은 국립공원지정처분을 원인으로 하여 국가를 상대로 제기한 손실보상청구와 부당이득반환·손해배상청구 사건인바, 청구인들의 주장은 이 사건 토지에 대한 국립공원지정처분으로 말미암은 청구인들의 손실 또는 손해는 "보상규정을 결여하여 위헌인" 이 사건 법률조항에 근거했기 때문이라는 취지로 이해할 수 있고, 그렇다면 이 사건 법률조항에 대한 위헌결정 또는 헌법불합치결정에 따른 개선입법에 의하여 당해사건에서 다른 내용의 재판을 할 여지가 있기 때문에, 재판의 전제성을 인정할 수 있다. 그뿐만 아니라 신법에서 공원구역의 '폐지' 또는 '구역변경'에 관한 규정(제8조), 공원사업의 시행을 위하여 공원사업에 들어가는 토지 등에 대한 소유권 등 권리의 수용·사용과 이에 대한 '손실보상' 및 '환매권' 규정(제22조), 협의에 의한 토지 등의 매수에 관한 규정(제76조)과, '매수청구권' 규정(제77조·제78조) 등 여러 가지 "보상적 조치"를 규정하고 있다 하더라도 청구인들이 당해사건에서 구하는 바는 국립공원지정 자체에 따른 재산권제한에 대한 금전보상이 주된 핵심이고, 위와 같은 보상적 조치를 내용적으로 담고 있는 신법 제4조에 대한 헌법적 평가와 아무런 보상규정이 없는 구법 제4조에 대한 헌법적 평가는 다르다고 할 수 있으므로, 위와 같은 보상적 조치가 내용적으로 포함된 신법 제4조가 위헌인지 여부와는 관계없이 이 사건 법률조항의 위헌확인을 구하는 이 헌법소원은 심판의 이익을 인정할 수 있다.

<u>재판관 윤영철, 하경철, 김효종, 김경일의 각하의견</u>

청구인들이 헌법소원심판을 청구한 이후에 구법이 위헌적일 수 있다는 반성적 고려에 의하여 법이 개정되어 매수청구권 등 보상적 조치에 관한 규정이 신설되었고, 이들 조항은 이 사건 토지들에 대하여도 적용된다. 그러므로 이로 인하여 심판대상인 구법 즉 매수청구권 등 보상적 조치가 없는 상태에서의 국립공원지정에 관한 근거규정인 이 사건 법률조항은 더 이상 적용되지 않게 되었다. 한편, 청구인들이 주장하는 바와 같이 금전적 보상조치가 없는 국립공원지정처분이 재산권에 대한 지나친 제한이라고 판단되어 국회에서 현행법상의 보상적 조치 외에 금전보상과 같은 추가적인 보상조치를 입법한다고 하더라도 이는 전문개정되기 전의 법률인 구법의 개정을 통해서가 아니라 개정된 현행법률의 개정을 통해서 이루어질 수밖에 없는 것이니 이 또한 개정전의 법률인 이 사건 법률조항의 재판의 전제성을 인정할 근거가 되지 아니하며, 이 사건 법률조항에 대하여 헌법불합치결정을 한다고 하더라도 이미 개정되어 더 이상 적용되지 않는 법률을 다시 개정할 수는 없는 것이니 개선입법을 할 방법도 없다. 그렇다면 결국 구법 제4조에 대한 이 사건 헌법소원심판은 재판의 전제성이 없어 각하되어야 마땅하다.

<u>재판관 한대현, 김영일, 송인준, 재판관 주선회의 헌법불합치의견</u>

2. 가. 자연생태계와 자연풍경지의 보호 등을 목적으로 국립공원을 지정하도록 하는 이 사건 법률조항과 이를 근거로 토지사용을 제한하는 구법조항들(제16조·제23조·제36조)은 입법자가 토지재산권에 관한 권리와 의무를 일반·추상적으로 확정하는, 재산권의 내용과 한계에 관한 규정이면서 동시에 재산권의 사회적 제약을 구체화하는 규정이다. 모든 토지에는 그의 위치, 성질

및 자연과 풍경과의 관계, 즉 토지의 고유상황에서 나오는 재산권의 내재적 한계가 있는데, 토지소유자는 재산권의 행사에 있어서 토지의 이러한 고유한 상황을 고려하여 모든 토지를 그의 위치 및 상황에 적합하도록 사용해야 한다는 사회적 제약을 받으며, 한편 입법자는 토지소유자로 하여금 토지의 상황에 상응하게 재산권을 행사하도록 규율할 수 있다. 따라서 지역의 풍경을 대표하는 수려한 풍경지이기 때문에 공원구역 지정의 요건을 충족시키는 토지에 대하여 자연보존을 목적으로 부과되는 자연공원법상의 현상유지의무나 사용제한은 토지의 위치와 주변환경에 비추어 토지재산권에 내재하는 제한을 구체화한 것으로서 사회적 제약의 한 표현이라고 볼 수 있다.

나. 토지재산권에 대하여는 강한 사회성 · 공공성으로 인하여 다른 재산권에 비하여 보다 강한 제한과 의무가 부과될 수 있으나, 토지재산권에 대한 제한입법 역시 다른 기본권에 대한 제한입법과 마찬가지로 과잉금지의 원칙을 준수해야 하고 재산권의 본질적 내용인 사적유용성(私的有用性)과 원칙적인 처분권(處分權)을 부인해서는 안된다. 국립공원구역지정 후 토지를 종래의 목적으로 사용할 수 있는 원칙적인 경우의 토지소유자에게 부과하는 현상태의 유지의무나 변경금지의무는, 토지재산권의 제한을 통하여 실현하고자 하는 공익의 비중과 토지재산권의 침해의 정도를 비교해 볼 때, 토지소유자가 자신의 토지를 원칙적으로 종래 용도대로 사용할 수 있는 한 재산권의 내용과 한계를 비례의 원칙에 부합하게 합헌적으로 규율한 규정이라고 보아야 한다. 그러나 입법자가, 국립공원구역지정 후 토지를 종래의 목적으로도 사용할 수 없거나 토지를 사적으로 사용할 수 있는 방법이 없이 공원구역내 일부 토지소유자에 대하여 가혹한 부담을 부과하면서 아무런 보상규정을 두지 않은 경우에는 비례의 원칙에 위반되어 당해 토지소유자의 재산권을 과도하게 침해하는 것이라고 할 수 있다. 구체적으로 예를 들면 첫째, '자연보존지구'는 자연경관과 생태계를 그대로 보존하는 것을 주된 목적으로 삼고 있으므로, 토지소유자가 산림을 경제적으로 활용할 수 있는 일체의 행위가 금지된다. 따라서, 토지소유자에게 그의 토지가 단지 명목상으로만 귀속되었을 뿐 실제로 사익을 위해서는 전혀 사용할 수 없고 오로지 공익만을 위해서 존재해야 한다면, 사실상 토지와 소유자와의 귀속관계가 단절되어 토지의 사적 효용성이 폐지되었고 이는 곧 국민이 수인해야 하는 사회적 제약의 범위를 넘었다고 할 것이다. 이러한 경우 자연경관을 해치지 않는 범위내에서 야생식물의 채취 등 부분적으로나마 사적 효용을 가능하게 하는 허가규정을 삽입하고 국가가 허가를 거부하는 경우에는 손실을 보상하는 규정을 마련함으로써 토지소유자의 가혹한 부담을 완화하거나, 아니면 원시적 자연상태대로 보존할 필요성이 있다면 입법자는 토지소유자의 사적 효용성을 배제하는 대신 그에 대한 보상규정을 두어야 한다. 둘째, 토지소유자가 공원구역으로 지정되기 전에 영림(營林)을 목적으로 그 당시의 법질서에 따라 조림 · 육림을 통하여 토지상황을 적극적으로 형성한 경우에는 입법자가 보상없이는 박탈할 수 없는 재산권적 지위를 획득한 것으로 보아야 할 것이다. 마찬가지로 자연보존지구 안의 토지를 이미 농지나 대지로 합법적으로 이용한 경우에도 구역지정으로 인하여 종래의 용도대로 더 이상 사용할 수 없다면 사회적 제약의 한계를 넘는 특별한 재산적 손해가 발생했다고 보아야 한다. 셋째, '자연환경지구' 안에 위치하는 '나대지'의 경우에도 기존 건축물의 증축 · 개축만 허용될

뿐 신축을 할 수 없으므로, 토지관련 공부에 지목이 대지로 되어 있고 지정 당시 이미 나대지로 형성되어 토지의 현상도 지목과 일치한다면, 나대지의 소유자에게는 구역지정으로 인하여 토지의 이용이 사실상 폐지되는 효과가 발생하기 때문에, 보상없이는 박탈할 수 없는 재산권적 지위를 토지소유자에게 인정해야 한다. 결론적으로, 이 사건 법률조항은 자연공원구역으로 지정된 토지에 대하여 원칙적으로 지정 당시에 행사된 용도대로 사용할 수 있는 한 이른바 재산권에 내재하는 사회적 제약을 비례의 원칙에 합치하게 합헌적으로 구체화한 규정이라고 할 것이나, 예외적으로 종래의 용도대로 토지를 사용할 수 없거나 사적 효용의 가능성이 완전히 배제되는 경우에도 아무런 보상없이 이를 감수하도록 규정하고 있는 한 이러한 부담은 법이 실현하려는 중대한 공익으로도 정당화될 수 없는 과도한 부담이므로, 이러한 한도내에서 이 사건 법률조항은 비례의 원칙을 위배하여 당해 토지소유자의 재산권을 과도하게 침해하는 위헌적인 규정이다.

<u>재판관 권 성의 위헌의견</u>

2. 자연공원법이 전문개정되어 구법은 폐지되고 신법이 시행되고 있고 한편 자연공원제도 및 그 지정제도는 동일하게 신법에서도 존속하고 있으므로, 구법 제4조는 폐지되어 더 이상 적용되지 않지만 그에 근거한 자연공원지정처분의 효력은 여전히 신법하에서도 유지되고 있고, 이 지정처분의 근거법률은 신법 제4조이며 이 지정처분에 관계된 법률관계에 대하여는 신법만이 적용된다. 따라서 이 사건 및 당해사건에서 적용되는 법은 구법 제4조가 아니라 신법 제4조임이 분명하다. 또한, 이 사건에서처럼 헌법소원의 계속중에 법률이 개정되었고 그 개정의 전후를 비교할 때 조문의 내용이 동일하여 신 · 구의 조문간에 동일성이 인정되는 때에는 당사자의 명시적인 반대의사가 없는 한 심판대상조문은 당연히 신법조문으로 변경되는 것이라고 보아야 한다. 신법은 매수청구권 등 보상적 조치에 관한 일부규정을 신설하였지만 금전적 보상의 길을 열어놓지 않은 점은 구법과 마찬가지이고, 비록 매수청구권 등 보상적 조치에 관한 일부규정이 신설되어 위헌성이 다소 완화되긴 하였지만, 금전적 보상의 길을 막아놓은 채 자연공원을 지정하는 것은 여전히 비례의 원칙에 어긋나므로 청구인들의 재산권을 과도하게 침해하여 위헌이다.

3. 이와 같이 재판관 한대현, 재판관 김영일, 재판관 권 성, 재판관 송인준, 재판관 주선회의 의견은 청구인들의 심판청구는 적법하므로 본안에 들어가 심판해야 하고, 그 중 재판관 한대현, 재판관 김영일, 재판관 송인준, 재판관 주선회의 의견은 이 사건 법률조항은 헌법에 합치하지 아니한다는 것이고, 재판관 권 성의 의견은 이 사건의 심판대상은 신법 제4조가 되어야 하고 동 조항은 위헌이라는 것이며, 재판관 윤영철, 재판관 하경철, 재판관 김효종, 재판관 김경일의 의견은 이 사건 심판청구는 재판의 전제성이 없어 부적법하므로 각하하여야 한다는 것이어서, 헌법재판소법 제23조 제2항 제1호에 규정된 법률의 위헌결정에 필요한 정족수 6인에 미달하여 합헌결정을 선고하는 것이다.

2) 택지소유상한에관한법률 제2조 제1호 나목 등 위헌소원 – 헌재 1999. 4. 29. 94헌바37 등

【판시사항】

1. 특별시 · 광역시에 있어서 택지의 소유상한을 200평으로 정한 것이 과잉금지원칙에 어긋나는지 여부(적극)
2. 택지소유상한에관한법률(이하 '법') 시행 이전부터 택지를 소유하고 있는 사람에게도 일률적으로 택지소유상한제를 적용하는 것이 신뢰이익을 해하는지 여부(적극)
3. 경과규정에서 법 시행 이전부터 택지를 소유하고 있는 사람을 법 시행 이후 택지를 취득한 사람과 동일하게 취급하는 것이 평등원칙에 위반되는지 여부(적극)
4. 기간의 제한없이 고율의 부담금을 계속적으로 부과하는 것이 재산권에 내재하는 사회적 제약에 의하여 허용되는 범위를 넘는지 여부(적극)
5. 매수청구 후에도 부담금을 부과하는 것이 과잉금지원칙에 위반되는지 여부(적극)
6. 헌법재판소법 제45조 단서에 따라 법률 전체에 대하여 위헌결정을 한 사례

【결정요지】

1. 재산권은 개인이 각자의 인생관과 능력에 따라 자신의 생활을 형성하도록 물질적 · 경제적 조건을 보장해 주는 기능을 하는 것으로서, 재산권의 보장은 자유실현의 물질적 바탕을 의미하고, 특히 택지는 인간의 존엄과 가치를 가진 개인의 주거로서, 그의 행복을 추구할 권리와 쾌적한 주거생활을 할 권리를 실현하는 장소로 사용되는 것이라는 점을 고려할 때, 소유상한을 지나치게 낮게 책정하는 것은 개인의 자유실현의 범위를 지나치게 제한하는 것이라고 할 것인데, 소유목적이나 택지의 기능에 따른 예외를 전혀 인정하지 아니한 채 일률적으로 200평으로 소유상한을 제한함으로써, 어떠한 경우에도, 어느 누구라도, 200평을 초과하는 택지를 취득할 수 없게 한 것은, 적정한 택지공급이라고 하는 입법목적을 달성하기 위하여 필요한 정도를 넘는 과도한 제한으로서, 헌법상의 재산권을 과도하게 침해하는 위헌적인 규정이다.
2. 법 시행 이전부터 소유하고 있는 택지까지 법의 적용대상으로 포함시킨 것은 입법목적을 실현하기 위하여 불가피한 조치였다고 보여지지만, 택지는 소유자의 주거장소로서 그의 행복추구권 및 인간의 존엄성의 실현에 불가결하고 중대한 의미를 가지는 경우에는 단순히 부동산투기의 대상이 되는 경우와는 헌법적으로 달리 평가되어야 하고, 신뢰보호의 기능을 수행하는 재산권 보장의 원칙에 의하여 보다 더 강한 보호를 필요로 하는 것이므로, 택지를 소유하게 된 경위나 그 목적 여하에 관계 없이 법 시행 이전부터 택지를 소유하고 있는 개인에 대하여 일률적으로 소유상한을 적용하도록 한 것은, 입법목적을 달성하기 위하여 필요한 정도를 넘는 과도한 침해이자 신뢰보호의 원칙 및 평등원칙에 위반된다.
3. 경과규정에 있어서, "법 시행 이전부터 개인의 주거용으로 택지를 소유하고 있는 경우"를, "법 시행 이후에 택지를 취득한 경우"나 "법 시행 이전에 취득하였다고 하더라도 투기목적으로 취득한 택지의 경우"와 동일하게 취급하는 것은 평등원칙에 위반된다.
4. 10년만 지나면 그 부과율이 100%에 달할 수 있도록, 아무런 기간의 제한도 없이, 매년 택지가

격의 4% 내지 11%에 해당하는 부담금을 계속적으로 부과할 수 있도록 하는 것은, 짧은 기간 내에 토지재산권을 무상으로 몰수하는 효과를 가져오는 것이 되어, 재산권에 내재하는 사회적 제약에 의하여 허용되는 범위를 넘는 것이다.

5. 부담금 납부의무자가 건설교통부장관에게 매수청구를 한 이후 실제로 매수가 이루어질 때까지의 기간 동안에도 부담금을 납부하여야 하도록 하는 것은 입법목적을 달성하기 위하여 필요한 수단의 범위를 넘는 과잉조치로서, 최소침해성의 원칙에 위반되어 재산권을 과도하게 침해하는 것이다.

6. 택지소유의 상한을 정한 법 제7조 제1항, 법 시행 이전부터 이미 택지를 소유하고 있는 택지소유자에 대하여도 택지소유 상한을 적용하고 그에 따른 처분 또는 이용 · 개발의무를 부과하는 부칙 제2조, 그리고 부담금의 부과율을 정한 법 제24조 제1항이 위헌으로 결정된다면 법 전부를 시행할 수 없다고 인정되므로, 헌법재판소법 제45조 단서의 규정취지에 따라 법 전부에 대하여 위헌결정을 하는 것이 보다 더 합리적이다.

재판관 이영모의 반대의견

1. 법이 660㎡ 이상으로 택지의 소유상한 한도를 정한 것은 그 지역이 6대 대도시인 점을 감안하면, 이 법 제정당시의 심화된 택지부족현상, 주택의 열악한 수급상황, 부동산 투기로 인한 부의 집중, 무주택자의 상대적 소외감 등 여러 정책요인을 고려할 때, 입법목적 실현을 위한 합리적인 불가피한 수단이므로 필요한 정도를 넘는 과도한 제한이나 합리적인 비례관계를 벗어난 것은 아니다.

2. 택지공급의 촉진을 통한 주거생활의 안정과 균등한 택지소유를 유도하려는 입법목적과 지가상승의 억제, 토지투기 방지라는 부수적인 목적을 효율적으로 달성하기 위해서는 택지를 자신의 주거용으로 사용하는 기존의 주택부속토지를 택지소유상한의 적용대상에서 제외하여야 할 이유가 없을 뿐만 아니라, 입법자는 법 시행 당시 가구별 소유상한을 초과하는 택지에 대하여는 2년간의 유예기간을 두는 한편, 부담금의 부과율도 낮게 책정하는 등의 차등을 두고 있으므로, 택지를 주거용으로 사용하는 것과 투기용 등으로 보유하는 것을 구분하지 않은 점만으로 평등원칙이나 택지소유자의 신뢰이익과 재산권의 과도한 제한위반으로 단정할 것이 아니다.

3. 법 시행 이전부터 소유하고 있는 택지에 대하여 어떤 목적으로 소유하는지를 묻지않고 일률적으로 법 시행 이후에 취득하는 택지와 마찬가지로 처분 또는 이용 · 개발의무를 지우면서, 유예기간을 일률적으로 정한 것은 입법자가 재량의 범위를 뚜렷하게 벗어나 기존 택지소유자의 신뢰이익과 재산권을 과도하게 침해하거나 또 평등원칙에 위반되는 것으로 볼 수 없다.

4. 부담금의 부과율은, 입법목적 달성의 시급성 · 효율성과 부담금에 따른 재산권 침해의 정도를 감안한 필요성 · 합리성에 터잡은 입법자의 판단이 정책적 · 기술적인 재량의 범위를 뚜렷하게 벗어나지 않는 한, 헌법위반으로 볼 것은 아니다. 법이 정한 저율 및 고율의 부담금의 부과를 통한 택지재산권의 제한정도와 입법목적 달성을 위한 공익의 높은 비중 및 긴급성을 종합적으로 비교형량할 때, 법이 추구하는 목적과 법이 선정한 입법수단 사이에는 균형적인 관계가 성립한다.

3) 토지초과이득세법 제10조 등 위헌소원, 토지초과이득세법 제8조 등 위헌소원(병합) – 헌재 1994. 7. 29. 92헌바49 등

【판시 사항】

1. 미실현이득에 대한 과세가 헌법상의 조세개념에 저촉되는지 여부
2. 기준시가의 산정방법을 대통령령에 위임한 토지초과이득세법(이하 "토초세법"이라 한다) 제11조 제2항이 위임입법의 범위와 한계를 정한 헌법규정에 위반되는지 여부
3. 현행 지가의 계측수단에 위헌적인 요소가 있다 하여 입법부와 행정부에 대하여 그 개선을 촉구한 사례
4. 토초세의 여러 과세기간에 걸쳐 토지를 보유하는 경우 특정 과세기간 동안에는 토지초과이득이 발생하였으나, 토지취득 당시와 비교하여서는 오히려 지가가 하락한 때에 대비한 보충규정을 두지 않고 있는 토초세법의 위헌 여부
5. 50%의 단일비례세로 규정된 토초세의 세율이 헌법상 재산권보장조항과 평등권조항에 위배되는지 여부
6. 택지소유상한에관한법률에 따른 소유제한범위 내의 택지인지 여부에 관계없이 토초세 과세 여부를 결정하도록 되어 있는 토초세법이 위헌인지 여부
7. 토초세 과세대상인 유휴토지 등에 임대토지를 포함시키고 있는 토초세법 제8조 제1항 제13호가 위헌인지 여부
8. 토초세법 제26조 제1항과 제4항이 토초세액 일부만을 양도소득세에서 공제하도록 규정한 것이 헌법상 조세법률주의에 반하는지 여부
9. 헌법재판소법 제45조 단서의 "법률조항의 위헌결정으로 인하여 당해 법률 전부를 시행할 수 없다고 인정될 때"에 해당하는 구체적 사례
10. "헌법불합치"라는 변형결정 주문을 선고하여야 할 구체적인 사례 및 그 법률적인 의미

【결정 요지】

1. 과세대상인 자본이득(資本利得)의 범위를 실현된 소득(所得)에 국한할 것인가 혹은 미실현이득(未實現利得)을 포함시킬 것인가의 여부는, 과세목적(課稅目的)·과세소득(課稅所得)의 특성·과세기술상(課稅技術上)의 문제 등을 고려하여 판단할 입법정책(立法政策)의 문제일 뿐, 헌법상(憲法上)의 조세개념(租稅槪念)에 저촉되거나 그와 양립(兩立)할 수 없는 모순(矛盾)이 있는 것으로는 볼 수 없다.
2. 토초세법상의 기준시가(基準時價)는 국민의 납세의무(納稅義務)의 성부(成否) 및 범위와 직접적인 관계를 가지고 있는 중요한 사항이므로 이를 하위법규(下位法規)에 백지위임(白紙委任)하지 아니하고 그 대강이라도 토초세법 자체에서 직접 규정(規定)해 두어야만 함에도 불구하고, 토초세법 제11조 제2항이 그 기준시가(基準時價)를 전적으로 대통령령(大統領令)에 맡겨 두고 있는 것은 헌법상의 조세법률주의(租稅法律主義) 혹은 위임입법(委任立法)의 범위를 구체적으로 정하도록 한 헌법(憲法) 제75조의 취지(趣旨)에 위반되나, 아직까지는 대부분의 세법규정(稅法規定)

이 그 기준시가(基準時價)를 토초세법과 같이 단순히 시행령(施行令)에 위임(委任)해 두는 방식을 취하고 있으며, 이는 우리의 오래된 입법관례(立法慣例)로까지 굳어져 왔는바, 이러한 상황에서 성급하게 위 조문(條文)을 무효화(無效化)할 경우 세정전반(稅政全般)에 관한 일대 혼란이 일어날 것이므로 위 조항(條項)에 대해서는 위헌선언결정(違憲宣言決定)을 하는 대신 이를 조속히 개정(改正)하도록 촉구하기로만 한다.

3. 전국의 표준지수(標準地數)가 적어 표준지(標準地) 선택의 폭(幅)이 지나치게 좁고, 개별토지(個別土地) 지가(地價)의 조사(調査)·산정업무(算定業務)를 이렇다 할 전문적 지식이 있다고 볼 수 없는 하부행정기관(下部行政機關)의 공무원이 담당하도록 되어 있는 현행(現行)의 행정실태(行政實態)하에서는, 토지초과이득(土地超過利得) 계측수단(計測手段)의 구조적(構造的)인 미비점으로 인하여, 토초세가 이득(利得)에 대한 과세(課稅)가 아니라 원본(元本)에 대한 과세(課稅)가 되어버릴 위험부담률이 높아져 결국 헌법(憲法)이 보장하고 있는 국민의 재산권(財産權)을 부당하게 침해할 개연성(蓋然性)이 커지지 않을 수 없으므로 관계당국에 대하여 지가산정(地價算定) 관련법규(關聯法規)의 정비와 아울러 그에 따른 행정(行政)의 개선책(改善策)을 조속히 마련하도록 촉구하지 않을 수 없다.

4. 토초세법상 여러 과세기간(課稅期間)에 걸쳐 장기간(長期間) 토지(土地)를 보유하는 경우, 전체 보유기간 동안의 지가(地價)의 변동상황(變動狀況)에 대처함에 있어서는 아무런 보충규정(補充規定)도 두고 있지 않은 결과 장기간(長期間)에 걸쳐 지가(地價)의 앙등(仰騰)과 하락(下落)이 반복되는 경우에 최초(最初) 과세기간(課稅期間) 개시일(開始日)의 지가(地價)와 비교할 때는 아무런 토지초과이득(土地超過利得)이 없는 경우에도, 그 과세기간(課稅期間)에 대한 토초세를 부담하지 않을 수 없는 불합리(不合理)한 결과가 발생할 수 있게 되고, 이는 토초세 과세(課稅)로 인하여 원본(元本) 자체가 잠식되는 경우로서, 수득세(收得稅)인 토초세의 본질에도 반함으로써 헌법(憲法) 제23조가 정하고 있는 사유재산권보장(私有財産權保障) 취지에 위반된다.

5. 토초세는 그 계측(計測)의 객관성 보장이 심히 어려운 미실현이득(未實現利得)을 과세대상(課稅對象)으로 삼고 있는 관계로 토초세 세율(稅率)을 현행법(現行法)과 같이 고율(高率)로 하는 경우에는 자칫 가공이득(架空利得)에 대한 과세(課稅)가 되어 원본삼식(元本蠶食)으로 인한 재산권침해(財産權侵害)의 우려가 있고, 또한 적어도 토초세와 같은 이득(利得)에 대한 조세(租稅)에 있어서는, 조세(租稅)의 수직적(垂直的) 공평(公評)을 이루어 소득수준이 다른 국민들 사이의 실질적인 평등을 도모하여야 할 뿐만 아니라, 토초세는 어느 의미에서 양도소득세(讓渡所得稅)의 예납적(豫納的) 성격을 띠고 있음에도 불구하고 굳이 토초세의 세율체계(稅率體系)를 단일비례세(單一比例稅)로 한 것은 소득이 많은 납세자와 소득이 적은 납세자 사이의 실질적인 평등을 저해하는 것이다.

6. 택지소유상한(宅地所有上限)에관한법률(法律)은 각 국민으로 하여금 일정 면적(面積) 내의 토지를 가구별(家口別)로 고르게 소유(所有)하게 하는 것을 그 목적(目的)으로 삼고 있고, 한편 국민 각자의 경제적 능력에 따라서는 장차 주택(住宅)을 소유(所有)하기 위하여 우선 택지(宅地)만을 확보하여 둘 필요가 있는 경우도 있을 것이며, 토지의 효율적 이용이라는 측면만을 지나치게 강조하다 보면 당장의 토지이용에 급급한 무계획하고도 무질서한 건축행위(建築行爲)가 남발(濫

發)될 결과가 발생할 수도 있다. 그런데 토초세법은 당해 토지가 위 법률에 따른 소유제한범위(所有制限範圍) 내의 택지(宅地)인지 여부에 관계없이, 토초세 과세(課稅) 여부를 결정하도록 되어 있는바, 이는 위 법률(法律)과 입법체계적(立法體系的)으로도 조화를 이루지 못하고 있을 뿐만 아니라, 헌법(憲法)이 보장하고 있는 인간(人間)다운 생활(生活)을 할 권리(權利)와 헌법상의 국가의 사회보장(社會保障)·사회복지(社會福祉) 증진의무(增進義務) 및 국가의 쾌적(快適)한 주거생활(住居生活) 보장의무(保障義務)에도 배치된다.

7. 토초세법 제8조 제1항 제13호는 임대토지(賃貸土地)를 원칙적으로 유휴토지(遊休土地) 등에 해당하는 것으로 규정(規定)하면서 아무런 기준이나 범위에 관한 제한도 없이"대통령령(大統領令)이 정하는 토지(土地)"를 유휴토지(遊休土地) 등의 범위에서 제외할 수 있도록 규정(規定)하고 있는바, 이는 국민에 대한 납세의무(納稅義務)의 부과(賦課) 여부 자체 가 입법권(立法權)에 의한 아무런 통제(統制) 없이 행정권(行政權)에 의하여 좌우되도록 한 것으로서 헌법상의 위임원칙(委任原則) 및 조세법률주의(租稅法律主義)와 충돌된다. 더욱이 토지소유자(土地所有者)가 스스로 사용하지 않고 있다는 이유만으로 다른 토지소유자(土地所有者)와 비교하여 법상 불리한 처분을 받을 수 있도록 한 위 규정(規定)은 헌법상 근거없이 토지임대인(土地賃貸人)을 차별하는 것이며, 토지소유자(土地所有者)와 임차인(賃借人) 사이의 자본의 자유로운 결합(結合)을 방해함으로써, 개인(個人)과 기업(企業)의 경제상(經濟上)의 자유(自由)와 창의(創意)를 존중함을 기본으로 하는 우리 헌법상 경제질서(經濟秩序)에도 합치하지 않는다 .

8. 토초세는 양도소득세(讓渡所得稅)와 같은 수득세(收得稅)의 일종으로서 그 과세대상(課稅對象) 또한 양도소득세(讓渡所得稅) 과세대상(課稅對象)의 일부와 완전히 중복(重複)되고 양세(兩稅)의 목적 또한 유사하여 어느 의미에서는 토초세가 양도소득세(讓渡所得稅)의 예납적(豫納的) 성격(性格)을 가지고 있다 봄이 상당한데도 토초세법 제26조 제1항과 제4항이 토초세액 전액(全額)을 양도소득세(讓渡所得稅)에서 공제하지 않도록 규정(規定)한 것은 조세법률주의(租稅法律主義)상의 실질과세(實質課稅)의 원칙(原則)에 반한다.

9. 이상과 같이 토초세법 중 일부는 헌법(憲法)에 위반되고, 일부는 헌법(憲法)에 합치(合致)되지 아니하여 개정입법(改正立法)을 촉구할 대상이지만, 위 각 위헌적(違憲的) 규정(規定)들 중 지가(地價)에 관한 제11조 제2항과 세율(稅率)에 관한 제12조는 모두 토초세제도의 기본요소로서 그 중 한 조항(條項)이라도 위헌결정(違憲決定)으로 인하여 그 효력(效力)을 상실한다면 토초세법 전부를 시행(施行)할 수 없게 될 것이므로, 이 사건에서는 헌법재판소법(憲法裁判所法) 제45조 단서 규정(規定)에 따라 토초세법 전부에 대하여 위헌결정(違憲決定)을 선고(宣告)할 수밖에 없다.

10. 토초세법은 개발이익환수(開發利益還收)에관한법률(法律) 및 여타 세법(稅法)과의 사이에 구조적(構造的)·내용적(內容的)인 연계(連繫)를 지니고 있어, 당장 이것을 무효(無效)로 한다면 법제(法制) 및 재정(財政) 양면(兩面)에 걸쳐 적지 않은 법적 혼란 내지는 공백을 초래할 우려가 있고, 앞서 본 위헌적(違憲的)인 규정(規定)들을 다시 합헌적(合憲的)으로 조정하는 임무는 입법자(立法者)의 형성(形成)의 재량(裁量)에 속하는 사항일 뿐만 아니라, 또한 여기서 당장 토초세법에 대한 단순위헌결정(單純違憲決定)을 선고(宣告)한다면 이 결정(決定)의 효력(效力)이 미치게 되는 이른바"당해사건(當該事件)" 관계자들과 현행법에 따른 기발생(旣發生) 토초세를 전부 납부하

고도 아무런 이의(異意)를 제기하지 아니한 다수(多數)의 납세자(納稅者)에 대한 관계에 있어서 형평(衡平)의 문제를 심화(深化)시키는 결과를 초래하는 것이다. 그러므로 당재판소(當裁判所)는, "입법자(立法者)가 토초세법을 적어도 이 결정(決定)에서 밝힌 위헌이유(違憲理由)에 맞추어 새로이 개정(改正) 혹은 폐지(廢止)할 때까지는 법원(法院), 기타 국가기관(國家機關)은 현행(現行) 토초세법을 더 이상 적용(適用) · 시행(施行)할 수 없도록 중지(中止)하되, 그 형식적(形式的) 존속(存續)만을 잠정적으로 유지하게 하기 위하여" 이 사건에서 토초세법에 대한 단순(單純) 위헌무효결정(違憲無效決定)을 선고(宣告)하지 아니하고, 헌법재판소법(憲法裁判所法) 제47조 제2항 본문의"효력상실(效力喪失)"을 제한적(制限的)으로 적용하는 변형(變形) 위헌결정(違憲決定)으로서의 헌법불합치결정(憲法不合致決定)을 선고하는 것이다.

제7절 선거권(정치적 기본권)과 선거제도

1. 선거와 선거제도

○ '선거제도'는 국민주권 및 대의제 민주주의를 실천하기 위한 필수적 제도로서, 헌법은 대표자의 결정에 (추첨제나 순번제 등의 방법이 아니라) '선거'의 방법을 채택하고 있다. '선거'란 다수의 후보자 중에서 일정한 선거절차에 따라 특정인을 대표자로 결정하는 행위.

- "선거는 주권자인 국민이 그 주권을 행사하는 통로이므로 선거제도는 첫째, 국민의 의사를 제대로 반영하고, 둘째, 국민의 자유로운 선택을 보장하여야 하고, 셋째, 정당의 공직선거 후보자의 결정과정이 민주적이어야 하며, 그렇지 않으면 민주주의 원리 나아가 국민주권의 원리에 부합한다고 할 수 없다." 헌재 2001.07.19. 2000헌마91등.
- "선거는 국민이 주권자로서 직접 국가의사를 형성하는 가장 중요한 수단이 된다는 기능도 있지만, 대의기관구성권과 국가의사결정권의 분리(헌법 제41조, 제67조 등), 국가의사결정권의 자유위임(제46조 제1항) 등을 근간으로 하는 우리헌법이 추구하는 대의민주주의의 통치질서에서 선거는 주권자인 국민이 그들의 대의기관을 구성하는 민주적인 방법인 동시에 통치기관으로 하여금 민주적 정당성을 확보하게 함으로써 대의민주주의를 실현하고 책임정치를 보장하는 수단이라는 데 그 본질적인 기능이 있다. 따라서 대의민주주의를 실현하는 수단으로서 선거제도를 입법자가 구체적으로 형성함에 있어서는 국민의 의사가 대의기관의 구성에 굴절 없이 반영되고, 선거를 통하여 구성된 대의기관이 행사하는 권한에 상응하는 크기의 민주적 정당성이 부여될 수 있는 제도적 장치를 마련하는 것이 무엇보다도 중요하다고 할 것이다." 헌재 2003. 8. 21. 2001헌마687.

○ 선거제도에 관한 헌법규정

제24조 모든 국민은 법률이 정하는 바에 의하여 선거권을 가진다. 제25조 모든 국민은 법률이 정하는 바에 의하여 공무담임권을 가진다.

〈제3장 국회〉

제41조 ①국회는 국민의 보통 · 평등 · 직접 · 비밀선거에 의하여 선출된 국회의원으로 구성한다.

②국회의원의 수는 법률로 정하되, 200인 이상으로 한다.

③국회의원의 선거구와 비례대표제 기타 선거에 관한 사항은 법률로 정한다.

〈제4장 정부 -제1절 대통령〉

제67조 ①대통령은 국민의 보통 · 평등 · 직접 · 비밀선거에 의하여 선출한다.

②제1항의 선거에 있어서 최고득표자가 2인 이상인 때에는 국회의 재적의원 과반수가 출석한 공개회의에서 다수표를 얻은 자를 당선자로 한다.

③대통령후보자가 1인일 때에는 그 득표수가 선거권자 총수의 3분의 1 이상이 아니면 대통령으로 당선될 수 없다.

④대통령으로 선거될 수 있는 자는 국회의원의 피선거권이 있고 선거일 현재 40세에 달하여야 한다.

⑤대통령의 선거에 관한 사항은 법률로 정한다.

제68조 ①대통령의 임기가 만료되는 때에는 임기만료 70일 내지 40일전에 후임자를 선거한다.

②대통령이 궐위된 때 또는 대통령 당선자가 사망하거나 판결 기타의 사유로 그 자격을 상실한 때에는 60일 이내에 후임자를 선거한다.

〈제8장 지방자치〉

제118조 ①지방자치단체에 의회를 둔다.

②지방의회의 조직 · 권한 · 의원선거와 지방자치단체의 장의 선임방법 기타 지방자치단체의 조직과 운영에 관한 사항은 법률로 정한다.

〈제7장 선거관리〉 :114조~116조

제114조 ①선거와 국민두표의 공정한 관리 및 정당에 관한 사무를 처리하기 위하여 선서관리위원회를 둔다.

⑥중앙선거관리위원회는 법령의 범위안에서 선거관리 · 국민투표관리 또는 정당사무에 관한 규칙을 제정할 수 있으며, 법률에 저촉되지 아니하는 범위안에서 내부규율에 관한 규칙을 제정할 수 있다.

⑦각급 선거관리위원회의 조직 · 직무범위 기타 필요한 사항은 법률로 정한다.

제116조 ①선거운동은 각급 선거관리위원회의 관리하에 법률이 정하는 범위안에서 하되, 균등한 기회가 보장되어야 한다.

②선거에 관한 경비는 법률이 정하는 경우를 제외하고는 정당 또는 후보자에게 부담시킬 수 없다.

2. 선거제도의 기본원칙

○ 선거의 기본원칙에 관하여 헌법 제41조 제1항 및 헌법 제67조 제1항에서 국회의원 및 대통령 선거에 있어서의 보통 · 평등 · 직접 · 비밀선거의 원칙, 그리고 명문의 규정은 없지만 자유선거의 원칙도 당연한 기본원칙으로 인정하고 있다. 지방의회의 의원선거 및 지방자치단체의 장의 선임방법에 관하여도(법률유보), 당연히 위 원칙들을 적용된다고 할 수 있다.

① 보통선거의 원칙: 보통선거는 제한선거[89]에 대응되는 개념으로 일체의 재력이나 사회적 신분, 종교, 인종 등을 불문하고 일정연령 이상의 모든 국민에게 선거권과 피선거권을 인정하는 원칙, 즉 선거자격의 평등을 의미한다.

○ 헌법 제24조에 따라 선거권의 구체적인 내용은 법률(공직선거법)에서 정함.

제3조(선거인의 정의) 이 법에서 "선거인"이란 선거권이 있는 사람으로서 선거인명부 또는 재외선거인명부에 올라 있는 사람을 말한다.

제15조(선거권) ① 19세 이상의 국민은 대통령 및 국회의원의 선거권이 있다. 다만, 지역구국회의원의 선거권은 19세 이상의 국민으로서 제37조제1항에 따른 선거인명부작성기준일 현재 다음 각 호의 어느 하나에 해당하는 사람에 한하여 인정된다.

② 19세 이상으로서 제37조제1항에 따른 선거인명부작성기준일 현재 다음 각 호의 어느 하나에 해당하는 사람은 그 구역에서 선거하는 지방자치단체의 의회의원 및 장의 선거권이 있다.

제16조(피선거권) ①선거일 현재 5년 이상 국내에 거주하고 있는 40세 이상의 국민은 대통령의 피선거권이 있다. 이 경우 공무로 외국에 파견된 기간과 국내에 주소를 두고 일정기간 외국에 체류한 기간은 국내거주기간으로 본다. 〈개정 1997.1.13.〉

②25세 이상의 국민은 국회의원의 피선거권이 있다.

③선거일 현재 계속하여 60일 이상(公務로 外國에 派遣되어 選擧日전 60日후에 귀국한 者는 選擧人名簿作成基準日부터 계속하여 選擧日까지) 해당 지방자치단체의 관할구역에 주민등록이 되어 있는 주민으로서 25세 이상의 국민은 그 지방의회의원 및 지방자치단체의 장의 피선거권이 있다.

---

89) 〈제한선거와 차등선거의 비교〉

- 제한선거: 일정한 요건을 구비하지 못한 자에게 선거권 자체를 부여하지 않는 것
- 차등선거: 선거권은 부여하되 양적 또는 질적으로 차등을 두는 것

(1인1표 또는 1표 1가 원칙에 위배되는 것)

제한선거와 차등선거의 확연한 차이: 선거권을 가진 자와 갖지 못한 자 사이의 차별취급과 선거권을 가진 자 사이의 차별취급의 문제이다.

○ 보통선거의 선거권과 관련하여 연령 제한, 재외국민 · 외국인의 선거권 등이 문제된다.

헌재 2013. 7. 25. 2012헌마174 - 선거연령을 만19세 이상으로 규정한 것이 위헌인지 여부

〈법정의견〉

보통선거의 원칙은 일정한 연령에 도달한 사람이라면 누구라도 당연히 선거권을 갖는 것을 요구하는데 그 전제로서 일정한 연령에 이르지 못한 국민에 대하여는 선거권을 제한하는바, 선거권 행사는 일정한 수준의 정치적인 판단능력이 전제되어야 하기 때문이다.

헌법 제24조는 "모든 국민은 '법률이 정하는 바'에 의하여 선거권을 가진다."라고 규정함으로써, 선거권 연령을 어떻게 정할 것인지는 입법자에게 위임하고 있다. 입법자는 우리의 현실상 19세 미만의 미성년자의 경우, 아직 정치적 · 사회적 시각을 형성하는 과정에 있거나, 일상생활에 있어서도 현실적으로 부모나 교사 등 보호자에게 의존할 수밖에 없는 상황이므로 독자적인 정치적 판단을 할 수 있을 정도로 정신적 · 신체적 자율성을 충분히 갖추었다고 보기 어렵다고 보고, 선거권 연령을 19세 이상으로 정한 것이다.

또한 많은 국가에서 선거권 연령을 18세 이상으로 정하고 있으나, 선거권 연령은 국가마다 특수한 상황 등을 고려하여 결정할 사항이고, 다른 법령에서 18세 이상의 사람에게 근로능력이나 군복무능력 등을 인정한다고 하여 선거권 행사능력과 반드시 동일한 기준에 따라 정하여야 하는 것은 아니므로 선거권 연령을 19세 이상으로 정한 것이 불합리하다고 볼 수 없다.

〈재판관 박한철, 재판관 김이수, 재판관 이진성의 반대의견〉

일정 연령의 사람이 정치적 판단능력이 있음에도 더 높게 선거권 연령을 정하였다면 입법형성권의 한계를 벗어난 것이다.

선거권 연령이 19세 이상으로 조정된 이후 지금까지 우리 사회는 그 이전까지의 변화와 비교할 수 없을 정도로 엄청난 변화를 겪었고, 이러한 변화는 청소년을 포함한 국민의 정치적 의식수준도 크게 고양시켰으므로 중등교육을 마칠 연령의 국민은 독자적인 정치적 판단능력이 있다고 보아야 한다. 그런데 중등교육을 마치는 연령인 18세부터 19세의 사람은 취업문제나 교육문제에 지대한 관심을 갖게 되고, 정보통신, 특히 인터넷의 발달에 가장 친숙한 세대로서 정치적 · 사회적 판단능력이 크게 성숙하게 되므로 독자적인 정치적 판단능력을 갖추었다고 보아야 한다.

병역법이나 근로기준법 등 다른 법령들에서도 18세 이상의 국민은 국가와 사회의 형성에 참여할 수 있는 정신적 · 육체적 수준에 도달하였음을 인정하고 있고, 18세를 기준으로 선거권 연령을 정하고 있는 다른 많은 국가들을 살펴보아도 우리나라의 18세 국민이 다른 국가의 같은 연령에 비하여 정치적 판단능력이 미흡하다고 볼 수는 없다.

그렇다면 18세 이상 국민이 독자적인 정치적 판단능력이 있음에도 선거권 연령을 19세 이상으로 정한 것은 입법형성권의 한계를 벗어나 18세 이상 19세에 이르지 못한 국민의 선거권 등을 침해한다.

헌재 2014. 1. 28. 2012헌마409 집행유예자와 수형자에 대하여 전면적·획일적으로 선거권을 제한하는 규정이 위헌인지 여부

〈법정의견〉
입법목적에 비추어 보더라도, 구체적인 범죄의 종류나 내용 및 불법성의 정도 등과 관계없이 일률적으로 선거권을 제한하여야 할 필요성이 있다고 보기는 어렵다. 범죄자가 저지른 범죄의 경중을 전혀 고려하지 않고 수형자와 집행유예자 모두의 선거권을 제한하는 것은 침해의 최소성원칙에 어긋난다. 특히 집행유예자는 집행유예 선고가 실효되거나 취소되지 않는 한 교정시설에 구금되지 않고 일반인과 동일한 사회생활을 하고 있으므로, 그들의 선거권을 제한해야 할 필요성이 크지 않다. 따라서 심판대상조항은 청구인들의 선거권을 침해하고, 보통선거원칙에 위반하여 집행유예자와 수형자를 차별취급하는 것이므로 평등원칙에도 어긋난다.

헌재 2007. 6. 28. 2004헌마644(헌법불합치)

〈주민등록을 요건으로 재외국민의 선거권을 제한하는 규정〉
선거권의 제한은 불가피하게 요청되는 개별적·구체적 사유가 존재함이 명백할 경우에만 정당화될 수 있고, 막연하고 추상적인 위험이나 국가의 노력에 의해 극복될 수 있는 기술상의 어려움이나 장애 등을 사유로 그 제한이 정당화될 수 없다. 북한주민이나 조총련계 재일동포가 선거에 영향을 미칠 가능성, 선거의 공정성, 선거기술적 이유 등은 재외국민등록제도나 재외국민 거소신고제도, 해외에서의 선거운동방법에 대한 제한이나 투표자 신분확인제도, 정보기술의 활용 등을 통해 극복할 수 있으며, 나아가 납세나 국방의무와 선거권 간의 필연적 견련관계도 인정되지 않는다는 점 등에 비추어 볼 때, 단지 주민등록이 되어 있는지 여부에 따라 선거인명부에 오를 자격을 결정하여 그에 따라 선거권 행사 여부가 결정되도록 함으로써 엄연히 대한민국의 국민임에도 불구하고 주민등록법상 주민등록을 할 수 없는 재외국민의 선거권 행사를 전면적으로 부정하고 있는 법 제37조 제1항은 어떠한 정당한 목적도 찾기 어려우므로 헌법 제37조 제2항에 위반하여 재외국민의 선거권과 평등권을 침해하고 보통선거원칙에도 위반된다.

〈국내거주자에게만 부재자신고를 허용하는 규정〉
직업이나 학문 등의 사유로 자진 출국한 자들이 선거권을 행사하려고 하면 반드시 귀국해야 하고 귀국하지 않으면 선거권 행사를 못하도록 하는 것은 헌법이 보장하는 해외체류자의 국외 거주·이전의 자유, 직업의 자유, 공무담임권, 학문의 자유 등의 기본권을 희생하도록 강요한다는 점에서 부적절하며, 가속화되고 있는 국제화시대에 해외로 이주하여 살 가능성이 높아지고 있는 상황에서, 그것이 자발적 계기에 의해 이루어졌다는 이유만으로 국민이면 누구나 향유해야 할 가장 기본적인 권리인 선거권의 행사가 부인되는 것은 타당성을 갖기 어렵다는 점에 비추어 볼 때, 선거인명부에 오를 자격이 있는 국내거주자에 대해서만 부재자신고를 허용함으로써 재외국민과 단기해외체류자 등 국외거주자 전부의 국정선거권을 부인하고 있는 법 제38조 제1항은 정당한

입법목적을 갖추지 못한 것으로 헌법 제37조 제2항에 위반하여 국외거주자의 선거권과 평등권을 침해하고 보통선거원칙에도 위반된다.

〈주민등록을 요건으로 (국내거주하는) 재외국민의 지방선거 선거권 제한하는 규정〉
헌법이 지방자치단체의 장에 대해서는 '선임방법'이라고 표현함으로써 지방의원의 '선거'와는 구별하고 있으므로 지방자치단체의 장의 선거권을 헌법상 기본권이라 단정하기는 어렵다. 하지만 지방자치단체의 장의 선거권을 법률상의 권리로 본다 할지라도, 비교집단 상호간에 차별이 존재할 경우에 헌법상 기본권인 평등권 심사까지 배제되는 것은 아니므로, 지방선거권에 대한 제한은 지방의원의 경우이든 지방자치단체의 장의 경우이든 모두 헌법상의 기본권에 대한 제한에 해당한다.
국내거주 재외국민은 주민등록을 할 수 없을 뿐이지 '국민인 주민'이라는 점에서는 '주민등록이 되어 있는 국민인 주민'과 실질적으로 동일하므로 지방선거 선거권 부여에 있어 양자에 대한 차별을 정당화할 어떠한 사유도 존재하지 않으며, 또한 헌법상의 권리인 국내거주 재외국민의 선거권이 법률상의 권리에 불과한 '영주의 체류자격 취득일로부터 3년이 경과한 19세 이상의 외국인'의 지방선거 선거권에 못 미치는 부당한 결과가 초래되고 있다는 점에서, 국내거주 재외국민에 대해 그 체류기간을 불문하고 지방선거 선거권을 전면적·획일적으로 박탈하는 법 제15조 제2항 제1호, 제37조 제1항은 국내거주 재외국민의 평등권과 지방의회 의원선거권을 침해한다.

〈주민등록을 요건으로 (국내거주하는) 재외국민의 지방선거 피선거권을 제한하는 규정〉
'외국의 영주권을 취득한 재외국민'과 같이 주민등록을 하는 것이 법령의 규정상 아예 불가능한 자들이라도 지방자치단체의 주민으로서 오랜 기간 생활해 오면서 그 지방자치단체의 사무와 얼마든지 밀접한 이해관계를 형성할 수 있고, 주민등록이 아니더라도 그와 같은 거주 사실을 공적으로 확인할 수 있는 방법은 존재한다는 점, 나아가 법 제16조 제2항이 국회의원 선거에 있어서는 주민등록 여부와 관계없이 25세 이상의 국민이라면 누구든지 피선거권을 가지는 것으로 규정함으로써 국내거주 여부를 불문하고 재외국민도 국회의원 선거의 피선거권을 가진다는 사실에 비추어, 주민등록만을 기준으로 함으로써 주민등록이 불가능한 재외국민인 주민의 지방선거 피선거권을 부인하는 법 제16조 제3항은 헌법 제37조 제2항에 위반하여 국내거주 재외국민의 공무담임권을 침해한다.

〈주민등록을 요건으로 재외국민의 국민투표권을 제한하는 규정〉
국민투표는 국가의 중요정책이나 헌법개정안에 대해 주권자로서의 국민이 그 승인 여부를 결정하는 절차인데, 주권자인 국민의 지위에 아무런 영향을 미칠 수 없는 주민등록 여부만을 기준으로 하여, 주민등록을 할 수 없는 재외국민의 국민투표권 행사를 전면적으로 배제하고 있는 국민투표법 제14조 제1항은 앞서 본 국정선거권의 제한에 대한 판단에서와 동일한 이유에서 청구인들의 국민투표권을 침해한다.

- 외국인: '헌법상' 선거권 및 피선거권(대통령 및 국회의원)은 '국민'의 권리이므로 외국인에게 부여되지 않는다고 할 수 있다. 그러나 공직선거법 및 주민투표법 등은 지방자치단체의 장 및 의원의 선거에 있어서 일정한 요건을 갖춘 외국인에게 투표권을 부여하고 있다. 이 경우 외국인의 선거권은 '법률상'의 권리에 불과하다고 할 수 있다.

○ 보통선거의 피선거권과 관련하여 연령 제한, 공무원 · 지방자치단체의 장 등의 입후보시 공직사퇴 규정, 기탁금의 국고귀속규정 등이 문제된다.

헌재 2017. 10. 26. 2016헌마623 국회의원의 피선거권을 25세 이상의 국민으로 규정한 것(헌재 2005. 4. 28. 2004헌마219 참조)

헌법 제25조에 따라 입법자는 국회의원의 피선거권 행사 연령을 정함에 있어 선거의 의미와 기능, 국회의원 등의 지위와 직무 등을 고려하여 재량에 따라 결정할 수 있다. 입법자가 국회의원에게 요구되는 능력 및 이러한 능력을 갖추기 위하여 요구되는 교육과정 등에 소요되는 최소한의 기간, 선출직공무원에게 납세 및 병역의무의 이행을 요구하는 국민의 기대와 요청, 일반적으로 선거권 행사연령보다 피선거권 행사연령을 높게 정하는 다른 국가들의 입법례 등을 고려하여 볼 때 피선거권 행사연령을 25세 이상으로 정한 것은 합리적이고 입법형성권의 한계 내에 있다. 따라서 피선거권조항은 청구인의 공무담임권이나 평등권을 침해하지 않는다.

헌재 1995. 3. 23. 95헌마53 공무원이 공직선거에 입후보하기 위해서는 선거일전 90일까지 그 직을 그만두도록 규정하고 있는 것이 위헌인지 여부 – 합헌

헌재 2008.10.30. 2006헌마547 공무원이 공직선거 후보자가 되고자 하는 경우 선거일 전 60일까지 그 직을 그만드도록 규정하고 있는 것 등.

공무원이 그 직을 유지한 채 공직후보자로서 선거에 참가할 수 있다면 부적절하게 지위와 권한을 행사하거나 선거구민들에게 유리한 편파적인 행정이나 법집행을 행할 소지가 있다. 입법자가 선거일 전 60일부터는 공직선거에 입후보하고자 하는 공무원을 현직에서 배제시킨 것이 과도한 공무담임권 제한이라고 볼 수 없다. 나. 이 사건 조항이 공무원과 정부투자기관 직원 사이에 공직후보자 출마시 선거일 전 60일까지 사퇴하도록 하는 것이 평등권 침해를 논할 비교집단을 구성한다고 하더라도, 이 사건 조항이 위와 같은 입법목적을 지닌 것을 볼 때, 양자 간에는 차별취급의 합리적 이유가 있으며, 차별목적과 수단 사이에 비례성을 벗어났다고도 볼 수 없다.

헌재 2003. 9. 25. 2003헌마106 지방자치단체의 장으로 하여금 당해 지방자치단체의 관할구역과 같거나 겹치는 선거구역에서 실시되는 지역구 국회의원선거에 입후보하고자 하는 경우 당해 선거의 선거일 전 180일까지 그 직을 사퇴하도록 하는 규정

1. 이 사건 조항의 입법목적은 선거의 공정성과 공직의 직무전념성 확보에 있는바, 이 사건 조항과 마찬가지로 공선법 제53조 제1항도 자신의 지위와 권한을 선거운동에 남용할 우려가 있는 공무원 등의 일정 집단에 대하여 선거일 전 60일까지 그 직을 그만두도록 함으로써 선거의 공정성을 꾀하고 공무원의 직무전념성도 확보하고자 하고 있으므로, 이러한 입법목적에서 볼 때 공선법 제53조 제1항에서 열거한 공무원 집단과 지방자치단체의 장은 본질적으로 같은 것으로서 같이 취급되어야 할 것이다. … 이 사건 조항은 지방자치단체의 장이 지역구 국회의원선거에 입후보하는 것이 원천적으로 불가능한 경우를 확대시키고 있으며, 지방자치단체의 장이 사퇴한 이후 장기간의 행정공백을 발생시키는 등 불합리한 상황을 야기하고 있다. 위와 같은 사정을 종합해 보면, 이 사건 규정을 통해 지방자치단체의 장의 사퇴시한을 다른 공무원에 비하여 훨씬 앞당겨야 할 합리적인 이유를 발견하기 어려우므로, 이 사건 조항은 지방자치단체의 장을 합리적 이유 없이 차별하는 것으로서 평등의 원칙에 위배된다.
2. 이 사건 조항은 선거일 전 60일까지 사퇴하면 되는 다른 공무원과 비교해 볼 때 지방자치단체장의 사퇴시기를 현저하게 앞당김으로써 청구인들의 공무담임권(피선거권)에 대하여 제한을 가하고 있는 규정이므로, 기본권제한에 관한 과잉금지원칙을 준수하여야 한다. 이 사건 조항의 입법목적은 정당하고, 그 수단의 적정성도 긍정되나, 이 사건 조항은 선거의 공정성과 직무전념성이라는 입법목적 달성을 위한 적절한 수단들이 이미 공선법에 존재하고 있음에도 불구하고 불필요하고 과도하게 청구인들의 공무담임권을 제한하는 것이라 할 것이므로 침해의 최소성 원칙에 위반되고, 이 사건 조항에 의해 실현되는 공익과 그로 인해 청구인들이 입는 기본권 침해의 정도를 비교형량할 경우 양자간에 적정한 비례관계가 성립하였다고 할 수 없어 법익의 균형성 원칙에 위배된다.

[판례변경]
헌재 2006. 7. 27. 2003헌마758 등 선거일 전 120일까지 그 직을 사퇴하도록 하는 규정

1. 이 사건 조항은 일반 공무원이 공직선거에 출마하려는 경우 '선거일 전 60일까지' 사퇴하도록 하는 것과 달리 단체장을 '120일 전까지' 사퇴하도록 하고 있으나, 단체장은 지방자치단체의 행정기능을 총괄하며, 직원의 인사권과 주민의 복리에 관한 각종 사업의 기획 · 시행, 예산의 집행 등 지방자치단체의 운영에 있어서 막중한 지위와 권한을 가지므로 자신의 관할구역 국회의원선거에 입후보할 것에 대비하여 전시성 사업으로 예산을 낭비하거나 불공정한 선심행정을 행할 개연성이 다른 공무원에 비하여 상대적으로 더 높다. … 국회의원과 달리 단체장에게 그러한 공직사퇴시한을 두고 있는 것은 국회의원직의 사퇴로 인한 심각한 국정공백을 우려한 것이므로 합리적 이유가 있다. 그러므로 이 사건 조항은 단체장의 평등권을 침해하지 않는다.

2. 이 사건 조항 외에 공직선거법의 다른 규정들만으로 관할지역의 지역구 국회의원선거 출마를 의식한 단체장의 선심행정 내지 부당한 법집행을 모두 예방하거나 선거의 공정성과 직무전념성이라는 이 사건 조항의 입법목적을 충분히 달성할 수 있다고 볼 수 없다. 따라서 이 사건 조항은 동 규정들과 별도로 단체장의 지위와 권한의 남용을 방지하고 입법목적을 달성하기 위하여 필요하며 헌법재판소의 종전 2003헌마106 결정 중 이 부분 견해와 저촉되는 부분은 변경한다. 단체장의 지위와 권한의 특수성 그리고 지역 주민들에 대한 영향력을 고려할 때 이 사건 조항이 단체장의 공무담임권을 과도하게 제한하는 것으로 볼 수 없다.

- 기탁금 관련 헌재 결정[90]

헌재 2017. 10. 26. 2016헌마623 기탁금조항(지역구국회의원의 기탁금을 1,500만 원으로 정한 것), 기탁금반환조항(유효투표총수의 100분의 15이상의 득표한 경우) 및 예비후보자 기탁금조항(예비후보자 등록시 기탁금의 100분의 20을 납부)의 위헌여부

기탁금조항 및 기탁금반환조항은, 대의민주주의에서 선거의 기능과 기탁금제도의 목적 및 성격, 그리고 우리의 정치문화와 선거풍토에 있어서 현실적인 필요성 등을 감안할 때(헌재 2003. 8. 21, 2001헌마687), … 후보자의 무분별한 난립과 그로 인한 선거관리업무의 가중이나 비용 증가를 방지

90) 제56조(기탁금)

① 후보자등록을 신청하는 자는 등록신청 시에 후보자 1명마다 다음 각 호의 기탁금을 중앙선거관리위원회규칙으로 정하는 바에 따라 관할선거구선거관리위원회에 납부하여야 한다. 이 경우 예비후보자가 해당 선거의 같은 선거구에 후보자등록을 신청하는 때에는 제60조의2제2항에 따라 납부한 기탁금을 제외한 나머지 금액을 납부하여야 한다.

1. 대통령선거는 3억원
2. 국회의원선거는 1천500만원 – 비례대표 부분은 2018년 7.1일부터 효력 상실
3. 시 · 도의회의원선거는 300만원
4. 시 · 도지사선거는 5천만원
5. 자치구 · 시 · 군의 장 선거는 1천만원
6. 자치구 · 시 · 군의원선거는 200만원

제57조(기탁금의 반환 등)

①관할선거구선거관리위원회는 다음 각 호의 구분에 따른 금액을 선거일 후 30일 이내에 기탁자에게 반환한다. 이 경우 반환하지 아니하는 기탁금은 국가 또는 지방자치단체에 귀속한다.

1. 대통령선거, 지역구국회의원선거, 지역구지방의회의원선거 및 지방자치단체의 장선거
   가. 후보자가 당선되거나 사망한 경우와 유효투표총수의 100분의 15 이상을 득표한 경우에는 기탁금 전액
   나. 후보자가 유효투표총수의 100분의 10 이상 100분의 15 미만을 득표한 경우에는 기탁금의 100분의 50에 해당하는 금액
   다. 예비후보자가 사망하거나 제57조의2제2항 본문에 따라 후보자로 등록될 수 없는 경우에는 제60조의2제2항에 따라 납부한 기탁금 전액
2. 비례대표국회의원선거 및 비례대표지방의회의원선거
   당해 후보자명부에 올라 있는 후보자중 당선인이 있는 때에는 기탁금 전액. 다만, 제189조 및 제190조의2에 따른 당선인의 결정 전에 사퇴하거나 등록이 무효로 된 후보자의 기탁금은 제외한다.

하고, 선거의 신뢰성 및 후보자의 진지성을 담보하며, 선거과정에서 발생한 비용 등을 사전확보하기 위한 것으로, … 기탁금조항과 기탁금반환조항은 청구인의 공무담임권이나 평등권을 침해하지 아니한다.
예비후보자 기탁금조항은 예비후보자의 무분별한 난립을 막고 책임성과 성실성을 담보하기 위한 것으로서, … 예비후보자의 기탁금 액수를 해당 선거의 후보자등록 시 납부해야 하는 기탁금의 100분의 20인 300만 원으로 설정한 것은 … 청구인의 공무담임권을 침해하지 않는다.

대통령선거 (3억)	3억원 5억원	합헌 헌법불합치, 잠정적용	헌재 1995. 5. 25. 92헌마269 헌재 2008. 11. 27. 2007헌마1024
국회의원선거	2,000만원(무소속) 1,000만원(정당추천)	헌법불합치, 잠정적용	헌재 1989. 9. 8. 88헌가6
국회의원선거	2,000만원	위헌	헌재 2001. 7. 19. 2000헌마91
국회의원선거	1,500만원(비례대표)	헌법불합치, 잠정적용	헌재 2016. 12. 29. 2015헌마1160 등
시도지사선거	5,000만원	합헌	헌재 1996. 8. 29. 95헌마108
광역자치단체의회 의원선거	700만원	헌법불합치, 잠정적용	헌재 1991. 3. 11. 91헌마21
기초자치단체의회 의원선거	200만원	합헌	헌재 1995. 5. 25. 91헌마44

② 평등선거의 원칙: 평등선거는 차등선거에 대응되는 개념으로 모든 선거참여자가 모든 선거절차에서 균등한 기회를 가져야 할 뿐 아니라 선거를 통한 정치적 의사형성과정에서 평등한 영향력을 행사할 수 있어야 한다는 원칙이다.

○ 적극적으로 투표의 수적 평등(1인1표)과 투표의 성과가치의 평등(1표1가)이 구현되어야 하고, 소극적으로 게리맨더링의 부정(일정한 집단의 의사가 정치과정에서 반영될 수 없도록 차별적으로 선거구를 획정하는 것의 방지)

- 선거구는 법률로 정한다(법률유보: 헌법 제41조 제3항) 국회는 ㉠ 투표의 수적 평등(1인1표)과 투표의 성과가치의 평등(1표1가)을 고려한 선거구간의 인구균형 고려 ㉡ 우리나라의 행정구역, 지세, 교통사정, 생활권 내지 역사적 · 전통적 일체감 등 여러 가지 정책적 · 기술적 요소를 고려하여야 하되, 폭넓은 입법형성의 자유를 가진다.

○ 평등선거의 원칙은 헌법 제11조 제1항 평등의 원칙이 선거제도에 적용된 것으로서 투표의 수적(數的) 평등, 즉 1인 1표 원칙(one man, one vote)과 투표의 성과가치(成果價値)의 평등, 즉 1표의 투표가치가 대표자선정이라는 선거의 결과에 대하여 기여한 정도에 있어서도 평등하여야 한다는 원칙(one vote, one value)을 그 내용으로 할뿐만 아니라, 일정한 집단의 의사가 정치과정에서 반영될 수 없도록 차별적으로 선거구를 획정하는 소위 게리맨더링에 대한 부정(否定)을 의미하기도 한다. 따라서 대의제민주주의에 있어서의 선거제도를 구체화하는 데에 있어서는 무엇보다도 선출된 대표자를 통하여 국민의 정치적 의사가 공정하고도 효과적으로 반영되도록 하는 것이 중요하다고 할 것이다. 헌재 1998. 11. 26. 96헌마74 등.

○ 국회의원 선거구에서 인구편차의 허용기준91)

- 1995년에는 전국선거구 평균인구수에서 상하 60%편차(4:1)를 기준
- 2001년에는 전국선거구 평균인구수에서 상하 50%편차(3:1)를 기준
- 2014년에는 전국선거구 평균인구수에서 상하 33⅓%편차(2:1)를 기준

헌재 2014. 10. 30. 2012헌마192 등 (헌법불합치, 잠정적용)

2. 인구편차 상하 33⅓%를 넘어 인구편차를 완화하는 것은 지나친 투표가치의 불평등을 야기하는 것으로, 이는 대의민주주의의 관점에서 바람직하지 아니하고, 국회를 구성함에 있어 국회의원의 지역대표성이 고려되어야 한다고 할지라도 이것이 국민주권주의의 출발점인 투표가치의 평등보다 우선시 될 수는 없다. 특히, 현재는 지방자치제도가 정착되어 지역대표성을 이유로 헌법상 원칙인 투표가치의 평등을 현저히 완화할 필요성이 예전에 비해 크지 아니하다. 또한, 인구편차의 허용기준을 완화하면 할수록 과대대표되는 지역과 과소대표되는 지역이 생길 가능성 또한 높아지는데, 이는 지역정당구조를 심화시키는 부작용을 야기할 수 있다. 같은 농 · 어촌 지역 사이에서도 나타날 수 있는 이와 같은 불균형은 농 · 어촌 지역의 합리적인 변화를 저해할 수 있으며, 국토의 균형발전에도 도움이 되지 아니한다. 나아가, 인구편차의 허용기준을 점차로 엄격하게 하는 것이 외국의 판례와 입법추세임을 고려할 때, 우리도 인구편차의 허용기준을 엄격하게 하는 일을 더 이상 미룰 수 없다. … 따라서 심판대상 선거구구역표 중 인구편차 상하 33⅓%의 기준을 넘어서는 선거구에 관한 부분은 위 선거구가 속한 지역에 주민등록을 마친 청구인들의 선거권 및 평등권을 침해한다.

91) 지방의회의원선거구의 경우 상하 60%의 인구편차를 기준으로 하고 있음. 헌재 2007. 3. 29. 2005헌마985(시 · 도의회의원 선거구 획정); 헌재 2009. 3. 26. 2006헌마67(자치구 · 시 · 군의원 선구구 획정).

4. 선거구구역표는 각 선거구가 서로 유기적으로 관련을 가짐으로써 한 부분에서의 변동은 다른 부분에서도 연쇄적으로 영향을 미치는 성질을 가진다. 이러한 의미에서 선거구구역표는 전체가 불가분의 일체를 이루는 것으로서 어느 한 부분에 위헌적인 요소가 있다면, 선거구구역표 전체가 위헌의 하자를 갖는 것이라고 보아야 한다.

○ 게리멘더링

인접하지 않은 2개의 행정구역을 하나의 선거구로 한 선거구획정의 위헌여부에 관하여 "선거구의 획정은 사회적 · 지리적 · 역사적 · 경제적 · 행정적 연관성 및 생활권 등을 고려하여 특단의 불가피한 사정이 없는 한 인접지역이 1개의 선거구를 구성하도록 함이 상당하며, 이 또한 선거구획정에 관한 국회의 재량권의 한계라고 할 것이다. 그런데 이 사건 선거구구역표는 위와 같은 원칙을 무시한 채, 특단의 불가피한 사정이 있다고 볼만한 사유를 찾아볼 수 없는데도, 충복 옥천군을 사이에 두고 접경지역없이 완전히 분리되어 있는 충북 보은군과 영동군을 "충북 보은군 · 영동군 선거구"라는 1개의 선거구로 획정하였는바, 이는 재량의 범위를 일탈한 자의적인 선거구획정이라고 하지 아니할 수 없고 … 충북 보은군에 거주하는 청구인 이관모의 정당한 선거권을 침해하였다고 할 것이다." 헌재 1995. 12. 27. 95헌마224 등

한편 "국회가 심판대상 선거구구역표 중 "경기도 수원시 병선거구", "경기도 용인시 갑선거구", "경기도 용인시 을선거구", "충청남도 천안시 갑선거구" 부분(이하 '문제된 4개 선거구'라 한다)을 획정함에 있어 행정구의 일부를 분할하여 다른 구와 통합하여 선거구를 획정한 것이 입법재량의 범위를 일탈한 자의적인 선거구획정인지 여부에 관하여 '문제된 4개 선거구'를 획정함에 있어 행정구의 일부를 분할하여 다른 구와 합구한 주된 이유는 선거구 간의 인구편차를 줄일 수 있는 다른 방법을 찾기 어려웠기 때문으로, 여기에는 합리적인 이유가 있다. 또한, 분구된 지역은 행정구역도상으로 합구된 지역에 인접해 있어 양 지역 사이에 생활환경이나 교통, 교육환경에 큰 차이가 없고, 달리 국회가 특정 지역에 주소지를 두고 있는 선거인을 차별하고자 하는 의도를 가지고 있었다거나 이러한 선거구획정으로 인해 선거인들에 대한 실질적인 차별효과가 명백하게 드러났다고 볼 수도 없다." 헌재 2014. 10. 30. 2012헌마192 등